Serie Historia y Ciencias Sociales
Editor General: Greg Dawes
Editor encargado de la serie: Carlos Aguirre

El proceso populista: Momento, fenómeno, régimen
El caso que no fue: Chile (1932-1973)

Claudio Riveros Ferrada

Editorial
A *Contra corriente*
Raleigh, NC

© 2018 Claudio Riveros Ferrada

Reservados todos los derechos de esta edición para
© 2018 Editorial *A Contracorriente*

All rights reserved for this edition for
© 2018 Editorial *A Contracorriente*

Para ordenar visite http://go.ncsu.edu/editorialacc

ISBN: 978-0-9909191-9-3

Library of Congress Control Number: 2017953735

ISBN-10: 978-0-9909191-9-3 (pbk)
ISBN-13: 0-9909191-9-6 (pbk)

Corrección y edición por María Rodríguez
Diseño de interior por Diana Torres
Arte de la tapa por Catherina Cima, con permiso

Esta obra se publica con el auspicio del Departamento de Lenguas y Literaturas Extranjeras de la Universidad Estatal de Carolina del Norte.

This work is published under the auspices of the DEPARTMENT OF FOREIGN LANGUAGES AND LITERATURES at NORTH CAROLINA STATE UNIVERSITY.

Distributed by the University of North Carolina Press, www.uncpress.org

*A Paola, por todos esos días perdidos;
por esas cartas que no se escribieron,
sea este mi regalo*

Contenido

Agradecimientos — xi

Introducción — 1

PRIMERA PARTE

Por una conceptualización del populismo como proceso (momento, fenómeno, régimen) — 16

Capitulo I

Estado de la cuestión — 18

1. Presentación del problema — 18

2. *Enfoque político-discursivo lacloneano: algunas notas relevantes* — 21

Capítulo II

Hacia una propuesta conceptual del proceso populista: momento, fenómeno, régimen — 29

1. *Notas aclaratorias* — 29

2. *El populismo como proceso: una articulación discursiva contra-hegemónica* — 32

3. *Las características articulatorias del populismo y sus condiciones de posibilidad* — 36

SEGUNDA PARTE

El populismo como objeto de estudio: la visión de la
academia (y desde la perspectiva) chilena   52

Capítulo III

El populismo en Chile: una aproximación epistemológica y
metodológica   54

   *1. El populismo entendido como una estrategia y/o estilo
político*   56

   2. El populismo como noción económica   68

   *3. El enfoque sociológico: el populismo como negación del
sujeto*   73

   4. El populismo analizado desde la experiencia histórica   85

   *5. El populismo analizado desde la experiencia histórica-
sociológica*   96

   6. Consideraciones finales   101

TERCERA PARTE

¿Democratización sin igual?: hacia la conformación de una
estructura anti-populista y el rol que jugó a la clase dirigente
chilena   112

Capítulo IV

Populismo, democracia y democratización   114

   *1. Entre sombra y espectro: la dimensión democrática del
populismo (Worsley, Canovan y Arditi)*   116

   2. El populismo como proceso de democratización   123

   *3. La democratización como un proceso amplio, igualitario,
protegido y vinculante*   126

Capítulo V

El populismo como respuesta contra-hegemónica en el marco de una alianza multiclasista-nacional: Chile, el proceso populista obturado (1932-1970)   133

    1. Los proyectos nacionales post-oligárquicos: ¿entre populismo o democracia?   133

    2. Chile: el caso de un proyecto nacional políticamente anti-populista   138

    3. Chile, la excepcionalidad anti-populista: construcción y proyección del Estado de Compromiso   149

CUARTA PARTE

Chile 1970: la conformación de un fenómeno populista   164

Capítulo VI

El dislocamiento de las condicionantes estructurales (*corsets* institucionales)   167

    1. La democracia representativa chilena de los años 1932-1973: su carácter restrictivo   171

    2. El cancerbero del Antiguo Régimen: el sistema de partidos chileno entre los años 1932-1973   180

Capítulo VII

El momento populista: la crisis hegemónica   197

    1. El quiebre del consenso político   199

    2. El faccionamiento de la clase dirigente y la movilización político-electoral   203

    3. Hacia una propuesta: la crisis hegemónica y su carácter esencialmente político   208

Capítulo VIII

El fenómeno populista: la articulación discursiva populista en los proyectos presidenciales (1970) (Demanda, pueblo, líder, significante vacío)   216

   1. El discurso de la derecha chilena (Jorge Alessandri)   221

   2. El discurso de la Democracia Cristiana (Radomiro Tomic)   229

   3. El discurso de la Unidad Popular (Salvador Allende)   238

   4. Una articulación discursiva populista   251

   5. Consideraciones finales: ¿un régimen populista?   255

Conclusión   270

Notas   289

Bibliografía   341

Agradecimientos

Este libro es producto de la investigación realizada para mi tesis doctoral en Sociología y, por lo mismo, quisiera reconocer a las instituciones y personas que lo hicieron posible. A José Marín por haberme formado, por haberme enseñado que el rigor y la disciplina, siempre dan sus frutos. Quisiera agradecer también a Fernando Valenzuela, por su apoyo y confianza. También me permito reconocer al profesor Claudio Ramos, director del Programa de doctorado en Sociología de la Universidad Alberto Hurtado, quien es ejemplo manifiesto de un académico universitario. No me cabe más que agradecer a quien me apoyó —buscando los recursos necesarios— y alentó en todo momento.

Así también retribuyo a la Universidad de Oxford, muy especialmente al Latin American Centre at Saint Antony's College, por haberme aceptado como *visiting doctoral student* durante el año académico de 2014. Vanas son las palabras que me permitan resumir dicha estancia. Mas quisiera destacar a los profesores Alan Knight, Eduardo Posada Carbó (tutor), y muy especialmente, al profesor Alan Angell (supervisor), quien se convirtió en un gran anfitrión y entusiasta del proyecto. Su calidez, sencillez, rigurosidad y profundo conocimiento de la historia política de Chile son factores a destacar. Del mismo modo, mi permanencia como *visiting scholar* en el Teresa Lozano Long Institute of Latin American Studies, de la Universidad de Austin Texas, fue fundamental. Su magnífica biblioteca y las animadas conversaciones que sostuve con el profesor

Kurt Weyland en torno al populismo, me permitieron entender y proponer nuevas perspectivas de análisis.

Todo ello no hubiera sido posible sin el patrocinio de la Comisión Nacional de Investigación Científica y Tecnológica (Conicyt), institución que me becó durante mis estudios doctorales y financió libros, viajes y pasantías en el extranjero. No menor fue también contar con el Patrocinio del Centre for Social Conflict and Cohesion Studies (COES), proyecto "CONICYT/FONDAP/15130009", y al mismo tiempo, el obtener la manutención como tesista de doctorado del proyecto Fondecyt 1141001, "La transformación de las élites en una sociedad emergente. Distinción, tolerancia y transnacionalización de las élites empresariales en Chile" (2014-2016), liderado por Alejandro Pelfini y Omar Aguilar.

Asimismo, quisiera retribuir en forma muy particular a Alejandro Pelfini, quien fuera profesor guía durante mi proceso doctoral. Honestamente, dudo mucho que con otro director hubiese podido hacer este trabajo, sobre todo en Chile, donde asiste un mainstream sobre el populismo, bastante tradicional. Alejandro me otorgó la más completa y absoluta libertad en el desarrollo de mi estudio, y ciertamente que el producto final, se debe a las larguísimas conversaciones que sostuvimos, a sus constantes lecturas y a sus acertados juicios que me incentivaron a llevar mis argumentos a límites que no creía poder alcanzar. Debo reconocer también a Rómulo Hidalgo, querido amigo, que ha sido un auténtico camarada en estos largos años universitarios; así como a Pablo Palacios, que leyó, siempre con entusiasmo, algunos de los capítulos.

Finalmente un profundo agradecimiento a Greg Dawes y a Carlos Aguirre, quienes confiaron en la concreción de este proyecto.

Introducción

En la actualidad, el populismo se ha vuelto una palabra cotidiana. Un término que de tanto uso ha perdido todo rigor conceptual, pues ya no solo es aplicable a fenómenos políticos determinados, que con razón o no, son calificados como poco democráticos, sino que su uso se ha extendido de tal manera en el vocabulario, que populismo viene a significar el síntoma que expresaría una enfermedad que carcome el escenario político. En efecto, el populismo se ha terminado por identificar con clientelismo, despilfarro económico, engaño, demagogia, mentira y falsa democracia. En una palabra: el populismo se ha convertido en un insulto.

Recuerdo tiempo atrás, cuando le pregunté a un alumno qué entendía por populismo. Me respondió, sin atisbo de duda, que se imaginaba a una persona —literalmente— arriba de una caja de manzanas "ofreciendo" cosas (que no podía cumplir) a la gente. Dicha visión, pese a la caricatura, resume mucho la percepción general que los medios de comunicación y muchos políticos han construido respecto al populismo. Ahora bien, parte de la academia —obviamente con mayor rigor— también ha contribuido a que el populismo se transforme en un término de enorme elasticidad conceptual (Pelfini 2012). Como bien argumenta María Esperanza Casullo, "existen pocos conceptos sobre los que exista tan nulo consenso académico (…) podríamos decir, exagerando un poco, con que nadie sabe bien qué es el populismo pero casi todos coinciden en que es malo" (Casullo 2014, 281).

En general, tanto en la academia como en la cultura política chilena, ha predominado una visión adversa respecto del populismo, ya que se le ha concebido como una democracia inferior cuando no un fenómeno abiertamente antidemocrático (Navia 2003; Walker 2006, 2007). Esto se debe, entre otras cosas, a que se ha consolidado una forma de pensar la democracia, de carácter "minimalista", que entiende la voluntad popular como un proceso transparente y limpio de elecciones que se resuelve cada cierto período de tiempo, profundamente institucionalista y con rasgos fuertemente elitistas, y que propugna que la política se construye y está limitada al rol que cumplen los partidos políticos (Salazar 2015).

Entonces, tomando en consideración que la democracia constitucional-partidista chilena se instauró sin mayores reparos e inconvenientes desde mediados de siglo XIX, se ha sostenido que el populismo no se habría "inoculado" en el país producto de una fuerte institucionalidad partidista que impediría su desarrollo, limitando el populismo solo a "fenómenos episódicos" que en nada alterarían el proceso democratizador chileno. O si se quiere, de constatar la presencia de algún tipo de populismo en Chile (liderazgo, discurso o gobierno), éste obedecería más bien a momentos particulares y limitados en su historia política. Así, desde esta perspectiva de análisis, este trabajo trata de responder, en primer lugar, si es efectivo que el populismo (como proceso) no se dio en Chile y determinar, en segundo lugar, cuál fue la razón de ello.

******

Una de las dificultades más acuciantes en el estudio del populismo ha sido compatibilizar el marco teórico con su aplicación empírica. Por lo general, se ha resuelto esta problemática considerando un factor específico como desencadenante del populismo, o bien se han concebido modelos altamente acumulativos que no permiten distinguir el *peso específico* de determinados factores, y que apuntan más bien a detectar rasgos o la presencia de "síntomas" que hacen plausible la existencia del "fenómeno"[1] (Weyland 2001).

Así, debido a la dificultad de que los académicos lleguen a un acuerdo sobre lo que es posible calificar como populismo y de que éstos renuncien a su propia conceptualización, es que, a nivel teórico, se propone conceptualizar al populismo como un proceso, distinguiendo entre un momento, un fenómeno y un régimen populista. Por cuanto más allá de que uno u otro investigador califique de populista a un líder o a un discurso, ya sea porque hay un número objetivo de características que le permitan constatar su presencia, lo que se propone este estudio, es concebir al populismo como un *proceso histórico* que obedece a distintas condiciones de posibilidad de tipo estructural y agencial. A nivel empírico, en tanto, la propuesta que aquí se presenta tiene la ventaja no solo de ser aplicable al estudio de casos, sino que implica, de paso, evitar categorizaciones muchas veces ideológicas que se imponen sobre el populismo antes de estudiarlo empíricamente.

La presente propuesta, se propone estudiar al populismo desde una perspectiva sociológica-histórica y no episódica. Llamar a un "fenómeno populista" desde uno u otro enfoque no está en discusión (aunque acá se asume el político-discursivo), sino el verificar que un *fenómeno* populista se desencadena tras un *momento* populista, y que luego, puede constituirse en un *régimen* que responde a distintos contenidos (derecha o izquierda)[2].

Advierto desde un principio al lector, que no encontrará en este libro el desarrollo de leyes generales que le permitan reconocer la presencia o ausencia de populismo, como si hubiese una trayectoria única o una explicación total (Quiroga 2014). Muchos menos debería esperar el desarrollo minucioso de una tabla de variables, donde se especifiquen las medidas o valores de éstas y que permita medir con precisión distintos grados de populismo. En efecto, este trabajo no tiene como objetivo principal proponer una teoría general del populismo, ni tampoco que un académico renuncie tajantemente a su forma de conceptualizarlo. Más bien, se hace una propuesta teórica que se acota empíricamente al estudio de caso en un país determinado, pero entendiendo que ésta se puede replicar a otras experiencias históricas y en distintos contextos. La apuesta es mucho más reducida que el desarrollo de un modelo comparativo, pero no por ello es menos compleja y ambiciosa. En rigor, la presente investigación no se propone visualizar "casuísticamente" rasgos o tendencias populistas en uno que otro discurso, en un liderazgo o gobierno en específico, sino llegar a concluir si, en Chile, aconteció un proceso populista entre los años 1932 y 1973, tomando en consideración que la mayoría de la academia asegura que Chile miraría el "fenómeno" desde lejos.

******

Una de las alternativas para el estudio del populismo en Chile era utilizar lo propuesto por la academia, vale decir, investigar cada uno de los personajes o episodios que se han catalogado como populistas y proceder a compararlos con mi propio modelo teórico. Mas se desechó esta posibilidad, ya que, en la práctica, terminaría argumentando en contrario (al distanciarme sustancialmente de estas concepciones) y no de manera propositiva. Otra alternativa que se consideró fue hacer un análisis histórico cronológico, que fuese desde 1932 a 1973, pero esta opción implicaba dos riesgos: primero, que la investigación se transformara en un estudio histórico con todo lo que ello conlleva; y segundo, que se diera preponderancia a analizar "falsos positivos".

Por consiguiente, tomando en consideración la propuesta que aquí se esboza, esto es, que un *proceso populista* requiere de un *momento*, un *fenómeno* y un *régimen*, me aboqué a la tarea de indagar en distintos períodos de la historia de Chile que hubiesen dado muestras significativas de tres elementos que marcan el desarrollo de un proceso populista, a saber: una articulación discursiva en un contexto de crisis hegemónica y de profunda movilización electoral y política.

Asumiendo dichas condiciones de posibilidad es que, en primer lugar, reparé en los períodos en la historia de Chile que podrían ser sindicados como momentos de crisis hegemónica. Detecté tres períodos: la guerra civil de 1891; el período de gobierno de Alessandri (1920-1925), y finalmente, el proceso que llevó al advenimiento de Allende (1970-1973) al poder.

En segundo lugar, inquirí en períodos históricos donde se presentaran algunas fisonomías de articulaciones populistas en el discurso político, es decir, donde se mostrara un líder fuerte que apelara a un pueblo movilizado de un modo antagónico y en forma más o menos consistente. En estos aspectos, recurrí a discursos que, por más que se observara una importante carga retórica, un líder enunciara, simplemente, una disposición antagónica entre pueblo y elite. Observé tres discursos de candidatos presidenciales que cumplieron con esta condición, los cuales tuvieron la peculiaridad de que luego se convirtieron en presidentes: Arturo Alessandri (1920-1925), Carlos Ibáñez del Campo (1952-1958) y Salvador Allende (1970-1973). Noté que a diferencia de lo acontecido con Alessandri e Ibáñez, quienes desarrollaron discursos políticos que no fueron compartidos por el resto de los candidatos a la presidencia, el discurso de Allende sí estuvo articulado discursivamente con el Programa de Radomiro Tomic.

En tercer lugar, procedí a examinar momentos en la historia de Chile en que efectivamente se hubiese llevado a cabo una movilización electoral y política. Como la movilización política es mucho más difícil de "medir" y siempre sucede en forma más tardía, indagué en la movilización electoral. Los datos al respecto son sorprendentes y concluyentes: en Chile, la movilización electoral solo se inició, con propiedad, en la década de 1960, pues recién en ese período concurrió a votar tanto para las elecciones congresales y presidenciales sobre el 20% de la población. Fue en razón de este último aspecto que la búsqueda se redujo enormemente, ya que solo restaba por analizar y determinar la existencia de un proceso populista entre 1960 y 1970.

Detecté que precisamente a fines de 1960 y principios de 1970, se desarrolló en el país una crisis hegemónica, una articulación discursiva de tipo populista y una movilización electoral y política. Y que, por lo mismo, era éste el período que me permitiría reconocer un *momento*, un *fenómeno* y un *régimen*, esto es, un "proceso populista total". Ese período solo podría haber ocurrido previo a la elección y durante el gobierno de Salvador Allende. Así fue que procedí a enfocarme en dos cosas: primero, en indagar las razones de por qué, con anterioridad a Allende, no habían "cuajado" las condiciones para el advenimiento de un proceso populista, y segundo, profundizar por qué podría ser considerado el gobierno de Allende un régimen populista. Esa fue mi idea original. Mas con el correr del tiempo, reparé en que una explicación de tipo estructural, era mucho más significativa (analíticamente hablando) que determinar con precisión si el gobierno de Allende fue o no populista. Lo importante aquí era significar el inicio de un proceso populista que nunca antes se había puesto en marcha en Chile. Al mismo tiempo, comprendí que resolver si el gobierno de Allende era o no un régimen populista, habría extendido en demasía el trabajo. El riesgo era que el volumen de las fuentes —primarias y secundarias— se volviera inmanejable y que, además, terminara describiendo históricamente el gobierno de Allende. Pero sobre todo, se desechó la opción de investigar el gobierno de Allende, ya que tanto la bibliografía primaria como secundaria, permitirían afirmar que el gobierno de Allende no constituyó un régimen populista[3].

Fue así que finalmente decidí concentrar mis esfuerzos en reconocer la importancia que tenía el hecho de observar, por primera vez, la existencia de un proceso populista y las trabas estructurales que habían evitado su desenvolvimiento con anterioridad, más que comprobar si había ocurrido o no un "proceso populista total". Me enfoqué, por consiguiente, en determinar las condiciones de obturación del populismo y cuáles fueron las condiciones de posibilidad que luego permitieron su aparición. Esta decisión tuvo como resultado que centrara mis energías en determinar la presencia de un *momento* y de un *fenómeno* que del *régimen* propiamente tal. Por cierto que más de algún investigador podría llegar a afirmar o no que el gobierno de Allende fue populista, pero lo que no debería estar sujeto a cuestión, y que es uno de los principales objetivos que se trazó este texto, es que todo el proceso que antecedió al advenimiento de Allende puede ser catalogado como el inicio de un *proceso populista*, más concretamente, como un *fenómeno populista*.

******

Un primer problema respecto al estudio del populismo en Chile, es que ha resultado un tanto inoficioso estudiar al populismo en su dinámica sociológica-histórica, ya que, en el fondo, ha bastado con buscar en el archivo histórico si algún acontecimiento o personaje se ajusta a lo preconizado teóricamente para afirmar si se está o no en presencia del populismo. La dificultad es que en estos análisis no solo han concurrido factores específicos —económicos, institucionales y sociológicos—, sino que también factores ideológicos que exaltan una forma específica de entender la democracia.

Un segundo problema por resolver, es que la academia (local e internacional) ha argumentado, sistemáticamente, en torno a la excepcionalidad chilena con respecto a los países de la región; esto es, que Chile habría sido inmune al populismo como "sistema político", pero no frente a ciertos excesos o "fenómenos" acotados. Se ha afirmado que dicha singularidad, sería el producto de un profundo proceso democrático, con fuerte sello institucional, que se habría desarrollado en el país a partir de la década de 1930 y que lo habría hecho incompatible con el populismo. Sería ésta la mejor prueba que demostraría el "milagro democrático chileno" en medio de una región atiborrada de populismo (Walker 2006, 2009).

Es esta concepción la que se impugna en este libro. En rigor, la experiencia indica, primero, que la excepcionalidad chilena ha tenido mucho más que ver con la consolidación de *corsets* institucionales que impidieron el desencadenamiento de un proceso populista; segundo, y más importante aún, que dicha singularidad ha tenido directa relación no tanto con la existencia de un auténtico y apolíneo proceso democrático, sino con una forma tutelar de entender la democracia, que hunde sus raíces en la república decimonónica portaliana (García de la Huerta 2010, 2011; Salazar 2011, 2012). Modelo democrático que se ha expresado, por una parte, en una sólida institucionalidad representativa partidista que reclama, en tanto clase política, la exclusividad de lo político (Salazar 2015), y por otro, en la presencia de una homogénea clase económica con un alto grado y capacidad de influir en el "enmarcamiento" de dicha institucionalidad, que ha conformado y definido, de manera importante, las políticas públicas (Cavarozzi 2013; Salazar 2015).

La tesis que aquí se esboza, es que el populismo fue un proceso que se desencadenó en Chile a fines de la década de 1960, período en que a lo menos se observa el desarrollo de un fenómeno populista. A decir verdad, luego de la crisis oligárquica de primer cuarto de siglo XX que afectó a casi todos los países de Sudamérica, la oligarquía chilena, a diferencia del resto de las oligarquías de la región, logró institucionalizar la crisis hegemónica[4], creando para ello una institucionalidad anti-populista. Primero, porque inhibió la participación democrática (horizontal y la movilización electoral) y política (polarización antagónica); segundo, porque estableció a los partidos políticos (y al Congreso en particular) como eje exclusivo de la resolución de conflictos; y tercero, porque consolidó a una clase dirigente (clase política y clase económica) que impidió sistemáticamente el colapso del *Antiguo Régimen,* régimen que, a decir verdad, los legitimaba culturalmente en su rol directivo y excluyente del proceso "modernizador". En consecuencia, aquí se sostiene que en Chile, se dio por primera (y única) vez inicio a un proceso populista, cuando los *corsets* institucionales fueron "disueltos" por quienes, paradójicamente, debían apoyarlos: la clase política y la ciudadanía —ahora— movilizada. Por lo mismo, fue a fines de 1960 cuando la crisis hegemónica —antes obturada— emergió y se articuló discursivamente, adquiriendo la política una "dimensión populista" (Worsley 1969; Laclau 2005).

En este trabajo, el populismo se estudia desde una perspectiva crítica y no episódica, pues lo que aquí importa es desentrañar el proceso sociológico-histórico, para así explicar por qué Chile se convirtió en un país estructuralmente anti-populista, cuestionando de paso, su proceso democratizador. Por lo mismo, a diferencia de lo que ocurre mayoritariamente en la academia, no es de mi interés celebrar la ausencia de populismo o la "excepcionalidad" chilena ante el "fenómeno". En este punto, sin embargo, llamo al lector a no confundirse: no se intenta aquí esbozar una hipótesis de tipo contrafactual que permita concluir que de haberse desencadenado temprano o recurrentemente un proceso populista, Chile se hubiese democratizado profundamente. Por consiguiente, lo que aquí se objeta es la carga valorativa y/o normativa de carácter democrático que se presenta en la mayoría de los análisis al celebrar la ausencia del populismo, pese a que se reconoce el rol inhibidor y decisivo que cumplió el sistema de partidos chileno para el no desenvolvimiento de *procesos populistas*.

******

Este proyecto se enmarca conceptual y empíricamente dentro de la Sociología Histórica. En términos simples, hace referencia a la línea investigativa que hace confluir perspectivas epistemológicas y metodológicas de la sociología como de la historia. Mientras que desde la sociología se aporta, fundamentalmente, en el ámbito conceptual, al entregar herramientas teóricas para que el historiador analice los procesos históricos, la historia, en cambio, ofrece instrumentos al sociólogo que le son imprescindibles para explicar la continuidad y el cambio (sobre todo la primera) de los procesos sociales (Burke 1987, 2007; Moore 2002; Skocpol 1984; Tilly 1991). En otras palabras, es la historia la que permite explicar los grandes procesos sociales. Así, y en el caso específico de esta investigación, se entiende al populismo como un proceso social y no simplemente como un hecho económico o político en particular, ya que el solo hecho que se haya inhibido el desarrollo del populismo en Chile, permite también comprender el proceso democratizador que se dio en el país y que se extiende hasta el día de hoy.

Ahora bien, la estrategia de investigación que ha propuesto la sociología histórica (sin entrar en mayores discusiones teóricas que harían desviar la atención) va desde la elaboración de modelos teóricos que son contrastados mediante el material empírico, a la exposición hermenéutica de las distintas tesis que explican un período de tiempo determinado (Aminzade 1994; Goldthorpe 1991). Aunque tampoco se ha dejado de lado el análisis comparativo de los procesos sociales que afectan a determinadas regiones o países (Tilly

1991). Al menos en lo que respecta a esta trabajo, se procedió a utilizar las dos primeras estrategias, con principal atención y desarrollo de la segunda. En efecto, por una parte, se utiliza una amplísima bibliografía secundaria que explicaría la excepcionalidad "populista chilena", y al mismo tiempo, se hace presente una argumentación que permite impugnar dicha tesis. Por otra parte, y asumiendo que la sociología histórica carece de una metodología que supere la investigación del archivo, se intenta realizar un análisis que va más allá del ámbito descriptivo, si se quiere corroborativo, de las fuentes primarias.

En rigor, una de las mayores dificultades para el desarrollo de este libro fue la elección del *corpus*, principalmente por dos razones: en primer lugar, por el volumen de las fuentes primarias y secundarias, y en segundo lugar, por el contenido de éstas. A decir verdad, el volumen de las fuentes primarias se redujo considerablemente al determinar interpretativamente, que si es que alguna vez se dio inicio a un *proceso populista*, fue durante el período que transcurrió entre 1960 y 1973. Mientras el número de fuentes primarias se redujo sustantivamente, el número de fuentes secundarias, por el contrario, se multiplicó, ya que la cuestión de fondo era entregar una explicación estructural de por qué no se había desarrollado un proceso populista en Chile entre los años 1932 y 1973. Por cierto que la reducción de material primario, para un historiador, supondría un problema, pero no así (o no necesariamente) para un sociólogo. La dificultad para este último, en realidad, radicaría en la metodología de recolección, y principalmente, en el análisis de los datos.

Por de pronto, aquí se asume que es el discurso político el principal elemento, si se quiere verificador, para constatar la presencia de una articulación populista. Con todo, esto no significa que sea el discurso —como se explica durante el transcurso del libro— el que determina por sí solo si se está ante la presencia de populismo. El problema se reducía a determinar cuáles serían los discursos a utilizar, y al mismo tiempo, qué particularidad debían tener éstos. En otras palabras, se debía decidir respecto a procedimientos muestrales que garantizaran una apropiada representatividad cualitativa y cuantitativa. Porque ante el enorme volumen de discursos que aparecen en diarios, revistas, folletos, programas y entrevistas, finalmente se decidió indagar, en clave hermenéutica, solo en aquellos discursos que evidenciaran el desarrollo de una articulación populista en un contexto de crisis hegemónica, por lo que automáticamente la búsqueda se limitó en forma significativa a los últimos años de la década de 1960 e inicios de 1970. Esto evitó construir un imbricado marco muestral que midiera con exactitud la presencia o ausencia (o incluso gradaciones) de populismo, optando más bien por "coyunturas discursivas" especialmente relevantes. Pues, por ejemplo, ¿qué variables se deberían utilizar para dilucidar la contaminación de un discurso con su carga retórica?, ¿cómo se podría determinar un discurso populista si quien lo esgrimió no llegó al poder y, por lo mismo, sería imposible observar su "grado de cumplimiento"?; o más simple aún, ¿cuáles serían los umbrales para determinar que se está ante un discurso populista?, ¿qué debería decir en concreto un discurso populista cuando hace referencia a la palabra pueblo, movilización, polarización o reconocimiento?

Proceder de este modo, si bien habría permitido hablar en términos de grados de articulación populista, no habría permitido hablar en términos de ausencia/presencia, que, precisamente, es el objetivo —y principal aporte— de comprender al populismo como un proceso social. Por cierto que generalmente los discursos responden a procesos históricos de larga data (Orlandi 2012), pero aquí se indaga, principalmente, en aquellos que dislocaron el escenario político chileno en la medida que polarizaron y pusieron en jaque al modelo cultural y político existente (léase por *Antiguo Régimen*). En particular, en esta investigación se optó por utilizar, preferentemente, los Programas de gobierno que elaboraron los candidatos presidenciales previa elección de 1970, para luego ser analizados mediante las herramientas conceptuales que propone el análisis del discurso. Así, tomando en consideración que el discurso contribuye de manera importante a la construcción de sistemas de creencias, se propone un análisis tridimensional, que se caracteriza por combinar un análisis textual, el de la práctica discursiva y el de la práctica social (Fairclough 1992).

******

El presente libro está dividido en cuatro partes. La primera parte tiene como objetivo principal explicar al lector lo que conceptualmente se entiende por populismo. Partiendo el análisis desde un enfoque en particular, específicamente, lo propuesto por Ernesto Laclau y sus discípulos. Se conserva así la noción de articulación discursiva propuesta por Laclau, pero se le supera, ya que se invita a reflexionar respecto a las distintas condiciones de posibilidad de tipo estructural (sin que por ello se realice un análisis puramente estructuralista) y agencial que tiene el populismo. En consecuencia, en esta combinación de articulación, contenidos, discurso y condiciones de posibilidad, se recupera parte de la producción teórica (sociológica) latinoamericana de 1960, con el objeto de lograr un anclaje socio-material al post-estructuralismo discursivo de Laclau.

En la segunda parte, en tanto, se hace un estudio pormenorizado de los distintos análisis que se han hecho respecto al populismo en Chile, en donde destaca una opinión adversa que se tiene respecto de éste. Casi sin excepción, los investigadores concluyen que el populismo es una democracia inferior o un "fenómeno" abiertamente antidemocrático. Se da cuenta, además, que el populismo se interpreta de ese modo por una forma particular de entender y razonar la democracia, eminentemente institucionalista, en que se reduce la democracia a la representación partidista y al proceso eleccionario.

La tercera parte tiene como propósito demostrar por qué no se produjo el advenimiento o consolidación de un proceso populista en una sociedad que compartía, en un grado importante, estructuras sociales y económicas con el resto de los países de la región. La explicación que se da a ello es, en términos concretos, de orden político. En rigor, aquí se plantea que tras la crisis oligárquica de primer cuarto de siglo XX, se produjo en Chile una estructura anti-populista de tipo institucional-partidista, la cual se prolongó durante casi cuarenta años, y sería ésta la principal responsable de haber inhibido el desenvolvimiento de un proceso populista. Gran parte de la academia concuerda que este hecho, casi por sí solo o por efecto del mismo, demostraría la existencia de un profundo proceso democratizador en el país. En rigor, es esta hipótesis la que se impugna en este libro, por cuanto la ausencia de populismo habría obedecido más bien a una forma particular de entender la democracia, con sello fuertemente institucional, y no producto de efectivos procesos democratizadores (amplios, igualitarios, protegidos y vinculantes).

La cuarta parte busca explicar, por un lado, los mecanismos estructurales que inhibieron el desencadenamiento de procesos populistas en Chile, y por otro, retratar el proceso populista que se llevó a cabo a fines de la década de 1960 y principios de 1970. Aquí se argumenta que la política tradicionalmente electoralista del sistema de partidos chilenos, combinó una política de ofertas con discursos de alto contenido ideológico que terminó polarizando antagónicamente al sistema de partidos, de tal manera que, junto a la movilización política-electoral, generó las condiciones para que se gestara un proceso populista *ad portas* de la elección de 1970. Una vez superados los *corsets* estructurales, se concluye que se gestó una articulación populista producto de una polarización antagónica que estuvo cicateada por una crisis hegemónica. Fue ese el "momento preciso" en que el discurso político adquirió una dimensión populista, cuestión que es posible de visualizar —significativamente— en los diversos Programas que se elaboraron para las elecciones presidenciales de 1970, y que permite concluir que se estuvo ante la presencia de un *fenómeno populista*.

Primera Parte

Por una conceptualización del populismo como proceso (momento, fenómeno, régimen)

La primera parte tiene como objetivo principal explicar al lector lo que conceptualmente se entiende por populismo. En este caso desde un enfoque en particular, específicamente, lo propuesto por Ernesto Laclau y sus discípulos. Es a partir de dichos enunciados que se intenta hacer un aporte teórico proponiendo que el populismo se debe reconocer como un proceso, que se traduce en la existencia de un momento, fenómeno y un régimen.

Esta unidad está compuesta por dos capítulos. El primer capítulo, tiene por objeto dar a conocer la propuesta teórica de Laclau respecto al populismo. Desligándose del modo tradicional en que ha sido estudiado el término, Laclau enfatiza el hecho de que lo que distingue a una articulación populista es su naturaleza ontológica y no óntica, por lo que el populismo se definiría, esencialmente, como un "juego" discursivo (subsumido en lógicas diferenciales-equivalenciales) de tipo hegemónico entre el pueblo y el bloque de poder. Mientras que en la primera sección del capítulo, se presenta en profundidad la teoría de Laclau y se reconstruyen las tesis centrales que hacen de su propuesta un renovado aporte a la "teoría populista", la segunda sección, en tanto, tiene por objeto tensionar el modelo teórico propuesto por Laclau a partir de tres autores, a saber: Aboy Carlés, Barrios y Burdman. En efecto, es a partir de las críticas que elaboran tres de sus continuadores, que se elabora una propuesta que permitiría establecer una mayor interrelación teórica entre forma y contenido, y a su vez, una conexión más profunda con la experiencia.

En el segundo capítulo, se propone una nueva forma de conceptualizar al populismo, donde se lo concibe como un proceso histórico que obedece a distintas condiciones de posibilidad y que se define en tanto momento, fenómeno y régimen. Aquí se invita a reflexionar acerca del populismo respecto a sus condiciones de posibilidad de tipo estructural (sin que por ello se realice un análisis puramente estructuralista) y agencial, evitando así definir al "fenómeno" solo como la lógica de la política, aunque rescatando, por una parte, la idea de que el populismo es una dimensión de la política (Worsley 1969; Laclau 2005), y por otra, conservando la noción de articulación discursiva propuesta por Laclau, sobre todo en lo que dice relación con la configuración de un momento y el fenómeno populista, pero no así en la noción de régimen, ya que en estos aspectos, se supera ampliamente el marco teórico lacluneano. En consecuencia, en esta combinación de articulación, contenidos, discurso y condiciones de posibilidad, se intenta recuperar parte de la producción teórica (sociológica) latinoamericana de 1960, con el objeto de lograr una explicación discursiva de tipo estructural y agencial.

Finalmente, se define como proceso populista, a un movimiento nacional-popular en el que se moviliza, mediante un líder, a un pueblo que pone en entredicho, por medio de una ruptura antagónica y una lógica polarizadora, el estado natural de cosas vigente. Movilización popular que está en permanente tensión para lograr su institucionalización, ya que está en busca de un reconocimiento que por mucho tiempo le fue negado. Todo ello, en un contexto de crisis hegemónica.

Capitulo I

Estado de la cuestión[*]

1. *Presentación del problema*

Dos son los principales problemas que se deben resolver cuando se quiere estudiar en profundidad el populismo: uno es de tipo metodológico, el otro, teórico.

En primer lugar, a nivel metodológico, la dificultad consiste en la insalvable distancia que se presenta, en los distintos trabajos existentes sobre la materia, entre teoría y práctica. Así, lo que ha predominado hasta el momento es, por una parte, la ejecución de análisis empíricos que parten desde definiciones abstractas del populismo que poco tienen que ver con la realidad, y en donde se proponen teorías generales aplicables a todo evento, sin importar mayormente el contexto histórico o el área geográfica. Por otra, la comparación empírica se ha superpuesto de tal modo a la teoría que se corre el riesgo de que el concepto pierda su carácter esencial, importando mucho más las "enunciaciones" (según el enfoque que se siga, claro está) de populismo que el proceso que acaece. Es decir, ante el afán de demostrar que se está en presencia de populismo, se podría caer en una tipología indeterminada de casos, pues de lo que se trataría, en último término, sería verificar los distintos grados de

---

[*] Este capítulo se publicó casi íntegramente en *Revista Izquierdas* 38, 2018, 61-88.

populismo y no precisar o explicar el por qué un proceso político-social puede ser catalogado de populista.

Un segundo problema que se presenta es de tipo teórico; esto es, determinar cuáles son los elementos y características constitutivas del populismo. Cas Mudde en conjunto con Cristóbal Rovira (2012), han puesto énfasis en señalar que uno de los dilemas fundamentales respecto a la comprensión del populismo es que los investigadores ni siquiera se han puesto de acuerdo en decidir qué clase de cosa es, cuestión que traería como consecuencia la constante ramificación de teorías abstractas y cuando no de posiciones ideológicas que se alejan de la realidad.

Una buena síntesis teórica de las explicaciones que se han esbozado para responder a la pregunta sobre qué es el populismo y que permite introducir de buena manera los distintos enfoques existentes es lo planteado por Kurt Weyland (2001), quien distingue tres formas de explicar el fenómeno populista: la estrategia acumulativa, estrategia de adición y estrategia de redefinición. Por acumulativa, entiende el autor una definición que combina la presencia de atributos de diversos ámbitos, tales como discursivos, políticos, económicos y sociales. En este sentido, se estaría ante la presencia del populismo cuando dichas características comparecen en conjunto y la ausencia de alguna de ellas denotaría, por consiguiente, un objeto distinto de estudio. De todos modos, el predominio de la variable socio-económica (modernización, industrialización, migración) sería decisiva y se conjugaría con elementos propios de la política (discurso ambiguo, alianza multiclasista, estilo político, entre otros) (Weyland 2001). La estrategia de adición, en tanto, conecta los atributos de los distintos dominios, por lo que más que utilizar una lógica "y", opera con una lógica "o", es decir, basta con que uno de esos atributos de dominio esté presente para que se constate el concepto. Argumenta Weyland (2001) que esta estrategia, la cual denomina en último término "radial", no permite clarificar de qué trata realmente el populismo, puesto que solo estaría proponiendo una definición mínima que establecería la presencia de innumerables subtipos de populismo. En rigor, no habría que ser muy perspicaz para darse cuenta de que esta estrategia conlleva una proliferación de excepciones en el mismo momento de su aplicación empírica. Por último, la estrategia de redefinición, que defiende Weyland, formula la utilización de un solo campo de dominio, descartando cualidades u otros atributos que no serían esenciales, inclinándose el autor por una explicación política, específicamente, al concebir al populismo como una particular estrategia política (Weyland 2001).

A partir de estas distintas estrategias, es posible clasificar, en la literatura especializada, diferentes enfoques que intentan definir el populismo: primero, el enfoque macro sociológico-histórico, ya sea que explique al populismo como una transición a la modernidad (Germani 1965a, 1965b; Di Tella, 1965) o como un modelo socioeconómico de desarrollo en un contexto específico (Ianni 1975; Vilas 1995a, 1995b; Weffort 1968); segundo, el enfoque relacional que concibe al fenómeno como un tipo específico de estilo político (Conniff 2003, 2012; Freidenberg 2012; Hermet 2003, 2008; Ostiguy 2014, 2015); tercero, el enfoque institucionalista, que entiende al populismo como una estrategia de poder (Navia 2003; Roberts 1995, 2009; Walker 2006, 2009; Weyland 1999, 2001, 2003, 2004); cuarto, el enfoque economicista, que opone populismo a una economía de libre mercado (Dornbush y Edwards 1991; Edwards 2009); en quinto lugar, el enfoque ideológico o ideacional, que explica el populismo como una ideología maniquea entre el pueblo y una elite corrupta (Mudde 2004; Mudde y Rovira 2011, 2012, 2017; Rovira 2012, 2013; Rovira y Hawkins, 2017); y en sexto lugar, el enfoque político-discursivo, que entiende al fenómeno como una lógica discursiva (Laclau 1978, 2005, 2006, 2009).

Ahora bien, como es imposible realizar un estudio acucioso (además de innecesario) de los distintos enfoques arriba reseñados, se ha decidido explicar de modo general (y sin entrar en mayores discusiones teóricas) la propuesta de Laclau, pues esta investigación inicia su análisis desde el planteamiento lacloneano, pero intentando resolver la problemática de que el populismo es solo forma. En rigor, aquí se hace una apuesta conceptual en la que se le intenta dar un anclaje socio-material al post-estructuralismo discursivo de Laclau, aunque conservando su lógica articuladora.

2. Enfoque político-discursivo lacloneano: algunas notas relevantes

Fue en 1978 cuando Laclau dio inicio a sus estudios relacionados con el populismo[1]. Por ese entonces, definía al populismo como "la presentación de las interpelaciones popular-democráticas como conjunto sintético-antagónico respecto a la ideología dominante" (Laclau 1978, 122). Siguiendo muy de cerca los ejes del marxismo clásico, el autor circunscribía al populismo a la permanente actualización del antagonismo político pueblo/bloque de poder. Contradicción dominante a nivel de la formación social, que si bien se daba en el nivel de las relaciones de producción, era posible ser articulada, según Laclau, en ambos actores de la lucha de clases (proletariado/burguesía) en tanto construcción hegemónica orientada a sus propios fines estratégicos.

Sin embargo, con el paso del tiempo —y secundado en esto por Chantal Mouffe—, Laclau pasó de una matriz de análisis en la que predominaba la lucha de clases a una visión postestructuralista y pragmatista de lo social, que tomaba como referente a Derrida y Lacan, y que se afirmaba en la premisa de que todos los fenómenos sociales (palabras, acciones, prácticas e ideologías) debían ser entendidos como producciones de sentido articuladas discursivamente (Laclau y Mouffe 2010). Si bien dicha resignificación de la noción de antagonismo obligó a Laclau a no remitirse exclusivamente a la lucha de clases, siempre mantuvo al antagonismo como eje inalterable para explicar al populismo (Vergalito 2007). Así, el antagonismo pasó a designar el límite de la objetividad social; pero más importante aún, Laclau se vio de cierto modo obligado a conceptualizar al sujeto —antes ligado a la idea de interpelación/constitución— dentro de una posición estructural que se subsume en un juego de lógicas diferenciales-equivalenciales, por lo que el populismo se constituiría mediante un "juego" discursivo de demandas y de un significante vacío que simbolizaría al pueblo frente al bloque de poder.

El trabajo de Laclau respecto del populismo se construye a partir de una crítica profunda del modo en que ha sido estudiado el concepto, principalmente, por la vaguedad teórica que ha asumido y porque ha sido permanentemente catalogado como 'la enfermedad político-social' que evitaría el auténtico desarrollo democrático y el despegue económico de los países en crecimiento. Para el intelectual argentino, en cambio, todo análisis que gire en torno al populismo debería poner énfasis en tres puntos que lo definen:

En primer lugar, determinar qué es lo propiamente discursivo del populismo antes de asignarle características o elementos que le sean propios a todo evento. En su opinión, el populismo es una categoría ontológica y no óntica, ya que más que determinar los contenidos que participan del proceso de articulación —léase lo económico, político e ideológico—, se debería observar el modo en el que se articulan contenidos sociales que producen efectos y que se manifiestan, principalmente, en modos de representación. En efecto, Laclau parte desde la base de que las prácticas políticas no expresan la naturaleza de los agentes sociales sino que, en cambio, los constituyen. Así, más importante que enfocarse en la conformación de los grupos, se debería mostrar principal atención en el análisis de las prácticas, puesto que todo grupo social no es más que una articulación de prácticas sociales (Laclau 2009). Su propuesta tiene un carácter formal, en el sentido de que todos sus rasgos definitorios están relacionados con un modo de articulación específico —la prevalencia de la lógica equivalencial por sobre la lógica de la diferencia—, independientemente de los contenidos reales que se articulan. En consecuencia, "un movimiento no es populista porque en su política o ideología presenta contenidos reales identificables como populistas, sino porque muestra una determinada lógica de articulación de esos contenidos –cualesquiera sean estos últimos" (Laclau 2009, 53).

De hecho, para Laclau, la característica invariante de todo populismo reside en que es un fenómeno ideológico en el cual las interpelaciones popular-democráticas se articulan y se presentan hegemónicamente bajo la forma de un antagonismo irreductible respecto de la ideología dominante. Por lo tanto, si el populismo es per se contrahegemonía, todo proceso político que cuestione la ideología hegemónica y/o dominante es populismo, independientemente de su 'color' político. En consecuencia, desde la perspectiva del autor, el populismo podría provenir desde las más diversas orientaciones políticas, pues lo que realmente importa para calificar a un fenómeno como populista es la presencia de una frontera antagónica que enfatiza la radicalidad popular, en razón de que los canales existentes para la vehiculización de las demandas sociales han perdido toda eficacia y legitimidad (Laclau 2005, 2009).

En segundo lugar, y directamente relacionado con lo anterior, Laclau está muy lejos de considerar el populismo como una enfermedad política; muy por el contrario, la lógica populista, en tanto asume la constitución del pueblo, es la forma como se construye lo político y se vive en democracia. Desde esta perspectiva, el populismo no es un momento de transición hacia la madurez política, sino una permanente acción de la dimensión política[2]. La lógica populista viene a ser un acto performativo de la realidad social, que está dotado de una racionalidad propia y que simplifica el espacio político en dos dicotomías antagónicas y cuyos dos polos son necesariamente imprecisos: la elite y el pueblo[3].

La construcción del pueblo —esgrime Laclau— se efectúa en y cómo discurso, en un plano relacional objetivo. El pueblo no sería más que la interrelación existente entre los distintos grupos en razón de constantes luchas hegemónicas. Laclau divide al grupo social —como pueblo— en unidades menores, que llama demandas. La lógica populista es, a fin de cuentas, una articulación de demandas que transita entre la lógica de la diferencia y la lógica de la equivalencia y que tienen como característica esencial el encontrarse en oposición al orden establecido. Es decir, pese a que la realidad social se construye a partir de dos grupos antagónicos, la homogeneidad del pueblo no es un dato de la causa; por el contrario, si éste se constituye a partir de una lógica discursiva, el grupo —como pueblo— siempre estará dividido en distintos grupos particulares heterogéneos. Solo a partir de la diferencia del grupo en tanto demanda (s) (heterogeneidad/homogeneidad), es que se construye hegemónicamente la equivalencia del grupo como un todo (Laclau 2005).

En consecuencia, no existe para Laclau un elemento central que determine en última instancia lo que es el pueblo, puesto que las diferencias son equivalentes entre sí (nunca iguales) en su rechazo común a la identidad excluida. La equivalencia es precisamente lo que subvierte la diferencia, de manera que toda identidad es construida de esta tensión entre la lógica de la diferencia (demanda democrática) y de la equivalencia (demanda popular). Mas, va a ser una diferencia, que nunca va a dejar de lado su particularidad, la que asuma la representación (por la imposibilidad conceptual de aprehender totalmente el objeto) de una totalidad inconmensurable; es, precisamente, una parte que representa al todo (sinécdoque). "De esta manera la operación en la que una particularidad asume una significación universal inconmensurable consigo misma es la que denominamos hegemonía" (Laclau 2005, 95). De todos modos, se debe tener claro que la diferencia y la equivalencia están presentes tanto en la lógica populista como institucionalista, por lo que la diferencia entre ambas lógicas se debe buscar al nivel de los significantes hegemónicos que estructuran la formación discursiva. Un discurso "institucionalista es aquel que intenta hacer coincidir los límites de la formación discursiva con los límites de la comunidad (...). En el caso del populismo ocurre lo opuesto: una frontera divide a la sociedad en dos campos" (Laclau 2005, 207).

De hecho, plantea Laclau, es el discurso institucionalista el que reclama la diferencialidad como el único equivalente legítimo, asumiendo y —de paso— exigiendo que todas las diferencias sean aceptadas y validadas en una totalidad más amplia: una totalidad de diferencia, siempre favorable al núcleo de poder; mientras que, en la lógica populista, hay una parte que exige ser el todo, dando paso a la exclusión radical en el espacio comunitario mediante la construcción de dos fronteras antagónicas irreductibles que se enfrentan alrededor de dos cadenas equivalenciales incompatibles (Laclau 2005,

107-108). Dicho de otro modo, es en la totalidad nunca totalizada donde hallamos una tensión inacabable, una pulsión hacia una totalidad siempre fallida, pero necesaria, ya que sin ella no habría identidad. Ésto ocurre porque Laclau parte de la base que hay una asimetría entre la comunidad como un todo (sociedad) y el actor social que opera en ella. Por lo tanto, no existe actor social —incluso como pueblo— cuya voluntad coincida con la sociedad concebida como totalidad, aunque exija serlo. El punto de Laclau, es que no existe ningún medio que permita salvar el abismo entre la voluntad política y el espacio comunitario, pero que el intento "por construir ese puente define la articulación específicamente política de las identidades sociales" (Laclau 2009, 54).

Con todo, Laclau enseña que es durante la lucha hegemónica que una particularidad se elevará como un significante vacío, que intenta poseer una dimensión de plenitud de la comunidad: "Los significantes vacíos solo pueden desempeñar su rol si significan una cadena de equivalencias, y solo si lo hacen constituyen pueblo. En otras palabras, la democracia solo puede fundarse en la existencia de un sujeto democrático, cuya emergencia depende de la articulación vertical de demandas equivalentes" (Laclau 2005, 215). Así, el significante vacío representa el procedimiento en el que una demanda particular (a condición que nunca abandone dicha particularidad) pasa a representar la cadena como totalidad, de un modo hegemónico. Es un particular que se vacía y que al universalizarse cubre un espacio más vasto que el de su propia particularidad, articulando elementos heterogéneos de un modo hegemónico. De ahí que se entienda la pobreza de sus símbolos, pues tiene que brindar homogeneidad equivalencial a una realidad altamente heterogénea. Siendo ineluctable que, en este proceso, lo que gane en extensión lo pierda en intensidad.

En una construcción populista clásica, la dicotomía entre la elite y el pueblo es siempre antagónica y se manifiesta mediante demandas. Para Laclau, toda demanda varía entre la petición y el reclamo, ya que toda vez que una petición no ha sido satisfecha ésta adquiere el carácter de un reclamo profundamente democrático, conservando siempre la noción de insatisfacción con respecto al statu quo (Laclau, 2005: 161). Precisamente, el no reconocimiento de demandas por parte del poder institucionalizado es lo que permite la unión de diversas demandas populares unidas, todas ellas, por una lógica equivalencial que, en definitiva, propiciará el advenimiento del pueblo tras una lucha hegemónica, logrando así la construcción de una demanda popular que unificará al pueblo frente a un enemigo común, el bloque de poder. En consecuencia, no se puede producir una lógica equivalencial sin una heterogeneidad de demandas insatisfechas, por lo que una de las estrategias del poder institucional será, precisamente, identificar la demanda y tratar de satisfacerla o domesticarla, rompiendo la cadena en alguna de sus partes, aunque sin lograr que ésta desaparezca para siempre.

En definitiva, para Laclau, el pueblo se construye sobre la base de un conjunto de demandas no satisfechas que se diferencian unas de otras, pero que logran su equivalencia en torno al significante vacío. Según esta perspectiva de análisis, el pueblo no se podría identificar con una parte de la sociedad, ni mucho menos con una clase en particular. Si las demandas son representativas de los distintos grupos que conforman a la sociedad éstas mutarán conforme al paso del tiempo; por lo tanto, la demanda de un grupo que dé paso a la construcción del significante vacío nunca se fijará en el tiempo.

Es por este motivo que, según Laclau (2005), la plenitud no es más que un objeto del deseo y solo es posible en sociedades donde no hay política. El fin —trágico— de la política, se produciría cuando predomine un discurso en el que la lógica pura de la diferencia (institucionalista) o bien en el que la lógica de la equivalencia (discurso populista) se impongan de un modo excluyente; es decir, cuando una de las dos lógicas se imponga y aplaste a la otra. Esto es lo que explicaría, por ejemplo, por qué fracasa la consolidación de un pueblo en momentos que ha habido una "movilización populista", ya que el pueblo podría desintegrarse en la institucionalidad, constituirse como una eterna diferenciación o bien totalizarse como plenitud.

Advierte Laclau que la relación entre política y populismo es manifiesta. En ambos procesos hay una división de la sociedad y un demos ambiguo que es, por un lado, un sector dentro de la comunidad (los no reconocidos), y por el otro, un actor que se representa a sí mismo, de modo antagónico, como la totalidad de la comunidad. Si la política exige la división social, el antagonismo, la lógica populista, no sería más que "el modo" de construir lo político. En la construcción de una frontera de exclusión, que divide a la sociedad en dos campos antagónicos, el pueblo sería algo menos que la totalidad de los miembros de la comunidad; no obstante, es un componente parcial que aspira a ser concebido como la totalidad, única y legítima. Por supuesto que sin una ruptura en el orden social, no habría posibilidad de antagonismo. Lo decisivo, como argumenta Laclau, es la construcción de un pueblo, en donde se nominaliza a esa plenitud que por mucho tiempo estuvo ausente, aunque paradójicamente siempre estuvo presente, ya que ese populus, es la fuente actual de opresión (Laclau 2005). Dicho de otro modo, según Laclau, aquello que se presenta antes de la construcción de la "razón populista", como populus, no es más que una falsa totalidad, pero que a partir de una lógica discursiva-populista, se constituirá como plebs; es decir, el significante encargado de articular y representar un conjunto de demandas parciales en una totalidad plena: un populus verdaderamente universal que es negado por el orden —institucional— existente.

En tercer lugar, si el pueblo dista de ser tan solo una expresión ideológica, sino que por el contrario, es el vínculo lógico que desarrollan los agentes sociales y la forma en específico que se vinculan los distintos grupos, resulta perentorio la presencia de un significante vacío que le confiera cohesión a la heterogeneidad del grupo. Según Laclau, en no pocas ocasiones, este significante vacío estaría representado, nominalizado en la figura de un líder, quien irrumpe en el espacio público para ayudar a fijar la unidad de una formación social en un objeto que sea conceptualmente aprehensible. En rigor, la nominación y el afecto, se transforman en el cemento de unidad, aquel lazo en el que destaca la figura del líder como ente unificador.

Si la presencia de un líder fuerte se explica, según Freud (2010), porque un número mayoritario de individuos han puesto el mismo y único objeto en el lugar de su yo ideal, logrando siempre la identificación completa entre sí en su "yo común", Laclau (2005), por el contrario, postula que el líder solo será aceptado si presenta de un modo particularmente marcado los rasgos que comparte con aquellos que se supone que debe liderar (como primus inter pares); ese rasgo común, que hace posible la identificación entre los miembros del grupo, no puede consistir exclusivamente en el amor hacia el líder, sino en un rasgo positivo compartido por el líder y los liderados[4]. El líder, en consecuencia, pertenecería y encarnaría al pueblo en un doble movimiento, en donde "representante y representado se co-constituyen" (Disch 2015, 44)[5] en oposición antagónica a la elite.

Capítulo ii

Hacia una propuesta conceptual del proceso populista:
momento, fenómeno, régimen

1. Notas aclaratorias

Pese al gran despliegue conceptual, uno de los grandes problemas de catalogar al populismo únicamente como una lógica discursiva, es la dificultad de aplicar empíricamente elementos como ruptura, apelación a los de abajo, dicotomización del campo político a la experiencia histórico-social. Sobre todo, "al momento de sistematizar una explicación que pudiese dar cuenta de las complejidades y contradicciones de los movimientos y regímenes populistas realmente existentes, debido a la heterogeneidad de estos últimos" (Burdman 2009, 617). Pero la dificultad incluso persiste respecto al tipo de objeto del cual el populismo efectivamente trata; en otras palabras, qué es lo que el investigador va a catalogar de populista, siendo que éste puede tratarse de un tipo de discurso, una dimensión discursiva o un tipo de régimen político con un discurso específico. En simple, el problema se debería circunscribir en establecer, primero, qué objeto concreto se determinará como populista, y segundo, qué características permitirían legitimarlo como tal (Burdman 2009). El punto no es menor si se toma en consideración el excesivo *formalismo* del populismo asumido por Laclau, pese a su posterior apertura y aportes de sus discípulos, en lo referente a la especificidad de sus *contenidos* (Aboy Carles 2003, 2005, 2010a, 2010b, 2015; Barros 2006a, 2006b, 2009, 2014; Burdman 2009).

Es por estas razones que se ha planteado que la mayor problemática en la propuesta de Laclau, es al momento de generar una conexión más efectiva con la experiencia histórico-social. Y es precisamente en este contexto donde se elabora la propuesta, la cual se propone establecer una mayor conexión entre contenido y forma en el marco de una nueva interpretación teórico-empírica. En rigor, aquí se propone, en primer lugar, que el populismo no puede ser solo *forma* si no que también *contenido*, ya que si se lo considera, esencialmente, como un producto de la lógica política, esto podría inducir a que el término pierda especificidad y se transforme en un concepto híbrido que puede ser aplicado indistintamente a distintos procesos históricos y termine asociándose a la política, al antagonismo y a la hegemonía. De hecho, Melo y Aboy Carlés (2014) sostienen que en *La Razón Populista*, "la cuestión histórica pasa a ser comandada por un análisis de orden cuasi superficial que, con muy poco detalle, intenta englobar procesos muy disímiles que van desde el boulangerismo al kemalismo turco sin un profundo desarrollo. Las experiencias históricas, en el último Laclau, pasaron a ser meras ilustraciones de una demostración lógica previa. Muy distinto a lo que fue su empresa inicial, a mediados de los años 70" (Melo y Aboy Carlés 2014, 411). En segundo lugar, también se argumenta que si lo único que importa es la articulación discursiva para afirmar que se está ante un movimiento populista, se desconocería el hecho de que elementos estructurales son fundamentales para explicar un proceso social, cuestión que desde un análisis socio-histórico es imposibles de soslayar.

En efecto, la apuesta en este trabajo es que los populismos se definan tanto por su articulación como por sus contenidos, apostando a establecer una exploración empírica de los populismos "realmente existentes". La propuesta que aquí se hace, a nivel conceptual, es que el populismo, pese a que se articula discursivamente, también responde a *condiciones de posibilidad* en tanto combinación de agencia y estructura. Condiciones que no solo permiten su existencia, sino que también pueden bloquear u obturar su desarrollo. No obstante lo anterior, esto no significa que el lector vaya a encontrar a continuación el desarrollo de leyes generales que le permitan advertir o reconocer la presencia o ausencia de populismo, como si hubiese una trayectoria única o una explicación total. Muchos menos habría que esperar el desarrollo minucioso de una tabla de variables, donde se especifiquen las medidas o valores de éstas, que permita medir con precisión distintos grados de populismo.

En definitiva, no se intenta aquí hacer una teoría general del populismo, sino que más bien se hace una propuesta teórica que se acota empíricamente al estudio de países en contextos determinados. Por cierto que esta propuesta podría provocar más de alguna crítica (de algún discípulo o continuador de Laclau), ya que teóricamente resulta difícil conciliar elementos estructurales con el postestructualismo lacloneano. Pero como bien afirma Aboy Carlés, tal vez la solución a dicha dificultad se encuentre, precisamente, en tratar de hibridar la teoría de Laclau con otros autores y poner en cuestión algunas de sus prenociones teóricas y metodológicas (Aboy Carlés 2015)[1].

Es por los motivos antes expuestos, que cifro mi interés, a nivel teórico, en proponer la existencia de un proceso populista, compuesto por un momento, un fenómeno y un régimen. Se invita a reflexionar acerca del populismo respecto a sus condiciones de posibilidad de tipo estructural (sin que por ello se realice un análisis puramente estructuralista) y agencial, evitando así definir al "fenómeno" *solo* como la lógica de la política, aunque rescatando, por una parte, la idea de que el populismo es una dimensión de la política (Worsley 1969; Laclau 2005). Por otra parte, conservando —de manera importante— la noción de articulación discursiva propuesta por Laclau, al menos en lo que dice relación con la configuración del momento y del fenómeno populista, pero no así en la noción de régimen, pues en estos aspectos, esta investigación supera ampliamente el marco teórico lacloneano. A decir verdad, en esta combinación de articulación, contenidos, discurso y condiciones de posibilidad, se recupera parte de la producción teórica (sociológica) latinoamericana de 1960, con el objeto de lograr un efectivo anclaje socio-material al post-estructuralismo discursivo de Laclau.

A nivel empírico, en tanto, la propuesta que aquí se presenta tiene la ventaja no solo de ser aplicable al estudio de casos, sino que implica, de paso, evitar categorizaciones muchas veces ideológicas que se imponen sobre el populismo antes de estudiarlo empíricamente. Llamar a un "fenómeno" populista desde uno u otro enfoque, no está en discusión (aunque acá se asume el político-discursivo), sino el verificar que dicho fenómeno se desencadena tras un momento populista, y que luego, puede constituirse en un régimen que responde a distintos contenidos. Y eso es justamente la superación de concebir al populismo como una articulación discursiva, porque, en último término, sí importa saber a qué visión de mundo responde, y conocer cuáles fueron los marcos políticos, sociales e ideológicos que entraron en crisis.

2. *El populismo como proceso: una articulación discursiva contra-hegemónica*

Todo proceso populista nace a partir de una crisis hegemónica, ya sea que ésta se encuentre obturada, larvada, o en pleno desarrollo. En el peor caso podría ocurrir que una crisis hegemónica se pueda producir paralelamente a una articulación discursiva, pero en el caso de que esta última no se ocasione por un momento populista, dicho discurso podría ser calificado "técnicamente" de populista, pero no se lograría explicar adecuadamente por qué y qué condiciones inhibirían o condicionarían su desarrollo[2]. Un discurso puede ser catalogado de populista porque reúne características "objetivas" que le permitan llevar ese apelativo (porque hay un líder que se dirige a las masas y porque hay un claro discurso antagónico que separa al pueblo del bloque de poder, entre otras cosas), pero lo que realmente debería importar al momento de constatar la presencia o no de populismo, es si efectivamente el discurso que se enuncia resume una articulación discursiva que intenta o lleva a cabo un proyecto contra-hegemónico. Lo que solo es posible verificar si se entiende al populismo como un proceso.

Tal como lo manifestaran Laclau y Mouffe (2010), el carácter discursivo de una realidad social, asume que ningún objeto podría emerger al margen de una superficie discursiva. Por lo mismo, no se yerra al afirmar que el discurso político resalta como el principal elemento, si se quiere verificador, de la presencia de una articulación populista. Con todo, esto no significa que sea el discurso el que determina por sí solo si se está ante la presencia o no de populismo. Y esto es importante destacar, no solo porque todo discurso debe trasuntar hacia la "realidad material", sino porque puede darse la situación que comparezcan elementos populistas que no se aducen con la realidad contingente, más allá de si se llevan o no a la práctica en tanto régimen. Por lo mismo, existe un paso intermedio que se debe tener en cuenta a la hora de calificar un proceso como populista, que es, precisamente, lo que determina que se está o no ante un fenómeno populista. Vale decir, un discurso puede ser caracterizado, por ejemplo, por distintos enfoques como populista, pero no por ello se está ante un proceso populista[3]. Cuestión distinta es que dicho discurso se articule como acicate o resultado de una crisis hegemónica: solo en ese caso se da inicio a un proceso populista (en tanto fenómeno), aunque no por ello el proceso se cerrará —siempre— con la consolidación de un régimen.

Por cierto que todos los discursos responden a procesos históricos de larga data, pero lo que habría que indagar en los procesos populistas es, precisamente, en aquellos discursos que contribuyen a dislocar el escenario político en la medida que polarizan y ponen en jaque al modelo cultural y político existente. Al ser todo proceso discursivo una combinación entre estructura y acontecimiento, en éste no solo existe una transmisión de información que se quiere descifrar, sino que también —y más todavía en un discurso populista— ocurren una serie de identificaciones de los sujetos que importa reconocer. Por de pronto, no es que se precise una búsqueda de verdad oculta en un "texto" o en otro, que permita afirmar con toda claridad, como una especie de "medidor", si se está o no ante un discurso populista. Lo que importa, por el contrario, es determinar la dimensión política populista que adquiere el discurso político significando o re-significando contenidos que, en un determinado momento, son simbolizados y adquieren un sentido diferente. Por ende, de lo que se trata, es verificar e interpretar en determinados discursos, "efectos de sentido que son producidos en condiciones determinadas" (Orlandi 2012, 36), ya que el populismo va necesariamente imbricado a un discurso político, "al punto de que su sentido y significado más profundo no puede ser aprehendido sin la comprensión y las premisas y silogismos que componen dicho discurso" (Martínez y Vairberg de Lustgarten 2014, 468).

En este sentido, es preciso reparar en la apuesta que hace Pelfini (2015) en relación a la existencia de un momento populista, es decir, al contexto de una crisis hegemónica que vendría siendo el gaillante principal del populismo[4]. Con todo, y pese a la presencia de objetivas condiciones que podrían dar lugar a un proceso populista, puede ocurrir que producto de estructuras, repertorios y ausencia de liderazgos, dicho momento no cristalice como fenómeno ni mucho menos como régimen.

Un fenómeno populista, en tanto, requiere de dos condiciones para su existencia: una crisis hegemónica y una articulación populista. En efecto, lo que resulta decisivo a la hora de hablar de un fenómeno populista, es que se produzca una articulación populista; esto es, que exista una interrelación necesaria y suficiente entre pueblo, líder, irrupción-ruptura, movilización y reconocimiento, en un contexto de crisis hegemónica (presente o incubada) y en tanto el discurso adquiera una dimensión contra-hegemónica.

Ciertamente que una articulación populista se puede generar sin que quien la propugne llegue al poder, mientras que un régimen populista exige de su presencia. Pero no por ello se puede concluir que un régimen populista es *ipso facto* un fenómeno populista que ha llegado al poder. Existen, en consecuencia, sutiles pero importantes diferencias entre ambos. Un régimen populista a diferencia de un fenómeno populista, exige dos cosas: primero, que intente hacer efectivo (en tanto proyecto contra hegemónico) política e institucionalmente su contenido, cuestión que, por cierto, no debería confundirse con cumplir taxativamente "su programa"[5];

y segundo, que combine (en una sola lógica) tanto la lógica movilizadora como institucional (Ostiguy 2014).

Se podría incluso decir que la irrupción, la ruptura y la resignificación de símbolos o significados mediante un significante vacío en un contexto de crisis, se define, finalmente, por la forma de sus interpelaciones y no por el principio que las articula, por lo que *a priori* "toda ideología puede, en este sentido, recurrir a interpelaciones populistas" (Burdman 2009, 618). Como apunta Burdman, el populismo exige una ruptura con el orden dominante, mas no necesariamente debe significar una transformación progresiva de la sociedad. Y eso —pienso— solo es comprobable en un régimen, pues éste solo lo será en la medida que lleva a cabo su proyecto contra-hegemónico en oposición al bloque histórico de poder, pudiendo acentuar aún más la crisis hegemónica. No es lo mismo, como apunta Melo, manifestar que el populismo "es un discurso de confrontación asociado a un desvalido como sujeto o agente histórico natural que decir, de otra parte, que el populismo es una interpelación democrática-popular desafiante del poder político vigente" (Melo 2011, 60).

No pudiendo ahondar en una posible distinción entre un populismo de izquierda de otro de derecha[6], la tipificación presentada más arriba, esto es, la disociación establecida entre un momento, de un fenómeno y un régimen populista, no puede ser vista como una simple tipología. Todo lo contrario, en mi opinión, resulta vital para precisar el concepto, por cuanto el populismo es un tipo de discurso político (en tanto dimensión de la política) que, como régimen, se ha dado en contados y específicos momentos de la historia. Lo que puede haber existido, quizás, y en no pocas ocasiones, son momentos populistas, pero no así fenómenos que hayan concluido en regímenes populistas. En efecto, resulta perentorio separar tres esferas distintas: la primera, la presencia de una crisis hegemónica (el momento populista); la segunda, que dice relación al tiempo en que se produce la articulación populista (el fenómeno populista); y por último, el proceso de obtención del poder (el régimen populista).

Ciertamente que a nivel conceptual el modelo propuesto, para un lector avezado, podría resultar de gran rigidez al momento de aplicarlo empíricamente, por lo que habría de verificar en el proceso histórico si las fases son siempre secuenciales o si permiten combinaciones aleatorias. Con todo, la clasificación que aquí se presenta tiene cuatro ventajas: primero, por más que se evidencien en un futuro combinaciones aleatorias de las fases éstas siempre serán distinguibles teóricamente; segundo, se evita calificar un sinnúmero de subtipos de procesos históricos, líderes y discursos como populismos (cuestión que no hace más que diluir el concepto); tercero, esta propuesta complementa —mediante *condiciones de posibilidad*— la tesis lacloneana de que el populismo se define esencialmente una articulación discursiva; y cuarto, al distinguir entre momentos, fenómenos y regímenes populistas, se consigue explicar que el populismo es un proceso socio-político.

En consecuencia, entiendo por proceso populista, un movimiento nacional-popular en el que se moviliza, mediante un líder, a un pueblo que pone en entredicho, por medio de una ruptura antagónica y una lógica polarizadora, el estado *natural* de cosas vigente. Movilización popular que está en permanente tensión para lograr su institucionalización, ya que está en busca de un reconocimiento que por mucho tiempo le fue negado. Todo ello, en un contexto de crisis hegemónica.

3. Las características articulatorias del populismo y sus condiciones de posibilidad

Impronta nacional-popular

Que los populismos sean catalogados como movimientos nacional-populares no es producto del azar[7]. Una importante línea teórica, re-inaugurada varios años atrás por Emilio de Ípola, arguye que los populismos conformaron movimientos de nacionalización y ciudadanización de las masas que reconfiguraron, al menos en un principio, lo que hasta ese momento era entendido por lo nacional (de Ípola 1982). Sin embargo, esta línea teórica fue poco desarrollada por de Ípola, ya que su interés era demostrar que *los populismos realmente existentes*, rápidamente perdían el espíritu movilizador en aras de un fuerte Estado capitalista dominante, en donde lo nacional-popular pasaba a ser dominado sin contrapeso por lo nacional-estatal. Siguiendo muy de cerca la teoría marxista, de Ípola sostiene que el problema que es intrínseco al populismo, es que la nación encuentra su materialidad en y por el Estado (de Ípola 1982). Pero más allá que sea la vinculación entre nación y Estado en que el capitalismo adquiere su legitimidad, la hipótesis a sugerir, en este ámbito, es que los populismos intentaron de un modo u otro construir, reconstruir o, al menos, poner en escena, el rol del Estado Nacional.

Afirma Hugo Cancino que los populismos fueron movimientos nacionales-populares (Cancino 2012)[8] que deconstruyeron los símbolos, imaginarios y mitos del Estado Nacional Oligárquico en aras de la constitución de una nación a partir del pueblo. "Los actores de esta reconstrucción del Estado Nacional y de su imaginario son las grandes mayorías de la población que quedaron excluidas de una forma del Estado elitista" (Cancino 2012, 238). Así, para el autor, los movimientos populistas, por un lado, reafirmaron el principio de la "soberanía popular" (en tanto derecho que tienen todos los pueblos de poder decidir sobre su sistema político y el uso de sus recursos naturales) y, por otro, son movimientos que desligitimaron la construcción de un Estado Nacional de tipo oligárquico, que solo incluía a los descendientes peninsulares y excluía a las grandes mayorías por el color de su piel. No resulta extraño que la nación chilena, argentina u otra, fuera en definitiva, la nación criolla (Cancino 2012). Por cierto que no en todos los países latinoamericanos ocurrió el mismo proceso, pero no se está muy lejos de la verdad afirmar que el imaginario nacional y toda la simbología que conlleva la conformación de los Estados Nacionales, fue construido e impuesto, principalmente, por las elites oligárquicas y sin mayor contrapeso de otras clases sociales hasta el primer tercio del siglo XX. Precisamente fue la aparición de los movimientos nacional-populares lo que ayudó a socavar las bases materiales, políticas y sociales de la oligarquía. De hecho, Cancino no tiene duda en afirmar que los movimientos populistas, fueron un fenómeno recurrente en la historia de América Latina del siglo XX y que gracias a ellos se podrían explicar las revoluciones y los movimientos sociales. "Ellos son la forma más profunda y radical en que el pueblo ha construido su identidad frente al anti-pueblo, las elites del poder y el sistema de dominación" (Cancino 2012, 239).

Así también, en un sugerente artículo, "Sobre alquimistas e imaginadores. Populismo y nación", Julio Aibar, propone entender a los populismos "como un síntoma, una problematización y/o una puesta en acto de la llamada cuestión nacional" (Aibar 2008, 161). Según el autor, los populismos en relación a la cuestión nacional tendrían una doble faceta: por un lado, propugnarían una mayor participación en la construcción de lo nacional, ya sea porque la *nación* soberana, como comunidad imaginada, no se habría visto directamente involucrada o porque simplemente lo nacional le resultaría espurio. Pero, por otro lado, también podría ocurrir lo contrario; a saber, que un movimiento populista no hiciera más que catalizar y reafirmar la cuestión nacional. Afirma con gran lucidez Aibar Gaete, que el populismo,

> es una expresión política que surge ahí donde las personas ya no reconocen mutuamente sus derechos y obligaciones en tanto miembros de una comunidad políticamente imaginada y en el que el ejercicio de la soberanía perdió legitimidad en tanto se fracturó el sentimiento de pertenencia. (Aibar 2008, 167)

Desde esta perspectiva, resultan dos posibles vías de análisis: una, que considera al populismo como un movimiento que enfatiza la construcción de lo nacional-popular, en las que no hay un ataque total a las bases del capitalismo, sino que se exige la reestructuración de la sociedad para otorgar una mayor participación económica (distributiva) y participativa (democrática); de otra, que cataloga al populismo como una particular forma de compromiso estatal de los sectores dominantes o hegemónicos, más precisamente, como un reacomodo de éstos sectores. Es decir, si para algunos el Estado resuelve en nombre de la totalidad nacional las contradicciones, para otros, en cambio, el inconveniente sigue en pie: lo nacional ya le fue dado, principalmente, por el grupo dominante. En términos simples, lo nacional-estatal dominante, sería hegemónico frente a lo dominado y no le daría cabida a lo nacional-popular que sería construido desde abajo.

Mas, pienso, la paradoja se resuelve en tanto se razone que los movimientos nacional-populares son construidos tanto verticalmente como horizontalmente: estratégicamente con mayor presencia del primero (mediante el líder), pero reivindicando horizontalmente, ya que lo que está en juego es la reconfiguración de lo nacional-popular. Producto de lo anterior, y siguiendo con esta línea de análisis, quizás, no sería incoherente avanzar en calificar a un régimen de derecha como nacional-estatal, mientras que uno de izquierda podría ser catalogado de nacional-popular[9]. Pero como quiera que sea, lo importante es que en toda articulación populista intervengan tres elementos: el pueblo, en su carácter movilizador y antagónico, el líder y el reconocimiento[10].

Articulación hegemónica y rupturista de lo popular

En efecto, si se acepta la hipótesis presentada, el populismo ayudaría a la formación de lo nacional mediante la construcción de un *pueblo* que se articula, como bien señala Laclau, en torno a demandas no satisfechas, que lejos está de propiciar una lucha de clases, pero que sí pone en entredicho el rol hegemónico del grupo dominante-dirigente en la construcción de lo nacional. Es, a fin de cuentas, la conformación de un proyecto hegemónico, que busca dirigir y entregar, en último término, una nueva base social al Estado, en una disputa cultural en el que los conflictos sociales ya no serían únicamente de clase sino por las (re)interpretaciones de lo social.

Ahora bien, como se ha venido señalando, para Laclau el pueblo no tiene un contenido específico, en tanto solo se constituye mediante una articulación discursiva. No obstante, en este punto, y como se señaló anteriormente, la propuesta de Laclau se torna un tanto problemática, por cuanto reconoce en dicha articulación la presencia de una *plebs*, es decir, aquella parte desvalida que busca ser reconocida y significada como "el todo" (Laclau 2005). Ciertamente, el concepto *plebs* lleva a equívocos, ya que al mencionar Laclau que una parte es la desvalida de la sociedad, se quiera o no, le está otorgando una especie de contenido específico, un contenido de marginalidad. Se podría señalar en contra de esta aseveración que, para Laclau, basta con que una demanda no sea satisfecha para que ese grupo se convierta en marginal, pero bien se sabe que, en América Latina, ese marginal, ese no reconocido, viene siendo casi el mismo de siempre: el *descamisado* (Barros 2014). En este sentido, sigo de cerca la propuesta de Aboy Carlés, quien más que reparar en el término *plebs*, rescata lo que según él es lo específico del populismo, esto es, la tensión antagónica entre un pueblo que quiere que se le reconozca como parte de la comunidad nacional: "el populismo es una forma política específica de procesar esa tensión entre la parte que se atribuye la representación legítima del todo y ese todo" (Aboy Carlés 2010). Lógica hasta cierto punto indescifrable, asevera Javier Burdman (2009), porque cuando esa parte logra integrar el todo, desde su inclusión impone exclusiones.

Como bien afirma Sebastián Barros (2006a, 2006b, 2009), lo que realmente identifica al pueblo es su condición de parte excluida, de *underdog*, por lo que la ruptura populista siempre exigirá una interpelación a los de abajo, independientemente de que ésta sea propiciada desde arriba, tal como lo concibe Weffort (1968). Pero si se conceptualiza al pueblo en una lógica interminable de demandas, como lo hace Laclau, la dificultad radicaría en que toda demanda no satisfecha sería configurable como populista, cuestión que le haría perder profundidad al término. Por consiguiente, considero indispensable que se debe profundizar en lo específico de esa demanda, que en este caso la concibo como una demanda por *reconocimiento* y *redistribución* y no solo como justicia social, como supone Groppo (2009)[11].

No pudiendo extenderme en mayores discusiones teóricas al respecto, asumo como modelo el planteamiento que hace Nancy Fraser, quien en su texto, *Escalas de Justicia* (2008), propone un modelo tridimensional para situar históricamente los conflictos por la justicia (Honneth 1997, 2006). La autora distingue tres niveles. Un primer nivel, de tipo redistributivo, de asignación de bienes económicos; un segundo nivel, de reconocimiento, de existencia moral; y un tercer nivel, de representación, es decir, de tipo político (Fraser 2008). Entonces, si se afirma que en una articulación populista se apela a un pueblo que está excluido de las decisiones soberanas de la nación, se exigirá no solo el reconocimiento político, sino también el económico y social[12]. El reconocimiento, es un acto moral de carácter antropológico que está anclado como acontecimiento cotidiano en el mundo social, pero que se define, esencialmente, por el conflicto y la conquista de los derechos, y que se enmarcan dentro de un proceso histórico que exige que los sujetos sean reconocidos (Honneth 1997).

Es por estas razones expuestas, que la apelación al pueblo tiene siempre un carácter antagónico, de ruptura, movilizador. Para Barros (2009), el populismo es el momento de la irrupción de lo excluido. Por consiguiente, la idea de una inclusión radical significa que los discursos populistas también provocan una transformación en el orden institucional. Remitiéndose a Rancière (2011), Barros afirma que la inclusión de ciertas demandas en la discusión de una comunidad marca el comienzo de la política, ya que ésta tiene que ver con el desacuerdo, el litigio de las partes dentro de una comunidad en las que el pueblo ha estado ausente y que ahora se erige como el *todo* comunitario. Según esta interpretación, al populismo habría que concebirlo como una movilización política que representa una forma específica de ruptura de la institucionalidad vigente mediante el planteamiento de un conflicto por la inclusión de una parte irrepresentable dentro de esa institucionalidad (Barros 2009).

Al respecto, Javier Burdman (2009) acota que las interpelaciones y rupturas populistas, no siempre se ajustan a la irrupción del pueblo, por cuanto éstas incluso se pueden iniciar en el momento que se resignifican los significados en términos antagónicos. Vale decir, una cosa es que la irrupción de lo heterogéneo exigiendo representatividad sea, como indica Barros, fundamental para el populismo, pero otra muy distinta es manifestar que toda irrupción lleva consigo siempre ruptura al momento de hacerse efectiva. Así, para Burdman, si bien todo discurso populista se caracteriza por la presencia de una articulación equivalencial de demandas confrontadas con el orden dominante y la irrupción de otras demandas previamente marginadas en el orden institucional, no todas ellas aparecen en el momento de la irrupción (Burdman 2009).

Lo que enseña Burdman son dos cosas. Primero, que lo específico del populismo se encontraría en la ruptura y no tanto en la irrupción de la heterogeneidad; y segundo, que el discurso populista podría no ser más que una resignificación disruptiva de discursos ya existentes e incluso que pudieron ser elaborados por otros. En efecto, "las interpelaciones populistas no surgen solamente como una ruptura del orden discursivo-institucional relativamente consolidado, sino a la vez como una recuperación simbólica del momento real de la incorporación" (Burdman 2009, 626). Bajo estas circunstancias, la pregunta a responder sería tratar de explicar por qué una interpelación populista está disponible en una sociedad determinada[13].

La interpelación populista, por consiguiente, lejos está de otorgar entidad simbólica a actores que previamente se encuentran ausentes del discurso político, sino que más bien subvierte el sentido en el que dichos actores se hallan simbolizados. No existiría heterogeneidad absoluta frente al ordenamiento anterior, porque siempre habría posibilidades de una nueva reinterpretación. El punto, entonces, estaría en determinar por qué en ciertas sociedades no existe dicha posibilidad, pero, al mismo tiempo, como bien precisa Burdman en su crítica a Barros, si solo se enfatiza la irrupción disruptiva frente al orden institucional, se podría perder la perspectiva de entender al populismo como un régimen que, en definitiva, busca institucionalizarse.

Institucionalidad sucia

En consecuencia, el populismo no solo exige movilización, sino que también requiere de una institucionalización *ad hoc*. En efecto, suscribo a la tesis propuesta por Aboy Carles, en el sentido de que no es posible realizar una separación radical entre lógica de la diferencia y de la equivalencia, pues no hay evidencia empírica que permita demostrar que lo institucional (diferencial) se mantiene puro o que la ruptura sea la quintaesencia de lo equivalencial. De hecho, si se separan radicalmente ambos fenómenos, se rechazaría de plano la negociación entre las identidades sedimentadas (institucionales) y emergentes (populistas), que operan siempre a través de un juego de inclusiones y exclusiones del campo adversario (Aboy Carlés 2010; Aboy Carlés y Melo 2014).

Pese a que las identidades populistas emergen —siempre— como una impugnación al orden institucional y se presentan con un ánimo fundacional que deslegitima toda identidad sedimentada, lo cierto es que ese aparente *todo*, choca con la resistencia de identidades ya institucionalizadas. En efecto, no habría nada parecido a un "vaciamiento del campo político", pues la aparición de esta nueva identidad que se arroga la verdadera representación del *populus*, no es más que un discurso fundacional que oculta las continuidades existentes entre la nueva identidad y el orden político previo (Aboy Carlés 2003). En consecuencia, el populismo (en tanto movilización) y el institucionalismo, como lo demuestra Melo (2012), son dos extremos de un mismo *continuum*.

La paradoja es evidente: por un lado, si la intensidad de ruptura se exacerba, no habría ya espacio para la negociación y el enfrentamiento social sería la única alternativa, pero, por otro, si se apunta a la continua institucionalización de la ruptura, la nueva identidad emergente perdería su carácter radical que la definió desde el momento de su irrupción. Pareciera ser que no hay salida posible. Tal como lo afirma Aboy Carlés (2003, 2010), el costo de seguir entendiendo un recurrente mecanismo de inclusión y exclusión, terminaría generando una constante inestabilidad del *demos*, que haría imposible una institucionalización pluralista futura. Tampoco se podría esperar la existencia prevalente y casi excluyente de una u otra lógica, ya que, en último término, socavaría todo tipo de movimiento nacional popular (Ostiguy 2015). De hecho, en este ámbito, la propuesta de Ostiguy es que movilización e institucionalidad deben combinarse "en una sola lógica". Es lo que el autor denomina "Institucionalidad sucia", siendo ésta, quizás, uno de los principales elementos que haría particular al populismo y que lo diferenciaría de la gramática de lo alto, esto es, el predominio de la híper-institucionalización, cuestión que impediría el advenimiento del populismo (Ostiguy 2014).

En definitiva, me alejo del argumento que plantea una oposición insalvable entre populismo e institucionalismo, provenga del neo-institucionalismo o del mismo Laclau. En efecto, parto de la base que la ruptura antagónica se produce, fundamentalmente, por una debilidad —en el caso particular de Latinoamérica— estructural en la constitución democrática del Estado nacional, que impulsa al pueblo representado a través de un líder a demandar una mayor participación social, económica y política.

El líder populista

La característica invariante de todo populismo reside en que es un fenómeno ideológico en el cual las interpelaciones popular-democráticas se articulan y se presentan hegemónicamente bajo la forma de un antagonismo irreductible respecto a la ideología dominante, en donde la construcción del pueblo se efectúa en y como discurso en un plano relacional objetivo, bajo la dirección (desde arriba, más nunca absoluta) siempre presente de un líder, quien confiere cohesión a la heterogeneidad del grupo e irrumpe en el espacio público para fijar la unidad de una formación social (Laclau 2005). El líder populista asume como ruptura dislocando el espacio, y pese a que puede provenir del grupo dirigente, lo distintivo es que se presenta en oposición antagónica a dicho grupo. En este sentido, a la vista de detractores y seguidores, se presenta como un *outsider* político, pese a que pueda haber formado parte —o ser parte en el momento de la irrupción— del poder institucionalizado.

Ahora bien, no todo discurso que contenga la palabra pueblo es por defecto populismo, ya que de señalar esto, todo discurso que apele al pueblo sería populista o al menos tendría un rasgo populista[14]. En efecto, solo se puede hablar de populismo cuando existe una ruptura antagónica que coloca al pueblo como sujeto político fundamental en oposición a otro, aunque, por cierto, el riesgo que dicha apelación no sea más que retórica está siempre presente. Y ciertamente que no se requiere construir un complejo sistema de variables para determinar esto último; en realidad, bastaría con observar de qué modo cobra relevancia la ruptura.

Tomo distancia también de todas aquellas teorías que esbozan que el líder no es más que un caudillo clientelar con un estilo demagógico[15]. O que el populismo es, simplemente, una estrategia que utilizan líderes personalistas sin apelar a ninguna ideología específica para llegar al poder. No obstante lo anterior, no se puede desconocer que, en no pocas ocasiones, líderes populistas se transformaron en gobernantes autoritarios, personalistas, o como manifiesta Weffort, manipuladores oportunistas, pero, con todo, dicha manipulación nunca fue absoluta, "pues si lo hubiera sido se estaría obligado a aceptar la visión liberal de las elites que, en última instancia, ve en el populismo una especie de aberración de la historia alimentada por la emocionalidad de las masas" (Weffort 1968, 56).

Comparto con Laclau (2006) la idea de que siempre hay un riesgo de que este líder limite severamente la participación popular[16]. Pero como quiera que sea, aún si el populismo, en ocasiones, ha sido un modo determinado y concreto de manipulación de las clases populares, fue y ha sido también un modo de expresar sus insatisfacciones (Weffort 1968)[17]. En realidad, la cuestión va más allá de establecer si un líder populista ha hecho uso de su carisma o ha presentado un discurso con fines estratégicos electorales. El problema está en afirmar que solo ellos lo hacen. Una cosa es que dichas anomalías, en un determinado momento, se puedan atribuir a algunos líderes, pero otra es decir que son exclusivas y excluyentes de líderes populistas[18]. En definitiva, por más que en la conformación del populismo la figura del líder sea controversial (por sus rasgos autoritarios, manipuladores), lo cierto es que su liderazgo, como argumenta Rodríguez, "será pensado, dada su inscripción en un contexto histórico-institucional, como la existencia de un lazo político entre los representantes y los representados en razón de la cual se establecen los sentidos que organizan, siempre transitoriamente, toda comunidad política" (Rodríguez 2014, 638).

El populismo es, ante todo, una articulación, que si bien no es identificable con la democracia ni mucho menos con la política, como lo sostiene Laclau, viene a ser un acto *performativo* de la realidad social, dotado de una racionalidad propia que simplifica el espacio político en dos dicotomías antagónicas, cuyos dos polos son necesariamente imprecisos y en el que los actores se ven a sí mismos como partícipes de uno u otro de los dos campos enfrentados y que exigen ser reconocidos. El populismo siempre hará exigible la división social, en donde un sector de la sociedad se presentará a sí mismo como la expresión y la representación de la comunidad como un todo. El pueblo, por lo tanto, solo es constituido en el terreno de las relaciones de representación, en el que una determinada particularidad terminará asumiendo una función de representación universal.

La crisis hegemónica

Ahora bien, la noción de crisis es clave para explicar al populismo, en el entendido que no toda crisis desemboca necesariamente en un populismo, pero sí exige al menos su presencia. De hecho, gran parte de la academia supone que el populismo, justamente, se produce en períodos de crisis, cuestión que, según Alan Knight (2005), carece de rigor explicativo. Para el autor, la crisis, en el mejor de los casos, es una tendencia o correlación, no un requisito específico o un criterio esencial definidor. El populismo, opina Knight, se podría manifestar en tiempos normales y no críticos, y no solo eso, ya que en ocasiones, sería el populismo el que generaría la crisis (Knight 2005). Sin embargo, todo parece indicar que el problema de Knight con la utilización del término crisis, dice relación con la vacuidad que ha alcanzado el concepto. Una cosa es que se haga un uso despectivo del término crisis, pero otra muy distinta es considerar que la crisis, entendida como crítica, sea del todo ajena al populismo. Crisis sociales, económicas o políticas, por supuesto que son incentivos para la gestación de un fenómeno populista. Así, en mi opinión, el problema se resume en que hábilmente los detractores del populismo lo presentan como el mayor peligro que trae aparejado —cuando no produce— toda crisis[19].

Pero cuando se hace referencia a un proceso populista, el término crisis asume un rol fundamental, sobre todo, cuando va acompañado de un proyecto contra-hegemónico. En rigor, una cosa es hacer mención a una crisis, y otra distinta, a una crisis hegemónica, pero habría que precisar que ello no significa que ambas crisis se confronten; de hecho, muchas veces se complementan, o más propiamente, pueden llegar a articularse. A decir verdad, quienes por primera vez utilizaron el término con relación al populismo, lo hicieron siempre desde un contexto de modernización, esto es, del paso de una sociedad tradicional (rural) a una moderna (urbana-industrial), centrándose en los efectos que ocasionaron la movilización social y política de los grupos recién llegados a la ciudad en un contexto de crisis hegemónica, fenómeno que vino poner fin a la dominación oligárquica decimonónica (Ianni 1975; Weffort 1968)[20]. Con todo, y pese al magnífico análisis que realizan, la dificultad de la propuesta de Ianni (1975) y Weffort (1968), es que ésta deja inmóvil en el tiempo el término crisis hegemónica al período del Estado Desarrollista o Populista.

En términos gramscianos[21] entiendo por crisis hegemónica, una crisis de legitimidad política y valórica que cuestiona, al mismo tiempo, el modelo de desarrollo y/o de acumulación; es decir, la forma en que se produce y se distribuye la riqueza. Una crisis hegemónica se explica, sí y solo sí, está en discusión el bloque histórico de poder y no cuando se produce una simple crisis de legitimidad de éste. Una crisis hegemónica obedece, por tanto, a factores estructurales más que agenciales, aunque no se desconoce el hecho de que un factor en particular (el líder, una demanda) pueda constituirse como el desencadenante principal de una crisis larvada u obturada. Afirmar que una crisis hegemónica puede encontrarse obturada es de principal interés teórico, ya que no toda crisis hegemónica supone necesariamente un vacío de poder "político". En breve, puede que los sucesos históricos que han desencadenado procesos populistas, especialmente en el caso argentino, presenten como una constante dicha situación, mas apelar únicamente al vacío de poder (institucional) para explicar una crisis hegemónica puede hacer olvidar su dimensión socio-económica. De todos modos es prudente afirmar que cuando se hace referencia a elementos estructurales, no por ello se está propugnando un análisis "estructuralista" de corte esencialista, sino que se está defendiendo la idea que toda articulación populista responde a condiciones de posibilidad que se desarrollan en el *longue durée*[22].

Por cierto que el desarrollo de una crisis hegemónica, no es una condición suficiente para que se desarrolle un proceso populista, porque, en primer lugar, una crisis hegemónica podría conllevar el cambio de todo el sistema político, por lo que ya no se estaría ante una experiencia populista, sino que una de tipo revolucionaria (marxista) o incluso fascista; en segundo lugar, una crisis hegemónica no necesariamente puede producir el ascenso de nuevos grupos dirigentes, sino tan solo un reacomodo de éste grupo o un *interregno* mediante una dictadura. Por cierto que esta aproximación teórica excluye a movimientos revolucionarios, pues en ellos la movilización, generalmente desde abajo, ha conducido a una reestructuración total de las relaciones de dominación y de producción, aunque no por ello el populismo debería ser calificado (tal como insiste una línea teórica de izquierda) como un simple acomodo de los grupos de poder. Sostiene Nicos Mouzelis:

> debido, en parte, a que el concepto del populismo no entraña la noción de una transformación total de una sociedad, es empleado de forma peyorativa por sectores de izquierda revolucionaria. Pero también, excluye, en el otro extremo, a los dirigentes que movilizan al pueblo a fin de alcanzar metas de corto plazo, y en ese caso, no hay transformación relevante en las relaciones de dominación ni de producción. En consecuencia, entre los dos extremos no-populistas, los movimientos populistas han tenido éxito en la efectiva movilización de las masas, tanto en regímenes parlamentarios como no parlamentarios, generando una ampliación de la participación política y esa ampliación siempre invo-

lucra alguna reestructuración permanente del modo en que los grupos dominantes y dominados se relacionan recíprocamente. Denomino populista al movimiento que conduce a tal reestructuración, así como a la forma de régimen adoptada por esa misma. (Mouzelis 1995, 479-480)

En resumen, se está ante la presencia de una crisis hegemónica cuando se critica en forma profunda, el modelo político y económico imperante. Es en dicho período cuando se inquiere si el orden vigente es el resultado del consenso, del recorrido histórico y deliberativo de una sociedad. Se constituye, esencialmente, como una profunda crisis política, de *legitimidad* institucional y de quiénes se encuentran en la cúspide del poder, aunque también es una crisis económica, pues es el resultado de una puesta en juicio del *modelo de desarrollo*, específicamente, un cuestionamiento de cómo se produce, distribuye, y sobre todo, acumula. Me separo, por tanto, de quienes circunscriben la crisis hegemónica, en lo económico, a la crisis que afectó al modelo primario exportador (1930), pues de ser así, el populismo se vería limitado a un momento específico de la historia latinoamericana. Al mismo tiempo, prefiero hablar de modelo de desarrollo que de acumulación (a secas), debido a que este término puede llevar a equívoco, por cuanto, se quiera o no, tal término guarda relación directa con el concepto de plusvalía (Salazar 2003). En rigor, "el populismo es un tipo de movilización política que entraña una reestructuración radical de las relaciones prevalecientes de dominación, sin una transformación concomitante de las relaciones de producción" (Mouzelis 1995, 479).

Segunda Parte

El populismo como objeto de estudio: la visión de la academia (y desde la perspectiva) chilena

En la segunda parte —que solo tiene un capítulo— se hace un estudio pormenorizado de los distintos análisis que se han hecho respecto al populismo en Chile, en donde destaca una opinión adversa. Casi sin excepción, los investigadores concluyen que el populismo es una democracia inferior o un "fenómeno" abiertamente antidemocrático. Se da cuenta, además, que el populismo se interpreta de ese modo por una forma particular de entender y razonar la democracia, eminentemente institucionalista, en que se reduce la democracia a la representación partidista y al proceso eleccionario. De esta conceptualización derivan explicaciones como que el populismo obedecería a una estrategia política, y en no menor medida, a un particular estilo político, tal como se explicita en el primer acápite. En el segundo acápite, en tanto, se alude a un enfoque económico para dirimir la presencia o ausencia de populismo, interpretación que en Chile se ha vuelto tan predominante como la institucionalista, y en donde se esgrime, casi automáticamente, que una mediana intervención del Estado en el mercado, incluso como regulador o como benefactor, supone la existencia de un Estado Populista o de políticas y/o políticos populistas.

El tercer acápite, trata sobre los análisis sociológicos que se han desarrollado en Chile respecto al populismo, sugiriéndose que el "fenómeno" no hace más que negar al sujeto, impidiendo su adelanto mediante un líder que controla al Estado y manipula a la sociedad civil. En el cuarto acápite, se analiza, desde la historia, los distintos casos de populismo que habrían acaecido en el país. Aquí se explicita el problema que aqueja a la disciplina, ya que su examen se reduce a aplicar, casi siempre descriptivamente, explicaciones elaboradas por otras ciencias sociales que intentar generar un marco conceptual que le sea propio. Un quinto acápite, en un enfoque que une el análisis histórico con la sociológica, se busca interpretar analíticamente la razón de por qué Chile fue un caso excepcional en la región, enfocándose en el período post-oligárquico y de conformación del Estado I.S.I. Por último, se agrega un corolario, el cual tiene un fin sintético de las interpretaciones anteriormente destacadas. Asimismo, en el último apartado, se argumenta porqué no es posible considerar los casos de Arturo Alessandri (1920-1925), Carlos Ibáñez del Campo (1952-1958) o Eduardo Frei (1964-1970) como representantes de un proceso populista.

Capítulo III

El populismo en Chile: una aproximación epistemológica y metodológica

En la cultura política chilena, ha predominado una visión adversa respecto del populismo, pues se le ha concebido como una democracia inferior cuando no un fenómeno abiertamente antidemocrático. Ello porque en Chile, normativamente, se ha consolidado una forma de pensar la democracia, de carácter "minimalista", que entiende la voluntad popular como un proceso transparente y limpio de elecciones cada cierto período de tiempo, profundamente institucionalista y con rasgos fuertemente elitistas, y que propugna que la política se construye y está limitada preferentemente al rol que cumplen los partidos políticos, pues serían ellos, y en la práctica, "solo" ellos, quienes tendrían por función la conducción "política"[1]. Es decir, la auténtica política, vendría siendo, en simple, una democracia de tipo representativa y constitucionalista, que enfatiza, por sobre todas las cosas, el procedimiento y que entiende el proceso democrático, a lo sumo, como una representación e institucionalización del poder mediante partidos políticos e instituciones que sintetizan la voluntad popular y que tradicionalmente, en la historia política de Chile, se han opuesto a un ejercicio directo y permanente de ésta[2]. Argumenta Salazar, que "existe un consenso unánime entre los analistas de los procesos políticos de América Latina en cuanto a que Chile tiene, junto con Uruguay, *el sistema de partidos más desarrollado y estable del continente*. A un nivel tal, que no solo ha convertido a la sociedad civil y a la masa ciudadana en un pueblo *dependiente y atrofiado en términos de consciencia y manejo de la soberanía*" (Salazar 2015, 67).

De hecho, el estudio del populismo en Chile, se ha visto influido por dos líneas investigativas, ambas complementarias, provenientes de la ciencia política y de la economía, y que concluyen que el populismo es, en términos simples, una anomalía política y económica. Existe también una tercera e incluso una cuarta vía de análisis, explicaciones afines a la sociología y a la historia, que más allá de poner en evidencia la condición "anómala" del populismo, en el caso de la sociología, sepulta epistemológicamente cualquier intento de ver en el fenómeno populista un producto de la racionalidad moderna y la construcción de sujetos. Mientras que desde el quehacer histórico, al no construir modelos explicativos del fenómeno populista, se limita a aplicar descriptivamente modelos elaborados por las tres interpretaciones anteriores. Finalmente, existe también una quinta vía de análisis, que utiliza los marcos del estructuralismo histórico-sociológico, y en donde se enmarca al populismo dentro del amplio proceso de quiebre de control del Estado oligárquico e impulso del Estado Desarrollista, bajo una alianza multiclasista dirigida por un líder populista.

Por una parte, la vía institucionalista de la ciencia política, propende que el populismo es una desviación democrática porque, en el fondo, enjuiciaría el rol rector que le caben a los partidos políticos como auténticos —y casi exclusivos— depositarios de la voluntad popular. De esta conceptualización derivan explicaciones como que el populismo obedecería a una estrategia política, y en no menor medida, a un particular estilo político. Una segunda mirada, con marcados tintes economicistas, supone, fundamentalmente, que el populismo es un sistema político que utiliza a la economía como un medio para obtener el poder, estableciendo como arquetipo un modelo de Estado (neo) liberal en contraposición con el que denominan Estado Populista, que habría estado representado en tiempos de la guerra fría por el modelo ISI y que, en la actualidad, asocian a proyectos socialistas. En tanto, un tercer enfoque de análisis, de carácter sociológico, no reduce su análisis a factores institucionales o económicos —aunque están presentes—, pues tiene por objeto probar si elementos tales como el discurso, el sujeto, la ruptura, la radicalidad y la conformación del pueblo, son componentes esenciales al populismo. Una cuarta vía de análisis, ligada a la historia, lejos está de indagar o de construir mecanismos conceptuales que le permitan teorizar el fenómeno populista, sino que, por el contrario, utiliza explicaciones elaboradas por las distintas ciencias sociales y las aplica descriptivamente, asumiendo, la mayoría de las veces, que basta con que se cumpla un par de elementos "característicos" del populismo para afirmar que se está ante su presencia. Finalmente, un quinto enfoque de análisis, emparentado con el estructuralismo histórico-sociológico, hace énfasis en una presunta excepcionalidad de Chile respecto de un proceso populista de corte regional.

En particular, en el presente apartado, se presenta, en una primera parte, un detallado análisis de diferentes trabajos que, aplicando los enfoques antes mencionados, plantean la existencia de episodios populistas en el caso chileno, para luego, en un segundo momento, se procede a hacer un resumen y un cuestionamiento de dichos planteamientos.

1. El populismo entendido como una estrategia y/o estilo político

Patricio Navia e Ignacio Walker, sintetizan perfectamente la opinión dominante en la ciencia política chilena, de cómo debe ser conceptualizado y entendido el populismo. En un artículo publicado en *Foreing Affairs*, que lleva por nombre "Democracia en América Latina", Walker sostiene que la historia política de América Latina se ha caracterizado, desde el segundo tercio del siglo XX, en tratar de establecer un régimen político democrático que reemplazara al viejo sistema oligárquico a partir de una ideología liberal. Aunque, como bien concluye el autor, ésta idea fue más un anhelo normativo de las *elites* que una plena identificación con los valores liberales, porque, en la práctica, en innumerables oportunidades dichos grupos apoyaron directa o indirectamente autoritarismos que les permitieron a ellos mismos afianzarse en el poder (Walker 2006).

Sostiene Walker (2006) que desde la crisis oligárquica, América Latina transitó por el camino revolucionario (México

(1910), Bolivia (1952), Cuba (1959)); el autoritario tradicional o el autoritario populista (Vargas, Perón); el democrático (Chile, Uruguay, Brasil); y el populista (Bolivia, Venezuela, Argentina), siendo este último, la auténtica y *típica* respuesta latinoamericana ante la crisis de legitimidad y representación que ha vivido la región. El mayor problema de este hecho, afirma el autor, es que el populismo constituiría un paso en falso hacia el advenimiento democrático de la región, porque no ayudaría a consolidar a las instituciones. Según Walker,

> el populismo es una democracia personalista, no una democracia de instituciones, incluso apelando a la democracia participativa, directa, etc., al final lo que se termina instalando es una democracia personalista, plebiscitaria, apelar directamente a las masas, es decir, populista. Y esto es un problema porque la democracia consiste en consolidar instituciones (…) Entonces el populismo, el clientelismo, el corporativismo, todas estas lacras que tenemos históricamente en América Latina, desgraciadamente conspiran contra el anhelo de estabilidad democrática, de consolidar instituciones y de crear un horizonte de mediano y largo plazo. (Walker 2007)

Así también, en un conocido artículo que lleva por nombre "Gobernabilidad Democrática en América Latina (Instituciones y liderazgos)", Navia y Walker (2006) profundizan el planteamiento institucionalista, argumentando que el populismo socava profundamente las instituciones y que, al mismo tiempo, busca reducir al máximo la capacidad de veto los actores (lo que en lenguaje de la ciencia política es conocido como los *checks and balances*). En efecto, los autores, que adhieren a una definición "minimalista" de democracia, proponen que la verdadera democracia se funda en la competencia de partidos institucionalizados y en la estabilidad institucional[3]. Coligen que una democracia de tipo institucional es el genuino antídoto frente al populismo, sobre todo en sociedades como las de América Latina, donde predomina la desigualdad económica. De hecho, para Navia y Walker (2006), si bien los populistas de pasado y los "neopopulistas"[4], siempre se han visto influidos por condiciones estructurales económicas y sociales —como la pobreza, desigualdad o la exclusión—, éstas tan solo constituyen condiciones de posibilidad y no condiciones suficientes, ya que, en último término, el grado de desarrollo y estabilidad institucional tendrían siempre la última palabra.

Navia y Walker, no dudan en afirmar que los regímenes populistas se originan producto de una crisis, fundamentalmente, de tipo política: de representatividad o de gobierno. Arguyen, pues, que pese a las condiciones estructurales similares en toda América Latina, hay países como México, Brasil y Chile, que han logrado constituir sólidas instituciones que les han permitido apartarse de "fantasma populista". Rescatan el caso de Chile y lo catapultan como el ejemplo a seguir, puesto que a pesar del fuerte neoliberalismo, habría logrado construir gracias al "consenso de actores" un país mucho más igualitario (Navia y Walker 2006). En consecuencia, según los autores, el populismo socavaría las raíces mismas del sistema político, y más todavía en la actualidad, porque si ahora (como neopopulismo) se aleja de los ciclos económicos populistas, por contrapartida, se haría cada vez más demagógico. Así, por ejemplo, Navia y Walker (2006) afirman sin mayor base empírica, que las promesas de campaña en regímenes sin populismo son casi siempre cumplidas, mientras que éstas no son llevadas a cabo cuando gobiernan líderes populistas[5]. De hecho, la opinión esbozada más arriba es tan arriesgada como pretender afirmar que los "legisladores no populistas" solo hacen uso de criterios altruistas en la aprobación de las leyes, olvidando el hecho que muchos de los legisladores obedecen a razones de lobby, tráfico de influencias o de favores entre representantes[6]. En realidad, para Navia y Walker, la democracia es entendida como una democracia institucional que se afirma en el estado de derecho, pero ante todo, en los partidos políticos.

Siguiendo muy de cerca la teoría que define, en esencia, al populismo como el esfuerzo sistemático de un movimiento político que debilita a las instituciones, Patricio Navia (2003), plantea como tesis principal, que son los partidos políticos el principal antídoto en contra del populismo. Arguye el autor, que mientras más fuertes y *accountables* son los partidos políticos entre la población, menores son las posibilidades para el surgimiento de populismo, por lo que los partidos políticos representan una condición necesaria, pero no suficiente, a la hora de evitar la irrupción del populismo (Navia 2003). El autor sostiene que los populistas son aquellos líderes que realizan campañas políticas construidas sobre premisas populistas, por lo que "los cientistas sociales" tienden a asociar el término más con el estilo que con las políticas propiamente tales que se adoptan, aunque no por ello éstas sean menos importantes. Apoyándose en Weyland (2001) y Roberts (1995), Navia afirma que la clave para determinar si un político es o no es populista, se encuentra en determinar cómo se relaciona con la institucionalidad antes de que llegue al poder; en otras palabras, aconseja el autor, se debe verificar si el político tiene como estrategia política enfrentar y debilitar al sistema de partidos. En rigor, el populista, según Navia, subvierte el mecanismo tradicional institucional —los partidos políticos— mediante vías alternativas de representación y contacto con los mandantes. Los populistas, al socavar la institucionalidad vigente, privilegiarían la relación directa con la gente, cuestión que traería como resultado que la lealtad sería hacia ellos y no hacia una institución en particular (Navia 2003).

En efecto, Navia propugna que los partidos políticos son esenciales para el buen funcionamiento de la democracia, pues son ellos los auténticos vehículos de representación popular y de mediación entre gobiernos y la gente, ya que éstos encarnarían los distintos sectores e intereses de la sociedad. Pese a ello, toma distancia de las visiones tradicionales a la hora de establecer el elemento más característico de los partidos políticos, pues advierte que la similitud ideológica no es suficiente para lograr que las personas sean parte del mismo partido, pues "muchas personas que comparten una misma ideología pertenece a partidos políticos diferentes" (Navia 2003, 27). Argumenta Navia que lo que hace distintivo a los partidos políticos es que son grupos políticos que buscan el poder y siguen juntos aún después de perder las elecciones. Tal definición le permite a él omitir a la ideología como "el" elemento aglutinador, como también, diferenciar *con propiedad* a los partidos políticos de aquellos grupos políticos que solo buscan alianzas electorales, pues ya sea que fracasen u obtengan el poder, con el correr del tiempo, éstos no seguirían existiendo. Es evidente que el autor entiende que estos grupos políticos serían los conformados por los líderes populistas. Ciertamente, esta tesis le permite a Navia soslayar, en parte, la crítica que podría provenir de más de un académico, en el sentido de que varios líderes populistas sí conformaron partidos políticos, mas lo que está en el fondo de su argumento, es que nunca tales líderes construyeron *auténticos* partidos políticos. Así, por ejemplo, según su propuesta, en el caso chileno, Joaquín Lavín no cabría en la clasificación señalada, pero sí Francisco Javier Errázuriz, quien creó el partido Unión de Centro-Centro (Navia 2003).

Es evidente que el problema que trae aparejada la tesis institucionalista, es que el populismo se presenta tan solo como una estrategia para llegar al poder, que basa su argumento, fundamentalmente, en una variable temporal, de estabilidad del sistema de partidos políticos. Pero incluso obviando lo anterior, pienso que hay dos dificultades al analizar al populismo desde la perspectiva institucional: en primer lugar, al antagonizar tan radicalmente populismo con institucionalismo, se da por sentado que el populismo no se institucionaliza, cuestión que empíricamente es imposible de probar incluso si se terminara identificando institucionalismo con partido político. Ello, porque la experiencia demuestra que los regímenes populistas han legitimado su acceso al poder vía elecciones, plebiscitos, leyes, y la gran mayoría de ellos, terminaron conformando partidos políticos que se han mantenido a lo largo del tiempo, como por ejemplo, el peronismo en Argentina. En segundo lugar, al otorgarle principal protagonismo a un "líder personalista y carismático", que está invariablemente en oposición al sistema de partidos, el concepto se hace tan difuso que pareciera ser que cualquier actor que proceda en forma personalista y clientelista con la masa de electores o bien que se establezca al margen del sistema de partidos puede ser catalogado de populista, ya no solo a nivel nacional, sino que también a nivel regional y comunal, como lo establecen en sus artículos

Emmanuel Barozet (2003, 2008) y Víctor Guerrero (1997), que posteriormente serán analizados.

En resumen, la tesis central de Navia y Walker, ya sea en conjunto o por separado, es que Chile no ha *sucumbido* ante el populismo, debido a que habría logrado construir, parafraseando a Freidenberg, "un dique a la tentación populista" (Freidenberg 2007). Dique que se sostiene, según los autores, en dos pilares, a saber, la democracia de los acuerdos y el crecimiento con equidad. En rigor, para Navia y Walker (2006), el populismo surge cuando la elite y las instituciones no han sabido dar respuesta a las demandas ciudadanas. Pero como es posible apreciar, dicha argumentación es totalmente circular y se caracteriza por un fuerte sesgo ideológico. Desde una definición mínima de democracia pasando por una explicación elitista de la política, que considera, en pocas palabras, que la política les incumbe solo a los profesionales de la política, ya que como auténticos y exclusivos representantes de la soberanía popular, tendrían siempre la primera y última palabra en el debate público. Pensamiento que queda graficado, y sin disimulo, en una columna editorial que el mismo senador Walker envió al *Mercurio* de Santiago:

> en política hay que dar un cauce de expresión institucional a las demandas ciudadanas porque de lo contrario sobreviene lo que Samuel Huntington llama el "desborde institucional", llegando al extremo del "pretorianismo de masas". Si queremos evitar que la política se traslade a la calle, tenemos que ser capaces de conducir y procesar pacíficamente los conflictos sociales. Ese es el papel de las instituciones y de los que yo mismo he denominado "democracia de instituciones", como sinónimo de una auténtica democracia representativa. (Walker 2012)

Por consiguiente, el planteamiento académico que se que ha hecho casi exclusivo y excluyente en Chile, es considerar al populismo como una de las peores enfermedades o mayores limitantes que afectan la consolidación de la democracia en América Latina. En primer lugar, porque se ha entendido a la democracia desde una perspectiva exclusivamente institucional, que pone énfasis en la estabilidad por sobre la participación; en los partidos por sobre la movilización de la sociedad civil; y en las máquinas partidarias por sobre los liderazgos autónomos, limitando así la participación ciudadana a un sistema regular de elecciones. En síntesis, una forma de entender la democracia que se encuadra bajo el modelo de Schumpeter (1983). En segundo lugar —y que deriva de lo anterior—, se ha terminado por imponer la tesis de que Chile ha estado ajeno al populismo debido a la sólida y temprana institucionalización de partidos políticos —entiéndase por reconocimiento, legitimidad y permanencia— que han estado presentes en el quehacer político desde mediados del siglo XIX; en otras palabras, ambos fenómenos serían incompatibles (Mainwaring y Scully 1996). Entonces, en el caso de haber ocurrido algún episodio populista, éste obedecería a situaciones excepcionales, "fenoménicas", que de ningún modo afectarían la historia democrática chilena, por cuanto la presencia y estabilidad de los partidos políticos, constituiría la razón principal de su no advenimiento[7].

Así, desde esta perspectiva de análisis, en Chile, se habrían dado breves y episódicas experiencias populistas, toda vez que los partidos han perdido algún grado de legitimidad y en el que, paralelamente, líderes demagogos han logrado movilizar a las masas con fines electorales —muchas veces clientelares— rompiendo así la hegemonía partidaria. En consecuencia, el populismo como "régimen/sistema", sería ajeno a Chile, y una vez más, demostraría la excepcionalidad de Chile en el concierto latinoamericano, cuestión que la academia chilena a la par de la elite política y económica, se han encargado de enfatizar.

No obstante, como se estudiará en su momento, esta teoría no se hace cargo de explicar o derechamente omite, primero, que durante gran parte de la historia de Chile los partidos políticos han estado sometidos a la crítica destemplada de diversos actores sociales quienes les han recriminado, principalmente, un clientelismo y nepotismo crónico, y segundo, no se debe tomar a la ligera el hecho que dos de las excluyentes figuras políticas del siglo XX chileno —Grove e Ibáñez—, se caracterizaran por un marcado personalismo con claros tintes anti-partidistas, pese a que militaron y conformaron partidos políticos (Angell 1993; Cavarozzi 2013). Pareciera ser que para el enfoque institucionalista, el verdadero riesgo de la política residiría en la defenestración del sistema representativo a manos del populismo y no en el reconocimiento de algo tan natural y evidente como los límites democráticos del sistema. Ahora bien, hay algo que nunca termina de cerrar en este tipo de argumentación y es lo siguiente: si los institucionalistas adoptan una definición tan mínima de la democracia que exclusivamente hace hincapié en la presencia de partidos políticos, en elecciones transparentes y competitivas, no debería existir motivo alguno para no suponer que el populismo es en el fondo democrático, a menos que se piense que los populismos llegaron al poder únicamente por la vía armada y la manipulación de las elecciones, planteamiento que carece de todo rigor científico, como la realidad ha enseñado.

Oponer tan decididamente democracia con populismo pareciera ser un contrasentido, puesto que si la democracia conjuga dos lógicas, esto es, la forma de gobierno y el marco simbólico en el que se desenvuelve la regla democrática de la mayoría, el populismo, bajo ninguna circunstancia, podría ser catalogado *ex profeso* de antidemocrático. Quizás sea ésta y no otra la explicación de por qué los *institucionalistas,* producto de su conceptualización mínima de democracia, se han visto de un modo u otro forzados, más que por una convicción al respecto, a catalogar al populismo como un tipo de democracia, más concretamente, como un sub-tipo de ésta, escapando así del problema que les genera su propia conceptualización, tal como lo hace Ignacio Walker al referirse al populismo como una democracia plebiscitaria y personalista (Walker 2009).

En consecuencia, el dique institucional que habría evitado el advenimiento del populismo en Chile, a mi entender, ha sido construido prolijamente por la clase política y refrendado por la academia, lo cual ha traído como resultado que Chile tenga una particular cultura política dentro de Latinoamérica, la que, a decir verdad, se entronca con un republicanismo decimonónico, que propugna que son los políticos *los propietarios* de la política (Salazar

2015). Idea que, se podría afirmar, forma parte integral del ADN de la "partidocracia" chilena y que, no obstante, se ha afianzado en el devenir político cotidiano, pues muchas veces han sido los mismos ciudadanos quienes la han legitimado y han entendido así la política. Cuestión de suma importancia, porque de lo que aquí se trata, es hacer notar al lector de qué tipo de democracia —que por supuesto va más allá de cualquier juicio de valor— se está haciendo referencia en el caso chileno y cómo se relaciona dicha visión con el populismo.

Siguiendo muy de cerca esta interpretación institucionalista, en el sentido que se asume como variable distintiva la estabilidad y fuerza de los partidos políticos para concluir si se está o no en presencia del populismo, aunque afirmándose, en último término, en que el populismo se define como un particular estilo político, Víctor Guerrero (1997) y Emmanuelle Barozet (2008), desarrollan breves artículos para demostrar —y de paso advertir— que, contrario a lo que supone la teoría, el populismo, en Chile, estaría mucho más masificado de lo que se cree, al menos, en un ámbito local y/o regional. Pero no hay que confundirse, pues no hay nada aquí que permita establecer un quiebre con la teoría "tradicional", ya que lo que los autores intentan poner en discusión no es que Chile se caracterice por ser un país de "tipo populista", vale decir, que haya tenido un *régimen populista* en el pasado o que se avizore uno en un futuro próximo, sino que se quiere poner en evidencia que prácticas populistas, que entienden los autores como propias del fenómeno, esto es, el clientelismo, nepotismo y abierta corrupción, estarían desplegándose a sus anchas en un espacio local fuera del control de los partidos y, en un grado mayor, del Estado (Barozet 2008; Guerrero 1997).

Víctor Guerrero (1997), a primera vista, pareciera discutir la premisa teórica que argumenta que el populismo en Chile ha sido menos intenso y extenso que el resto de los países de latinoamericanos, debido a su estable y alta formalización del sistema político. En efecto, la hipótesis que plantea el autor es que, pese a la sólida presencia de los partidos, éstos no han imposibilitado la existencia del fenómeno, por lo que "las condiciones de existencia del populismo han tendido a establecer una especie de simbiosis con el sistema de partidos políticos" (Guerrero 1997, 27). En este sentido, según Guerrero, en Chile, se habría producido paradojalmente una materialización del populismo al interior de algunos partidos. Pareciera en este punto, que se está ante la presencia de una tesis "anti-institucionalista", o más particularmente, una apuesta bastante herética respecto a la academia.

Pero, en realidad, lejos se está de ello, porque el autor de ningún modo quiere concluir o deslizar la hipótesis de que el sistema de partido chileno tenga una naturaleza populista. Primero, porque para él el populismo se define, esencialmente, a partir de un líder carismático que se elevaría por sobre los partidos, y segundo, porque arguye que todos los partidos en donde se encontrarían rasgos populistas, serían aquellos que no cuentan con una larga data partidista. Así, partidos de nuevo cuño —en el caso particular de su análisis, la UCC (Unión de Centro-Centro) y en menor medida el PPD (Partido por la Democracia)—, tendrían aspectos populistas, pues carecen de identidad, historia, y sobre todo, porque cuentan con liderazgos carismáticos ajenos a la política tradicional, que provienen de la música o del teatro (Guerrero 1997).

A decir verdad, para Guerrero, lo que realmente define al populismo sería la presencia de un liderazgo carismático informal de la política, independiente que se desarrolle fuera o dentro de un partido político. Y es justamente este argumento lo que no permite distinguir a su tesis, en el fondo, de la teoría tradicional (institucionalista). De hecho, los dos grandes fenómenos populistas que propone el autor serían los protagonizados por el conocido empresario Francisco Javier Errázuriz y el de Jorge Soria en el norte grande. En el primer caso, porque el empresario creó un nuevo partido de tipo personalista (UCC), y en el segundo caso, porque un político de fuste, como Jorge Soria, habría militado en seis partidos, sin importarle mayormente los conflictos ideológicos que podrían haberse suscitado. Según Guerrero, los partidos políticos no serían los verdaderos responsables de estos líderes inescrupulosos que habrían ocupado las plataformas partidarias para clientelizar a sus seguidores e instalado a familiares y amigos en cargos políticos, sino que serían el resultado de un particular estilo informal del quehacer político contrario a la política tradicional chilena (Guerrero 1997).

Asumiendo que el populismo se define como un particular estilo de la política, Emmanuelle Barozet (2008) sostiene que a nivel regional y local es indesmentible la presencia del populismo en Chile post dictadura. En *Populismo regional y Estado en Chile*, la autora da cuenta que la presencia del "fenómeno" se debe a dos condiciones "estructurales" concatenadas; en primer lugar, por la omnipresencia histórica del Estado chileno en temas sociales y económicos (neoliberalismo sin ortodoxia indica), cuestión que le permitiría tener un fuerte desarrollo de políticas sociales y redistributivas, y en segundo lugar, por la perduración en la política regional de caudillos y dirigentes hegemónicos (Barozet 2008). En este sentido, para Barozet, el populismo vendría siendo el modo, el estilo político, en que algunos líderes establecen una relación muy particular con los partidos políticos (en su caso de estudio, Jorge Soria y Joaquín Lavín) y principalmente con el Estado, ya que ellos utilizarían los recursos estatales en provecho propio para perpetuarse en el poder mediante redes formales (plataformas partidarias) e informales (clubes deportivos, juntas de vecinos, entre otras) con el objeto de clientelizar a los sectores más vulnerables (Barozet 2008). En este sentido, la autora asume que toda vez que la redistribución se hace a nivel local o regional el líder clienteliza, mientras que si esto se hace a nivel formal —principalmente a nivel estatal central— esto no ocurriría, debido a la existencia de barreras legales. Para Barozet, el "responsable" de todo este embrollo habría sido Pinochet (y continuada por la Concertación), quien al impulsar la municipalización, habría dado paso a un sinnúmero de plataformas informales que tuvieron como consecuencia el incentivo de políticas populistas (Barozet 2008).

La tesis de Barozet no dista mucho de la premisa institucionalista, en tanto asume que son los partidos políticos los que cooptan el voto, mientras los líderes populistas simple y llanamente los compran. "A través de diferentes redes, los líderes hacen circular bienes y servicios hacia los sectores más pobres o vulnerables, con el fin de establecer una red clientelar que cimiente en el largo plazo su candidatura y favorece reelecciones" (Barozet 2008, 46). A decir verdad, la autora, aunque lo intenta, nunca logra aclarar la cercana relación de los líderes populistas (que son su objeto de estudio) con los partidos, pues, o bien termina reconociendo que son apoyados por los partidos, pero solo en un segundo plano; o en su defecto, sugiere que líderes como Lavín —que rápidamente se integró a un partido político— o Jorge Soria —que militó en al menos tres partidos "tradicionales"— instrumentalizan a los partidos, siendo que es perfectamente posible que la situación haya sido la contraria. Asimismo, la autora no se hace cargo respecto a la existencia de redes informales, como clubes deportivos, centros de madres y juntas de vecinos, que si bien permitirían al presunto líder populista distribuir los beneficios entre las distintas asociaciones, la verdad es que dichas redes informales han sido históricamente utilizadas por los partidos políticos con el objetivo de llegar a un número cada vez más amplio de la población.

Concluye Barozet (2008) que el clientelismo —entendido como entrega de dádivas y favores políticos—, sería la tendencia populista que estaría corroyendo al sistema político chileno, al menos en un ámbito regional y local, aunque, para ser justos, nunca queda claro de por qué la autora no reconoce dicha práctica al interior del sistema de partidos chilenos. En efecto, porque si Barozet hiciera el ejercicio de contrarrestar los casos que presenta con otros que se han dado a lo largo de la historia política de Chile, no sería un despropósito (y siguiendo su propia conceptualización de populismo) afirmar que el populismo se estuviese dando (y haya dado) a escala nacional, no solo local.

En definitiva, los artículos de Víctor Guerrero (1997) y Emmanuelle Barozet (2008), conciben al populismo como un conjunto de prácticas clientelísticas que, en el caso de Chile, se limitarían a casos locales y regionales, porque, en el fondo, la presencia de estructuras políticas de larga data, como el sistema de partidos, y un adecuado manejo económico —bajo nivel de pobreza y existencia de políticas redistributivas—, serían los mecanismos que pondrían freno a un populismo de alcance nacional.

2. El populismo como noción económica

Junto a esta mirada de tipo institucional, se ha ido paralelamente consolidando una argumentación de corte economicista, que postula una completa oposición entre populismo y libre mercado. Tal como sugiere Sebastián Edwards, en su libro *Populismos o Mercados* (2009), el dilema económico que enfrentaría actualmente Latinoamérica es la opción entre un modelo centrado en un Estado burocrático, que hunde sus raíces en el ineficiente Estado desarrollista de los años 1950, de otro, el Liberal, que siguiendo los lineamientos del "Consenso Washington", sería "el" auténtico camino para alcanzar el desarrollo económico[8]. Como es sabido, el Consenso Washington fue un plan económico que configuró una serie de reformas, elaboradas por expertos del FMI y del Banco Mundial, quienes se propusieron la eliminación del déficit fiscal, el desmantelamiento de las restricciones al comercio internacional, la privatización de las empresas públicas y la desregulación de los mercados. En realidad, todas estas políticas económicas tenían como objetivo —según los consejeros— terminar con los déficits fiscales y las inflaciones producto del gasto ineficiente y de la constante depreciación de la moneda que se produjo en casi todos los países latinoamericanos desde fines de la primera mitad del siglo XX (Edwards 2009).

Por consiguiente, según este enfoque, la principal razón del actual —y continuo— estancamiento económico de Latinoamérica, se explicaría porque muchos países latinoamericanos habrían implementado a medias las reformas propuestas por el *Consenso*[9], o bien porque no habrían tenido la paciencia de ver los resultados a futuro, optando por regímenes populistas. "… el desempeño mediocre de América Latina durante la segunda mitad de la década de los noventa y los primeros años de la década del 2000 fue el resultado de no haber implementado reformas verdaderamente profundas y de no haber adoptado las políticas e instituciones de un capitalismo innovador y moderno" (Edwards 2009, 25).

Siguiendo la definición que Edwards elaboró junto a Dornbusch (1991), el populismo sería, en términos simples, "un enfoque de la economía que pone el énfasis en el crecimiento y la distribución del ingreso e ignora los riesgos inflacionarios, las restricciones externas y la reacción de los agentes económicos ante políticas gubernamentales agresivas" (Edwards 2009, 23). El populismo, así, se caracterizaría por un "ciclo económico" de cuatro fases. La primera, donde hay una euforia expansiva que se sostiene en el endeudamiento público ilimitado y con una alta emisión de la moneda, que permite un aumento de salarios y el aumento del empleo; una segunda etapa, donde se producen los primeros cuellos de botella, por la falta de divisas y la expansión de la demanda; mas, pese a que se requieren devaluaciones e ingentes cortes de gastos estatales, las autoridades prosiguen con sus políticas, aumentando la inflación y desarrollándose paralelamente un mercado negro; la tercera etapa, el preludio del colapso, se caracterizaría por una generalizada escasez de bienes, una extrema aceleración de la inflación y una fuga de capitales. En esta fase, sin embargo, el gobierno echaría mano a políticas de ajuste: devalúa la moneda y recorta subsidios; finalmente, la cuarta etapa, la del desastre total, se instauraría un programa de estabilización ortodoxo que, en un buen número, terminaría en golpes militares[10]. Según Edwards (2009), sería ésta y no otra, la eterna paradoja populista: esto es, que todos los populismos perjudicarían a quienes dicen favorecer: a los pobres y a la clase media.

En breve, para Edwards (2009), el populismo se originaría cuando la economía —como ciencia racional— "cede" ante la política. Es por este motivo que el populismo, es, sobre todas las cosas, un régimen político que utiliza medios económicos irracionales que se avienen con el gusto por el poder de personalidades carismáticas, autoritarias, quienes rechazan la institucionalidad imperante y que, con el objeto de conservar el poder, utilizan políticas distributivas que a mediano plazo provocarán sí o sí un descalabro económico. Así, concluye el autor, el populismo es una estrategia de poder con medios económicos. Afirma Edwards que la experiencia populista tiene dos características propias: por un lado, porque se hace uso de políticas económicas insostenibles a largo plazo; y por otro, que devela su lado político, porque se incentiva una retórica distributiva que moviliza a la población en contra del sector privado y la oligarquía, situación que, en el caso particular de América Latina, se vería estimulada, según el autor, por estructuras económicas de larga data, como lo son la desigualdad y la pobreza (Edwards 2009).

En este sentido, Edwards plantea que, precisamente, el populismo más que terminar con dichos problemas, los incentivaría. De hecho, el autor argumenta que, en la región, existen dos grupos de países: los que insisten en las políticas populistas de aquellos países que toman el camino de la innovación y la productividad. Evidentemente al segundo grupo les estaría reservada la prosperidad, a los primeros, en cambio, el sub-desarrollo. Así, en países como Ecuador, Bolivia, Argentina y Venezuela, donde se han nacionalizado empresas privadas, se han levantado barreras comerciales y se han acentuado los controles de precios y las actividades comerciales; en ellos no se avizorarían cambios estructurales que permitan el desarrollo económico. Por su parte, en un segundo grupo de países, como Chile —que el autor no duda en catalogar como la "estrella de Latinoamérica"—, y en buena medida, Brasil, México y Colombia, les estaría reservado un sugerente futuro, por cuanto habrían impulsado la prudencia fiscal, la estabilidad económica, la apertura y la globalización (Edwards 2009). En consecuencia, la tesis del libro es como sigue: la implementación de políticas de mercado *ad hoc* al "consenso Washington", son las que han posibilitado los altos índices de progreso económico, por lo que si los países de Latinoamérica desean alcanzar el desarrollo deben sí o sí copiar las políticas macro y micro económicas sugeridas en éste, de lo contrario, el populismo está a la vuelta de la esquina (Edwards 2009).

Siguiendo muy de cerca esta línea argumentativa, se entiende la categórica afirmación que propugna que la Unidad Popular constituiría la más fiel representación del populismo en Chile (Cousiño, 2001; Edwards 2009; Larraín y Meller 1990; Valenzuela

1991). Sin duda, el mejor análisis en estas materias es el artículo de los profesores Felipe Larraín y Patricio Meller, que lleva por nombre *La experiencia socialista-populista chilena: la Unidad Popular, 1970-73*. A juicio de ellos, el populismo vendría siendo, simplemente, un conjunto de nefastas políticas económicas que se han implementado en distintas economías de la región, con resultados efímeros y que culminan invariablemente en crisis económicas y generalmente en el colapso político. De hecho, los autores definen el populismo como "una combinación de políticas fiscales, monetarias y cambiarias que provocan una expansión insostenible del producto y los salarios reales" (Larraín y Meller 1990, 317-318). La pregunta que se hacen los autores en el artículo radica, esencialmente, en qué modo estas experiencias populistas —de haberse implementado— podrían haber afectado en Chile. Sostienen, pese a que no hacen un análisis detallado de los distintos períodos históricos, que fue la Unidad Popular el caso más paradigmático de populismo en Chile, pues dicho gobierno presentaría variadas políticas populistas, como por ejemplo, el énfasis del gasto, el control de los precios, la expansión de la demanda agregada y el excesivo gasto fiscal (Larraín y Meller 1990).

Sin embargo, los autores enseñan que lo que haría singular a esta experiencia del resto del populismo latinoamericano, sería su mezcla única de socialismo y populismo, pues el proyecto allendista tenía como objetivo, en último término, el reemplazo del capitalismo por el socialismo marxista (Larraín y Meller, 1990). Según los autores, el proyecto de la Unidad Popular habría estado marcado por varios elementos populistas, pero éstos, paradójicamente, no fueron más que una herramienta para poder cambiar las estructuras económicas existentes, ya que no habrían existido las condiciones de posibilidad para su desarrollo. Argumentan Larraín y Meller, que lejos estaba Chile de haberse encontrado en una profunda crisis económica o política, pues durante el gobierno anterior —de Frei— se había mejorado la distribución del ingreso, el nivel de vida de las personas, y se habían introducido cambios estructurales significativos, tales como la chilenización del cobre y la reforma agraria. Lo que habría permitido a Allende alcanzar el poder, no fue el estancamiento económico, sino las exageradas expectativas que quedaron insatisfechas (Larraín y Meller 1990).

De hecho, afirman los autores que si se hace un ejercicio comparativo entre los gobiernos de Frei y Allende, el resultado que se obtiene es que si bien el primero de ellos buscó implementar cambios estructurales, mediante la chilenización del cobre o la reforma agraria, nunca utilizó políticas populistas para impulsar su programa, como sí lo hizo Allende, quien, en último término, como "buen populista", no consideró para nada los límites internos y externos del mercado (Larraín y Meller 1990). Mientras Frei impulsó una austeridad macro-económica que no fue comprendida por la población, en especial, por la gran masa de los trabajadores, quienes perseguían objetivos prácticamente maximalistas, durante el gobierno de Allende, en cambio, se intentó dar satisfacción a dichos requerimientos mediante el aumento excesivo de salarios y de políticas redistributivas que no tenían otro objeto que conseguir el apoyo político de los trabajadores para poder implementar el socialismo (Larraín y Meller 1990).

A decir verdad, resulta un tanto paradójico que Larraín y Meller (1990) consideren que el gobierno de Allende se haya constituido como la mayor experiencia populista chilena, pese a que su proyecto socialista, precisamente, lo haría diferenciarse incluso del resto de las experiencias latinoamericanas. En este sentido, la única explicación posible de por qué los autores catalogan a la UP como populista, es porque el gobierno de Allende habría experimentado las fases del denominado "ciclo populista" —expansión inicial, desequilibrio macroeconómico, cuellos de botella y colapso político—, siendo de segundo orden el que haya tenido un tinte socialista. Es decir, para los autores, independientemente del sello ideológico de un gobierno, lo que realmente importaría para calificar a un gobierno de populista, sería la ejecución de contraproducentes políticas macroeconómicas con fines electorales.

Ahora bien, el principal problema de seguir de cerca esta tesis de corte economicista es que se termina concluyendo que al mínimo asomo de gasto estatal, de incorporación de derechos sociales o de una mayor participación productiva del Estado, se estaría bajo prácticas populistas. Discurso que, a decir verdad, se ha hecho recurrente y predominante, sobre todo desde los últimos veinte años en la agenda pública chilena, y que si bien tiene una explicación teórica —que se puede o no compartir—, se ha desperfilado en los distintos medios de prensa tanto escritos como visuales, constituyéndose, en último término, en un recurso retórico que desacredita a los opositores o a quienes cuestionan de algún modo el modelo económico imperante. Mas lo singular de todo esto es que, en Chile, el discurso anti-populista de corte economicista, se ha *institucionalizado* de tal modo que casi la totalidad de los políticos, incluidos los dos últimos presidentes, se han inclinado por esta interpretación[11].

En resumen, la mirada economicista de corte (neo)liberal separa tan radicalmente el populismo (o neopopulismo) del libre mercado y equipara al primero con el gasto inescrupuloso, que termina, en la práctica, haciendo ambos términos antagónicos[12]. Más aún, es recurrente en análisis actuales que el populismo se termine identificando con el socialismo. Pero, en realidad, aceptar estos postulados economicistas es tan difícil como sumarse a las aseveraciones que provienen del institucionalismo, por cuanto ambos análisis se basan en categorías maniqueas que contraponen dos modos de ver la política y la economía.

3. *El enfoque sociológico: el populismo como negación del sujeto*

Un tercer enfoque, desde la sociología, ha puesto énfasis en señalar que los elementos constitutivos del populismo no deberían reducirse a factores institucionales o económicos, sino que deberían ampliarse y comprobar si elementos tales como el discurso, el sujeto, la ruptura, la radicalidad y la conformación del pueblo son componentes esenciales del populismo, aunque al igual que los dos enfoques anteriores, persiste una visión negativa respecto al fenómeno. A continuación detallo el trabajo de dos autores; a saber, Eduardo Valenzuela y Carlos Cousiño.

Eduardo Valenzuela, en *La experiencia nacional-popular* (1991), se interroga, a nivel teórico, si es correcto afirmar que el elemento constitutivo del populismo es la noción de pueblo, mientras que a nivel empírico intenta graficar en el gobierno de la Unidad Popular sus postulados. El autor inicia su análisis desde la premisa teórica de que en América Latina nunca ha existido nada parecido a un sujeto popular pre-constituido, ya que en la conformación de los Estados Nacionales y luego con la instauración de regímenes nacional-populistas se careció de una concepción nacional de tipo alemana (pueblo-nación) que haya otorgado un reconocimiento mínimo de derechos a todos los ciudadanos. Como afirma con decepción Valenzuela, "el pueblo (en América Latina), no está constituido, pues, de un modo democrático, como apropiación de un derecho de ciudadanía anterior al Estado" (Valenzuela 1991, 12).

Para Valenzuela (1991), dicha situación acarrea una insalvable paradoja —siempre actualizada—, ya que lo que está en juego es, ni más ni menos, la construcción de sujetos, quienes influyen decididamente en el juego democrático y en el desarrollo de la modernidad. En efecto, la principal diferencia entre el régimen oligárquico y el populista consistiría en que el nacional-populismo dirige un discurso hacia el pueblo, porque dice representarlo, mientras que el discurso oligárquico construye al Estado discursivamente sin dicha apelación popular. En efecto, lo que intenta demostrar Valenzuela durante todo el artículo es que la apelación al pueblo no es más que un vacío discursivo del discurso populista. Además, Valenzuela subraya que la noción de pueblo nunca aparece plenamente constituida en dicho discurso, en tanto el pueblo solo existe como una masa confinada en un estado de naturaleza (miseria), cuyo principio de organización debe venir siempre (mediante el líder) desde fuera. Esta sería, entre otras cosas, la explicación fundamental de por qué la sociología, ante la vacuidad del concepto pueblo, procedió a sacar del análisis al término. Argumenta el autor que un sujeto no constituido discursivamente solo puede ser un sujeto ilusorio, abstracto; en fin, un artificio demagógico (Valenzuela 1991).

Valenzuela desempolva al "pueblo", precisamente, para poner en evidencia que lo específicamente populista es la utilización discursiva de un "sujeto popular" que es construido desde un principio de trascendencia no discursivo. Valenzuela, entonces, manifiesta que sea que utilicemos la teoría marxista, modernista o de Laclau, ninguna de ellas permite "reconocer la existencia de un sujeto específicamente constituido en la experiencia nacional popular" (Valenzuela 1991, 13).

Así, afirma el autor, la teoría marxista —pese a que tiene una postura contraria a los movimientos nacionales populares— partiría de una base errada, ya que sostiene que las clases están pre-constituidas como tales frente al Estado, mientras que la teoría de la modernización, por el contrario, argumenta que el nacional-populismo nunca es definido institucionalmente, sino como un movimiento social no regulado que descansa, en realidad, en la presencia de un líder y de masas desorganizadas o traumatizadas por los efectos de la transición hacia la modernidad. En el caso particular de Laclau, Valenzuela sostiene que pese al intento por parte del intelectual argentino respecto a encontrar una naturaleza específica del sujeto popular, lo cierto —indica— es que Laclau le habría dado principal importancia a un aspecto que nunca ha sido relevante en el populismo: el antagonismo y la ruptura; dicho de otro modo, la contradicción pueblo-bloque de poder. En este sentido, la principal crítica que Valenzuela perpetra en contra de la teoría de la modernización y la teoría de Laclau es que ambas caerían en un prejuicio ilustrado, en tanto asumen que el sujeto se constituye fundamentalmente como discurso; prejuicio iluminista en donde la teoría de la modernización reduciría al nacional-populismo como un mero efecto de manipulación carismática (el contagio emocional, la psicología de masas), mientras que en la teoría de Laclau, el pueblo solo existiría como sujeto orientado discursivamente contra el Estado (Valenzuela, 1991).

Valenzuela (1991) argumenta que es precisamente la vacuidad del concepto y la no construcción de un sujeto popular discursivo, el *contenido* fundamental que hace del populismo un fenómeno particular. En efecto, para el autor, el populismo acarrea una insoluble contradicción que, por una parte, construye sujetos, pero, por otra, dichos sujetos son construidos desde un principio de trascendencia no discursivo. Dicho de otro modo, la tesis de Valenzuela es que los sujetos del populismo se constituyen únicamente en participación y en relación a un *Otro*, es decir, en relación con algo que lo trasciende a nivel discursivo. Dicha relación puede ser contra *Otro* (identidad por diferenciación) o bien a través de *Otro* (identidad por participación). Evidentemente, la primera postura sería la apuesta de Laclau (pura negatividad), mientras que la segunda es la que apoya Valenzuela. El punto en discusión, es que el autor arguye que al no existir un principio de trascendencia discursivo, el populismo termina por establecer una relación de fusión liderazgo-masas, donde el líder construye solo a nivel retórico un discurso, siendo intermediario de una idea y nunca la representación sensible de ésta. Todo lo contrario ocurriría, según el autor, con un líder democrático —nótese la distinción— o un profeta, porque ellos serían siempre los intermediarios de una idea, nunca la manifestación o representación sensible de ésta (Valenzuela 1991).

Para Valenzuela, el líder populista se realiza fuera del discurso, mientras que los líderes democráticos o profetas harían uso de un modo racional del concepto participación, básicamente, a través de la comunicación verbal y de la explicitación discursiva del otro como valor. Ambos personajes agotarían su discurso en el plano de la palabra, mas el líder populista, por el contrario, al estar fuera del discurso, trae ineluctablemente consigo el culto de la personalidad: no es un vehículo, sino la manifestación de un principio de trascendencia, por lo que el culto al personalismo, que según el autor sería característico de todo proceso populista, es la prueba fehaciente de su carácter no discursivo (Valenzuela 1991).

En realidad, serían las masas populares las que le confieren protagonismo al líder atribuyéndole cualidades extraordinarias. En este sentido, Valenzuela toma distancia de la teoría de la modernización, ya que las masas son también el motor del populismo. El líder sería el principio de trascendencia creado por la masa pero que, en algunas oportunidades, suele ir más allá de lo que el líder comprende o sus expectativas originales. "El carisma no es solamente una cualidad intrínseca del líder ni se valida únicamente a través de la propaganda, como creen los teóricos de la sociedad de masas: es simplemente la consecuencia de un modo específicamente popular de constituirse como sujeto" (Valenzuela 1991, 20). Más aún, sostiene el autor, el carácter no discursivo del liderazgo populista puede ser incluso construido *desde abajo*. Vale decir, la vacuidad del discurso no solo sería el producto del emisor (demagogo), sino que también del receptor (masas populares). La paradoja es evidente, ya que de un modo u otro, Valenzuela termina afirmando que la demagogia y el carisma son construcciones eminentemente populares, por lo que es mediante el liderazgo populista que las masas construyen su modo específico (irremediablemente falso) como sujetos.

Como consecuencia de lo anterior, Valenzuela sostiene que el populismo nunca constituye una exterioridad Estatal frente a la sociedad, por lo que no existiría diferenciación entre Estado, sistema político y actores sociales. Según este argumento, el populismo organiza a los actores a través del Estado, mediante una activa política de movilización e incorporación social que impide la constitución de un sistema político autónomo capaz de negociar esa relación. Así la participación en un sistema populista se confunde con integracionismo: "el Estado se ofrece a sí mismo como mecanismo de participación, del mismo modo que el líder populista ofrenda su persona" (Valenzuela 1991, 20). Todo esto traería como consecuencia que el populismo, según Valenzuela, imposibilitaría el desarrollo de una conciencia de clase y/o de una conciencia democrática, al no existir conciencia anterior independiente a la constitución del Estado. En otras palabras, las masas cederían soberanía al Estado (representado en el líder) a cambio de que éste se defina en términos sociales, perdiendo con ello su naturaleza específicamente estatal (Valenzuela 1991).

Lo singular de esta situación, afirma Valenzuela, es que si bien el populismo fortalece al Estado, nunca se logra instituir como una burocracia racional, vale decir, una política racional de administración de las masas, ya que carece de algo propiamente moderno: la exterioridad del Estado frente a la sociedad. En consecuencia, durante el populismo, el Estado sería un escenario de poder permanentemente penetrado por intereses sociales, en el que las masas alcanzan los beneficios del Estado a través de una mediación burocrática (líder) que se define en términos sociales y en donde no existe política desarrollista alguna, puesto que se impulsan más bien las regalías sindicales, la apropiación de recursos del Estado por una minoría burocrática y el gasto ineficiente, que lejos está de beneficiar a la mayoría de la población (Valenzuela 1991).

De hecho, según Valenzuela, el populismo se caracterizaría, esencialmente, por su orientación antieconómica, puesto que no poseería una adaptación metódica y sistemática a las exigencias ordinarias de la vida económica. El populismo, ante todo, se definiría por la fiesta: el desapego al trabajo duro y la espera de beneficios por parte del "Otro", donde no es la lógica desarrollista la que preside, sino la lógica de la apropiación de los excedentes con el fin de financiar una política de participación. Así las cosas, la lógica económica que seguiría el populismo sería demasiado simple: redistribución a través de una política de nacionalizaciones, y ofrecer al Estado como instrumento de participación, ya sea de un modo regulado, mediante la fijación de una política salarial y el control de precios, o no regulado, esto es, a través del mal endémico de tales regímenes: la corrupción (Valenzuela 1991).

Ahora bien, en el caso particular de la Unidad Popular, Valenzuela abunda en lo referente al aumento del consumo de las masas mediante políticas gubernamentales que habrían estado mal definidas, tales como el aumento de salarios cercanos al 30%, la idea del pleno empleo, el control de los precios y el uso indiscriminado de divisas internacionales. Medidas, todas ellas, según el autor, con la clara intención de distribuir los recursos sobre una base de estructuras productivas ociosas (industrial y subutilización de la mano de obra) que, en definitiva, habrían provocado que los excedentes productivos fomentaran la participación de la demanda y no solidificar la producción y la acumulación. Concluye así el autor que el "carácter netamente populista del programa de la UP admite pocas dudas" (Valenzuela 1991, 28), ya que dicho proyecto se centró en el consumo, en el ausentismo laboral, el desorden y no en el trabajo, cuestiones que, argumenta sin disimulo Valenzuela, se avienen perfectamente con las masas y con su espíritu festivo.

Pero la fiesta de la que habla Valenzuela no es tan solo económica, sino que, en esencia, se define por un espíritu festivo que recubre políticamente al populismo y que tiene por característica evitar todo antagonismo. En efecto, el autor sostiene que, a diferencia del fascismo o de regímenes totalitarios, el populismo no tiene un tercero como víctima y en el caso de que exista, concurre de un modo irrelevante en el plano del discurso, porque el populismo suspende por un tiempo el conflicto, eliminando la diferenciación social al buscar la conjunción de lo heterogéneo (recomponiendo el antiguo divorcio nación-pueblo; masas-Estado) en un sentido homogéneo nacional (Valenzuela 1991). Así contenidos polarizadores como anti-oligárquica o anti-imperialista, serían completamente vacíos y de ningún modo las masas populares se definirían por su oposición a las estructuras antes mencionadas, sino por su fidelidad política al líder y solo secundariamente, y casi irrelevantemente, por su carácter "anti". En definitiva, Valenzuela concluye que los movimientos nacional-populares, pese a su discurso incendiario, no se definirían por algún tipo de radicalismo político, puesto que si bien ellos se movilizan (cuando no están en el poder) contra el Estado, nunca intentan alterar las estructuras ni las bases tradicionales de legitimación del poder.

En otras palabras, el populismo, nunca iría más allá de un ataque pasajero a los excedentes productivos ya que no busca "el poder o la transformación histórica de las relaciones de producción" (Valenzuela 1991, 23). Para el autor, que el populismo sea contrario a la lucha de clases es incluso comprobable durante el régimen de la UP, ya que los populismos siempre caerían sin resistencia popular alguna. Como asevera Valenzuela para el caso de la UP, "no existe nada más patético que la movilización del 4 de septiembre y la escasa resistencia del 11: esta evaporación de las masas es el mejor señal del tipo de movilización existente, populista y no revolucionaria" (Valenzuela 1991, 28). Ahora bien, lo que no se logra dimensionar es si la crítica que hace Valenzuela, es porque los movimientos populistas no prometen lo que cumplen a nivel de violencia o porque niega cualquier viso de radicalidad en ellos. El punto no es menor, ya que los regímenes populistas nunca se han definido como revolucionarios marxistas, por lo que Valenzuela termina hábilmente negando o exigiendo —aunque parezca contradictorio— una característica que no le es propia al fenómeno populista. En definitiva, por un lado, el autor niega que los populismos sean revolucionarios, pero, por otro, condena lo patético que es el hecho de que las masas no protagonicen resistencia alguna. En términos simples, una cosa es que el populismo no se caracterice por promover la lucha de clases, pero otra muy distinta es sostener que en todo populismo no exista radicalidad ni antagonismo, ya que ambos hechos son fácilmente comprobables a nivel discursivo y factual.

A decir verdad, lo único que hace dudar a Valenzuela de catalogar al gobierno de la U.P. como populista es la presencia de una importante movilización popular, que nunca estuvo monopolizada por una burocracia estatal, cuestión que se habría producido, a juicio del autor, por la inexistencia de un líder fuerte y de un partido único o predominante, que llevó a que la movilización popular trascendiera al movimiento populista: "faltó lo que es característico de los sistemas populistas: la centralización del poder estatal en manos del presidente, la burocratización de los intereses sociales dentro de la administración pública y la conformación de un partido único dominando por la voluntad del líder populista" (Valenzuela 1991, 27). Entiende el autor que en los populismos, de haber instituciones políticas no legitimadas por la comunidad, éstas solo pueden ser realmente movilizadas por el aparato —nuevo— estatal, mas nunca llevadas a cabo por la comunidad popular propiamente tal: "El carácter populista de la UP chilena, no obstante, proviene menos de la naturaleza del régimen que de la propia movilización popular" (Valenzuela 1991, 27). Sin duda, la relación/tensión existente entre institucionalismo y movilización es uno de los problemas más decisivos a la hora de entender cabalmente un proceso populista —que lamentablemente Valenzuela no profundiza—, ya que si se interrelacionan ambos lógicas, la movilización populista no sería de ningún modo anti-institucional (sí del Estado derecho actual), sino que, por el contrario, buscaría a través de la movilización popular el cambio político institucional una vez en el poder, cuestión que, precisamente, definiría y sería exigible en un régimen populista.

En consecuencia, Valenzuela, si bien desde un prisma distinto, llega a la misma conclusión que ha manifestado la academia chilena frente al populismo, esto es, que el populismo es el principal fenómeno político que atenta contra la consolidación de la democracia en América Latina. En este sentido, la democracia liberal, a diferencia del populismo, se caracterizaría por ser una formación discursiva de la voluntad general que presupone la existencia de ciudadanos, vale decir, de sujetos que participan de manera deliberada e informada en el proceso de toma de decisiones, mientras que el populismo, por el contrario, reposaría en un mecanismo de fusión no discursivo que, en definitiva, no permite constituir ciudadanía (Valenzuela 1991). En el primer caso, la participación se realiza a través del sistema político, en el segundo caso, afirma Valenzuela, mediante liderazgos plebiscitarios que se basan en el carisma; mientras la democracia es un voto de opinión, donde más que los individuos importan los programas, y donde la eficacia del representante viene dada por convencer y cumplir con lo prometido, el líder populista, en cambio, no busca persuadir, sino tan solo se manifiesta él mediante los otros. "El líder populista nunca se valida en términos discursivos, en efecto, el mundo popular tolera perfectamente la demagogia en cuanto desconoce la pretensión de fundar lo real a partir de la palabra" (Valenzuela 1991, 30). El éxito del líder populista no radicaría en cumplir lo prometido, sino en su habilidad de lograr identificación y reconocimiento público. En definitiva, si bien la propuesta de Valenzuela se aleja de aquella premisa que sostiene que las masas son prácticamente embaucadas por el líder populista, el autor (haya sido esa o no su intención) termina afirmando algo aún más problemático, esto es, que el líder populista es, ni más ni menos, siempre el producto —léase el verdadero representante— de una sociedad que carece de auténticos sujetos discursivos, donde "la política solo es aceptada como un espacio no discursivo de una voluntad general" (Valenzuela 1991, 30).

Carlos Cousiño, en su ensayo *Populismo y radicalismo político durante el gobierno de la Unidad Popular* (2001), plantea que la respuesta típicamente latinoamericana a los trastornos provocados por los devastadores procesos de crecimiento demográfico (masiva emigración hacia las ciudades) fue el populismo. Para el autor (2001), el populismo fue la respuesta política frente a la aparición de las masas urbanas, en donde destacaría un caudillo que remplazó el vínculo rural clientelístico que era propio de sociedades agrícolas.

Sin mayores preámbulos, Cousiño argumenta que el populismo se caracteriza, ante todo, por el exceso: de gasto y de palabras, fenómenos altamente complementarios y que se explican sociológicamente —aduce el autor— por la tradicional cultura latina; aquella en la que la palabra no es capaz por sí sola de legitimar la política, sino que necesita del gesto, esto es, el regalo y el don para establecerse como vínculo definitivo de lealtad política. Así, el populismo, según esta línea de pensamiento, es el resultado de nuestra "particular identidad latinoamericana". De ahí que se entienda las dos características que Cousiño le atribuye al populismo: la propensión a expandir el gasto y la corrupción política. Siguiendo de cerca los postulados elaborados por las interpretaciones economicistas del populismo, Cousiño destaca que el fenómeno se caracterizaría por el desinterés de la dimensión monetaria de la economía, una propensión manifiesta a la emisión incontrolada de papel moneda, el aumento del gasto público y la inflación galopante (Cousiño 2001).

Cousiño, tomando en cuenta éstas consideraciones, plantea que la gran experiencia populista chilena se produjo bajo el gobierno de la Unidad Popular que cayó —y aquí está la tesis principal del ensayo— producto de la "profunda escisión entre su real legitimidad populista y la comprensión revolucionaria que tenían de esa legitimidad las elites de la dirigencia política" (Cousiño 2001, 189). Indica el autor que el error de Allende y de la izquierda chilena fue el haber creído que encabezaban un proceso revolucionario y no haber comprendido el fundamento populista de su legitimidad, vale decir, el apoyo de las "masas" hacia el gobierno de la UP solo existió mientras se les otorgara recompensas monetarias que sirvieran para mejorar sus condiciones miserables de vida, y en ningún caso, cuestiones relativas a la ideología. Al no tener Allende un apoyo político fuerte —sostiene Cousiño—, la mejor manera que encontró para legitimarse en el poder fue el uso indiscriminado de una política expansiva que aumentó salarios y la demanda, pero que no se hizo cargo de la oferta, por lo que al corto tiempo se produjo escases y proliferó el mercado negro (Cousiño 2001). Al traspasar al Estado el control hegemónico sobre el aparato productivo y crediticio, se buscó —señala el autor— el apoyo popular, pero se destruyó la economía. En efecto, según el autor, desde fines de 1971, ya se podían observar los desastrosos efectos macroeconómicos que llevaron al golpe de 1973.

Ahora bien, Cousiño asevera que no solo fueron factores económicos los que provocaron la caída del régimen de la UP, por cuanto la radicalización de grupos cercanos a la UP, como el MIR o el MAPU, propugnaron la violencia como acción política. Así, la tesis de Cousiño, es que mientras la legitimidad populista descansaba en el "populismo económico", esto es, en el incremento de la capacidad de consumo de la masa popular, aquellos que se relacionaban con el poder, más particularmente, jóvenes e intelectuales, atizaron la instauración de un Estado revolucionario. Entonces, cuando apareció la inflación y la escasez —las dos bestias negras del populismo, según el autor—, se destruyó la capacidad adquisitiva de los sectores populares, lo que trajo consigo que se agudizara el espíritu revolucionario (Cousiño 2001). En otras palabras, las demandas reivindicativas fueron reemplazadas en ese momento por demandas políticas que finalmente hicieron perder legitimidad —de todo tipo— al régimen y repercutieron en su posterior colapso.

En simple, Cousiño plantea que la legitimidad populista del régimen de Allende llegó a niveles mínimos cuando se polarizaron las tensiones sociales, al aumentar la conflictividad laboral y de clase. En este sentido, Cousiño sigue la línea de análisis de Valenzuela (1991), respecto a que las polarizaciones dicotómicas no serían substanciales a los regímenes populistas, por cuanto ellas, cuando efectivamente se producen, generan pérdida de legitimidad y son conducentes, en la mayoría de los casos, a los golpes militares. Una cosa sería la avidez de las masas populares por ver satisfechas sus condiciones materiales de vida, y otra muy distinta, el respaldo por parte de ellas a una lógica polarizadora (Cousiño 2001).

Pero más importante aún, según Cousiño, el factor que permitió la tragedia —populista— de 1973, se originó, ni más ni menos, por la ausencia de un estadista, de un auténtico líder: "un gran político capaz de doblarle la mano a lo que se perfilaba como su ineludible destino trágico" (Cousiño 2001, 201). La cuestión sería, en términos simples, así: al haber fallado el sistema político, ni la izquierda, el centro, ni la derecha, pudieron resolver el destino fatal que se cernía sobre Chile. Como afirma con sorprendente honestidad Cousiño: "solo hubo peones de la historia, que carecieron de la profundidad política necesaria para moldear la historia, para cambiar su rumbo y alterar un destino fatal (…) ni Allende, ni Pinochet, ni Alessandri, ni Frei, ni ningún otro pudo torcer el trágico destino que se cernía sobre Chile el año 1973" (Cousiño 2001, 202). Interpretación, por cierto, que se entronca directamente con aquella escuela historiográfica de fines del siglo XIX y comienzos del XX, que preconiza que son los "grandes hombres", los llamados a torcer el destino de la historia, por lo que el populismo sería, ni más ni menos, una de las más funestas consecuencias que se producirían en aquellos países en los que no se encuentran aquellos *héroes*.

Se puede concluir, tras el estudio de ambos autores, que el populismo sería la auténtica expresión de una sociedad en crisis, donde la democracia se ha interrumpido ante la presencia de un caudillo que representa fehacientemente a masas que anhelan la fiesta como principal modo de vida o bien de una sociedad que está a la deriva, precisamente, por la ausencia de un líder-héroe. Las masas apoyarían a este —falso— líder únicamente para ver satisfechos sus requerimientos económicos, pero de ningún modo estarían dispuestas a apoyar cambios estructurales económicos, políticos o sociales, por cuanto el antagonismo no sería más que un instrumento retórico-discursivo que utilizaría el líder para seducir y embaucar a las masas, ya que una vez en el poder únicamente beneficiarían al grupo más cercano, sea sindicato o partido político y no a la mayor parte de la población que, según Cousiño y Valenzuela, serían precisamente los más afectados.

4. El populismo analizado desde la experiencia histórica

Como se observó a inicios del presente capítulo, los historiadores que han investigado el fenómeno populista en Chile, han utilizado recurrentemente los marcos teóricos de las otras ciencias sociales, no apartándose, en lo medular, de sus conclusiones. En otras palabras, se han abocado a una constatación empírica de lo que se entiende "tradicionalmente" en la academia por populismo, sin aportar conceptualmente o teorizar respecto del término. Y aquí se observan cuatro tipos de estrategias para abordar el tópico en cuestión. En primer lugar, una estrategia ampliamente mayoritaria en la historiografía chilena, que consiste en que los historiadores aceptan —incluso sin mayor efecto de demostración— que un determinado político, política o práctica económica es populista[13]. Una segunda estrategia —escasísima—, que se aboca al estudio pormenorizado y acucioso de casos específicos, que podrían ser considerados como "populistas", como lo es el estudio del segundo período de gobierno del general Carlos Ibáñez del Campo, por parte de Joaquín Fernández (2007). Una tercera estrategia, que combina las dos anteriores, y que si bien no teoriza respecto al populismo, se detiene a estudiar —sin la prolijidad de la segunda— algunos casos populistas en el marco del proceso histórico. Un ejemplo de ello es el trabajo de Sofía Correa Sutil (2011). Y finalmente una cuarta estrategia, donde se propone el estudio del proceso histórico de largo aliento en clave populista, como es el extenso y minucioso trabajo realizado por Paul Drake (1992), y en menor medida, los alcances que dimensiona Gabriel Salazar (2006; 2015) respecto al populismo, pero que son esenciales para comprender la estructura socio-política de Chile siglo XX.

Fernández, en su libro *El ibañismo (1937-1952): un caso de populismo en la política chilena*, mediante un sólido y prolijo trabajo de fuentes primarias (análisis de prensa, memorias, folletos, sesiones del Congreso y estadísticas), plantea que el ibañismo fue un caso claro de populismo porque, entre otras cosas, se dio en una sociedad en vías de modernización; porque se constituyó como un liderazgo personalista y carismático que se opuso al sistema de partidos o instrumentalizó a éstos; porque tuvo un fuerte discurso nacionalista y maniqueo, altamente moralista, que asimiló la patria con el pueblo y elevó a las masas como un ejemplo de virtud. En efecto, siguiendo una estrategia acumulativa-historicista, el autor se limita —aunque con maestría— a encontrar las fuentes que le permitan percibir al menos uno de los rasgos presentados más arriba, para visualizar así la presencia del fenómeno, llegando a la conclusión de que "el estudio del ibañismo entre los años 1937-1952 nos invita a repensar la historia política del siglo XX chileno, considerando la fuerza que tuvieron en ellas las tendencias populistas" (Fernández 2007, 194).

De hecho, lo que intenta constatar el autor, es que mediante el análisis del "ibañismo", sería posible constatar que las tendencias populistas no habrían sido del todo ajenas al devenir de la política chilena, ya que, entre otras cosas, la apatía política tendría una raíz profunda, permanentemente contraria a los partidos políticos, y al mismo tiempo, el culto a la personalidad (en este caso Ibáñez) sería una tendencia más o menos enraizada. Bajo esta mirada, el populismo se definiría principalmente por su naturaleza antipartidista, pues serían personajes carismáticos quienes, sobre la base del eclecticismo y laxitud ideológica, apelarían al hombre común y sus valores, al pueblo, con un marcado nacionalismo[14].

Si bien el trabajo de Sofía Correa Sutil, *Con las riendas en el poder* (2011), no es un estudio dedicado al populismo, constituye una importante reflexión en torno al tópico. En lo medular, plantea que el populismo chileno tendría un origen en la derecha, aunque finalmente éste, se separa de ella[15]. A decir verdad, en estas materias Correa sigue a José Luis Romero, quien argumenta en *El Pensamiento de la derecha latinoamericana* (1970), que la característica más marcada del populismo latinoamericano es su concepción pre-capitalista, católica, antiliberal y antimarxista, marcadamente de derecha.

Argumenta Correa (2011) que a diferencia de otros países latinoamericanos, la derecha chilena se sumó abiertamente para organizar el sistema de partidos y le otorgó legitimidad institucional a la democracia representativa. Sin embargo, argumenta que a fines de 1940 y principios de 1950, el diseño institucional de tipo partidista empezó a mellar, debido a presiones de diversos grupos y movimientos sociales que exigían una mayor democratización y redistribución (y pese a que todos los problemas podían ser canalizados institucionalmente mediante la proscripción de partidos (partido comunista), la no aprobación de reformas o sencillamente mediante la —recurrente— represión). El problema que nadie vio venir, afirma Correa, fue que la crítica más desestabilizadora del sistema provino desde el interior de la derecha, lo que marcó su división posterior y el inicio del populismo socialcristiano. Plantea Sofía Correa (2011) que este hecho se puede constatar en la elección presidencial de 1946, año en que la derecha pudo haber ganado fácilmente la presidencia si los dos partidos que la representaban (Conservador, Liberal) se hubiesen unido.

Para Correa, en realidad, la unión era imposible, por cuanto ambos partidos llevaron dos candidaturas que reflejaban dos proyectos políticos distintos: el populismo socialcristiano (Eduardo Cruz-Coke) y el capitalismo liberal (Fernando Alessandri). En efecto, Cruz-Coke era el representante de un socialcristianismo, corriente que se oponía frontalmente a un liberalismo laico y que defendía Fernando Alessandri. Así, interpreta la autora, el proyecto social cristiano era un proyecto nacional, anti-capitalista, católico militante, liderado por un candidato que estaba por sobre los partidos, y que, poco a poco, se alejó de la derecha tradicional. En la medida que el discurso de Cruz-Coke se dirigía vagamente al pueblo en pos de una "Guerra Santa en contra del Comunismo" y en aras de bienestar de la patria sin antagonismo de clase, se habría constituido, según la autora, un claro ejemplo de populismo. "La vaguedad de sus afirmaciones, la pretensión de ser una alternativa nacional distante de la derecha y la izquierda y por sobre los partidos políticos, así como la exaltación de Cruz-Coke como un líder carismático, con fuerte arraigo popular, le imprimen al socialcristianismo de los años 40 un carácter populista" (Correa 2011, 143). Por su parte, el partido liberal, se habría opuesto tenazmente a la candidatura de Cruz-Coke, porque su discurso desafiaba —entiende Correa— la política de transacciones que justamente le habían permitido a la derecha impedir cambios relevantes en la estructura de dominación, pero no porque en algún modo cuestionara el modelo de acumulación.

Ahora bien, más allá de rechazar el rótulo de populista que Correa le endilga a Cruz-Coke, y que, por contrapartida, otro estudioso podría acoger, la cuestión de fondo que se debería considerar, es afirmar que la presencia de "algunos elementos populistas" permitan concluir que se está ante una experiencia populista; de lo contrario, el populismo podría ser considerado como una corriente o simplemente como una tendencia política sin importar mayormente, por ejemplo, si se dio en un contexto de crisis, si fue un momento, un fenómeno o incluso un régimen. Como se ha estudiado, el populismo —como fenómeno— exige para su constitución una cadena equivalencial de demandas, un significante vacío, pero sobre todo, la presencia de un antagonismo entre el pueblo y el anti-pueblo, cuestión que Cruz-Coke estuvo muy lejos de esbozar, ya que si bien el discurso social cristiano propugnaba una mayor justicia social, éste exigía el respeto del orden, la institucionalidad, las jerarquías sociales y el derecho de propiedad (Correa 2011).

Pero como quiera que sea, la tesis de Correa es que en el caso chileno, si bien el discurso populista se gestó bajo el manto de la derecha, éste se apartó de ella y, en la práctica, fue un proyecto paralelo que sucumbió ante el proyecto liberal. En realidad, esta es una de las razones de por qué la autora señala (desde una óptica claramente institucionalista) que es un error catalogar al Frente Popular como populista, ya que la política en ese período se construyó sobre alianzas multiclasistas dirigidas desde las elites y las cúpulas partidistas y no como es característico de los populismos —según entiende la autora—, de un movimiento de masas conducidas por un líder carismático con un discurso ambiguo y crítico de los partidos. Con todo, opina Correa, el populismo en Chile, en última instancia, se gatilló desde la izquierda por efecto del abandono de las ideas revolucionarias del partido comunista para volver a la legalidad (Correa 2011). Es decir, según la autora, dicha renuncia habría alentado al resto de los partidos políticos, ante una eventual fuga de electores, a que tomaran posiciones populistas para evitar ser desplazados de la arena política[16].

Según Sofía Correa, fue solo con la llegada al poder de Ibáñez, a comienzos de 1950, que el populismo, finalmente, se "enseñoreó de la Moneda" (Correa 2011, 169). Producto de una fuerte crisis económica y de una profunda crítica a los partidos políticos tradicionales, emergió la figura del general Carlos Ibáñez, quien apoyado por una coalición variopinta de partidos no tradicionales tanto de derecha como de izquierda y, apoyado por un discurso moralista, nacionalista y autoritario que atacaba a la oligarquía y prometía terminar con la inflación, la corrupción y el desorden, terminó imponiéndose ante los partidos tradicionales y se propuso —al menos en la primera parte de su gobierno— llevar a cabo el fin de componendas partidistas y, de paso, evitar la influencia de los grupos económicos en las políticas del Estado mediante una mayor redistribución (Correa 2011). La autora argumenta que el ibañismo no fue una fuerza de derecha y precisa, a su vez, que fue ésta la que vio, en los primeros años de su gobierno, una importante amenaza a su hegemonía, y fue por este motivo que reaccionó frente a las políticas "populistas" de Ibáñez (Correa 2011)[17].

En la academia chilena, el trabajo de Paul Drake, *Socialismo y populismo en Chile 1936-1973* (1992) es considerado como el estudio más documentado que existe sobre la materia[18]. En éste, el autor hace un uso prolijo y amplio de fuentes primarias y secundarias, que le permite entender el proceso socio-económico que se desenvuelve tras la *cobertura* política. En efecto, Drake (1992) construye su texto sobre la base de una definición acumulativa de populismo, para luego, con dicho marco conceptual, aplicarlo empíricamente al período que va desde 1936 a 1973, tomando en consideración las candidaturas, figuras públicas, plataformas, elecciones y partidos políticos existentes durante el período en cuestión. El objetivo principal de su estudio —lo que finalmente hace particular a éste—, es probar cómo en un país como Chile, con altos niveles de institucionalidad y predominio de los partidos políticos, que lo habría hecho inmune al populismo, se desarrollaron prácticas populistas al interior de uno de los partidos que, paradójicamente, ha sido eje del sistema de partidos chileno: el Partido Socialista.

Entiende Drake que se está ante la presencia de un síndrome populista,[19] cuando se cumplen un conjunto de tres grupos de características interconectadas: primero, la presencia de un líder carismático y personalista que moviliza a las masas desde arriba; segundo, una alianza multiclasista que incorpora a trabajadores y sectores medios; tercero, un discurso híbrido, anti-revolucionario, nacionalista y reformista, que enfatiza el integracionismo, el modelo I.S.I. y la redistribución de bienes a sus seguidores (Drake 1992). Ahora bien, en el caso chileno, el autor deja en claro que el populismo no se agota en el socialismo, por cuanto el Partido Socialista desde 1952, va a dejar de lado sus prácticas y estrategias populistas, incentivando un discurso revolucionario y polarizando la sociedad a niveles en el que el populismo ya no era una estrategia posible. Argumenta Drake, que el socialismo chileno se avino con el populismo, porque desde 1932 a 1952, entre otras cosas, abrazó el nacionalismo —pese a su americanismo—; se opuso al comunismo; se mostró anti-imperialistas; propugnó el nacional-desarrollismo; fue proclive a las alianzas electorales; fueron híbridos ideológicamente; y el personalismo de sus líderes fue una característica permanente (Drake 1992). Sostiene el autor, que mientras la estrategia y el estilo populista dieron réditos, principalmente en el partido socialista y en el partido radical, dichas prácticas también se propagaron a líderes carismáticos y extra-partidistas, como Alessandri o Ibáñez, permitiéndoles participar y obtener una importante representación política (Drake 1992).

Y es precisamente aquí donde me separo del autor: primero, porque cuesta entender que si el principal elemento "disuasivo" para que no exista populismo en Chile es el sistema de partidos, precisamente éste haya permitido que uno de sus principales partidos, el socialista, se conformara bajo una lógica populista, y que, además, facilitara la presencia de líderes políticos, que incorporaron —según el autor— prácticas caudillistas y anti-partidistas. La única explicación posible sería la siguiente: el mismo sistema de partidos e institucional terminó incorporando dichas prácticas, pero nunca se llegó a contaminar de éstas. Segundo, porque el autor asume que el populismo es uno de los principales responsables que no haya habido cambios en la estructura socio-económica chilena, ya sea porque estuvo lejos de su accionar un auténtico reformismo y, sobre todo, porque este hecho habría incentivado la re-aparición de una izquierda programática, renuente a los acuerdos, altamente polarizada y que tuvo como ícono al gobierno de Allende (Drake 1992).

En términos simples, lo que está planteando Drake es que el populismo, más que una práctica política y económica —aunque hábilmente exige su presencia—, es un fenómeno esencialmente político que remite su naturaleza a una suma de características que hacen que un fenómeno o un proceso histórico tenga "más o menos" un contenido populista. En efecto, la discusión, según lo planteado por el autor, se limita a una cuestión de grados, de variaciones; en breve, de lo que él considera populismo clásico, puro, frente a otro, un tanto desfigurado respecto al primero, que sería el caso de Chile (Drake 1992, 2012). Pero de nuevo, en esta teoría como otras que he analizado anteriormente, el populismo se vuelve un término laxo, donde basta que se cumpla tan solo una o dos características para que se constate su presencia.

Gabriel Salazar, a pesar de su prolífica obra, nunca ha hecho un estudio particular respecto al populismo ni tampoco ha sido de su interés definirlo aunque el término aparece constantemente citado en sus trabajos, llegando incluso a constituirse como una "hoja de ruta" que explicaría el proceso político chileno. De hecho, Salazar tiende a considerar al populismo como un proceso histórico propio de los cambios estructurales —modernizadores— que afectaron América Latina, y que se caracterizó por la migración del campo a la ciudad; la movilización de las masas; la presencia de un líder carismático, y en parte, la aplicación del modelo económico del nacional desarrollismo (Salazar 2006). Aun cuando Salazar comparte la teoría "tradicional" de que el populismo utiliza herramientas económicas (bonos, subsidios) y políticas (carisma, retórica) para hacerse y mantenerse en el poder, la tesis que propone es que el populismo, en definitiva, es una estrategia política que ha desarrollado el poder —institucional (político y económico)— para no hacer y bloquear los cambios efectivamente modernizadores y democráticos que marcaron la historia de Chile, principalmente, entre los años 1925 a 1973:

> Por lo tanto, en la medida en que el centralismo populista fuese aceptado por la gran masa de la población electoral (lo que de hecho ocurrió), la oligarquía política parlamentaria, flotando agarrada a las vigas del aparato institucional del Estado, pudo *sobrevivir, renovarse y aparecer,* al término de la transición política y tras el ocaso de los caudillos, de nuevo, como *dueña de la situación"* (…). El Estado *real* que comenzó a emerger por arriba de todo eso fue, poco a poco, mostrando su verdadero perfil: era populista en lo social, 'librecambista' en lo económico y decididamente centralista en lo político. (Gabriel Salazar 2015, 351-352)[20]

Es decir, para Salazar, el populismo no sería más que la principal lógica de poder de la clase política chilena con el fin de detentar el poder político y obtener su conducción, sustentado en los partidos políticos y sus derivados: la Constitución, Parlamento y el Ejecutivo; y de aplicar, en concomitancia, con los grupos económicos, un modelo económico que no modificara, en sus pilares fundamentales, el modelo de acumulación predominante desde el siglo XIX: librecambista, financiero, monopólico y explotador (Salazar 2011, 2015). Así, explica Salazar, la antigua oligarquía que tuvo en sus manos hasta el primer cuarto del siglo XX, el poder político y económico, permitió "su" relevo en la dirección del Estado a una "clase política" que le fuera afín en sus políticas económicas o al menos que no alterara en mayor medida el modelo acumulador, pero siempre bajo su atenta mirada. Se permitió así la existencia de un Estado que, "siendo puramente político y prístinamente liberal, quería ser, al mismo tiempo, Estado empresario, Estado docente, Estado social benefactor, Estado Populista y Estado Revolucionario (pero *sin* empresarios, *sin* profesores, *sin* trabajadores, *sin* estudiantes… y *sin* revolucionarios en su interior)" (Salazar 2015, 398).

Es por este motivo que la antigua oligarquía incluso apoyó —hasta la llegada al poder de Jorge Alessandri— el modelo I.S.I., pues, como bien demuestra Salazar, éste —al menos como se aplicó en Chile— no cambiaba en casi nada el modelo de producción predominante (dependiente de maquinarias y divisas), pero sí se opuso terminantemente cuando dicho modelo ya no le fue útil y generó de rebote el descontento de las masas; esto es, cuando el aumento de los precios fue insostenible y cuando la movilización ciudadana comenzó a traspasar y desbordar peligrosamente los límites institucionales que el sistema fijaba, precisamente, en la dirección que les correspondía —*casi por derecho propio*— también a los partidos políticos.

> Se intensificó, en la mayor parte de la clase política civil chilena, la *identificación populista* con las necesidades de los grupos medios y de la clase trabajadora, así como la tendencia a *magnificar* el peso político y el volumen burocrático del Estado social benefactor llevándolo a convertirse en un iluminado Estado reformista y/o revolucionario. A tal punto, que se ignoró y se olvidó el *contrapeso histórico* que podían tener (y que finalmente tuvieron) el empresariado criollo, las leyes automáticas del mercado, el intervencionismo político de Estado Unidos, el viejo bloque parla-

mentario de derecha, las fluctuaciones dubitativas de los partidos de centro, la debilidad de las alianzas propiamente latinoamericanas, las tendencias latentes en las Fuerzas Armadas… y del peso revolucionario específico, no tanto de la clase política parlamentaria de izquierda —que no era mucho—, sino del *movimiento soberano* de las clases trabajadoras, que aún no se dimensionaba bien. (Salazar 2015, 445)

Para Salazar, la lógica populista utilizada en menor o mayor medida por gobiernos de derecha y centro izquierda, desde 1938 y que finalmente colapsó a principios de 1970, llegó a su fin porque se pretendió resolver la crisis que se ceñía sobre el país, bajo una lógica de ofertones que pareciera ser opuesta a un sistema parlamentaria-librecambista, pero que, en el fondo, sostiene el autor, le era afín siempre y cuando se mantuviera en cauces "normales". Ello, porque desde una lógica institucional, la clase política civil apostaba en lo económico a la superación de los problemas mediante una redistribución inútil de recursos que no alteraba en nada el modelo de producción —incluso con Allende, aduce el autor— clientelizando al electorado y aumentando los problemas inflacionarios; y en lo político, porque no buscó la incorporación ni participación ciudadana: "… la clase política civil, sobre todo el pelotón parlamentario estacionado *en el Congreso Nacional* (por estar, tal vez, en una situación de mayor dependencia de las masas electorales), estaba dispuesta a privilegiar y profundizar la *línea social-populista* del emergente Estado empresarial, descuidando así su compromiso tácito con los intereses supremos y la lógica profunda del desarrollo *productivo* de Chile" (Salazar 2015, 409).

En términos simples, para Salazar (2006; 2015), el populismo vendría siendo una estrategia que tiene el "poder institucional" para reducir la demanda popular a un simple petitorio, que en el caso chileno, a partir de la década de 1930 y hasta 1970, se resolvió mediante dádivas económicas y procesos políticos electorales que limitaron la voluntad soberana, y que por contrapartida, elevó a los políticos profesionales, como los únicos y auténticos depositarios del cambio, soslayando y bloqueando el carácter auténticamente —

nótese— revolucionario del "poder popular" (anti-institucional, democrático, histórico y en oposición al poder establecido históricamente en Chile). Porque, para Salazar, quien desconfía del sistema de partidos chileno, y que opone al menos históricamente, institucionalización con movilización popular, plantea que la educación popular —que trasunta la memoria histórica del pueblo y que se encuentra siempre en resistencia frente al poder institucional— es el auténtico medio para superar el modelo librecambista. Por consiguiente, la memoria del poder popular sería la única que conservaría aún el modelo de desarrollo productivista-industrializador y que, al mismo tiempo, podría hacer efectiva la voluntad soberana de un modo democrático horizontal, de participación ciudadana-territorial, ajena a la lógica sindical, particular o corporativa estatal (Salazar 2003).

Tesis aguda y profunda, que si bien comparto en su análisis de fondo (cuestión que de igual modo profundizaré en el capítulo tercero) en relación al tipo de modelo de acumulación y el rol que han jugado el sistema de partidos en Chile, difiero del modo en que el autor entiende el populismo. Primero, porque si lo que está en juego es la conservación del poder, lo único que diferenciaría al populismo de otros períodos históricos sería la propensión al gasto y la imposición de un modelo que en teoría aparece como desarrollista, pero que en la práctica, no lo es. Segundo, porque estoy lejos de aceptar que el populismo es siempre, como deja entrever en sus análisis al autor, una forma neo-institucional del poder, es decir, una estrategia política que tendría la burguesía o los grupos dominantes para institucionalizar la movilización popular y con ello, desincentivarla, manipularla o bien reprimirla. Tercero, al preconizar abierta y constantemente Gabriel Salazar, la presencia de un "poder popular" en la historia de Chile —bloqueado y oprimido—, se corre el riesgo de caer en un abierto maximalismo, pues de no lograrse el advenimiento del poder popular, se estaría en una calle sin salida. El librecambismo, al menos en Chile y bajo esta mirada, se vestiría con distintos ropajes, pero, en el fondo, siempre sería equivalente y beneficiaría a los mismos de siempre (al bloque de poder), ya sea con autoritarismo, dictaduras, neoliberalismos o populismos. Pareciera ser que para Salazar, la única posibilidad de democracia real y efectiva sería la que se conquista en, para y por el poder popular en abierto antagonismo frente al poder institucionalizado (Salazar 2011)[21]. Y en estas lides quisiera no entrar, ya que podría hacer perder el campo de estudio, pero sí deseo retener su excelente comprensión del modelo político y económico chileno.

5. El populismo analizado desde la experiencia histórica-sociológica

Según una importante línea teórica, el surgimiento del populismo en la región fue una respuesta al proceso de crisis hegemónica que afectó a la oligarquía criolla durante el primer cuarto de siglo XX, y que tuvo como resultado, en lo económico, el surgimiento de un nuevo Estado, que pasó a tener un rol empresarial y redistribuidor; mientras que en lo político, se formuló un nuevo proyecto nacional, mediante una alianza de clases (llevada a cabo por el líder populista) y la incorporación de masas que habían estado olvidadas de la arena política. Sin embargo, todos los autores que analizan al populismo desde el enfoque histórico-sociológico argumentan que el fenómeno fracasó, ya que, en el fondo, no estaba en los planes de nadie cambiar o modificar la naturaleza de un Estado que era afín al capitalismo. Como se planteó, dichos autores oponen populismo con un proyecto revolucionario, por lo que, siguiendo estos planteamientos, a lo más el populismo pudo generar una crisis (o fue el resultado de ésta), mas nunca se habría generado nada cercano a un Estado Populista, porque su dirección organicista no hizo más que reificar al Estado capitalista (de Ípola y Portantiero 1981).

Ahora bien, sin que sea necesario repetir de por qué me alejo de estas interpretaciones, lo que importa sacar en limpio, desde esta línea de investigación, es explicar por qué se considera que Chile tuvo atisbos de populismo o que puede sindicarse como un caso de "Populismo amorfo". De todos modos hay que advertir al lector que, al no ser contemplado Chile por parte de la academia como un país de "tipo populista", los análisis que se han hecho son secundarios, pero no menos importantes, argumentándose en torno a las condiciones que evitaron la consumación de un régimen populista. Me enfocaré para ello en un texto que, a mi juicio, es el que trabaja con mayor acuciosidad el tema: el clásico libro de Fernando Henrique Cardoso y Enzo Falleto, *Dependencia y desarrollo en América Latina* (2011)[22].

Para Cardoso y Falleto, el populismo latinoamericano se debe enmarcar dentro del amplio proceso de cambios que acaecieron y modificaron la estructura económica durante el segundo tercio del siglo XX, y que significó, en lo político, un proceso de alianza de clases entre los nuevos grupos que aparecieron durante el proceso de modernización. Así, los autores sostienen que para un adecuado análisis del populismo latinoamericano, el estudioso debería enfocarse, en primer lugar, en comprender la estructura económica de la región, y luego, ya conociendo ésta, aventurarse a una explicación política. Vale decir, lo que están sugiriendo Cardoso y Falleto (2011) es que se deben estudiar las formas y modos que adoptan las estructuras de dominación, porque es a través de ellas que se explican y desarrollan las dinámicas de clase en un contexto de cambio[23].

Por cierto que no en todos los países se suscitaron los mismos efectos económicos y se dieron las mismas alianzas. Así, en países donde la unidad de los grupos dominantes era fuerte, la crisis fue menor y el control de dichos grupos, al fin y al cabo, se mantuvo, cuestión que, por el contrario, no acaeció en países donde el sector hegemónico se disgregó. Pero, en cualquier caso, los autores no dudan en afirmar que el juego político —a nivel del Estado— no se dio solo entre los sectores más poderosos, sean éstos burguesías industriales o grupos terratenientes, porque de un modo u otro, tuvieron que responder a las presiones de los grupos subalternos y del control que asumió, dependiendo del país en cuestión, el líder populista (Cardoso y Falleto 2011). Mas se debe tener cuidado en sostener que estos procesos fueron del todo democratizadores o que afectaron de manera concluyente a los grupos dominantes, ya que en ningún caso éstos procesos fueron revolucionarios. Es decir, según Cardoso y Falleto, las alianzas multiclasistas solo fueron efectivas y aceptadas hasta el punto en que no pusieron en jaque el rol hegemónico de los principales grupos económicos, puesto que siempre se temió la alianza entre grupos medios y sectores obreros o campesinos; por el contrario, allí donde se produjeron, dieron paso a auténticos procesos revolucionarios, como lo fueron los casos de Bolivia y México (Cardoso y Falleto 2011).

Afirman los autores que el caso chileno es bastante particular ya que en Chile, a diferencia del resto de los países de la región, se había desarrollado una significativa industrialización que había propiciado el ascenso de una incipiente clase media (artesana y profesional) y de un importante movimiento obrero. Estos grupos exigieron cambios en el modelo político y económico durante el primer cuarto de siglo. Fue así que tras la crisis del salitre que azotó a la economía chilena, la oligarquía local junto a la burguesía mercantil y financiera se vio obligada a pactar, en un primer momento (que va desde 1925 a 1932) con los grupos medios, excluyendo a los sectores populares y siempre temiendo un alzamiento militar (Cardoso y Falleto 2011). Sostienen que la alianza se hizo con los sectores urbanos medios menos radicalizados (no con estudiantes y profesores), cooptando a éstos mediante la conformación de un Estado empleador que, en la práctica, terminó por sepultar cualquier tipo de acuerdo con las clases subalternas al separar institucionalmente a empleados de obreros (Código del Trabajo 1931), otorgándoles a los primeros mayores beneficios económicos respecto a los segundos.

Afirman Cardoso y Falleto (2011) que lo más cercano a un populismo desarrollista, en el caso chileno, se produjo en un segundo momento con los gobiernos del Frente Popular, ya que dichos gobiernos le otorgaron al Estado un rol económico activo y, al mismo tiempo, se apoyaron en una clase media que se incorporó y terminó asociando con la antigua burguesía, dejando de ser solo una fuerza electoral. Según los autores, durante el populismo desarrollista, se dio un sistema de alianzas y acuerdos en los que se disputaron la hegemonía tanto los sectores agro-exportadores, financieros como los sectores medios e industriales urbanos, y donde los sectores populares (obreros y campesinos) fueron objeto de dominación (Cardoso y Falleto 2011).

Lo específico del caso chileno, según Cardoso y Falleto (2011), radicaría en que nunca se procedió a incorporar significativamente a las clases populares, ya que debido al importante grado de concientización de los grupos obreros y de la influencia que los partidos de izquierda podían llegar a tener en el campo, los mismos grupos medios, que manejaban al Estado, habrían encontrado en la revitalizada burguesía un importante aliado para resistir la presión popular y obrera que amenazaba sus intereses. Inclusive, ni siquiera con el gobierno de Ibáñez se logró implementar una política distributiva, ya que ésta terminó siendo sepultada por la misión Klein-Saks (1955). Según los autores, lo que se dio en Chile fue entonces un populismo amorfo en el que el Estado mismo (y no el líder populista) logró arbitrar los distintos intereses de clases en disputa hegemónica. Sin embargo, con el correr del tiempo, pero a paso firme éste consolidó y fortaleció a una nueva oligarquía, la cual terminó manipulando al Estado en beneficio propio y en provecho del patrón de desarrollo asociado al capital extranjero y apoyado ideológicamente en un discurso de guerra fría que sindicaba a los sectores populares (siempre demandantes de mejoras económicas) y partidos de izquierda, como enemigos internos y opuestos a la nación que había sido configurada un siglo atrás (Cardoso y Falleto 2011).

Se pasó, por consiguiente, de un Estado Populista —amorfo en todo caso— a un Estado Empresarial donde el Estado se consolidó como un aparato represivo y que impuso políticas cada vez más distanciadas del interés popular, asociando sus intereses con las empresas multinacionales[24]. En efecto, como argumentan los autores, el conjunto de la población se visualizó como un potencial de acumulación que como potencial efectivo para la creación de un modelo de sociedad basado en sus intereses. "En estas condiciones se dio un proceso de separación entre el Estado y la Nación: todo lo que es auténticamente popular —aunque no tenga el carácter de reivindicación de clase específica— se hace sospechoso, es considerado subversivo y encuentra como respuesta la represión" (Cardoso y Falleto 2011 194).

Por supuesto que, en el caso chileno, la consolidación de este modelo que no hizo más que profundizar la concentración de ingresos y la exclusión social de las mayorías, tuvo que sortear el gobierno de Salvador Allende (1970-1973). Según los autores, dicho gobierno se constituyó en una reacción al desarrollo de una expansión capitalista oligopólica internacional, basado en formas de participación popular más amplias, que si bien los autores no afirman que sea populista, no lo reconocen de modo alguno como revolucionario. "El Estado fue visto no tanto como "institución burguesa" a la que debía destruirse, sino como aval para una transformación global de la sociedad, siendo la condición que su control permaneciera limitado a las fuerzas populares" (Cardoso y Falleto 2011, 192).

Pero más allá de que en el texto sea posible advertir un nexo entre el gobierno de Allende y el populismo, concuerdo con la interpretación de Cardoso y Falleto en el sentido que, en último caso, lo que se dio en Chile fue un populismo amorfo[25]. Esto, porque si bien el populismo chileno se podría explicar bajo una lógica estructural de crisis oligárquica que se dio en la región durante el primer cuarto del siglo XX, lo singular de su proceso, según los autores, estaría dado por la particular alianza multiclasista que se suscitó y por la discontinua política redistributiva de los distintos gobiernos (Cardoso y Falleto 2011). Como se estudió, los autores plantean que, en Chile, se dio una fructífera alianza entre la antigua burguesía y la clase media que se acopló a ésta y que conforme al paso del tiempo, atendió medianamente sus demandas políticas y económicas hasta la llegada al poder de Jorge Alessandri (1958-1964), quien puso término a dichas políticas, en especial las de carácter económico. En este sentido, el populismo chileno es catalogado por los autores de amorfo, por un lado, porque no respondió a una alianza que opuso, como en Argentina o Brasil, a la vieja oligarquía terrateniente en contra de la burguesía industrial; y por otro, porque no surgió un líder —populista— que mediara entre las distintas clases.

Es decir, en Chile, la crisis hegemónica que afectó a la clase dirigente se habría resuelto sin mayores traumas —institucionalmente—, pues la alianza que se configuró entre el antiguo grupo dominante y la clase media se definió por su orientación anti-popular, y en donde, además, se sobrepusieron nítidamente los valores políticos y económicos de la clase dirigente por sobre los de la clase media, cuestión que trajo como resultado que se institucionalizara la crisis hegemónica (que se suscitó tiempo después con Allende).

6. Consideraciones finales

En definitiva, si se toman en consideración los enfoques de las distintas escuelas aquí estudiados, se podría concluir lo siguiente:

En primer lugar, a nivel teórico, se puede argumentar que, a excepción del enfoque estructuralista histórico-sociológico, las distintas interpretaciones existentes respecto al populismo en Chile han utilizado preferentemente estrategias acumulativas o radiales, y en menor medida, estrategias de redefinición para explicar el fenómeno (Weyland 2001). Aunque todas ellas concuerdan que Chile es un país que ha estado exento de populismo, siempre que se entienda por populismo un "sistema político" recurrente. Distinto sería el caso de la existencia de lo que algunos autores proponen como episodios (gobiernos populistas) o tendencias populistas (como prácticas populistas, ya sean políticas o económicas), cuestión que Chile, como otras democracias estables y desarrolladas, no estaría exento. De acuerdo a esta perspectiva, el problema no sería el que se hayan generado algunas "tentaciones" populistas, sino que el verdadero problema —para ellos— sería que el populismo llegase a instaurarse como un "sistema político". En efecto, los especialistas observan al populismo, en el caso de Chile, desde lejos, por cuanto aseguran que el país se encontraría inmune al fenómeno por la férrea y señera estabilidad política y económica que las instituciones chilenas, en tanto estructuras, han configurado. Es decir, para la academia chilena —y en la academia en general—, el populismo viene siendo un conjunto de malas prácticas políticas (clientelismo, corrupción, autoritarismo) o económicas (gasto, inflación) que si son regulares hacen de un país populista y, de lo contrario, si son episódicas, tan solo se configuran como un fenómeno pasajero que no altera, en mayor grado, el devenir de una democracia estable, esto es, representativa. A lo sumo el populismo, según esta propuesta, podría exponer los síntomas de una enfermedad —de ahí que se entienda la importancia que asume la crisis—, mas nunca sería el remedio de la política, porque para ésta línea de pensamiento, el populismo siempre es una desfiguración democrática.

Ahora bien, dos son los riesgos que se corren al dar crédito a esta vía interpretativa. Primero, a nivel conceptual, por cuanto el populismo se transforma, simplemente, en una mala práctica de la política o de la economía sin importar muchas veces el contexto histórico, lo que genera, por consecuencia, que el término asuma una gran elasticidad conceptual (Pelfini, 2012). Segundo, de tipo normativo, porque no solo se asume que el populismo es un sub-tipo democrático, pese a que, se quiera o no, el populismo es expresión de la voluntad general, sino porque entiende, en el caso particular de Chile, que las estructuras institucionales son la salvaguarda de la democracia y no se interroga mayormente en qué medida esas mismas estructuras son las que han hecho de Chile un país que requiere mayores niveles de democratización que incentiven, precisamente, la voluntad popular.

En segundo lugar, a nivel empírico, pues si se hace un recorrido histórico y se procede a identificar "fenómenos o líderes populistas", según los enfoques arriba citados (a excepción del estudio de Cardoso y Falleto (2011), difícilmente un político local, regional, nacional o un gobierno, podría no ser "acusado" o sindicado como populista o de tener algunas tendencias populistas. Con todo, dichos enfoques se han cuidado (aunque no todos por igual) de generalizar empíricamente sus implicancias, por cuanto esto podría —y lo saben— desvirtuar su teorización. Buscan así casos paradigmáticos que reflejen su posición teórica, pero también ideológica, pues el objetivo final sería demostrar la excepcionalidad de Chile ante una región populista. Así, desde una explicación económica, el paradigma del populismo en Chile lo constituiría el régimen de Salvador Allende (1970-1973) (Larraín y Meller 1990), y, en la actualidad, todo gobierno que eche a andar políticas redistributivas que cuestionen, aunque sea un poco, el Consenso Washington o el modelo de libre mercado (Edwards 2009). De ahí que no pocos comentaristas o analistas consideren —por cierto, inexplicablemente— al gobierno de Michelle Bachelet como populista. Para aquellas interpretaciones que ponen el acento en el estilo y en la estrategia y, en particular, en el carisma, la capacidad de crear alianzas estratégicas multipartidistas y las tendencias anti-partidistas, tanto Arturo Alessandri (1920-1925) como de Carlos Ibáñez del Campo (1952-1958), serían los íconos del populismo chileno (Correa 2011; Fernández 2007). Tendencias más actuales, aunque poco significativas, serían los casos de Joaquín Lavín, Francisco Javier Errázuriz y Jorge Soria (Barozet 2008; Guerrero 1997; Navia 2003). En tanto, desde la sociología, el estudio del populismo se ha enfocado, principalmente, en explicar porqué el fenómeno populista no puede ser considerado un producto de la racionalidad moderna (Valenzuela 1990), pese a que dicho enfoque no ha dejado de lado factores institucionales o económicos (Cousiño 2001).

Desde la perspectiva de la historia, en tanto, el aporte ha sido más bien empírico que teórico, ya que sus análisis han tomado prestado los modelos teóricos de las distintas ciencias sociales, sobre todo de tipo institucionalista. No obstante, los mejores estudios que existen sobre la materia no han reducido su análisis a casos específicos, sino que han buscado entender el fenómeno dentro de una dinámica histórica de tipo regional y nacional. Por lo tanto, se sostiene, bajo el enfoque histórico, que el populismo habría obedecido a un proceso de alianza multiclasista y de redefinición del Estado que, de oligárquico, pasó a cumplir un rol de Estado de Compromiso. Pero dicha alianza, que para la mayoría de los autores significó la consolidación de una democracia y de una redistribución económica inter-clasista, en Chile se ejecutó, a diferencia de los países vecinos, sin la presencia de un líder populista, sino que a través de una férrea institucionalidad que se afirmó en los partidos políticos, entes que habrían asumido "históricamente" el rol de verdaderos representantes de la voluntad popular y, como tales, como los intérpretes —excluyentes— del proceso.

En definitiva, en Chile nunca se habría dado paso a un régimen populista (como sistema político), pero sí existirían manifiestos indicios de populismo (Correa 2011; Drake 1992; Fernández 2007). Así, por ejemplo, la presencia de un presidente carismático como lo fue Arturo Alessandri, daría pie a la existencia de un "proto-populismo". De una alianza multiclasista y de un Estado Empresario, administrado institucionalmente por partidos de clase media, como el partido Radical, supondría la presencia de un Frente Populismo (Henríquez, 2012). En cambio, un populismo "propiamente tal" se habría dado únicamente durante el segundo gobierno de Carlos Ibáñez del Campo (Correa 2011; Fernández 2007). Para Salazar, en tanto, y más allá de las particularidades contextuales de cada país, el populismo se habría dado sistemáticamente en Chile, ya que no fue más que una estrategia político-económica que dispusieron los grupos dominantes, durante el segundo tercio del siglo XX, para bloquear cambios significativos que pudieran llegar a producirse en la distribución de la riqueza y en una real democratización del país (Salazar 2006, 2015). Entonces, aun cuando el populismo haya estado directamente vinculado a la política desarrollista, éste podría estudiarse como una estrategia de largo aliento por parte de las clases dirigentes, para imponer sus intereses mediante líderes carismáticos que propugnaban un discurso retórico sin una auténtica voluntad reformista. En este caso, el "populismo chileno" se configuraría como un proceso que se habría iniciado desde el primer gobierno de Arturo Alessandri (Drake 1992, 2012; Collier y Stater 2004) hasta el segundo gobierno de Carlos Ibáñez del Campo. Para otros, en cambio, el populismo chileno, tomando en consideración los factores estructurales de largo plazo, sería más bien lo opuesto: un populismo imperfecto o amorfo (Cardoso y Falleto 2011).

En consecuencia, una de las dificultades más acuciantes en el estudio del populismo en Chile ha sido compatibilizar el marco teórico que tiene el investigador y su aplicación empírica. Por lo general, se ha resuelto esta problemática considerando un factor específico como desencadenante del populismo, o bien se han concebido modelos altamente acumulativos que no permiten distinguir el *peso específico* de determinados factores y que apuntan más bien a detectar rasgos o la presencia de "síntomas" que hacen plausible la existencia del "fenómeno". Es por este motivo que, en la academia chilena, ha resultado un tanto inoficioso estudiar al populismo en su dinámica sociológica-histórica, ya que, en el fondo, ha bastado con buscar en el archivo histórico si algún acontecimiento o personaje se ajusta a lo preconizado teóricamente para afirmar si se está o no en presencia del populismo. El problema es que en esta interpretación no solo han concurrido factores específicos —económicos o institucionales—, sino que también factores ideológicos que exaltan una forma específica de entender la democracia.

Por último, en la introducción de la presente investigación, se señaló que el marco de estudio correspondería al período que va entre los años 1932-1973, mas, quisiera como corolario reflexionar y profundizar respecto a algunos casos que, para la mayoría de la academia, podrían ser calificables como populistas, y explico a continuación porqué no los tipifiqué como tales.

Ciertamente que no puedo ocultar que me sedujo la idea de estudiar el convulsionado período que transcurre entre los años 1920 y 1932, considerando, además, que buena parte de la historiografía chilena y de las Ciencias Sociales han catalogado a Arturo Alessandri como un líder populista (Drake 1992, 2012; Pinto y Valdivia 2001). Opté, sin embargo, por no estudiar dicho período, ya que al aplicar las condiciones de posibilidad arriba señaladas, es posible observar que más que el desarrollo de un régimen o un fenómeno populista, se habría estado en presencia de un momento populista que provino de incipientes grupos medios y obreros organizados. Estos grupos, que si bien desafiaron el bloque histórico de poder exigiendo una Asamblea Nacional Constituyente, no lograron su objetivo, precisamente, porque la institucionalidad, representada en esta ocasión por Arturo Alessandri, terminó imponiendo su propia constitución (1925) (Salazar 2015). Por cierto que el "León de Tarapacá" tuvo, en un primer momento, las "mejores intenciones" para mejorar la calidad de vida de los sectores populares, pero resulta un tanto abusivo que se le sindique como "el" representante de dichos sectores, tomando en consideración que menos del 8% del total de la población ejercía su derecho al voto. Es decir, de haberse efectivamente producido una articulación populista, ésta provino desde fuera de la institucionalidad: de una clase media y obrera que no contaba entre sus filas a Alessandri como líder, pese a sus "desafiantes" —y limitadísimos— discursos en contra de la "canallada dorada". Estas arengas, a fin de cuentas, constituyeron una advertencia a los grupos dirigentes (a los que él pertenecía) del peligro de una revolución que un efectivo reconocimiento a las demandas de los grupos subalternos que a la fecha no podían votar, y que Alessandri los llamaba —con cariño, por cierto— "chusma querida"[26].

Así también, ha sido recurrente por parte de algunos estudiosos (como ha sido analizado en páginas anteriores) considerar el segundo gobierno del general Ibáñez —porque el primero fue sin más una dictadura (1927-1931)—, como "el caso" de populismo en Chile y, en este sentido, algún lector hubiese esperado su análisis en profundidad. Debo reconocer que el "fenómeno ibañista", tal como lo demuestran Grugel (1992), Fernández (2007) y Correa (2011), tuvo varios elementos que podrían inscribirse dentro del populismo[27], mas he llegado a la conclusión que el segundo gobierno de Carlos Ibáñez del Campo (1952-1958) debería ser objetado como un proceso populista, por más que su discurso previo a la elección presidencial haya girado en torno a poner en duda el rol de la clase política y el de antagonizar parte de la oligarquía con el pueblo chileno[28]. Ello, porque su proyecto no fue producto de una movilización política ni electoral y, más importante aún, la puesta en marcha de éste, en su práctica gubernativa, nunca fue contra-hegemónico: por una parte, porque pese a que el discurso del general estuvo dirigido en contra de los partidos políticos, Ibáñez gobernó junto a ellos e incorporó a radicales y a partidos de derecha en su gobierno (Correa 2011). Así también, nunca ejecutó políticas —de mediano o largo alcance— que pusieran en entredicho a la clase económica chilena incluso cuando las recomendaciones de la misión Klein-Saks así se lo exigieron (Correa 2011; Silva 2008)[29].

Por otra parte, si bien las elecciones presidenciales de 1952 junto a las elecciones congresales de 1937 fueron, por lejos, las elecciones con menor abstención del período 1900-1973 con casi un 87% de participación, hay que indicar que solo el 17,5% de la población pudo ejercer su derecho al voto (Názer y Rosemblit 2000). Vale decir que, más allá de lo "popular" que podía haber sido el longevo general, tal como lo informan las fuentes y periódicos de la época, de movilización política y electoral había muy poco, siendo ambas condiciones necesarias para el desarrollo del populismo, como se verá más adelante[30]. Otro tanto ocurría con los grupos y partidos que decía Ibáñez representar, que iban desde la izquierda hasta nacionalistas de extrema derecha, siendo los primeros quienes rápidamente declinaron seguir participando en su gobierno (1953), principalmente, por las políticas de austeridad en contra de las clases subalternas que llegaron a su máxima expresión —tiempo después— con las medidas económicas impulsadas por la misión Klein-Saks (1955)[31].

En definitiva, coincido con Grugel (1992), Fernández (2007) y Correa (2011) en el sentido de que no sería caprichoso catalogar al discurso de Ibáñez como populista, pero ello no implica que se haya generado un proceso populista, ya que el discurso que se generó no fue el resultado de una crisis hegemónica o de una articulación producto de ella, como tampoco, cuando Ibáñez alcanzó la presidencia, instituyó un proyecto contra-hegemónico.

Finalmente, durante el transcurso de este trabajo, surgieron algunos cuestionamientos en orden a indagar ciertos aspectos que harían posible catalogar al gobierno de Eduardo Frei Montalva (1964-1970) como un fenómeno y/o régimen populista, pese a que no existe trabajo al respecto. Lo único que es posible encontrar son referencias generales que incorporan a dicho gobierno dentro de un marco de período mucho más amplio, conocido como "nacional-populismo" (Salazar 2006). Ciertamente, como explicaré brevemente a continuación, aquí no se considera al gobierno de Eduardo Frei Montalva como populista, pero resulta un tanto extraño que no se haya reparado en varios elementos que, siguiendo el planteamiento de distintos enfoques, permitiría catalogar a dicho gobierno como populista.

Así, por ejemplo, llama la atención que si se analiza el problema desde una perspectiva del estructuralismo histórico-sociológico, sería posible catalogar al régimen de Eduardo Frei como una forma neo-institucional del poder; es decir, una estrategia política que habría llevado a cabo la burguesía para institucionalizar la movilización popular y con ello, desincentivarla, manipularla o bien reprimirla. Sin compartir dicho análisis, esta hipótesis sería fácil de verificar; de hecho, bastaría apoyarse en distintos y variados discursos donde Eduardo Frei, antes y durante el gobierno, advierte sobre los peligros de la revolución, proponiendo la vía de la "revolución en libertad", como el mejor medio para exorcizar el fantasma del marxismo (Frei 1940, 1947, 1965). También se podría analizar al gobierno de Frei siguiendo el enfoque del estilo que preconiza, sobre todas las cosas, el carisma, la movilización popular de masas urbanas y la alianza multiclasista, todas cuestiones fáciles de cotejar en los discursos del extinto presidente. O incluso, desde el enfoque ideacional, se podría argumentar en torno a un discurso (retórico por cierto) del pueblo frente a la oligarquía. Obviamente que desde un enfoque institucionalista, el considerar al gobierno de Frei como populista sería un despropósito, ya que Frei-Montalva sería uno de los mayores referente del sistema institucional (republicano) chileno.

Sin embargo, si se sigue el modelo de análisis propuesto, y aun cuando se puedan reconocer "ciertos rasgos" populistas, en el examen final, no es posible catalogar al gobierno de Frei como un régimen populista ni tampoco el de haber propiciado un fenómeno populista. Sin que pueda extenderme aquí en las razones, es posible reparar en tres elementos que permiten explicar lo anterior:

primero, si bien durante su gobierno se propugnó una ingente movilización política-electoral, ésta nunca pudo superar los límites organizativos que les impuso el régimen desde arriba, por lo que no hubo posibilidad alguna que alcanzaran a tener vida propia las Juntas de Vecinos, la sindicalización obrera y, sobre todo, el incipiente movimiento popular urbano y campesino (Angell, 1993). Segundo, aun cuando en los discursos de Frei (secundados por dirigentes y diferentes Congresos de la Democracia Cristiana) es posible constatar de manera explícita abiertas recriminaciones a los grupos económicos (que él incluso catalogaba como oligarquía) y un llamado constante al pueblo de Chile, dicho discurso fue eminentemente retórico y conservador y, por lo mismo, bajo ningún punto de vista antagónico populista[32]. Si bien se puede verificar un discurso de abierta crítica social, éste no puede considerarse anti-oligárquico, ya que nunca apeló ni antagonizó al pueblo en contra del bloque de poder. En primer lugar, porque Frei-Montalva nunca responsabilizó (como lo hacen los populismos) a la elite de ser la "culpable" de las desventuras del pueblo; en segundo lugar, porque tampoco hizo un llamado para conformar un nuevo pueblo. La apelación a éste fue, en rigor, un llamado a la patria, que no era otra cosa que la nación republicana del siglo XIX, compuesta por todos los chilenos sin antagonismo de clase ni de grupo social (Frei 1949, 1973)[33].

Tercero, en el discurso de Frei-Montalva, es posible observar que su elocuente oratoria y crítica al orden social no fue la expresión de una lógica populista, sino que fue el resultado de un profundo conocimiento del orden social chileno, que si bien Frei lo consideraba injusto, entendía que solo podía encausarse dentro del mismo; dentro de la Institucionalidad imperante. Es decir, apelando al "viejo" republicanismo chileno, Frei concebía que todo cambio social debía ser sopesado y llevado a cabo institucionalmente. Para controlar sus desvaríos, todo tipo de descontrol social debía estar bajo la atenta mirada de un grupo de tecnócratas, del sistema de partidos y una elite comprometida con las desgracias del bajo pueblo (Frei 1953, 1964, 1966, 1969). Para Frei, no habría habido espacio para que se produjera tensión alguna entre la institucionalidad y la movilización popular, ni mucho menos una combinación entre ambas lógicas, condición indispensable para el desarrollo del populismo (Ostiguy 2014, 2015)[34]. Con todo, fue en el período de Frei-Montalva que se fueron generando las condiciones para el desarrollo de un momento populista, vale decir, una crisis hegemónica que, sin embargo, no dio paso a una articulación populista sino hasta el período que antecede a las elecciones presidenciales de 1970. Cuestión que ahora corresponde profundizar.

Tercera Parte

¿Democratización sin igual?: hacia la conformación de una estructura anti-populista y el rol que jugó a la clase dirigente chilena

La tercera parte tiene como propósito demostrar por qué no se produjo el advenimiento o consolidación de un proceso populista en un país que compartía, en un grado importante, estructuras sociales y económicas con el resto de los países de la región. La explicación que se da a ello es, en términos concretos, de orden político. En rigor, aquí se plantea que tras la crisis hegemónica de primer cuarto de siglo XX se produjo en Chile una estructura anti-populista de tipo institucional-partidista, la cual se prolongó durante casi cuarenta años y sería ésta la responsable de inhibir el desarrollo de un proceso populista. Gran parte de la academia concuerda que este hecho, casi por sí solo o por efecto del mismo, demostraría la existencia de un profundo proceso democratizador. Es precisamente esta hipótesis la que se impugna, por cuanto la ausencia de populismo habría obedecido más bien a una forma particular de entender la democracia, con sello fuertemente institucional, y no producto de efectivos procesos democratizadores, amplios, igualitarios, protegidos y vinculantes.

En el cuarto capítulo, se plantea la relación existente entre populismo, democracia y democratización a partir de distintos autores (Peter Worsley, Margaret Canovan y Benjamín Arditi) que analizan el principio democrático presente en el populismo. Luego se presenta a Cas Mudde con Cristóbal Rovira, para quienes lo relevante es responder si el populismo democratiza, y no responder si es o no democrático. Finalmente se trabaja la teoría democrática de Charles Tilly, autor que si bien nunca generó teoría alguna respecto del populismo, su propuesta tiene la ventaja de poder utilizar el concepto democratización por sobre el de democracia a la hora de entender el populismo.

Tan relevante es esto último, que en los lugares de Latinoamérica donde se dio el populismo, tales como en Argentina (Perón (1946-1955) o Brasil (Goulart (1961-1964), se puso en discusión la conformación y consolidación de un modelo decimonónico de Estado nacional; en particular, supuso una nueva relación respecto al rol que le cabía a los Estados y al reconocimiento de quiénes formaban parte de la nación. Con relación a tal reconocimiento, el populismo habría jugado un rol democratizador, porque, precisamente, habría impulsado auténticas crisis hegemónicas que comportaron el reemplazo de una oligarquía decimonónica, y, por consiguiente, una nueva forma de comprender al Estado nacional mediante una reorganización multiclasista mucho más incluyente.

Es por este motivo que, en el quinto capítulo, el análisis se centra en determinar lo que aconteció en países como Chile, donde si bien también se produjo un reemplazo de la antigua oligarquía, todo indica que no se pusieron en discusión modelos inveterados de acaparamiento de poder, a menos, claro está, que se concluya que fue la clase media la que llevó a cabo el proceso democratizador (tesis que aquí se impugna). Muy por el contrario, en este capítulo se sostiene que la oligarquía chilena devenida en clase dirigente (clase económica-clase política) logró institucionalizar la crisis hegemónica que se dio en 1920, obturando estructuralmente el desencadenamiento de un proceso populista antes de 1960.

Capítulo IV

Populismo, democracia y democratización[*]

Como se ha observado, el populismo ha sido sindicado mayoritariamente como un fenómeno antidemocrático (Hermet 2003, 2008)[1] o simplemente como una desfiguración de la democracia (Urbinati 1998, 2014)[2]. De hecho, los primeros estudiosos del populismo, Gino Germani (1965a, 1965b) y Torcuato di Tella (1965), catalogaron desde un inicio este fenómeno como una *anomalía política*, producto de una modernidad asincrónica, típicamente latinoamericana. Pero, más allá de poner en evidencia una crítica destemplada hacia el fenómeno, el objetivo principal por parte de ambos autores era el de comprender sociológicamente cómo sociedades tradicionales se encaminaban hacia la modernidad, siendo el populismo uno de los problemas más relevantes para alcanzarla[3].

El populismo, sin embargo, rápidamente dejó de ser entendido como una singularidad latinoamericana. Según la academia, aquel se empezó a expandir por los distintos continentes, subvirtiendo allí donde se desarrollaban las instituciones liberales (Ionescu y Gellner 1969). Fue así que, en un lejano 1967, en la London School of Economics and Political Science, se celebró el primer congreso en torno al populismo y para ello se invitaron a los principales estudiosos del orbe. El principal objetivo del congreso, según los organizadores, era el de intentar una definición que permitiera esbozar orgánicamente las principales vertientes del concepto. En

[*] Este capítulo se publicó casi íntegramente en *Persona y Sociedad* XXIX (3), 2015, 103-126.

efecto, tras el congreso se consensuó que el populismo debía ser catalogado como una suerte de actitud mental; un movimiento sin un carácter ideológico definido que aparecía en diferentes contextos históricos y geográficos, como resultado de una situación especial (de modernidad deteriorada) y que, en términos de la psicología colectiva, se podía explicar como una suerte de 'manía colectiva' de tipo conspirativo que se caracterizaba por un negativismo peculiar (anticapitalista, antiurbano, antisemita) cuasi xenófobo y en el que se idolatraba al pueblo (Ionescu y Gellner 1969).

En rigor, tempranamente, se consagró la idea de lo que el fenómeno denotaría y connotaría a posteriori: un movimiento *apolítico* que perturbaría las instituciones liberales, y que, una vez derrotado el comunismo, pasaría a constituirse en el nuevo fantasma estigmatizante, no tanto del liberalismo en su conjunto, sino del institucionalismo liberal:

> Un fantasma se cierne sobre el mundo: el populismo. Una década atrás, cuando nuevas naciones emergían a la vida independiente, el interrogante que se planteaba era: ¿cuántas de ellas se volverán comunistas? Hoy, esta cuestión, entonces tan plausible, suena un poco anticuada. En la medida en que los dirigentes de los nuevos Estados abrazan una ideología, ésta tiende con mayor frecuencia a tener un carácter populista. Y el populismo no es una actitud limitada a las nuevas naciones. Dentro del mundo comunista existen fuertes corrientes que se desplazan en dirección a él, y en el ansioso o agónico reexamen al que diversas sociedades desarrolladas se han entregado en los últimos tiempos, los temas vinculados con el populismo ocupan un lugar de gran relevancia (Ionescu y Gellner 1969 7).

El populismo sería peligroso, porque vendría a enjuiciar, de un modo u otro, el principio institucionalista que asegura que la buena democracia es tan solo la "sociedad misma en funcionamiento" (Worsley 1969, 301), como también el principio de protección a las minorías que elabora —aunque no sin justa razón— el constitucionalismo liberal.

Ahora bien, esta investigación, se aparta de la opinión tradicional que califica el populismo como un fenómeno político antidemocrático o como una desfiguración democrática, no queriendo decir con esto que el populismo constituye una sublime expresión democrática. A decir verdad, el problema, como se verá, es de suyo complejo, pues dice relación con el modo como el investigador conceptualiza la democracia y con la manera como se interrelaciona con el proceso democratizador. Así, en un primer momento, se presenta a Peter Worsley (1969), Margaret Canovan (1999) y Benjamín Arditi (2011a, 2011b, 2011c), quienes analizan el principio democrático presente en el populismo. Luego se estudia a Cas Mudde (2004) junto a Cristóbal Rovira (2012), para quienes la clave del problema se encuentra en determinar si el proceso populista democratiza a una sociedad y no en discutir si el populismo es o no democrático, ya que en estas lides —según los autores— es difícil que se llegue si quiera a un acuerdo. Tomando en consideración dicha hipótesis es que, en un tercer momento, se trabaja la teoría democrática elaborada por Charles Tilly (2006, 2010), quien, si bien no esbozó teoría alguna respecto del populismo, su propuesta permite interrelacionar democracia, democratización y populismo. Por último, se termina haciendo un resumen en el cual se explica por qué es posible relacionar populismo con democratización, principalmente, debido a su dimensión contrahegemónica.

1. Entre sombra y espectro: la dimensión democrática del populismo (Worsley, Canovan y Arditi)

No resulta paradójico que la exposición de Peter Worsley realizada en el mencionado congreso de 1967, fuese la única conferencia que haya puesto en discusión el modo como el populismo se interrelaciona *positivamente* con la democracia. El autor, apartándose de una eminente lógica institucionalista, argumenta que dicha lógica se contradice con la tradición histórica de querer poner en práctica la voluntad popular, puesto que esta reduce la democracia a una participación regular de elecciones que terminan enajenando (y no precisamente delegando) en distintas instituciones la soberanía popular (Worsley 1969).

En efecto, Worsley sostiene —depurando la definición hecha por Edward Shils (1956)— que el populismo es un *síndrome*; una dimensión general de la política de un particular sistema ideolgico, el cual se compone de dos elementos: la noción de supremacía de la voluntad popular y la noción de una directa relación entre el pueblo y el gobierno, aunque no excluyente de las instituciones. Y en este sentido —arguye el autor—, precisamente, al incentivar la participación popular y una conexión mucho más estable y directa con el poder, el populismo es perfectamente compatible con la democracia y forma parte de la tradición democrática, constituyéndose así en una dimensión permanente de la política a la cual es posible añadir calificativos como de derecha o de izquierda (Worsley 1969)[4].

Por cierto que Worsley (1969) no desconoce que un incentivo absoluto de la participación popular, sin mediar institucionalidad alguna (principalmente de partidos políticos), puede provocar la aparición de líderes que se apropian de la representación popular, haciendo de esta una 'seudo intervención' manipulada, ilusoria y simbólica; pero ello, no obstante, no equivale a decir, como bien argumenta el autor, que la relación entre pueblo y líder sea pura demagogia, ya que esta, en no pocas ocasiones, es genuina y efectiva. Vale decir, no porque exista una apropiación simbólica por parte de algunos líderes de la voluntad general, se puede renegar *tout court* el principio básico democrático de participación popular (mediante referéndums, plebiscitos, derechos de iniciativas de ley, deposición de representantes o asambleas constituyentes), porque nada ni nadie puede asegurar que dicha situación no se vaya a producir con representantes elegidos en un marcado sistema institucional de tipo partidista.

Asimismo, Worsley considera que el populismo se torna incompatible con la democracia cuando ignora por completo la existencia de instituciones que le parecen meramente burocráticas o afines al poder, y, al mismo tiempo, cuando se cuestionan los derechos de las minorías, rechazando así el pluralismo que debería existir en toda sociedad democrática. Mas, no hay que confundirse. El autor no está sosteniendo —como se ha hecho una constante en el último tiempo— el argumento falaz que un proyecto mayoritario (incluso legitimado a través del procedimiento electoral) no puede instaurarse en contra de una minoría, sino que tan solo cuando la mayoría se aparta de la 'regla del derecho'. Tal como argumenta Worsley, en una sociedad justa siempre existe una tensión —a veces profunda— entre los derechos de las mayorías y las minorías, pero en la "medida en que el populismo defiende intensamente el derecho de las mayorías a asegurarse —mediante su intervención— de que no son ignoradas (como suelen serlo), exhibe una compatibilidad profunda con la democracia" (Worsley 1969, 303).

Margaret Canovan, en *Trust the People, Populism and the Two Faces of Democracy* (1999) —artículo que viene a modificar de un modo significativo las ideas que había expuesto años atrás en su libro *Populism* (1981)—, arguye que el populismo es, sobre todas las cosas, un llamado que se hace al pueblo en contra de la estructura de poder establecida. Afirma la autora que el "propósito explícito de los populismos es hacer efectiva en la democracia la promesa de poder para el pueblo" (Canovan 1999, 2). Los movimientos populistas, se verían a sí mismos como los verdaderos demócratas que le dan "voz a los sin voz", favoreciendo la democracia participativa (directa) mediante el referéndum y la iniciativa popular. No se equivoca la autora al señalar que los teóricos de la democracia tienden a escabullirse cuando toca hablar de soberanía popular, pero difícilmente puede objetarse que las nociones de poder y decisión popular no sean centrales para esta. En este sentido, la pregunta que el estudioso se debe hacer —reflexiona la autora— es por qué el populismo, si se afirma en un principio democrático, no es reconocido como tal.

A partir de la propuesta hecha por Michael Oakeshott (1998), quien distinguía entre la 'política de la fe' y la 'política del escepticismo', Canovan propone identificar a éstas como las dos caras de la democracia, denominándolas 'redentora' y 'pragmática', respectivamente[5]. Según Canovan, el populismo es propenso a aparecer cuando las dos caras de la democracia, que son opuestas pero interdependientes, generan una brecha. Así, lo que está en el fondo de su propuesta es que el populismo es una opción política imperecedera que se afirma en la dimensión redentora de la democracia. Pero, aun cuando la noción de poder popular se encuentre en el corazón de la vida redentora, se debe compatibilizar, desde el punto de vista pragmático, con una adecuada institucionalización. Para Canovan, si las tensiones de ambas caras son permanentes y es, precisamente, en esa dimensión donde emerge el populismo, este se constituye como una sombra de la democracia. Porque allí donde la democracia es solo pragmatismo, donde —siguiendo en esto la definición clásica dada por Bobbio (1986)— es un pacto de no agresión entre los distintos grupos políticos y que se afirma en el cumplimiento de una serie de reglas y normas (nada más que un regateo de poder), el sistema político terminará por perder legitimidad y exigirá, en tal caso, redención y apuntará sus dardos hacia quienes han construido la política como un asunto de notables (Canovan 1999).

Mas, para ser justos, nunca queda muy claro por qué Canovan (1999) asevera que el populismo es una *sombra* que acompaña a la democracia, puesto que podría entenderse que dicha sombra la asiste o bien la conduce. Y, evidentemente, hay una diferencia importante entre ambos verbos: si se afirma que el populismo asiste a la democracia, se está argumentando con ello que el populismo ayuda a la democracia en su derrotero, mientras que al declarar que conduce, por el contrario, guiaría a la democracia en su camino. En otras palabras, una cosa es sostener que el populismo es un correctivo de la democracia, y otra, que forma parte intrínseca de ella. Todo parece indicar que la autora nunca optó decididamente por una de estas vías y, en esta perspectiva, el proponer que el populismo es una sombra que acompaña a la democracia permite a la autora moverse en ambos sentidos. Esto queda de manifiesto cuando Canovan sugiere que el ritual de renovación democrática tiene que ser tomado seriamente por los votantes y políticos, porque de lo contrario las instituciones democráticas se debilitarán, ya que en el momento en el que la brecha entre renovación y el 'sucio juego de la política' se acentúa, aparecerían los líderes populistas:

> En la medida en que el populismo siga explotando esta brecha entre la promesa y el desempeño en la democracia, no tendrá fin; puesto que, si un movimiento populista tiene tanto éxito en su llamado a dejar atrás a las fuerzas políticas establecidas y logra llegar al poder, se revelará su propia incapacidad para mantener sus promesas, ofreciendo así oportunidades frescas para que nuevos populistas hagan nuevos llamados al pueblo. (Canovan 1999 22)

En rigor, todo parece indicar que Canovan nunca logró desmarcarse de la democracia liberal, sobre todo en lo que dice relación con identificar a esta con la cara pragmática de la democracia. De hecho, tal vez hubiese sido más fácil para la autora haber hablado de democracia populista, a menos que Canovan haya estado siempre planteando que, en el fondo, la democracia es un ideal (de dos caras) imposible de alcanzar, al menos como régimen político institucionalizado. Pero, como quiera que sea, perfectamente se podría sugerir, de acuerdo a lo planteado, que el populismo democratiza, aunque no concluye ni con mucho el proceso democrático, ya que haría posible por un tiempo (siempre indeterminado) que se superaran las tensiones de las dos caras de la democracia hasta que una de ellas eclipse totalmente a la otra. Con todo, una cosa es clara: sin movilización el populismo desaparece, pero sin institucionalización no se constituye en tanto régimen.

Benjamín Arditi, en *La política en los bordes del liberalismo* (2011c), argumenta que es un despropósito oponer frontalmente liberalismo y populismo, a menos —claro está— que se esté haciendo referencia a un centro liberal que se encuentra a nivel del imaginario, pues solo es ahí —arguye— donde se consagra la idea de que la política liberal es el ámbito de actividades de los individuos soberanos que participan de elecciones; de partidos políticos que encauzan y representan la voluntad popular compitiendo entre sí y que deliberan siempre en nombre del pueblo. Allí, el Estado sería neutral ante los distintos grupos de presión, donde los representantes políticos son manifiestamente sensibles a la opinión pública y a la consulta ciudadana. Indica el autor que ciertamente a nivel normativo todas las cosas funcionan como deberían ser, pero en la práctica, y dependiendo de la sociedad en cuestión, el horizonte ideal liberal se cumple en la medida de lo posible. Ante esto, propone Arditi, en todo régimen liberal predomina una hibridez que se plasma en los bordes; esto es, zonas grises donde los presupuestos liberales no se llevan a cabo y en donde estos son cuestionados y desafiados. Estas zonas se podrían denominar con toda propiedad "una periferia interna del liberalismo" (Arditi 2011c, 19). Así, tomando el oxímoron freudiano de 'la tierra extranjera interior', Arditi refiere a un 'afuera que pertenece pero de manera impropia', y es precisamente este afuera donde se configuran políticas híbridas que se constituyen como condición de posibilidad para el advenimiento del populismo.

En efecto, lo que Arditi intenta probar a lo largo de sus distintos artículos es que el populismo se encuentra en los bordes del liberalismo, pese a que reconoce la existencia de una disputa teórica permanente entre qué debe contar como centro y qué como periferia; y, aun más importante que lo anterior, una inveterada querella que se afirma en la completa negación de un centro (liberal) que no reconoce periferia alguna (ni mucho menos populista). En otras palabras, lo que estaría en juego sería determinar quién es el portador y representante más fidedigno de la democracia:

> Tal es el caso cuando el *establishment* liberal califica fenómenos tales como el populismo como contrarios a la democracia debido a su tendencia a glorificar a los líderes, a su frecuente desdén por los contrapesos institucionales o su predilección por mecanismos plebiscitarios de legitimación. Pero en la medida en que los desafíos populistas constituyen una forma de manifestación de la voluntad popular, debemos verlos como parte del propio juego democrático, o, al menos, como un subproducto de éste. El populismo no es un simple exterior pues también puede ser visto como una sombra o un espectro que acompaña a la democracia liberal y adquiere un estatuto indecidible en relación con ésta. (Arditi 2001c, 19)

Arditi argumenta que el populismo no es necesariamente incompatible con la democracia liberal, pues como *espectro*, puede, en ocasiones, ser compañero de ruta o atormentarla. En este sentido, el autor se acerca a lo planteado por Margaret Canovan (1999), para quien —como se indicó— existe una interioridad entre populismo y democracia, pero se aleja de ella en dos puntos: primero, que la brecha que propone Canovan —según Arditi—, es más apropiada para pensar la democracia radical (Mouffe 2012) que el populismo; segundo, cuestiona la validez de la sombra como metáfora porque esta amplía tanto el concepto que no permite ver la dimensión autoritaria del populismo. Tanto es así que Arditi dedica un artículo completo, "El populismo como espectro de la democracia. Respuesta a Canovan" (2011a), en réplicar a lo esbozado por la autora. En el artículo, Arditi se cuestiona sobre la relación existente entre populismo y democracia, llegando a la conclusión que de aceptar que el populismo aparece cuando se produce una brecha entre las dos caras de la democracia, nunca se superará la dificultad en torno a si la sombra populista es un defecto, un accidente, una recurrencia o es, por el contrario, un rasgo estructural de la democracia. Ello, porque si predomina una visión liberal sobre la democracia, irremediablemente se llega a la interpretación que clasifica a la sombra como indicador de una falla democrática, que es siempre posible, ya que un cuerpo cualquiera no puede optar entre tener y no tener una sombra (Arditi 2011a). En consecuencia, sostiene el autor, el populismo está lejos de ser una sombra, sino que es más bien un espectro, término, no obstante, un tanto ecléctico, pero que le permite al autor sostener que el populismo es indecible en cuanto tanto posee aspectos democráticos como no democráticos[6].

Para Arditi, el populismo es un compañero de ruta de la democracia y no es intercambiable con esta —como su sombra—, aunque sea un rasgo recurrente de la política moderna, que aparece tanto en las variantes democráticas como no democráticas. En este sentido, si el populismo es compañero de ruta de la democracia, es imposible que aparezca solo en tiempos de crisis o que sea un fenómeno político reactivo (Arditi 2011b). Mas no hay que confundirse: mientras Canovan (1999) sugiere que el populismo contiene en sí mismo una de las caras de la democracia, Arditi pone en duda que este sea parte a todo evento de la democracia. Pareciera ser que Arditi ve en el populismo una suerte de dimensión democrática, mas no queda claro en qué medida dicha dimensión se diferencia o al menos se trasunta en un régimen populista. En otras palabras, en qué medida la dimensión populista se institucionaliza y, en parte, se 'cierra el proceso'.

En consecuencia, según Arditi —y a diferencia de Laclau (2005)—, el populismo no es un sinónimo de la política, sino un síntoma de la política democrática que convoca al pueblo e introduce un 'ruido' renovador, no domesticado, en el espacio normalizado de la política (Arditi 2011b). Es, en breve, el momento en que el pueblo se niega a aceptar el papel o el lugar que se le asigna, proceso de naturaleza polémica, de desacuerdo, en que la política —parafraseando a Rancière— supera la domesticación y rompe el sueño onírico liberal de vivir en una sociedad sin contratiempos (Rancière 1996, 2006).

Reflexiona Arditi:

> El populismo, como síntoma de la democracia, funciona como un elemento paradójico que pertenece a la democracia (comparten rasgos tales como el debate público de asuntos públicos, la participación electoral o la expresión informal de la voluntad popular) y, a la vez, impide que ésta se cierre como un orden político domesticado o normalizado dentro de procedimientos establecidos, relaciones institucionales, rituales reconfortantes. (Arditi 2011b, 147)

2. *El populismo como proceso de democratización*

Todo indica que tratar de compatibilizar populismo con democracia es un trabajo complejo, puesto que, de una u otra manera, el liberalismo se ha terminado identificando con ésta y, preferentemente, con un tipo específico: la democracia representativa. Es decir, es a partir de dicho marco normativo donde se determina qué puede ser considerado o no una democracia. El populismo, por lo tanto, se vuelve *peligroso* para la democracia representativa cuando cuestiona que los representantes 're-presenten' fehacientemente la voluntad popular, poniendo en entredicho el modelo cultural político predominante en el que se posiciona a los políticos como los agentes casi excluyentes que tienen la primera y última palabra de la política pública (Grugel 1992)[7].

Pero si el análisis se hace partiendo de la base de que la democracia se vale de dos caras, una que representa y otra que moviliza, y que, además, es un proceso de largo aliento, entonces convendría entrar a hablar de lleno de un proceso de democratización y no respecto de qué tipo de democracia se trata. Ante estas circunstancias es que suscribo, en sus líneas principales, la tesis esbozada por Cas Mudde y Cristóbal Rovira (2012), quienes indican que se debe constatar empíricamente si el proceso populista democratiza a una sociedad y no discutir si el populismo es o no democrático, ya que en estas lides es difícil que se llegue a un acuerdo, aunque, por cierto, siempre que se habla de populismo se debe al menos tener presente qué entiende el investigador por democracia o el tipo de democracia a que se está haciendo referencia. Partiendo de la base de que la democracia no es más que la combinación de la voluntad general y la regla de la mayoría, los autores plantean que hay que alejarse de definiciones normativas de la democracia para abocarse, ante todo, a su dimensión empírica (Mudde y Rovira 2012). En rigor, la definición de democracia que presentan los autores se encuentra en línea con su conceptualización mínima de populismo[8], lo cual les permite preguntarse si el populismo es un correctivo o una amenaza para la democracia en los términos poliárquicos de Robert Dahl (Mudde y Rovira 2012; Rovira 2013).

Mudde y Rovira argumentan que los populistas apoyan la soberanía, la regla de la mayoría y que estos no rechazan la idea de representación popular, por lo que tan solo se oponen al tipo de representación —y el tipo de representantes— que existe en ese momento. El populismo —arguyen— lejos está de ser *per se* antidemocrático, ya que participa de las reglas del juego democrático, aunque los autores no dejan de subrayar también sus vicios: la vulneración de los derechos de la minoría al privilegiar permanentemente la mayoría. Acotan, en definitiva, que el populismo no está en contra de la democracia, sino que de un tipo específico de ésta: la democracia liberal que enfatiza el constitucionalismo y los límites a la voluntad popular (Mudde y Rovira 2012)[9].

Es en esta disyuntiva donde se puede apreciar, en toda su dimensión, la hipótesis que Mudde y Rovira intentan demostrar. En efecto, los autores realizan un complejo diseño de combinaciones y factores que les permiten determinar si el populismo profundiza o erosiona democracias consolidadas/no consolidadas, donde consolidado no significa completo o perfecto, sino tan solo algo recurrente, continuo. La hipótesis de trabajo de los autores consiste en verificar si el populismo ayuda o no a consolidar la democracia. Llegan a la conclusión de que el populismo tiene seis efectos positivos[10] y seis negativos[11]. Luego, los autores proponen siete posibles hipótesis tras combinar mayor o menor intensidad respecto de los efectos positivos o negativos que se generan a partir de la interrelación populismo-democracia[12]. Afirman que cuando la democracia liberal está consolidada, el populismo generará pequeños efectos positivos; pero cuando esta no se encuentra consolidada, el populismo generará mayores efectos positivos (más correctivo entonces); no obstante, cuando un régimen populista se encuentra en el poder, donde populismo y democracia son fuertes, se producirán efectos positivos o negativos (Mudde y Rovira 2012). A decir verdad, no deja de ser interesante la propuesta planteada, porque de lo que se trata es establecer empíricamente la conexión existente entre democracia y populismo, mas no se puede dejar de subrayar que una de las problemáticas ineludibles de la propuesta es que el marco de análisis que se utiliza, ya sea para detectar los efectos positivos o negativos del populismo, proviene de un marco normativo que concluye mayoritariamente que el populismo es antidemocrático o una desfiguración democrática.

3. La democratización como un proceso amplio, igualitario, protegido y vinculante

Charles Tilly (2010) plantea que no tiene sentido describir simplemente un sistema político ideal, en este caso la democracia, y especificar seguidamente sus características y condiciones, por cuanto lo que importa son los procesos de democratización y desdemocratización. Lejos está Tilly de concebir la democracia como un puro procedimiento o como una lista estática de tipo procesal, pues de no cumplir con alguno de estos elementos, un régimen político podría no contar como democracia. Ante dicha situación, Tilly propone que, más allá de describir un conjunto mínimo de instituciones democráticas que muchas veces entran en colisión unas con otras, se deben tener siempre presentes dos principios fundamentales: primero, se debe considerar que la mayoría de los regímenes históricos han carecido de ciudadanía plena, por lo que, en la práctica, históricamente no se ha cumplido la norma básica democrática de un hombre un voto; segundo, la democracia es, en términos simples, un tipo de relación entre los Estados y sus ciudadanos, por lo que la democratización y desdemocratización consiste en los cambios de dichas modalidades (Tilly 2010).

Arguye Tilly que la relación entre Estado y ciudadano se configura en el amplio espectro de la política pública que incluye el proceso eleccionario, la actividad legislativa, pero, sobre todo, la consulta a los ciudadanos acerca de sus opiniones, necesidades y demandas:

> La consulta incluye cualquier medio público por medio del cual el ciudadano puede hacer escuchar su voz sobre sus preferencias colectivas relativas al personal del Estado y las políticas. En regímenes relativamente democráticos, las elecciones competitivas ciertamente otorgan voz al ciudadano, pero otro tanto hace el ejercicio de la presión política, las peticiones, los referéndums, los movimientos sociales y las encuestas de opinión. (Tilly 2010, 44)

Una cosa es el respeto a la ley, la fuerza de la Constitución, las elecciones libres y competitivas, o, incluso, si ha aumentado el bienestar de los ciudadanos, cuestiones que objetivamente hacen a una sociedad cualquiera mucho más democrática, pero otra muy distinta es visualizar y verificar el grado en que los distintos grupos ciudadanos ven traducidas sus demandas en las prácticas del Estado.

Vale la pena aclarar que bajo ningún punto de vista el autor limita la democracia exclusivamente a un proceso de consulta, por cuanto se requiere un mínimo denominador común que está estrechamente ligado al respeto de los derechos ciudadanos y de las libertades políticas. En efecto, estos últimos dos factores permiten hablar de un mínimo democrático, pero para Tilly (2010), la consulta ciudadana agrega 'el' valor democratizador, al cumplir un rol central en el proceso democrático. Así, para el autor, un Estado es democrático en la medida en que las relaciones políticas entre Estado y ciudadanos son amplias, iguales, vinculantes y protegidas, pero, al mismo tiempo, en la medida en que no intervienen grupos de poder que afincan las desigualdades en el control o influencia del Estado tanto a nivel político como económico. Desigualdades que, a decir de Tilly, poseen dos mecanismos relacionales: la explotación y el acaparamiento de oportunidades:

> La explotación opera cuando personas poderosas e interconectadas controlan unos recursos de los cuales obtienen un rendimiento significativamente incrementado mediante la coordinación de esfuerzos de personas externas a las que privan de obtener la totalidad del valor añadido por su esfuerzo. El acaparamiento de oportunidades opera cuando los miembros de una red limitada por una determinada categoría tienen acceso a un recurso que es valioso, es renovable, está sujeto a monopolio, favorece las actividades de dicha red y aumenta el valor debido al *modus operandi* de la red. (Tilly 2006, 10)

Es decir, una efectiva democratización (un mayor grado democrático) comporta una estrecha relación entre un Estado y sus ciudadanos mediante un movimiento neto hacia una consulta más vinculante, más protegida, más igual y más amplia. Para Tilly, el Estado cumple un rol rector, ya que debe garantizar el cumplimiento de las decisiones políticas y lograr que la mayor parte de la ciudadanía se incorpore y participe de la política pública. Dicho rol se traduce, en síntesis, en la capacidad que tiene un Estado de observar el cumplimiento de sus decisiones políticas. Distingue Tilly entre Estados con alta y baja capacidad[13] y Estados democráticos de no democráticos, obteniendo así cuatro tipos de regímenes básicos: no democrático de alta capacidad; no democrático de baja capacidad; democrático de alta capacidad y democrático de baja capacidad, donde obviamente un Estado que posea capacidad alta no significa que sea *per se* democrático. En realidad, una cosa es contar con el monopolio de la violencia y hacer cumplir y garantizar las decisiones políticas, y otra muy distinta es atender las demandas ciudadanas de manera amplia y vinculante (Tilly 2006).

Eterna paradoja, donde lo que está en juego es una tensa relación entre capacidad estatal y voluntad popular, por cuanto una baja capacidad estatal no permite traducir las demandas populares, mientras que una alta capacidad estatal reproduce continuamente posiciones de poder. El problema que plantea Tilly es que, precisamente, la democratización no ha tenido un continuo histórico que permita afirmar que la democracia ha predominado en las sociedades modernas. En otras palabras, la ciudadanía plena se ha constituido en un ideal, por cuanto los Estados —afirma Tilly— se han aliado históricamente con los beneficiarios de las desigualdades y donde los poderosos se han desatendido de la democratización más rápidamente que la gente corriente, en tanto intuyen que una auténtica democratización podría socavar la autoproducción de los sistemas de control que disponen sobre el Estado:

> Los gobiernos suelen aislarse con los beneficiarios de las desigualdades existentes, por tres motivos: en primer lugar, porque las clases gobernantes figuran entre dichos beneficiarios; en segundo lugar, porque los beneficiarios tienen mayores medios de organización y de influir en el gobierno; y en tercer lugar, porque los recursos del gobierno (tales como impuestos, soldados, armas, barcos, alimentos e información) llegan a él a partir de unos sistemas de desigualdad que, de ser desafiados, harían peligrar tan cruciales entradas. Solo en épocas de conquista o revolución

encontramos gobiernos que intervengan para sustituir los sistemas existentes de explotación y acaparamiento de oportunidades. (Tilly 2006, 10-11)

Bajo este esquema, toda democratización necesariamente se explicaría no solo como resultado de una mayor participación y capacidad de decisión en las políticas públicas de un mayor número de la población, sino que, ante todo, por el rol democrático que asume el grupo dirigente tras un alto grado de *reflexividad* o sencillamente porque las condiciones inestables (shock) así lo exigen.

En suma, es en estos aspectos donde hay que valorar la propuesta de Tilly (2010). Primero, porque si lo que está en juego es que la democracia es un proceso democratizador/desdemocratizador, se pueden sin ningún riesgo verificar procesos democratizadores/desdemocratizadores incluso desde la modernidad temprana, ya que lo que cuenta es, en definitiva, el grado de participación en la política pública de los ciudadanos en relación al Estado: si hay un aumento o disminución de la integración entre las redes interpersonales de confianza; un aumento o disminución de la separación de la política pública de las principales desigualdades de rango en torno a lo que los ciudadanos organizan sus vidas cotidianas; un aumento o disminución de los principales centros de poder con respecto a la política pública. Segundo, la democracia no es un proceso continuo de democratización, porque, de hecho, la desdemocratización es una involución de dicho proceso que, en muchas ocasiones, ha ido más rápido que la democratización. Como bien sugiere Tilly, la desdemocratización tiene mucho menos que ver con la desafección popular que con una deserción de la elite. Tercero, ambos procesos, democratización y desdemocratización, se encuentran íntegramente correlacionados con períodos de *shock*, sean estas revoluciones, conflictos militares o conflictos internos. Cuarto, al ser la democratización un proceso que se encuentra directamente interrelacionada con la capacidad del Estado, es posible —concluye Tilly— encontrar tres vías idealizadas hacia la democracia: el *Estado fuerte*, donde la capacidad estatal se incrementa mucho antes de que tenga lugar una democratización significativa; un *Estado medio*, en el que cada incremento o disminución de la capacidad estatal incide en la democracia; el *Estado débil*, que posee una democratización considerable antes de contar con una efectiva capacidad estatal (Tilly 2010).

En efecto, la teoría democratizadora de Tilly, a mi juicio y sin que el autor lo proponga, se entronca perfectamente con el populismo, al menos en lo que dice relación con su carácter más democrático: en tanto contenga un espíritu contrahegemónico y se manifieste en sociedades donde la democratización no ha sido del todo efectiva. Concretamente, si la acción política es un medio de crear, defender o desafiar sistemas estatales o no estatales de explotación, el populismo, mediante una acción contrahegemónica, sería un modo efectivo de poner en discusión, aunque no siempre en entredicho el acaparamiento de oportunidades y la explotación existente. En efecto, no se debe olvidar que el proceso populista está enmarcado en una *contienda política*, es decir, en una reivindicación discontinua y pública de una parte que no es gobierno frente a otra que sí lo es.

En resumen, y a partir de lo estudiado, cinco serían las ventajas de utilizar el concepto de democratización por sobre el de democracia a la hora de entender el populismo.

En primer lugar, se evita la utilización de un marco normativo y empírico que proviene de la democracia liberal 'representativa', ya que es a partir de dicho marco donde se evalúan finalmente los efectos positivos o negativos del populismo para llegar finalmente a afirmar, en el mejor de los casos, si el populismo es un correctivo o si profundiza la democracia. Y como se sabe, paradójicamente, dicho marco de análisis proviene de una gran mayoría de investigadores que concluyen que el populismo es antidemocrático o una desfiguración democrática.

En segundo lugar, la noción de democratización no concibe la democracia como una lista estática de procesos o un conjunto de procedimientos, siendo fundamental la relación participativa (política y económica) que existe entre los Estados y sus ciudadanos.

En tercer lugar, y como se indicó, si el proceso democrático se entiende fundamentalmente como una relación participativa (política y económica) que existe entre los Estados y sus ciudadanos, dicha conceptualización tiene por ventaja que no comporta un desarrollo de imbricadas variables, sino tan solo exige la presencia de dos: en lo político, la consulta ciudadana, y en lo económico, la reducción efectiva de la desigualdad.

En cuarto lugar, y ya en lo que dice relación entre democratización y populismo, la cuestión no está —ni con mucho— en afirmar que el populismo es la más excelsa forma de democratización, sino en determinar cómo en períodos de crisis, que tengan como expresión el nacimiento de un fenómeno populista, se ponen en discusión modelos más o menos inveterados (repertorios colectivos) de acaparamiento de poder que expresan formas autoritarias o incluso consensuadas de dominación política y económica. En rigor, una crisis hegemónica de tipo populista democratiza solo en la medida en que logra disminuir las desigualdades de rango (no en el sentido de un igualitarismo absurdo) y en el que reduce significativamente el control y la influencia de grupos de poder en la construcción de las políticas públicas[14]. Pero también atañe el tiempo, ya que si bien la democratización es un proceso de largo aliento, este, sin embargo, no puede eternizarse. En otras palabras, la dimensión populista importa en tanto crítica democrática como en tanto institucionalización. Como apunta Retamozo, "… dos son los problemas que se cruzan, la construcción de un régimen político y la producción de identidades colectivas, pero ambas comparten que el resultado del populismo realmente existente es de carácter histórico, no hay nada en el populismo que conduzca necesariamente a regímenes o identidades democráticas, ni nada que las condene al autoritarismo en ambos planos" (Retamozo, 2017: 146).

En quinto y último lugar, y pese a lo poco que se ha enfatizado este aspecto en la academia, el populismo —ahí donde se produce— ha puesto en discusión la conformación y consolidación de un modelo de Estado nacional; en particular, en relación al rol que le cabe a los Estados y al reconocimiento de quiénes forman parte de la nación (Aibar 2008). Respecto de tal reconocimiento, el populismo habría de jugar un rol democratizador, porque, precisamente, al menos en lo que compete —en el pasado— a algunos países de América Latina, habría impulsado auténticas crisis hegemónicas que comportaron el reemplazo de una oligarquía decimonónica, y, por consiguiente, una nueva forma de comprender al Estado nacional mediante una reorganización multiclasista mucho más incluyente[15].

Ahora bien, el punto a dilucidar —en el siguiente apartado— no es determinar en qué países de América Latina se produjo el advenimiento del populismo, sino llegar a determinar por qué, en el caso chileno, éste nunca llegó a consolidarse como régimen o como una dimensión permanente de la política, siendo que contaba con estructuras económicas-sociales muy similares al resto de los países latinoamericanos. Así, entonces, cabe interrogarse en qué posición se encontraría Chile si se aplicara este marco teórico, pues aducir, como constantemente se ha hecho, que el populismo no se ha consolidado en el país en razón de la fuerte Institucionalidad y el Sistema de Partidos, podría no ser más que la consecuencia de una forma de entender la democracia con un sello fuertemente institucional y no producto de efectivos procesos democratizadores. Para ello es necesario remontarse, aunque sea brevemente, en un primer momento, a los orígenes del Estado-Nación, pues, a partir de su conformación, es posible comprender el rol que ha desempeñado la matriz estatal y el modo en que se debe entender el proceso de democratización chileno en tanto participación de lo nacional en un marco regional, para en un segundo momento, tratar de dilucidar en definitiva qué tuvo de particular el proceso chileno.

Capítulo V

El populismo como respuesta contra-hegemónica en el marco de una alianza multiclasista-nacional: Chile, el proceso populista obturado (1932-1970)

1. Los proyectos nacionales post-oligárquicos: ¿entre populismo o democracia?

Tal como lo hicieron el resto de los países latinoamericanos, al momento en el que Chile declaró en un acto constituyente su independencia (1810), lo hizo postulando un nuevo soberano: la nación. Sin embargo, el problema era que dicho soberano aún no estaba constituido, por lo cual, el Estado, pasó a conformar al Estado-Nacional, quedando la nación en espera de su constitución. A decir verdad, de haber existido una *comunidad nacional* antes de la Independencia, ésta solo podría ser calificada como una comunidad dirigida que imaginada (Anderson 1993) y lo fue, además, por mucho tiempo después. En efecto, fue la elite decimonónica la que tomó las riendas del proceso independentista, y si bien estuvo influida por los ideales revolucionarios franceses, nunca dudó que le correspondía a ella, casi exclusivamente, la construcción del nuevo Estado nacional (García de la Huerta 2010).

Proceso carente de espontaneidad, pues como afirma Jorge Larraín, la construcción de identidades nacionales en América latina fue "un proceso selectivo y excluyente, conducido desde arriba; que decidió qué conservar y qué desechar, sin consultar a todos los participantes" (Larraín 1996, 207-208). Vale decir, identidades nacionales impuestas a la fuerza con un marcado acento estatal, altamente discursivas y articuladas para inhibir manifestaciones privadas o espontáneas que provinieran de otros sectores sociales que no fueran las oligarquías terratenientes. Lo que nació en ese acto fundacional *mágico*, fue la nación cívica, no la de las prácticas y tradiciones, sino una nación nacida de su misma organización y que estuvo impedida de concebir al Estado nacional en un auténtico republicanismo democrático (García de la Huerta 2010). No resulta imprudente señalar, por consiguiente, que el Estado pasó a ser el centro exclusivo de la vida política durante todo el siglo XIX e inicios del XX.

En general, la sociología histórica sostiene que el elemento que define a la nación moderna son las clases sociales, reconociendo el hecho de que cada una de ellas elabora un discurso propio acerca de lo que significa ser un miembro de la nación en una permanente lucha material como simbólica (Hroch 1996). En este sentido, la construcción de lo nacional nunca sería una *invención* o un engaño de las clases dirigentes, sino el producto del consenso democrático de las diferentes clases sociales (Chernilo 2010). Ahora bien, más allá de poder compartir dichas apreciaciones, que se concluyen a partir del contexto de Europa central, lo cierto es que, en América Latina, al menos hasta el primer cuarto del siglo XX, el proceso de consolidación de lo nacional fue un proceso bastante singular: primero, porque fue dirigido desde arriba en forma exclusiva y excluyente por la oligarquía terrateniente sin que hayan intervenido otros grupos o clases sociales (Larraín 1996; García de la Huerta 2010). Segundo, porque si se parte de la premisa teórica que en la construcción de los Estados nacionales modernos hubo un incremento en la importancia relativa de las posiciones de la burguesía y de la clase obrera, éstas, en América Latina, eran manifiestamente débiles producto de un capitalismo dependiente y sin una auténtica industrialización, cuestión que le impedía, sobre todo a la burguesía (como lo había hecho en el continente europeo) generar una alianza con la clase obrera para limitar el poder de las clases terratenientes y transformarse ellas mismas en los actores decisivos de las nuevas configuraciones políticas (Moore 2002).

Con todo, fue este discurso hegemónico con matriz estatal el que colapsó durante el primer cuarto del siglo XX, y si bien no dio paso para recrear y reconocer distintas nacionalidades presentes en los distintos países latinoamericanos, sí obligó a la oligarquía a replantearse respecto al reconocimiento de los derechos políticos, económicos y sociales de sus *connacionales*, reformulando así el proyecto del Estado nacional. En realidad, la oligarquía no tuvo otra alternativa que abrirse (pese a evidentes resistencias) a un proceso democratizador que le permitiera incorporar los distintos intereses de la nación y no solo los propios, que se presentaban antaño como nacionales. Por supuesto que este proceso no fue homogéneo en todos los países, y si bien es imposible aquí hacer un estudio pormenorizado y cronológico, se puede argumentar, en general, que el proceso se vio influido por tres factores interconectados: primero, por el rol que jugó la oligarquía, ya sea abriéndose a alternativas de cambio o rechazando éstas; segundo, por la aparición y consolidación de distintas clases sociales y el papel que jugaron cada una de ellas; y tercero, por la aparición —cuando efectivamente ocurrió— del líder populista.

En efecto, lo que aquí se sostiene es que el cuestionamiento al Estado-Nación oligárquico sobrellevó una crisis hegemónica que desembocó en un quiebre del sistema tradicional de dominación producto del proceso democratizador capitalista (Ianni 1975; Vilas 1995). Y acá es posible advertir, según la literatura especializada, dos posibles vías de resolución de la crisis: o bien la incorporación de distintas clases sociales que demandaban derechos políticos, seguridad social y una mayor redistribución de la riqueza, la cual se hizo, desde abajo, a través de un proceso revolucionario; o por otra, desde arriba, en una alianza multiclasista que intentó incorporar —en la medida de lo posible— a las distintas clases a través de una mediación oligárquica, de la burguesía, la clase media o el líder populista. Por supuesto que aquí interesa la respuesta que aconteció en Chile, sobre todo, porque corrientemente se ha propugnado la tesis de que el país habría respondido con una democracia al estilo del primer mundo, que lo habría hecho inmune al "fantasma" del populismo y en donde se habría erigido la clase media como clase dirigente del proceso. Esta tesis, como se estudiará en el presente capítulo, es la que se intentará impugnar.

Por tanto, identificar a la clase y determinar bajo qué alianzas se llevó a cabo dicho proceso, no es un asunto baladí; por el contrario, permite de buena manera explicar el proceso democratizador y económico (Hall y Soskize 2001); en otras palabras, comporta entender los modelos de desarrollo y de modernización (los diferentes tipos de capitalismos existentes), y, asimismo, ayuda a descifrar el rol que le cupo al Estado y de qué modo se redefinió la nación en perspectiva democratizadora, ya que lo que importa determinar es en qué medida las diferentes clases participaron con sus diferentes intereses en torno a un proyecto común de tipo nacional (Poulantzas 1978). Visto así, el problema fundamental radica en comprender cómo se determinan los modos que adoptan las estructuras de dominación, porque es a través de ellas que se explican y desarrollan las dinámicas de clase en un contexto de cambio:

> los cambios históricos significativos del proceso de desarrollo latinoamericano han sido siempre acompañados, si no de una mudanza radical en la estructura de dominación, por lo menos por la adopción de nuevas formas de relaciones, y por consiguiente de de conflicto, entre las clases y grupos (…). Así, bajo esta perspectiva, el poder económico ineluctablemente se expresa como dominación social, esto es, política y donde a través del proceso político una clase o un grupo busca, ante todas las cosas, imponer al conjunto de la sociedad un modo de producción propio o mediante una alianza de clases conformar una dinámica económica compatible con sus intereses. (Cardoso y Falleto 2011, 19)

Es precisamente en este punto donde hay que detenerse, pues habría que entender, a nivel regional, primero, el hecho de por qué el populismo fue el resultado de la reconfiguración del proyecto nacional multiclasista (más allá de si efectivamente se afectó la hegemonía del grupo dominante), y segundo, y ya en el caso específico de Chile, explicar por qué no se produjo el advenimiento o consolidación de un proceso populista en una sociedad que compartía, en un grado importante, estructuras sociales y económicas con el resto de los países de la región, pero no así de tipo político (Ianni 1975; Vilas 1995a). La explicación a esto último sería, en términos concretos, de orden político, si se sigue la tesis que Cavarozzi (1995). Plantea el autor que la crisis que tuvieron que enfrentar las distintas oligarquías latinoamericanas fue de orden político antes que económico, y los países que mejor las resolvieron fueron aquellos que, por un lado, ya habían conformado sistemas partidarios y, por otro, quienes lograron hacer concesiones económicas y políticas a los grupos subalternos sin alterar mayormente el modelo de acumulación de las clases dominantes. Es decir, para Cavarozzi, la razón principal de porqué países como Chile evitaron el populismo fue, en primer lugar, porque se había consolidado un sistema partidista que evitó que la crisis de los grupos dominantes fuera llevada al interior del Estado y, en segundo lugar, porque se dio un "punto de equilibrio" en donde los partidos gobernantes fueron conformados por miembros de la clase media y no solo por miembros de partidos del orden decimonónico:

> los partidos de clase media tuvieron la capacidad de lograr el apoyo de sectores de las clases subalternas (fuera este apoyo buscado fundamentalmente buscado por fines electorales o no) sin que las concesiones que en ello implicadas antagonizaran a las clases dominantes hasta el punto que éstas dejaran de acumular productivamente y/o propiciaran el establecimiento de regímenes controlados autoritariamente por sus representantes más directos. (Cavarozzi 1995, 371)

Es a partir de esta tesis que se inicia el presente análisis. En rigor, como se estudiará a continuación, se plantea que en Chile, tras la crisis de primer cuarto de siglo XX, se produjo una estructura anti-populista de tipo institucional-partidista, la cual se prolongó durante casi cuarenta años. En este sentido, se concuerda con Cavarozzi que fue el sistema de partidos el principal corset que impidió el desenvolvimiento de un proceso populista, pero no se concluye, como lo ha hecho mayoritariamente la academia, que este hecho haya posibilitado, casi por sí solo o por efecto del mismo, un profundo proceso democratizador[1].

2. Chile: el caso de un proyecto nacional políticamente anti-populista

Por lo anterior, se hace necesario determinar con precisión qué fue lo que aconteció en países como Chile, donde pareciera ser que ninguna crisis hegemónica conllevó el advenimiento de un régimen populista, pese a que es posible observar procesos históricos (1919-1925) en los que se puso en discusión la hegemonía de los grupos dirigentes y, junto con ello, el problema de la "cuestión nacional" (Salazar 2009, 2011). Más aún, si se considera que el proceso democratizador chileno corrió por cauces que lo hicieron alejarse del populismo "tradicional", ya que se correspondió con bajísimos niveles de movilización y lenta polarización política (pública y privada) a excepción de la década de 1960 en adelante. En efecto, lo singular del proceso político chileno fue que tras la crisis del primer cuarto de siglo XX, se habría configurado un proceso democrático —considerado por la academia como ejemplar— que si bien no habría estado exento de crisis, éstas, sin embargo, no desembocaron en regímenes populistas o al menos en regímenes políticos que hayan provocado un auténtico reemplazo del modelo cultural hegemónico vigente, a excepción del período que enmarcó la elección de Salvador Allende. Proceso histórico que, como se verá, aquí se tipifica a lo menos como un fenómeno populista[2].

En atención a la literatura especializada, se argumenta que la crisis hegemónica del primer cuarto de siglo XX y de ahí en adelante, se habría resuelto en Chile institucionalmente: en primer lugar, por vía estatal, mediante el ascenso de una clase media que habría de desempeñar el rol republicano que antes cumplió la antigua clase dominante chilena. Tomás Moulian (2009) ha reivindicado continuamente el rol que jugó la clase media en Chile (aunque también agrega cierto componente popular) asignándole un rol directivo. Según el autor, tras la recuperación político-económica del ciclo inestable 1924-1932, la clase dominante chilena (oligarquía decimonónica) fue reemplazada e imposibilitada de seguir su proyecto de dominación en razón del rol directivo político que asumió, principalmente, el sector mesocrático. Así, sostiene Moulian, lo que se produjo a principios de la década de 1930 fue una suerte de re-emergencia política de las capas medias (artesanos y pequeños empresarios) y su movilización en un partido laico (el partido Radical), reformador y estatista, que habría impulsado su *propio* proyecto desarrollista y democratizador:

> ¿Debe esto interpretarse como un fenómeno de mediación, lo que significaría que las fuerzas operativas de ese proceso actuaron por delegación de las clases dominantes? No, más bien lo ocurrido debe interpretarse como un fenómeno de sustitución, lo que significa que esas fuerzas tomaron la dirección política de las reformas democrático-burguesas porque las clases dominantes no tenían ni un marco ideológico ni capacidad política para hacerlo. Asumieron la dirección en vez de ellas y a pesar de ellas; por tanto, como sujetos autónomos, con su propio proyecto político, no como mediadores de las clases dominantes. (Moulian 2009, 31)

En segundo lugar, se ha argumentado que la resolución de esta crisis hegemónica fue por vía partidista, ya que habría sido el sistema de partidos y no figuras personalistas o caudillistas, los que ejercieron un papel mediador entre el Estado y las masas[3]. En otras palabras, según esta explicación, en Chile, no habría habido espacio para que se gestara el populismo como en el resto de los países de la región, sino que una "democracia en forma", civilista. Tal como lo expresó Góngora en su momento: "Yo creo que, en cierto modo, la democracia ha funcionado en América, pero ese consentimiento popular no puede expresarse al modo europeo. Acá se da una forma de democracia caudillesca, plebiscitaria (…) si nos referimos a democracias más similares a la europea, en el siglo XIX y, hasta cierto punto, entre 1932 y 1970 Chile fue un ejemplo de democracia civilista" (Góngora 2006, 333).

Mas, por el contrario, lo que en esta investigación se tratará de demostrar es que la razón de por qué no se desarrollaron procesos populistas en Chile no fue producto de su impecable institucionalidad, sino porque, primero, dicha institucionalidad obedeció a una particular forma de entender la democracia, que apeló continuamente a una mediación en clave republicana (decimonónica) y siempre mediada por aquellos que componían la clase dirigente (primero por la clase económica y luego por la clase política, mas nunca conducida por la clase media)[4]; y segundo, porque el orden político existente logró capear las distintas crisis que se sucedieron, adaptando los marcos institucionales y fortaleciendo los elementos anti-populistas de éstos.

En este sentido, me separo de la tesis propuesta por Moulian (2009) por dos razones: en primer lugar, a nivel conceptual, porque resulta bastante generoso concebir, para la época (1930-1950), una clase media que sea significativa en número o, más importante aún, que tenga *consciencia de sí*. Emmanuelle Barozet y Vicente Espinoza (2008, 2009), quienes han estudiado profusamente el tema, sostienen que habría que distinguir tres períodos en los que se conforma la clase media en Chile. Un primer período, que surgió a fines del siglo XIX, ligado a la explotación del salitre; un segundo período, que transcurrió entre 1920 y 1970, que estuvo estrechamente relacionado con el sector de los servicios, fundamentalmente al Estado, y un tercer período, que va desde los años 1980 hasta la actualidad, y que de un modo u otro está ligado al proyecto neoliberal. En este trabajo, por supuesto, son los dos primeros períodos los que importan.

Argumentan Barozet y Espinoza que es muy difícil cuantificar con exactitud el volumen de la clase media durante el siglo XIX y primer cuarto del siglo XX, pero que, sin duda, lejos estuvo de ser un grupo numeroso. No obstante, según los autores, durante el segundo y tercer cuarto del siglo XX, se produjo un ascenso significativo en su número, aunque nunca superó —para 1970— el 30% de la población. Asumiendo los autores que la clase media se define como un grupo de "geometría variable", plantean que la antigua clase media chilena (1920-1970) fue dueña de una identidad —que aún está presente en el imaginario social— que la hizo auto-definirse como portadora de un proyecto país, afincado en la democratización y en el progreso social, pero que, con todo, nunca se constituyó como una clase dominante, pese a que en el discurso oficial se propugnaba ese proyecto (Barozet y Espinoza 2008, 2009).

Mucho menos generoso al respecto es Alfredo Jocelyn-Holt (2014), quien asegura que las capas medias nunca excedieron el 20% de la población. No se equivoca el autor cuando afirma que, en pleno segundo cuarto de siglo XX, a la clase media chilena le afectaba una notoria indefinición al no tener consciencia *de sí*. En efecto, como es posible apreciar en las fuentes de la época, ésta se concebía (por ellos y por sus críticos) como una etapa de tránsito hacia arriba (secreta esperanza) o hacia abajo (en caso de caer en desgracia) de la escala social y siempre secundada por el Estado, que en la legislación separaba a empleados (clase media) de obreros (clase popular).

Atilio Borón, en tanto, arguye que el proceso que conllevó la formación de la clase media chilena, no fue un proceso de efectiva "movilidad estructural", pues ésta respondió a la rigidez relativa de la estructura de clases presente en Chile. Es decir, si bien la clase media se vio acrecentada por el proceso industrializador del segundo cuarto de siglo XX, el grueso de ella provino de antiguos cuadros artesanos, pequeños propietarios y, sobre todo, profesionales que luego del auge salitrero, se incorporaron como funcionarios públicos adscritos al Estado (Borón, 1975). En consecuencia, la consolidación permanente pero no importante en número de la clase media chilena se explica porque, en su gran mayoría, los sectores populares no se incorporaron a ella en un proceso de movilidad ascendente. Pero también porque, paralelamente, los intereses de la clase media no confluyeron con la clase popular y tendieron incluso a oponerse con esta última (y viceversa) por su continua tradición proletaria socialista (Borón, 1975). Según Borón, a partir de los datos oficiales de los censos de 1891 y 1940, se puede concluir que, en 1940, el 84,3% de la población económica activa se desempeñaba en ocupaciones manuales. La cifra impresiona aún más cuando se le compara con 1891. En ese año el volumen de población económica manual ascendía al 87,5%; es decir, la estructura social después de 50 años no había cambiado prácticamente nada, pese a que ya se había iniciado el proceso industrializador (Borón, 1975).

En segundo lugar, tomo distancia de la tesis de Moulian, a nivel interpretativo, al sostener que la clase media chilena terminó imponiendo su proyecto ideológico. En términos gramscianos, Moulian (2006) propone que si bien existió durante todo el período (1938-1973) un bloque oligárquico-burgués que fue dominante, éste nunca consiguió imponer su hegemonía, al no haber podido universalizar en la esfera de la cultura, sus intereses particulares. De ahí que, por ejemplo, en el plano político, dicho grupo haya tenido que ceder ante los grupos ascendentes (Moulian, 2006). Por el contrario, como se profundizará más adelante, aquí se sostiene que si bien es correcto afirmar que la clase económica chilena (antigua clase dominante) cedió parte de su poder político a ciertos grupos ascendentes (nueva clase política), fue con la condición de que éstos no modificaran el *Antiguo Régimen*. En términos interpretativos, entonces, este trabajo se encuentra mucho más en línea con la tesis de Cavarozzi (2017), quien asegura que la denominada "democracia mesocrática" chilena —inaugurada en la década de los treinta— fue más una metáfora que un proyecto consumado[5].

En definitiva, la antigua oligarquía chilena nunca cedió su rol dirigente: si se quiere, compartió el poder con una ascendente clase política, pero nunca fue sustituida por una clase media que a la fecha resulta "inexistente". La clase política que surgió, de hecho, provino de su propio seno al menos hasta inicios de 1940 (Salazar 2015). Ciertamente que para fines de 1950, la clase media chilena adquirió mayor *consciencia de sí* y logró una mayor independencia, pero, con todo, siempre prefirió unirse a la antigua "clase alta" antes que perder sus privilegios frente a las clases populares (Cavarozzi 2013; Angell 2010)[6]. Así también, sostener que el proyecto que se implementó a fines de la década de 1920, fue el resultado de una deliberación consciente de las capas medias es un exceso, como también lo es afirmar que no jugó rol alguno, ya que, poco a poco, logró *enquistarse* en el Estado. En realidad, de haber existido un proyecto distinto al de la oligarquía, como demuestran los estudios de Gabriel Salazar (2009; 2015), éste se desarrolló bajo el patrocinio de las clases productoras populares e intelectuales, proyecto que, sin embargo, fue bloqueado por Arturo Alessandri (1920-1925) y la oligarquía mediante la constitución de 1925.

Según Moulian, el proyecto modernizador de la clase media contenía dos objetivos estratégicos: por una parte, la industrialización promovida por un Estado intervencionista-desarrollista y, por otra, la democratización política de la sociedad civil. Sin embargo, en relación al primer objetivo, no es efectivo que el proyecto desarrollista fuera "propio" de la clase media, ya que, como bien explican Correa (2011) y Jocelyn-Holt (2014), la política sustitutiva de importaciones fue implementada mucho antes que llegara al poder el Frente Popular (que muchos consideran el triunfo de la clase media chilena), tanto por la dictadura militar de Carlos Ibáñez del Campo (1927-1931) y durante el segundo gobierno de Arturo Alessandri (1932-1938). Y aun cuando se acepte este último punto, el proyecto industrializador chileno, en el balance final, benefició y fue afín a los intereses de la derecha política y empresarial más que a la sociedad en su conjunto (Jocelyn-Holt, 2014). En lo que se refiere a la democratización política, el mismo Moulian (2009) sostiene que ésta operó más bien a nivel de conformación y representación de los intereses de los partidos políticos que a una efectiva democratización electoral. En este sentido, afirma Salazar:

> no es correcto, por lo tanto, asumir que la hegemonía política de la clase media chilena se inició desde 1920, como se ha afirmado con frecuencia. La generación tres[7], en tanto representó en proporción mayoritaria a los grupos medios, solo tuvo una influencia política decisiva *después de 1938* (con la consolidación de los mellizos estatales del populismo), período en que las generaciones G1, G2, por el contrario, entraron en declinación y en una actividad opositora algo desesperada. Lo sorprendente, en todo caso, es que la hegemonía de la G3 se llevó a cabo *dentro de y en conformidad con* el sistema político instaurado en 1925 por la acción constituyente de las dos generaciones precedentes. Por ende, pese a la circulación de las generaciones, el sistema político

'tradicional' no fue sustantivamente alterado, sino que tuvo una larga permanencia 'conservadora' (Salazar 2015, 481).

En consecuencia, no es posible argumentar que la oligarquía decimonónica, y en lo que derivó después, haya perdido su rol dirigente en manos de una clase media que a la fecha aún no se consolidaba y, al mismo tiempo, porque, como se estudiará, predominaron estructuras defensivas (políticas y económicas) que impidieron una modificación radical del régimen.

De ahí que se haga necesario comprender y enfatizar que el proceso democratizador chileno, en el amplio sentido de la palabra, se caracterizara, entre los años 1932 y 1970, primero, por la existencia de grupos económicos que disponían de vastas fuentes de poder extra-estatal, que muchas veces fueron incluso más influyentes y decisivas que los canales regulares democráticos del Estado; segundo, por la escasa participación y mínima implementación de procedimientos democráticos amplios y vinculantes; y tercero, por la apelación constante a un sistema de partidos, que se ha erigido (hasta la fecha) como el gran pilar articulador de la democracia chilena, ya que serían ellos los que auténticamente canalizarían las demandas ciudadanas y los intereses de las distintas clases en conflicto.

En síntesis, en esta forma de entender la democracia, ha predominado una concepción que califica y valora a una democracia en base a su estabilidad institucional y no respecto a un proceso democratizador amplio, igualitario, protegido y vinculante (Tilly, 2010), por lo que "tanto analistas como numerosos actores han confundido lo que, sin duda, constituyó un caso de estabilidad institucional, que perduró durante cuarenta años, con un fenómeno de vigencia de los principios de soberanía popular" (Cavarozzi 2013, 13). Para Gabriel Salazar, en tanto, la cuestión sería aún mucho más grave, casi de tipo estructural: "Puesto que la tajante negación oligárquica implementada contra la existencia de la *soberanía popular* (unida a la derivada distorsión de la *ciudadanía popular*) fue tan endémica (se extendió por más de un siglo) y con impacto tan persuasivo (la asumieron como suya los historiadores más insignes), que se convirtió en un dato universal de la *cultura política general* de los chilenos" (Salazar 2015, 758).

En efecto, quienes defienden la "tesis institucionalista", como se analizó en el capítulo anterior, argumentan que ha sido la construcción de un sistema de partidos estable, el factor decisivo que ha permitido no solo la existencia de una democracia en *forma*, sino también el bloqueo sistemático de cualquier articulación populista que deviniese en un régimen. Mas esta explicación, en cierto sentido circular, podría cambiar radicalmente si se pone en discusión y se cuestiona el hecho de que el sistema de partidos, cuando se conformó a mediados del siglo XIX y luego re-definido en 1932, haya sido el resultado de una efectiva democratización, amplia, colectiva y vinculante. Porque, como se verá, el sistema de partidos políticos que se conformó en Chile entre los años 1932 a 1970 fue, en esencia, y al menos en su primera etapa, el producto de actores sociales que se encontraban en la cúspide del poder económico y que estaban relacionados con la política (en el Congreso). En realidad, fueron ellos quienes definieron y controlaron las políticas públicas evitando, de paso, que éstas afectaran su modelo de acumulación[8]. Intervención que nunca fue tan directa, como lo había hecho la antigua oligarquía en el Chile decimonónico y principios del siglo XX (Zeitlin, 1984), sino mediante el control y el enquistamiento de grupos económicos en organismos públicos y semi-públicos (Zeitlin y Ratcliff, 1988; Stallings, 1978), y al mismo tiempo, a través de alianzas con una clase política, que, como se dijo, nació bajo su alero.

En otras palabras, de haber existido una mínima, mediana o avanzada democracia en Chile, ésta debería ser entendida como el resultado del sistema de partidos (creado por una clase económica y que poco a poco se fue autonomizando) y no por una efectiva consulta ciudadana o producto de clivajes (Lipset y Rokkan 1967) que provocaron el surgimiento de una amplia policromía de partidos que representaran dichos quiebres. Pero también, por lo que los distintos grupos de poder, en este caso económicos, estuvieron dispuestos a tolerar. De una oligarquía decimonónica, en tanto clase dominante, se pasó a una clase dirigente económico-política que reequilibró el régimen político y forjó al *nuevo* Estado, dando cabida a nuevos sectores de la sociedad, pero siempre restrictivamente para que así no se pusiera en suspenso, por una parte, el modelo de acumulación imperante y, por otro, la preeminencia que tenían los partidos políticos en cuanto a determinar el proceso modernizador (económico y político) que debía llevarse a cabo.

A fin de cuentas, se puede denominar a la "clase dirigente" chilena como un grupo homogéneo y estable en el tiempo que, mediante su posición económica y política, ha sabido imponer —por consenso y en ocasiones violencia— su modelo cultural en forma hegemónica. Primero, en lo que va desde 1860 y hasta aproximadamente 1930, como clase dominante, ya que, en términos prácticos, no es posible advertir una diferenciación efectiva en sus funciones de tipo económico y político. Para luego, un segundo período, de 1932 a 1973, donde esta clase dominante ajustó sus prácticas y cedió sus funciones políticas, pero no económicas. Es decir, es posible visualizar en dicho período, al menos hasta mediados de la década de 1960, una "clase económica" que cooptó a una "clase política"[9] consensuando un Estado de Compromiso. A decir verdad, ambas conformaron una clase dirigente, que si bien respondieron a diferentes ámbitos de la vida pública y pertenecieron a distintos campos sociales, compartieron un modelo cultural común, que los hacía estar —como clase— por sobre la soberanía popular al imponer su propio proyecto de país sin mayor participación de otras clases. "Desde pequeños teníamos la sensación que la política, los políticos, estaban ahí, a dos pasos, y jugaban contigo; te pertenecían y tú pertenecías a ellos como un hecho natural (…) La familiaridad con el poder resultaba algo absolutamente natural. Crecimos con la sensación que la tierra, la religión y la política, si no eran una sola cosa, al menos estaban estrechamente relacionadas" (Stabili 2003, 294)[10].

En realidad, tal y como se ha esgrimido, el proceso democratizador tiene directa relación con la capacidad del Estado de *negociar* con los ciudadanos por los recursos y, en el caso chileno, esto cobra particular relevancia, ya que el Estado chileno se conformó, desde sus inicios, como un *Estado fuerte*, donde la capacidad estatal se incrementó mucho antes de que tuviera lugar una democratización significativa. Problema que se agravó, además, porque existió una monopolización permanente de los recursos económicos y políticos. Lo concreto es que, tanto los grandes grupos económicos como la clase política chilena, dependieron del Estado para sus propios "programas de reproducción y engrandecimiento" (Tilly 2006), aun cuando los intereses de ambos grupos dirigentes fue diverso. Mientras los primeros buscaron aumentar su fortuna, muchas veces a costa del resto de la población, los segundos, mediante un ideal de servicio público —motejado a cada instante de republicano— intentaron mantenerse y afincarse en el poder. Si los grupos económicos chilenos durante el período de estudio se manifestaron casi siempre contrarios a efectivos procesos de democratización, la clase política chilena, paradójicamente, no se mostró tanto más favorable.

Estrategia de poder que se sustentó a lo largo del tiempo gracias a una virtual alianza entre ambas clases, y que si bien distó de conformarse en un solo grupo, pese a sus fuertes entrecruzamientos, desempeñó un rol intermediario de poder:

> Las generaciones políticas que actuaron en el período 1932-1973 *mantuvieron la misma tasa y la misma lógica* de compromiso empresarial que habían caracterizado a las generaciones del período 1885-1930. Recuérdese que, entonces, el *sesenta por ciento* de los políticos de carrera tenían intereses bancarios (tales y tantos, que en nombre de ellos derribaron al presidente Balmaceda). Y según se colige del estudio realizado sobre los políticos del período 1932-1973, una cifra similar, *el 57,5 por ciento* (de los miembros de la élite central) tenía también grandes intereses empresariales, tanto en el mercado (privado), como en el Estado (público y semipúblico) (Salazar 2015, 987)[11]

En efecto, se podría afirmar esquemáticamente que, en Chile, entre 1932 a 1973, es posible observar dos momentos históricos que se explican a través de esta clase hegemónica dirigente y su control sobre el Estado:

Un primer periodo, que se gestó a partir del segundo cuarto del siglo XX, en el que el ascenso de los grupos medios y, sobre todo, por el problema de la cuestión social de principios de siglo, obligó a que el grupo dominante se desprendiera de ciertos nichos de poder, pero sin perder su influencia y gestión en la dirección estatal (salvo en el período 1927-1932), y, por consiguiente, el control de la Nación. La cuestión estribó, por parte de la ahora clase dirigente, en generar un ascenso social regulado de una parte de la Nación (clase media) en términos de mayor participación política y económica, utilizando al Estado como un ente regulador y de distribución de la riqueza (como Estado empleador y "benefactor"); así, entonces, desde aproximadamente 1930 hasta fines de de la década de 1950 —período en que tal acuerdo comenzó a entrar en crisis—, la clase económica chilena se avino y apoyó la conformación de un sistema de partidos altamente institucionalizado que estuvo cooptado por ella. Para Alfredo Jocelyn-Holt fue precisamente este hecho, es decir, "el carácter crecientemente mesocrático-administrativo y político clientelístico de este Estado que desperfiló cualquier posible desviación más populista, incluso nacional-populista si se quiere. El carácter dependiente de nuestra economía, a pesar de plantearse en términos nacional-desarrollistas, se agudizó. En fin, insisto, el Antiguo Régimen sobrevivió" (Jocelyn-Holt 2014, 310)[12].

Un segundo período, que hunde sus raíces a fines de la década de 1950, época caracterizada por Mario Góngora (2006) como el de las planificaciones globales, y donde el cuestionamiento al modelo imperante se empezó a hacer efectivo por parte de un sector cada vez más importante de la clase política —de izquierda— y de la población en general. En un primer momento, con asonadas populares a fines de 1950 (1957); luego, mediante la "revolución en libertad" de Eduardo Frei (proyecto medianamente progresista, pero que fue ampliamente resistido por la derecha económica y política) y, finalmente, tras la llegada de Salvador Allende al poder (Salazar 2015, 450)[13].

3. Chile, la excepcionalidad anti-populista: construcción y proyección del Estado de Compromiso

A decir verdad, lo que se gestó en Chile entre los años 1932 y 1973, fue un Estado de Compromiso sumado a un capitalismo de tipo jerárquico, en donde una clase dirigente impuso, en lo económico, su modo de acumulación dominante, basado en un liberalismo paradójicamente de corte estatal, y en lo político, diseñó una impecable institucionalidad que tenía por objeto una democratización limitada de la Nación. En otras palabras, el compromiso significó, en términos políticos, luego de la crisis de 1920 (fin del Estado Oligárquico), la incorporación de las clases subalternas al proyecto —hasta ese momento absolutamente vertical— nacional de una clase dominante, siempre renuente a compartir el poder. Para ello, en un afán democratizador, se dispuso de una institucionalidad *ad hoc* que permitiera una limitada democratización, apoyada en un sistema de partidos que aseguraba una democratización modelo, pero siempre y cuando ésta no pusiera en jaque el modelo hegemónico vigente[14].

Modelo hegemónico que, brillantemente, Alfredo Jocelyn-Holt ha tipificado con el nombre de *Antiguo Régimen*, puesto que, en el fondo, éste no fue más que la continua presencia de un orden tradicional —proveniente de la Colonia— que si bien se adaptó a las coyunturas (léase crisis) propias de la historia, se mantuvo incólume hasta 1960, momento en el que empezó a ser cuestionado y que tras el golpe militar de 1973, conllevó su disolución final:

> Se trata de un Antiguo Régimen que, lejos de volverse anacrónico, participa del mundo cada vez más moderno capitalizando sus logros. Lo que no significa dejar de condicionar su impacto. El punto medular del cual no se admitía transacción alguna fue la pervivencia del núcleo social fundamental: que seguirá tratándose de una sociedad fundada en jerarquías, deferencias y privilegios, conforme a un modelo patronal-rural que venía del siglo XVII y que había logrado constituirse además en nada menos

que el único paradigma de cómo ejercer la autoridad entre nosotros (Jocelyn-Holt 2014, 307)

En rigor, el proceso modernizador del Estado nacional chileno, se resolvió pragmática y programáticamente desde arriba (del grupo dirigente tradicional): adaptándose a los cambios, amortiguándolos, cooptando al resto de las clases sociales y cuando no, ejerciendo la violencia. Si se sigue en estas materias, tanto a Pelfini (2014)[15] como a Lasch (1995), las clases dirigentes podrían moverse entre dos opciones ante las eventuales presiones o demandas ciudadanas que impugnarían el modelo económico y/o político que ellas vienen a sostener: primero, pueden responder transformativamente, vale decir, mediante la adaptación (ajuste de prácticas, pero sin cambios en los valores e intereses fundamentales), el aprendizaje (ajuste de las prácticas al incidir un componente moral, esto es, un reconocimiento de las demandas) o la reconversión (ajuste total de los valores y preferencia, al adoptarse los valores de los demandantes); segundo, pueden responder no-transformativamente, a saber, mediante el autismo o aislamiento (situación que le impide entender y reconocer el cuestionamiento), miedo o fantasía (en donde se caricaturiza al otro atribuyéndole a éste intenciones negativas) o el contraataque (que es el cuestionamiento deliberado de la validez de los valores de los demandantes) (Lasch 1995; Pelfini 2014).

Lo importante aquí, por supuesto, sería visualizar cuál fue la actitud de la clase dirigente chilena al momento en que las distintas demandas se hicieron presentes. Aunque es imposible en este estudio hacer un estudio histórico al respecto, sí se puede aventurar a decir cuál fue su conducta predominante. En primer lugar, la actitud de la clase dominante chilena (precisamente en tanto clase dominante) fue, desde la constitución del Estado-Nación hasta aproximadamente 1930, no transformadora, combinándose de un modo casi perfecto, el autismo, el miedo y el contraataque.

En segundo lugar, durante el tiempo histórico que convoca (1932-1973), es posible advertir una actitud predominantemente transformativa (en lo político más que en lo económico), pese a que también respondió, en ocasiones, no transformativamente.

Esto obedeció a dos razones: primero, porque la clase dominante al separarse funcionalmente, cedió parte de su poder político a un ascendente grupo; segundo, porque este segundo grupo (como clase política, pero que a partir de ese momento empezó a formar parte lentamente de la clase dirigente) tuvo que tranzar políticamente (y también económicamente) para mantenerse en el poder. Pero en cualquier caso, el grupo predominante dentro de esta clase dirigente fue la clase económica (antigua oligarquía), que tan solo se adaptó a las demandas, pero que, en ningún caso, tuvo una actitud de aprendizaje y mucho menos de reconversión de sus valores. En estricto rigor, su capacidad de adaptación fue posible hasta el punto en que no se modificaran precisamente dichos valores, cuestión que ya empezó a ser visible, pero de un modo muy menor, en el segundo gobierno de Carlos Ibáñez del Campo (1952-1958), luego bajo el gobierno de Eduardo Frei Montalva (1964-1970), pero sobre todo, durante el gobierno de Salvador Allende (1970-1973) (Jocelyn-Holt, 2014). Su respuesta no-transformativa, entonces, se ajustó perfectamente a lo largo del tiempo y, sobre todo, ante la exigencia de mayores cambios en el modelo hegemónico vigente. Aunque suene extraño, y asumiendo que las matanzas durante este tiempo no fueron menores al período anterior (Salazar, 2006), la conducta de la clase dirigente chilena no fue de aislamiento o de un contraataque desenfrenado, sino de propagar el miedo frente a un otro (el demandante) que constantemente era catalogado de anti-chileno o de comunista[16].

Así, en una rápida mirada histórica, la principal crisis política que tuvo que enfrentar el *Antiguo Régimen*, se resolvió tempranamente a su favor, pues si bien, tras la crisis de primer cuarto de siglo XX, la oligarquía dejó de ser una clase dominante, cedió derechos políticos a un nuevo grupo *medio* en ascenso (encerrado en el Congreso), pero sin perder nunca su rol dirigente. Así fue que ante la presión de diversos actores sociales, tales como la Asamblea Obrera de Alimentación Nacional (1918); la Asamblea de Profesores, Estudiantes y Trabajadores (1924); y la Asamblea Constituyente de Asalariados e Intelectuales (1925), que intentaron hacer valer un auténtico proyecto democrático y productivo, les terminó imponiendo el mismo proyecto liberal *de siempre* (Salazar, 2006, 2009, 2012, 2015)[17]. Ante los militares, quienes pretendieron asumir el rol de conductor con un proyecto modernizador del Estado, entre los años de "anarquía" de 1925 y 1932, la *nueva* clase dirigente diseñó un andamiaje institucional —esencialmente partidista— que les recordaba a los militares su rol en el Estado de Derecho, limitándolos a ser garantes del orden de la Nación, pero que, al mismo tiempo, los erigía en el alma de la república (Corvalán Márquez, 2001). Frente a demagogos como Arturo Alessandri, quien —en el papel y solo en un principio— tuvo un discurso incendiario y anti-oligarca, los terminó incorporando a la *familia*, tal como sucedió con un importante número de miembros de la clase política[18]. Y respecto a los partidos políticos y, específicamente, partidos que doctrinariamente avalaban una política revolucionaria, los

> obligó a atenerse a un sistema político fraccionado que privilegiaba coaliciones de gobierno y en el que el sector de derecha liberal se constituyó junto al partido Radical (aunque yo agregaría a la D.C.) en pivote, gozne, bisagra política de lo que ha venido a denominarse Estado de Compromiso, Estado Nacional-Desarrollista, Estado Empresa, Estado clientelístico. (Jocelyn-Holt 2014, 309)

Se pasó así de una clase dominante decimonónica que no permitía, en términos prácticos ni teóricos, una diferenciación funcional observable (entre lo que podría comúnmente denominarse una *elite* económica, política y cultural) a una clase dirigente (económica y política) de siglo XX, que impuso su modelo nacional ejerciendo coerción, pero produciendo a la vez consenso; de ahí la autonomía funcional del resto de las *elites*, pese a que existieron innegables conexiones y, al mismo tiempo, el compromiso —y de paso subordinación— del resto de las clases sociales. En este último aspecto, José Bengoa (1996) no duda en afirmar que si alguna vez existió una cultura burguesa (léase clase media) o una cultura obrera en Chile, éstas fueron muy superficiales y jamás cuestionaron de manera profunda los mecanismos de identidad social ni los sistemas de producción de valores de la elite tradicional (oligarquía) chilena. De hecho, Cavarozzi es concluyente al afirmar que el predominio de este *ethos* oligárquico, tuvo importantes consecuencias en el desarrollo económico, social y político de la sociedad chilena:

> el precio que pagó la sociedad chilena por este fenómeno de supervivencia del dominio oligárquico fue múltiple: el congelamiento (o imposición) de la dominación oligárquica en los ámbitos rurales del Valle Central y de las regiones más del sur (…), la supervivencia de visiones clasistas, reforzadas por la adhesión a valores aristocráticos de segmentos significativos de las clases medias y populares, y el estancamiento crónico de la economía chilena durante los primeros tres cuartos del siglo XX, estancamiento al que no fue ajena la adopción por parte de otros sectores propietarios, de las conductas rentísticas perfeccionadas por la oligarquía. (Cavarozzi 2013, 15)

Por su parte, Luis Barros y Ximena Vergara (2007), catalogan este *ethos* como un "modo de ser aristocrático"[19], vale decir, el predominio de una cultura oligárquica que privilegió lo tradicional, que fue hostil al proceso modernizador, y en el que las desigualdades sociales se consideraban como naturales y altamente beneficiosas para el desarrollo de la sociedad. En efecto, para los autores, la "elite" chilena de los novecientos (y que en definitiva se proyectó durante casi todo el siglo XX) fue una oligarquía que se reprodujo conforme a un *ethos* aristocrático que los elevó hegemónicamente por sobre el resto de las clases sociales, lo cual les permitió, en definitiva, imponer su modelo cultural. La tierra, la valorización del ocio y el buen tono, y luego, la importancia que empezó a adquirir el dinero, precisamente, para mantener su *status*, fueron los elementos que ayudaron a definir su modo de ser aristocrático. Todo ello refrendado, además, por una vocación de servicio público y legitimado con un aura religiosa.

En este sentido, manifiestan Barros y Vergara (2007), el grupo dirigente no fue más que una oligarquía que impuso desde el campo una visión jerárquica de la sociedad y que cimentó la idea de lo estatal y de lo nacional, porque eran ellos los que estaban legítimamente capacitados para conducir políticamente una población que estimaban incapaz y carente de talento. Concluyen los autores que este modo de ser aristocrático no fue más que un mito legitimador que se terminó imponiendo a lo largo de la historia de Chile, como una construcción identitaria de grupo, que se prologó hacia el resto de las clases y que, con el correr del tiempo, terminó convirtiéndose en una interpretación casi natural, que los sindicaba a ellos como los fundadores de la República y, por consiguiente, los auténticos beneficiarios y organizadores de los recursos económicos, sociales y culturales (Barros y Vergara, 2007).

Todo este proceso que se generó principalmente al interior del grupo dirigente, tuvo como resultado que, en Chile, se diera forma a un capitalismo que no obedeció a los parámetros universales de su constitución, esto es, que fuera el producto de una lucha de distintos proyectos nacionales. Si a decir de Barrington Moore (2002), la dinámica de las relaciones de clase (ascendentes y descendentes) en la constitución del Estado-Nación moderno es el factor principal que explica sus formas políticas posteriores, el tipo de alianza de clases que se dio en Chile hizo del país un caso bastante particular, puesto que la llamada "burguesía tradicional" no desempeñó rol alguno en la configuración del Estado-Nacional moderno[20]. "Como clase productora *artesanal-manufacturera* (que tenía rango microempresarial), los trabajadores mestizos fueron bloqueados y derrotados a mediados del siglo XIX por la contraofensiva del patriciado mercantil, en el sentido de que no pudieron desarrollar su destino propiamente empresarial. No llegaron, por tanto, a constituirse en burguesía empresarial" (Salazar 2015, 466).

De hecho, de aceptar la existencia de una burguesía chilena, ésta nunca se vio enfrentada al problema de cómo limitar el poder de las clases terratenientes, primero, porque se conformó como un pequeño grupo que monopolizó las industrias —siempre de consumo o de industrialización menor—, y segundo, porque se constituyó como una fracción menor, casi identificable con la antigua oligarquía (Zeitlin y Ratcliff, 1988). En este sentido, cuando el Estado decimonónico entró en crisis, no hubo una crisis de tipo hegemónica al interior de oligarquía —en su conjunto— sino de ésta frente a las clases subalternas. Por más que la Sociedad de Fomento Fabril abogara en declaraciones y reuniones por la industrialización del país, quienes estaban a su cabeza, siempre bloquearon en forma interna o a través de empresas estatales o semifiscales cualquier proyecto que pusiera en suspenso el histórico modelo de acumulación (Salazar, 2015). Por cierto que dichos grupos dominantes tuvieron que lidiar con sectores populares altamente organizados (desde el siglo XIX) y continuamente demandantes, pero a éstos, finalmente, les opusieron la institucionalidad y, en último término, a las clases medias, grupos que fueron convidados depuradamente a participar en el poder político y, en mucho menor medida, del económico (Cavarozzi, 2013).

Como argumenta Gabriel Salazar, la reacción librecambista de la oligarquía decimonónica liberal, se orientó, en el primer tercio del siglo XX, por una parte, a sofocar el proyecto industrial propiciado por un incipiente movimiento gremial de base (SFF) y, por otra, a bloquear el proyecto popular que emanó de trabajadores, profesionales y artesanos entre 1918 y 1925. "El resultado es que ninguna de las clases productoras ha logrado constituirse, en doscientos años de historia, como actor político con peso soberano en la construcción y/o manejo del Estado" (Salazar 2015, 453).

Por lo tanto, si el capitalismo significa, esencialmente, una desintegración de las viejas relaciones de producción establecidas que provoca conflicto social, en Chile, esta situación estuvo lejos de producirse.

En primer lugar, porque la aristocracia terrateniente y lo que generosamente se podría llamar burguesía industrial constituyeron un solo y homogéneo grupo, que si bien no estuvo exento de recomposiciones, en su esencia, se mantuvo inalterable, constituyéndose en un auténtico bloque histórico. Si bien no es posible aquí hacer un estudio exhaustivo respecto a la conformación de lo que podría denominarse genéricamente la "clase económica" chilena o si es preferible referirse a ésta como una aristocracia (Barros y Vergara, 1979), una oligarquía (Salazar, 2011, 2015), una burguesía

(Názer, 1994; Villalobos, 1988) o una clase dominante (Stellings, 1978; Zeitlin y Ratcliff, 1988), la mayoría de los autores estudiados concuerda en que los grupos económicos chilenos fueron altamente homogéneos, ya sea por la inversión cruzada, la presencia en los directorios de las distintas empresas o las relaciones matrimoniales (Correa, 2011; Salazar, 2015; Stellings, 1978; Zeitlin y Ratcliff, 1988). Ahora bien, y pese a su alta homogeneidad, es posible observar en dichos grupos un fraccionamiento, mas nunca la presencia de facciones que compitieran hegemónicamente, ya que casi todos los grupos tenían intereses cruzados y compartían un modelo acumulador común. "En el bloque dominante se fusionaron los latifundistas y la burguesía, pero con una presencia muy significativa de los rasgos más típicos de la cultura del latifundio. Hasta fines de la década del 50 (este bloque) está empapado de este *ethos* aristocrático, de la cultura del linaje y de las jerarquías sociales prefijadas y de la idea del pueblo sumiso y degradado" (Moulian 2006, 191).

Un ejemplo paradigmático de lo anterior, es que si se sigue detenidamente la composición de los principales gremios chilenos (las fracciones que estarían representadas), como por ejemplo, la SNA (1838), SOFOFA (1883) o la CPC (1935), todos ellos fueron conformados por grandes empresarios que tenían puestos por igual en los distintos gremios. Y no solo eso: debería recordarse que fue la Sociedad Nacional de Agricultura la que sentó las bases para la constitución de la Sociedad Fomento Fabril, y ambas influyeron en el nacimiento de la Confederación de la Producción y del Comercio (Correa, 2011). Y a mayor abundamiento, la SNA también le cupo principal responsabilidad en la creación de gremios "menores" como la CCC (Cámara Central de Comercio de 1858) y la SONAMI (Sociedad Nacional de Minería de 1888)[21].

En segundo lugar, porque todos los modelos de desarrollo económicos (triunfantes) que se implementaron, desde fines de 1930 y hasta 1970, obedecieron a una lógica (pre-moderna) de acumulación de tipo rentista, librecambista y sin industrialización pesada; es decir, siempre se mantuvo la hegemonía del capital comercial financiero por sobre el capital industrial. En este sentido, luego de la crisis de primer cuarto de siglo XX, el modelo I.S.I. que se implementó en Chile nunca tuvo como objetivo realizar un proyecto *serio* de industrialización, tal como precisa Gabriel Salazar[22]. De hecho, el proyecto industrializador chileno estuvo siempre bajo la égida del Estado, aunque controlado de cerca por una clase económica que nunca intentó establecer un auténtico proyecto modernizador de tipo industrial. Cuestión de suma importancia, pues como apunta Alan Angell (1993), en varios países desarrollados (como son los casos de Gran Bretaña y EEUU) fue el Estado el que se coordinó con las burguesías para ejecutar un proyecto modernizador, pero en el caso chileno esta situación fue imposible, al ser su burguesía muy débil, por lo que no tuvo otra opción que requerir la ayuda del Estado para su conformación. En consecuencia, para Angell, de existir un proyecto industrializador éste habría de provenir exclusivamente del Estado por tres razones: primero, por el reducido tamaño del mercado chileno, que fijaba límites al posible alcance de la industrialización; segundo, debido a la estructura monopólica existente en el país, que le permitía a los grandes grupos económicos lograr grandes utilidades con solo limitadas inversiones; y tercero, por la falta de expectativa de un crecimiento estable. En definitiva, para la burguesía chilena, "los ingresos rápidos fruto de la especulación, parecen más seguros que la inversión en crecimiento a largo plazo" (Angell 1993, 22)[23].

En consecuencia, se podría concluir que el grupo que llevó el comando de la economía chilena no fue la burguesía, sino la clase política apuntalada—desde cerca y/o por dentro del Estado— por la antigua oligarquía. "Lo que efectivamente ocurrió —como luego se verá— fue que, si bien la clase política civil se adueñó del Estado, al defenestrar a las clases productoras y al subordinar la ciencia y la tecnología a la inercia funcional aprendida por la oligarquía parlamentaria, y al asumir el comando superior de la economía nacional, no hizo otra cosa que *reproducir el mismo esquema mercantil consolidado por el conglomerado extranjero desde mucho antes de 1914*" (Salazar 2015, 404).

Así las cosas, con el correr del siglo, se fue consolidando en Chile una suerte de capitalismo jerárquico-estatal (Schneider 2013). Porque más allá de todos los discursos que propugnaron, desde fines del siglo XIX, las asociaciones gremiales, los partidos de derecha, el Mercurio y más tarde los seguidores de la escuela de Chicago, acerca de la liberalización del Mercado y la no intromisión del Estado, en realidad, el modelo acumulador chileno se afirmó en su capacidad de influir tanto en lo público como en lo privado, cuestión que ni siquiera se modificó substancialmente con la implementación del Modelo de Sustitución de Importaciones, salvo un período acotado de tiempo[24]

> precisamente por el permanente *contacto informal* entre políticos y empresarios fue que el Estado, desde 1927 (…) creó un verdadero enjambre de *agencias estatales de intervención económica*, y para impedir precisamente el exceso de intervencionismo, se invitó a participar en ellas a los representantes del empresariado en general (…). Sin embargo, no existía una regla constitucional específica que definiera con claridad y precisión la participación de los empresarios (como clase productora) en el Estado, ni los límites económicos de la acción estatal con respecto al área privada del mercado. Por eso, se configuró como un área "semifiscal" ambigua, donde las relaciones, negociaciones y acuerdos tendían a ser, mayoritariamente, *privados*. Era el lado oscuro del Estado y del mercado, donde ambos cohabitaban incestuosamente, a espaldas de la opinión pública. Y de la ley (…). De algún modo, era un enjambre que podía ser conceptuado como "corporativismo de Estado", que daba cuerpo y vida, precisamente, al Estado Empresario. Pero, en tanto constituía una multiplicidad de consejos en los que estaban representados los gremios patronales, podía definirse también como una parcela colonizada por el "corporativismo empresarial. (Salazar 2015, 448-449)

En rigor, como bien explica Ben Schneider (2013) en las Economías de Mercado Jerárquicas (HME), la jerarquía se refleja a nivel externo en la dependencia de los países latinoamericanos en las decisiones de inversión hechas por las multinacionales (que en el caso de Chile se acentuaría desde 1950), mientras que a nivel interno por la concentración de la propiedad en unos pocos grupos (diversificados) de lo cual Chile —se podría afirmar— es un ejemplo paradigmático (Zeitlin y Ratcliff 1988; Silva 2008). La jerarquía no solo operó por parte de esta clase económica en el control directo o mediante alianzas que ejercieron sobre los distintos sectores de la economía, sino también por su capacidad de influir, pese a no tomar directamente las decisiones en la configuración de las relaciones y en el modo de producción. Según Gabriel Salazar:

> Esta aceptación significaba que los empresarios se habían resignado a *ceder el Estado a sus vencedores históricos*, y que el comando superior de la economía ya no estaba en disputa: era, definitivamente, *de ellos* (los políticos). Punto. Por lo tanto, de lo que se trataba ahora era de impedir que ese Estado *se excediera* en sus atribuciones intervencionistas`. Debería, por consiguiente, intervenir para ayudar, estimular y orientar a la empresa privada; manejar los intereses particulares a través del libre juego de precios, y admitir en los *organismos interventores* a los representantes de los gremios, para evitar que fueran demasiado afectados por la intervención. Ciertamente, todo eso implicaba la existencia —tal vez no fraguada— de un *pacto tácito* entre políticos y empresarios: `los dejamos controlar el Estado, pero no abusan ni compitan con nuestras empresas privadas, e intégrennos en los organismos interventores, como un medio para evitar esos excesos´ (Salazar 2015, 407-408).

Bajo esta premisa, el Estado chileno lejos estuvo de ser neutral, aunque ello no equivale a (re)afirmar la vieja doctrina marxista con respecto a que el Estado no sería más que la expresión de la clase dominante. Ciertamente que el proceso es mucho más complejo que eso, pues de lo que aquí se trata es entender cómo la clase dirigente chilena se impuso no solo por coerción, sino, ante todo, mediante consenso, durante todo el siglo XIX y gran parte de siglo XX, ya que logró convencer al resto de la sociedad que su visión de mundo y la ejecución de sus intereses eran beneficiosos para toda la Nación. Como brillantemente apuntó Claudio Véliz (1963), Chile había sido dominado sin contrapeso por tres grupos de presión; a saber, los exportadores mineros del norte del país, los exportadores agropecuarios del sur y las firmas importadoras extranjeras, quienes tuvieron intereses económicos absolutamente incompatibles con una política industrializadora, optando siempre por un desenfadado librecambismo práctico y no doctrinal[25].

Como bien explica Worsley, las ideas dominantes que se imponen en una sociedad, lejos de operar bajo la lógica de un mercado perfecto (donde cada individuo o grupo de interés propondría un "horizonte de reconocimiento"), casi siempre provienen de grupos que gozan y hacen uso de capitales culturales que son agenciados institucionalmente y se llevan a cabo cotidianamente (Worsley 1969).

Es por este motivo que el control del Estado es mucho más que la ejecución más o menos acabada de un modelo de acumulación, ya que lo que importa, en último término, es no perder la capacidad de ser clase dirigente. Y precisamente en sociedades que llegaron tarde a la modernización, como fue el caso de Chile, el control o el grado de influencia que se tiene sobre el Estado, permitiría configurar no solo el tipo de capitalismo al que se dio lugar, sino que también al tipo de Nación que se conformó. Cuestión que, en el caso chileno, se delineó prolijamente en el siglo XIX y se proyectó sin mayores cambios durante el siglo XX. En realidad, el famoso "Estado en forma", como precisaba Edwards (1945), no fue otra cosa que el absoluto predominio de la "matriz estatal" (Góngora 2006) por sobre lo nacional[26].

En rigor, se podría concluir que el proceso modernizador chileno, que se inició tras la crisis de primer cuarto de siglo XX y que estuvo vigente hasta 1970, provino de una clase dirigente que, en términos políticos y económicos, estuvo adscrita, en su mayoría, a valores de derecha[27] o cuando mucho de centro-derecha (Salazar 2015)[28]. Pero cabría preguntarse, después de todo lo estudiado, si efectivamente en Chile se produjo un proceso modernizador en lo económico y político, asumiendo que no hubo un proceso significativo de industrialización, como tampoco una efectiva democratización —como se estudiará detenidamente en el próximo capítulo— de la *soberanía popular*. A decir verdad, todo parece indicar que más que un proceso modernizador, se gestó un proceso de modernización sin modernidad[29]. Lo que se desarrolló —y prolijamente— fue un modelo económico-político que siempre añoró el orden social construido en la hacienda: por una parte, de inmovilismo económico, reacio a emprender, mercantilista y ligado al crédito; y, por otra, en lo político, donde se traspasó la soberanía popular a un grupo de miembros selectos, quienes se transformaron en los dueños de la política. En este sentido, se podría argumentar que la actitud de los grupos dirigentes chilenos fue más bien de reacción-contención ante las demandas ciudadanas que modernizadora (capitalista-democrática)[30].

Ahora bien, el problema que se suscitó es que a fines de 1950, el Estado de Compromiso —gestado en los treinta— empezó a colapsar desde fuera y por dentro. Por fuera, por las movilizaciones de pobladores, estudiantes y trabajadores, que exigían una resolución definitiva a sus innumerables demandas económicas (Pinto 2005); y por dentro, porque fueron los partidos políticos —de centro y de izquierda— los que empezaron a alinearse decididamente con las demandas ciudadanas, pero siempre dentro de la institucionalidad vigente, aun cuando algunos de ellos exigieran cambios revolucionarios. Con todo, lo notable del proceso fue que desde 1964 en adelante, se inició un decidido esfuerzo por cambiar el *Antiguo Régimen*, justamente, por aquellos mismos que debían defenderlo: la clase política. Así se explica, por ejemplo, que tanto la Democracia Cristiana como los partidos de izquierda, exigieran cambios radicales en la estructura económica vigente, tales como una mayor industrialización del país, la reforma Agraria, la nacionalización de los recursos y, en general, una mejor distribución del ingreso (Yocelevsky 1987). Ante esta situación, la clase económica, otrora enquistada formalmente como informalmente en el Estado, se resintió. En 1964, tras la llegada al poder de Eduardo Frei Montalva, pero principalmente con el advenimiento de Salvador Allende al gobierno, se le anunció su marginación de las decisiones económicas por una clase política que, de ahora en adelante, se transformó en hegemónica y parte de ella se escindió de la clase dirigente.

Precisa Salazar que, en realidad, lo que se estaba gestando era un nuevo Estado. No el de Compromiso —Empresario según su clasificación— si no un Estado "Reformista y Revolucionario", que se "alejó de los empresarios y los marginó del proceso de toma de decisiones ('revolucionarias'). Naturalmente, la SFF resintió, dolida, semejante marginación. No estaba habituada a ella. La clase política civil ya no era —para ella— ese tornadizo, viejo pero siempre oportunista *partner* (socio) en el área oscura de 'lo semifiscal', sino que era, ahora, un actor hegemónico, prepotente y desquiciador" (Salazar 2015, 450).

Así, entonces, lo que ocurrió fue que para 1960, se resquebrajó internamente la clase dirigente chilena. Mientras la clase económica empezó a ser progresivamente expulsada del Estado, la clase política, en tanto, se dividió y polarizó —lo que antes nunca había sucedido— en su interior. Y si se agrega que desde 1958 en adelante se relajaron los mecanismos que contenían la participación popular, es fácil predecir que en la medida que el Estado no respondiera a las demandas populares —lo que finalmente sucedió—, se iría produciendo una importante movilización y polarización política, que harían tambalear los cimientos del *Antiguo Régimen*. La pregunta que resta hacer, es determinar de qué tipo fue la crisis que se produjo. Si fue una crisis de legitimidad o, en su defecto, una crisis hegemónica. Cuestión de suma importancia, ya que en sociedades como la chilena, en la que se observa un "histórico y homogéneo" grupo dirigente, al momento de producirse una crisis hegemónica, ello significaría no solo una modificación de sus cimientos económicos, sino que también el modo en el que se conformó el Estado nacional y dio forma a su democracia. Es en este contexto de crisis, cuando cobra relevancia saber si la respuesta que dieron los actores sociales fue de tipo populista.

Cuarta Parte

Chile 1970: la conformación de un fenómeno populista

En lo que va de este trabajo, se ha sostenido que la fuerte institucionalidad que se edificó en Chile tras la crisis oligárquica del primer cuarto de siglo XX fue la que inhibió el desarrollo de procesos contra-hegemónicos y de tipo populista al menos hasta 1960, década en la que el *Antiguo Régimen* entró en crisis. Se señaló en la unidad anterior que dicha crisis sobrevino, por una parte, porque al interior de la clase dirigente se produjo un quiebre que progresivamente distanció a la clase económica en el control e influencia que tenía sobre el Estado (Salazar 2015). Esto trajo como consecuencia que la clase política se convirtiera de ahí en más en hegemónica y que, seguidamente, una parte de ésta haya propiciado abruptos cambios en la estructura económica, los cuales se dirigieron hacia el corazón de la *burguesía* nacional, aunque nunca se quiso —por revolucionarias que fueran dichas propuestas— modificar la institucionalidad y el modo en que la sociedad chilena se había democratizado. Por otra parte, se explicó también que devino la crisis porque se produjo una ingente movilización popular que desafió las estructuras económicas y políticas del *Antiguo Régimen*.

A decir verdad, ambos elementos se combinaron y son esenciales para demostrar que en Chile, durante el proceso eleccionario presidencial de 1970, se desencadenó, como nunca antes, un proceso populista. No solo porque se vivió un momento populista, sino porque se produjo una articulación discursiva que hizo que el discurso político asumiera una dimensión populista, que es posible de visualizar en los Programas presidenciales que se elaboraron entre 1969 y 1970. En este sentido, para 1970, se estaba ante un fenómeno populista en pleno desarrollo, el cual esta vez no pudo ser institucionalizado por la clase dirigente, precisamente, porque la crisis hegemónica provenía desde su mismo seno.

La cuarta unidad tiene como propósito explicar, por un lado, la razón estructural de porqué se inhibió el desencadenamiento de procesos populistas, y por otro, retratar el proceso populista que se llevó a cabo a fines de la década de 1960 y principios de 1970.

En el sexto capítulo, se da cuenta de cuáles fueron los mecanismos principales (a nivel político institucional) que utilizó la clase dirigente chilena para inhibir el desarrollo de procesos populistas, los cuales, de producirse, habrían alterado significativamente la forma en que ellos y la población en general entendían el proceso democratizador. En consecuencia, lo que se intenta demostrar al lector son los mecanismos institucionales, si se quiere estructurales, que hicieron de Chile, entre los años 1932 y 1970, un país "anti-populista" y que, en definitiva, sellaron su particular "cultura política" dentro de América Latina. En efecto, se indagará conceptualmente, primero, respecto a la movilización electoral y, después, en torno al sistema de partidos. Se argumenta que la política tradicionalmente electoralista del sistema de partidos chilenos, combinó una política de ofertas con discursos de alto contenido ideológico que terminó polarizando antagónicamente al sistema de partidos, de tal manera que, junto a la movilización política-electoral, generó las condiciones para que se gestara un proceso populista *ad portas* de la elección de 1970.

En el séptimo capítulo, se indaga, una vez superados los *corsets* estructurales, cómo fue que se gestó el "momento populista", vale decir, por qué se puede decir que para fines de 1960, se estaba ante una crisis hegemónica. Si bien en la tercera parte se hizo referencia a estas materias, aquí se profundiza conceptualmente al respecto. Pese a que en la academia chilena no se hace uso del término, en este trabajo se propone que, en Chile de 1970, se estaba ante una crisis hegemónica producto del quiebre interno que había sufrido la clase política chilena (y por ende, la clase dirigente) y de la movilización electoral-política. Ambos fenómenos se retroalimentaron y se terminó proponiendo, por parte de dos candidaturas presidenciales, un proyecto contra-hegemónico.

En el octavo capítulo, en tanto, se explica porqué es posible aseverar que en Chile, a fines de 1960 y principios de 1970, se estaba no solo ante un momento populista, sino que ante un fenómeno populista. Como se ha señalado, todo fenómeno populista requiere de dos condiciones para su existencia: una crisis hegemónica y una articulación populista. Ciertamente que una crisis hegemónica es condición para el desencadenamiento de un proceso populista, aunque no necesariamente puede desembocar en un régimen populista. En efecto, en este capítulo, se sostiene que en Chile se produjo una articulación populista producto de una polarización antagónica que estuvo cicateada por una crisis hegemónica. Fue ese el "momento preciso" en que el discurso político adquirió una dimensión populista, cuestión que es posible de visualizar —significativamente— en los diversos Programas que se elaboraron para las elecciones presidenciales de 1970, y que permiten concluir que se estaba ante un fenómeno populista.

Capítulo VI

El dislocamiento de las condicionantes estructurales
(*corsets* institucionales)

Todo proceso democratizador precisa de las presiones que ejerce la movilización social y la conformación de instituciones que satisfagan la modernización de una sociedad. Así, el objeto de esta sección, consiste en verificar cómo el proceso democratizador chileno supo dar respuesta a dichas exigencias, ya que al entender el tipo de democracia que se configuró en el país, es posible explicar por qué en Chile se evitó el desarrollo del populismo. En efecto, aquí se intenta entregar una explicación "estructural" de tipo política de por qué en Chile no se consolidó un proceso populista. Si bien la tesis institucionalista, que apela a la presencia y consolidación de partidos políticos como el factor decisivo que inhibe el desarrollo de un régimen populista puede ser calificada como correcta, lo que aquí se intenta hacer es indagar en el marco ideológico que está detrás de esa premisa y argumentar que éste respondió, durante el período que va entre los años 1932 y 1970, a una forma particular de entender la democracia, que inhibió auténticos procesos democratizadores y que provino, esencialmente, del horizonte normativo de las clases dirigentes.

Para entregar una respuesta satisfactoria ante el problema, me aboco a dos elementos que se encuentran estrechamente relacionados y que permiten explicar de un modo importante el surgimiento del populismo, pero que, al mismo tiempo, de no estar presentes, su difícil implantación. Por una parte, una ingente movilización electoral[1] y un inestable sistema de partidos, son fenómenos que influyen decididamente en el proceso de polarización antagónica de una sociedad cualquiera, pero, por otra, una gradual movilización electoral y un estable sistema de partidos, evitan de modo importante una articulación populista, pues, ¿cómo podría explicarse un fenómeno populista si la movilización electoral es mínima y, sobre todo, si existe un sistema de partidos consolidado, que hace casi imposible el surgimiento de líderes y un pueblo que se movilice políticamente y antagónicamente en contra del orden social imperante?. Esto último sería, particularmente, lo que aconteció en el caso chileno. En efecto, si la clave de un proceso democratizador se encuentra dado por el grado de movilización política que lo afecta, el estudio de la movilización electoral y su expresión partidista, serían dos indicadores fundamentales. Pero lo paradójico del caso chileno es que se propugnó una democracia representativa sin que ésta se constituyera al mismo tiempo en una democracia de "masas". Una democracia que operaba sobre la base de partidos de cuadros (esto es, partidos en los que dominan las cúpulas partidistas más que los militantes) abocados más a cuidar la estabilidad del sistema y de evitar, a como dé lugar, el conflicto y la polarización[2].

En estricto rigor, lo que aquí se quiere probar es, en primer lugar, que el crecimiento gradual del cuerpo electoral chileno, con períodos de mayor rapidez que otros (de súbita aceleración desde la década de 1960), obedeció a mecanismos de negociación y al alto grado de institucionalización de su sistema político, que permitió la asimilación de estratos sociales que se encontraban previamente excluidos del sistema político, pero preservando siempre las reglas del juego que fueron impuestas en los inicios de la década de 1930. Como han documentado varios estudios, los procesos acelerados de movilización, casi siempre, han sido acompañados por un incremento en las protestas sociales, el radicalismo político y el populismo[3]. Sentencia Borón: "En Chile, la movilización electoral procede lentamente, dando tiempo a la constitución de un sistema partidario que, en el momento en que la movilización llega a su fase crítica, alrededor de 1960, se encuentra sólidamente institucionalizado y operando con márgenes relativamente satisfactorios de representatividad" (Borón 1975, 15-16). En consecuencia, la movilización —cuando se produjo— dependió, en último término, de la capacidad que tuvo el sistema de partidos chilenos para regular la intensidad del proceso (negociando/renegociando y sean éstos partidos conservadores de centro o de izquierda), ya que fueron ellos quienes intervinieron institucionalmente ante las clases populares, medias y la clase económica.

En segundo lugar, se argumenta que en Chile se evitó el populismo, precisamente, por el rol que le cupo al sistema de partidos. Por supuesto, no porque el sistema de partidos estuviese "preocupado" de la presencia del populismo (como lo hace ahora), sino por una forma específica de entender la democracia, que explica, además, la forma que tuvo históricamente de gestionar y reconocer las demandas ciudadanas. Se configuró, entonces, un "apolíneo" sistema de partidos (desde 1932 a 1973) en el que se encontraban representados todos los pensamientos (conservadores, centristas y revolucionarios), pero que, en el fondo, fue diagramado por la clase económica y luego asumido sin mayores reparos por la clase política (hasta fines de 1950) con el objeto de no dejar hacer aquello que no querían que se hiciera (Cavarozzi 2013).

En efecto, la brillante maniobra de la clase económica chilena fue que, en primer lugar, se adaptó de tal forma a las nuevas condiciones, que concibió un régimen partidario que le permitiera bloquear institucionalmente —"republicanamente"— las demandas ciudadanas; y en segundo lugar, cedió parte de su poder a una clase política que debió ejercer como bisagra institucional a sus propios intereses, aunque dándole a entender a dicha clase que era ella la que conducía el proceso modernizador. En realidad, no hay que engañarse: el orden socio-político chileno no solo respondió, como constantemente se argumenta, en razón de su cultura política cívica, sino a la viabilidad de que las políticas de redistribución de bienes y servicios fueran atendidas, y sobre todo reconocidas, por la clase económica. Por supuesto que algunas demandas fueron satisfechas incluso más allá de lo que la clase económica chilena hubiese querido entregar, pero, en ningún caso, se modificaron las bases de su modelo acumulador. "En otros términos, la calidad e intensidad de las demandas fueron de tal tipo que a lo largo de muchos años de historia política chilena, sus grupos dominantes pudieron satisfacerlas parcialmente, por cuanto ellas no alteraban las bases esenciales de su dominación de clase. Asegurando la gratificación parcial de sus demandas, regulaban la presión democratizadora dentro del sistema político y perpetuaban las condiciones de su dominación" (Borón 1975, 30).

A decir verdad, la extinta oligarquía legó fuertemente su *ethos* aristocrático, su modelo cultural, a la clase política chilena. Mediación cultural que más allá de su lenguaje, discursos e ideas, transmitió una práctica social que hizo a ellos también elevarse a la categoría de "elegidos". Si la antigua oligarquía chilena legitimó su superioridad económica, social y política en razón de su nacimiento, por ser los constructores de la República, la clase política chilena, en tanto, se sintió continuadora del proyecto republicano, objetivando dicha mentalidad en una determinada práctica institucional: el sistema de partidos. En efecto, "existe una estrecha relación excluyente de nuestro sistema político, por el carácter prebendario de nuestras relaciones, la importancia del dinero y del linaje" (Barros y Vergara 1979, 19).

En consecuencia, la propuesta que aquí se hace es que el sistema de partidos chileno tuvo una clara frontera de producción: políticamente redujo la democracia a una de tipo partidista (representativa) no participativa; y en lo económico, presionó desde dentro del sistema institucional para no hacer los cambios redistributivos que exigían las clases populares. En efecto, si una de las condiciones de posibilidad más importantes para el desarrollo de un régimen populista es que se produzca una crisis hegemónica, ésta se demoró en llegar, precisamente, porque el sistema partidista chileno estaba diseñado para no colapsar, para no polarizarse antagónicamente, al evitar una efectiva movilización política y redistribución económica. Por supuesto que lo anterior no equivale a decir que hubo inmovilismo; particularmente, hubo partidos de izquierda que junto a los movimientos sociales, exigieron y presionaron por cambios, pero incluso en el caso de que éstos se produjeran, el modelo institucional obligaba a ejecutarlos lentamente, en la medida de lo posible, y siempre mediados por el Congreso, lugar donde sesionaban los partidos políticos. En definitiva, durante el período en estudio, es posible argumentar que el populismo en Chile fue un fenómeno (ni qué decir un régimen) casi inexistente, no porque la democracia fuera más sólida o mejor, sino porque, precisamente, su institucionalidad le impedía generar cadenas equivalenciales.

1. La democracia representativa chilena de los años 1932-1973: su carácter restrictivo

Para Marcelo Cavarozzi no cabe lugar a dudas: la democracia chilena del siglo XX "es una democracia truncada; que fue el resultado de prácticas que, de manera consistente y eficaz, implementó la oligarquía, operando tanto desde instituciones propiamente políticas, como fuera de ellas" (Cavarozzi 2013, 5). Ahora bien, se acepte o no la radical tesis de Cavarozzi respecto a la democracia chilena durante el período de estudio, lo cierto es que si el principal protagonista de una democracia representativa es el electorado, que concurre mediante el voto a la formación de la voluntad colectiva, en Chile, éste se vio obstaculizado, en la práctica como en la forma, tanto para determinar los titulares de los cargos como para decidir sobre asuntos relevantes de la comunidad (Názer y Rosemblit 2000).

En efecto, la paradoja no puede ser más evidente, pues si el principio democrático institucionalista chileno ha abogado a lo largo de la historia por la delegación representativa del poder soberano (la cara "pragmática" de la democracia), se debería haber construido, conforme a este principio, un sistema electoral afín que permitiera expresar la voluntad soberana mediante un sufragio universal, personal, secreto, libre y directo, cuestión que estuvo lejos de suceder. Primero, porque hasta 1972 hubo impedimentos de todo tipo para instituir un voto universal; segundo, porque el sistema electoral que se confeccionó, pese a ser proporcional en su espíritu (D´ Hondt), respondió a los intereses de los incumbentes y, sobre todo, resultó a beneficio de los partidos de derecha, producto de una sobre-representación distrital, al menos hasta fines de 1950; y tercero, porque el cohecho y el clientelismo se consolidaron como prácticas recurrentes en el amplio espectro partidario del sistema político chileno[4].

En primer lugar, si se estudia la evolución del electorado chileno entre los años 1932-1973, éste se vio profundamente limitado en el tiempo, ya sea en razón de género, mayoría de edad y alfabetización. Así, según Needler (1968), a comienzos de los años 1960, Chile habría ocupado el primer lugar en términos de estabilidad política, pero el decimocuarto lugar en términos de participación política en América Latina. En efecto, si se observa detenidamente la evolución de la participación electoral, ésta no sufrió mayores alteraciones si no hasta 1949, momento en el que se produjo la incorporación del sufragio femenino en las elecciones presidenciales (Valenzuela 1985; Názer y Rosemblit 2000)[5] y, luego, con las reformas electorales de 1958 y 1962. Reformas que apuntaron más bien a mejorar el acceso, como la sustitución de la inscripción periódica en los registros por otra de carácter obligatoria, y a limitar prácticas impropias, como el cohecho, mediante la cédula única electoral. Mas ninguna de las reformas al sistema electoral tuvo como fin, por lo menos hasta 1960, ampliar decididamente el padrón electoral.

Con todo, habría que recordar que una de las principales dificultades del sistema electoral chileno, fue que pese a que se iba "democratizando", la población de igual modo no concurría a votar. Fue así que tempranamente se formularon leyes que ayudaran a palear dicho problema. En efecto, bajo el decreto ley n° 500 de 1925, se dictaminó la obligatoriedad del voto, para quienes se hubiesen inscrito en los registros electorales, mientras que la ley n° 9.341 de 1949, estableció la obligatoriedad de la inscripción, disponiendo penas pecuniarias para aquellos que no concurrieran a votar (Gamboa 2011). Así y todo, la abstención superó durante los años en estudio, ampliamente el 20%. Entonces, dada la ineficacia de estas medidas, se resolvió aumentar las sanciones: mediante la ley n° 12.889 de 1958, se procedió a castigar incluso con pena de cárcel al elector que no sufragase, y luego, en 1962, a través de la ley n° 14.852, se dispuso, como última medida, que fuese necesaria la inscripción electoral para celebrar trámites de carácter no político, como el pago de contribuciones, obtener empleos o bien la posibilidad de salir del país, entre otros (Názer y Rosemblit 2000).

De hecho, si se consideran las elecciones congresales y presidenciales desde 1932 a 1949, el promedio de inscritos era solo del 10,84% en relación a la población total, que se traducía en un voto efectivo de tan solo un 8,36% de la población, llegando la abstención a un 22,54% como promedio[6]. Ahora bien, si se toma en consideración las elecciones que van desde 1952 a 1961, las cuales incluyen muchas de las reformas arriba mencionadas, el promedio de inscritos fue de un 19,33%, con un voto efectivo de un 14,68% de la población y una abstención de un 23,97%. En rigor, fue la implementación de la reforma de 1962, que solo tuvo efecto práctico en la elección presidencial de 1964[7] y la reforma de 1972[8], que permitió el voto del analfabeto y que consideraba ciudadano al mayor de 18, los factores determinantes en el aumento del padrón electoral. Es así que a partir de la elección presidencial de 1964 y hasta la elección parlamentaria de 1973, el promedio de inscritos subió a un 37,18%, aunque el número de votos efectivos correspondió a un 29,37% de la población total, mientras que la abstención se mantuvo sobre el 20% (21,14%) (*Dirección de Estadística y Censos*).

En segundo lugar, sin que sea necesario aquí abundar respecto al sistema electoral que se utilizaba en Chile entre 1932 a 1973, es importante señalar los principales defectos que hacían de éste un sistema poco representativo. Primero, como principio general, se puede manifestar que el sistema electoral chileno estuvo lejos de hacerse de "cara a la ciudadanía", por cuanto su diseño fue más bien un "problema" de los especialistas de la política, quienes a medida que se sintieron más o menos amenazados por *outsiders* o por partidos que potencialmente podrían aumentar la volatilidad del sistema político, asumieron como necesario hacer las respectivas modificaciones. Como explica Nohlen, "los intereses de los partidos han sido, históricamente, la medida más importante para valorar un sistema electoral. Por lo tanto, los criterios dependen, evidentemente, de las ventajas y desventajas que éste implica para las fuerzas sociales y agrupaciones políticas" (Nohlen 1995, 37). Segundo, y ya en lo específico, el sistema electoral utilizado en Chile para la elección presidencial fue el de mayoría simple, por lo que en la eventualidad de no obtener un candidato mayoría absoluta (que en el caso chileno se convirtió casi en una regla general) era el pleno del Congreso, el que ratificaba la soberanía popular o bien podía optar por un candidato que no hubiese alcanzado el mayor número de votos (Constitución 1925). En el caso de los congresistas, el sistema electoral que se utilizó fue el sistema de cifra repartidora (D' Hondt)[9], que si bien es un sistema preferentemente proporcional, se aplicó junto a un sistema mayoritario simple que distorsionaba, en buena medida, la asignación de escaños al combinarse con "elementos criollos", como por ejemplo, el "derrame y la multiplicación"[10]. Principalmente, porque se confeccionó bajo un sistema de circunscripciones que sobre-representaba al campo, y también, porque respondía a un sistema multipartidista, que propiciaba pactos en atención a obtener representación en el Congreso y no en razón de la ideología de los distintos partidos (Valenzuela 1985).

Así, por ejemplo, para definir las circunscripciones de los congresales, se utilizó continuamente el censo de 1930[11], pese a que, desde la década del treinta en adelante, el número de habitantes en la urbe creció ostensiblemente y superó ampliamente al campo, cuestión que benefició ampliamente a la derecha, tal como lo demostraron en su momento Scully (1992) y Ricardo Cruz-Coke (1952). Mientras que en atención al sistema multipartidista, si bien se propició el acuerdo mediante alianzas y pactos para brindar una mayor estabilidad gubernativa, dichos pactos vulneraron, en muchas ocasiones, principios democráticos mínimos, tales como que se respetara a lo menos una mínima afinidad ideológica o que resultaran electos candidatos con una ínfima cantidad de votos[12]. Entonces, llega a ser impresentable que la ley nº 12.889 de 1958 y sus sucesoras, leyes n° 13.913 y n°14.089 de 1960, hayan permitido a los partidos políticos suscribir pactos por distritos con distintos partidos sin acuerdos de alcance nacional ni mucho menos de carácter doctrinal, sino que sobre la base de cálculos electorales (Torres 2014). De hecho, se podía potencialmente suscitar, por ejemplo, que en un determinado distrito el partido conservador celebrase un pacto con el partido comunista y en otra circunscripción hacer lo mismo con el partido liberal o el socialista, en atención a la ley n° 9.334. Y si bien nunca se llegó a tal extremo, ejemplo de alianzas puramente pragmáticas no fueron poco comunes (Gil 1969, 235)[13].

En tercer lugar, y aun cuando a más de algún académico le pueda resultar "temeraria" la siguiente premisa, lo cierto es que el sistema representativo chileno nació en paralelo al cohecho, al fraude y al clientelismo. Basta repasar las fuentes para cerciorarse que hasta bien entrado el siglo XIX, el poder ejecutivo intervenía fraudulentamente y sin tapujos para designar a los sucesores presidenciales y congresistas, al tener control absoluto del sistema electoral que radicaba para esa fecha en los municipios (Názer y Rosemblit 2000). Recién en 1870, esta capacidad de "gran elector" del ejecutivo, comenzó a ser amenazada mediante sucesivas reformas constitucionales, como la eliminación de la reelección presidencial en 1870, la promulgación de una nueva ley electoral en 1874 (que fue reformada sucesivamente en 1888, 1890) y, sobre todo, tras la guerra civil de 1891, que hizo que el Congreso —y por consiguiente, los Partidos Políticos— adquirieran mayor relevancia y poder que el presidente de la República (Faúndez 2011).

Pero habría que precisar que todas aquellas reformas constitucionales que propugnaron un sistema electoral mucho más "inclusivo" —con registro electoral y voto secreto—, no depuraron ni con mucho el sistema, ya que la manipulación del voto que se daba anteriormente en los municipios por parte del ejecutivo, se traspasó íntegramente a los partidos, que pasaron ahora a controlarlos[14]. Y si bien, en 1915, se produjo un saneamiento del padrón electoral, los partidos distorsionaron rápidamente la ley, viendo en el fraude y en el cohecho, las fórmulas adecuadas para manipular las elecciones, ya que era en el Congreso donde se decidían las políticas públicas (Názer y Rosemblit 2000). Tal era la racionalidad no-democrática del sistema de registro, que permitía que la cédula electoral fuera fabricada por el mismo candidato (o por el partido) y no por el Estado. Por consiguiente, al momento que un ciudadano fuera a hacer uso de su derecho, estaban dadas todas las condiciones para que su voto fuera intervenido en forma fraudulenta o que éste, sencillamente, fuera comprado. Mecanismos para torcer la soberanía popular hubo por montones, como por ejemplo, la entrega del voto con la preferencia marcada (el voto brujo) o la elaboración de votos "truchos" de un candidato hacia su opositor para que éstos fueran declarados nulos, técnicas burdas que, pese a todo, eran increíblemente efectivas (Názer y Rosemblit 2000; Gamboa 2011; Vial 2010)[15]. Por cierto que también existieron técnicas más decorosas, que la institucionalidad misma permitía; así, por ejemplo, la obligación de vivir en la subdelegación respectiva y de saber leer y escribir, fueron largamente sobrepasadas por el voto "camuflado" de analfabetos y el sufragio de vecinos que ya no vivían —migración o muerte— en el lugar (Salazar 2015).

En rigor, el fraude se diseminó en todo Chile y se hizo presente sistemáticamente en todas las elecciones hasta fines de 1950. La situación era tan conocida por todos que, según Názer y Rosemblit (2000), quienes manejaban la candidatura de Pedro Aguirre Cerda (quien *a posteriori* fuera elegido presidente en 1938), pagaron avisos en los periódicos donde recomendaban a los votantes que no obstante pudieran vender su voto al candidato de derecha, lo que realmente importaba era que sufragaran por el candidato radical. A tal punto llegó la situación, que la ley n° 6.825 de 1941 obligó a las F.F.A.A. a proteger las secretarías de los partidos, puesto que éstas eran asaltadas por miembros de otros partidos para evitar que se cometiera fraude. Sin embargo, dicha ley, paradójicamente, no hizo más que perpetuar el sistema, ya que fueron las F.F.A.A. las que protegieron y consolidaron indirectamente el cohecho.

Con todo, hay que ser enfático en señalar que el cohecho fue un fenómeno masivo del sistema político y no estuvo limitado a los partidos de derecha (Drake 1992). Pues si bien no se puede negar que los partidos de derecha tenían más recursos, hay que sopesar una cuestión de tipo técnica, como oportunamente explica Sofía Correa (2011). Afirma la autora que es preciso hacer una distinción: una cosa es el cohecho y otro el clientelismo. El primero, fue una práctica urbana, mientras que el segundo es propio del campo y luego se trasplantó a la ciudad (Correa 2011). Por lo tanto, el cohecho fue practicado en la ciudad por todos los partidos que disponían de recursos, en tanto, el clientelismo se limitó a los partidos en los que sus socios tuvieron tierras, fundamentalmente, los partidos de derecha y el partido radical. En efecto, si bien la ley n° 12.889 de 1958, que introdujo una cédula única confeccionada por un registro electoral[16], vino a resolver el problema del cohecho y el fraude, no obstante, poco y nada pudo hacer en contra de la política clientelar, que a esas alturas ya estaba consolidada también en la ciudad[17]. Mientras en el campo, el peón o el inquilino del fundo, recibía alimentos o esperaba una gran fiesta si es que el patrón o su ahijado eran elegidos; en la ciudad, en cambio, el elector esperaba la gestión personal del puntero y del mismo parlamentario para obtener un montepío o de su influencia para ocupar un cargo administrativo municipal o gubernamental. Así se entiende que Arturo Valenzuela, pese a su manifiesto orgullo por el sistema partidista chileno, haya declarado sin tapujos que uno de los dos ejes (el otro el ideológico) del sistema partidario chileno estuvo dado "por la importancia central de las transacciones particularistas que involucraban pequeñas gratificaciones y recompensas a cambio de su apoyo político" (Valenzuela 2013, 38)[18].

De hecho, la ley publicada en 1958, que se podría considerar como la ley más importante que tuvo lugar por su afán democratizador, se promulgó no solo por objetivos de largo alcance (incremento de la participación electoral e instauración de mecanismos electorales más transparentes), sino por razones pragmáticas que tenían como fin, entre otras cosas, reincorporar al proceso eleccionario al partido comunista, el cual tras la aprobación de la Ley 8.987 de 1948 (conocida con el nombre de "Ley de Defensa de la democracia") había quedado excluido de participar políticamente. A decir verdad, la presión por su promulgación, por parte de los partidos de izquierda y de centro, como bien explica Fernández (2015), se produjo porque las elecciones presidenciales se acercaban, y si bien la ley terminó aprobándose, ésta solo fue aceptada a cambio de la dictación —y profundización— en el mismo año de la Ley de Seguridad Interior del Estado, que entregó mayores poderes al presidente de la República para controlar la movilización y las huelgas en general (Faúndez 2011)[19]. Por supuesto que aquí no se quiere poner en discusión si predominaron más los fines normativos o pragmáticos de los partidos de centro e izquierda (que se unieron en el Bloque de Saneamiento Democrático (1958) con el único propósito de aprobar la ley), sino que resaltar el hecho, de tipo estructural, que todo cambio importante en el sistema político general y electoral chileno, debía hacerse en conformidad con la derecha, la que, a cambio de apoyar dicho proyecto u otros, exigía regularmente la promulgación de nuevas leyes o la profundización de leyes que no alteraran mayormente sus intereses y el *Antiguo Régimen*. Esta situación, como se verá a continuación, hacía de la política chilena una política estable, eminentemente transaccional, que evidenciaba consenso por doquier, pero que soterraba un enfrentamiento ideológico evidente y que únicamente podía ser manejado en esferas institucionales, mas no en ámbitos de movilización política general que incorporase a la población en las decisiones políticas de la Nación, cuestión que efectivamente provocaría un problema poco tiempo después, precisamente, con la llegada de Frei-Montalva a la Moneda y, luego, tras la asunción de Salvador Allende al poder.

En consecuencia, se puede concluir que quienes participaban del régimen representativo chileno, durante casi todo el período en estudio, no era ni con mucho el pueblo haciendo valer su voluntad soberana:

Primero, porque el sistema electoral se diseñó, esencialmente, para contener un aumento masivo del padrón electoral. Así, por ejemplo, si se toma en consideración el voto popular desde 1932 hasta la elección de 1961, no más de un 11% del total de la población ejerció su derecho efectivo a voto, cuestión que se modificó drásticamente en el decenio que va de 1964 a 1973, aunque no superó el 30% como promedio. En términos absolutos, entonces, la efectiva democratización del padrón electoral se dio entre los años 1961-1973, período en que subió el universo total de inscritos de 1.658.980 a 4.510.060, que correspondía al 80,62% de la población en capacidad de inscribirse.

Segundo, porque la participación efectiva en los comicios electorales siempre fue deficiente. Es decir, aun cuando progresivamente se gestaron mecanismos de participación éstos fueron ignorados sistemáticamente por la ciudadanía, tanto por el descrédito que ellos tenían hacia los políticos, por su apatía y, en no menor medida, porque siempre hubo dificultades de todo tipo para la inscripción en los registros electorales. Y si bien con el correr de la década de 1960, fue en aumento la inscripción electoral, paradójicamente, la abstención se mantuvo alta, pese que la *sociedad civil* se fue movilizando y polarizando. Así, por ejemplo, entre 1932 y 1949, solo estaban inscritos un 48,98% del potencial total de la población; entre 1952 y 1961 un 42,12%, mientras que en el período que transcurre entre 1964 a 1973, se llegó a un promedio de inscritos del 72,1%. La abstención, por su parte, en los tres períodos anteriormente analizados, se mantuvo casi inalterable: 22,54%; 23,97% y 21,14% respectivamente. Pareciera ser, entonces, que el sistema político chileno no estaba tan legitimado en la población, como corrientemente se afirma, pues, se quiera o no, la no inscripción en los registros electorales y, sobre todo, la abstención, expresan siempre una disconformidad ante el sistema político imperante.

Lo que ocurrió, entonces, es que la democracia chilena se redujo, en la práctica, a un sistema electoral respetuoso de la legalidad vigente y que dio muestras concretas y significativas de estabilidad institucional. En este sentido, para gran parte de la academia, la celebración de treinta elecciones de manera ininterrumpida entre 1932-1973, sería una muestra más que considerable del alto desarrollo de la democracia chilena[20]. Pero, en realidad, lo que habría que explicar, entre otras cosas, es el real sentido que tuvo la celebración de ese número de elecciones, si se considera que el padrón electoral fue limitadísimo en casi todo el período. En definitiva,

> sea que adoptemos una definición de corte dahliano o de corte schumpeteriano, la democracia en Chile se estableció tardíamente. Y cuando finalmente ocurrió, despertó enormes resistencias que llevaron a su rápida caída, precisamente porque cada una de las dos elecciones presidenciales posteriores a ese año, es decir las de 1964 y 1970, generaron saltos cuantitativos y cualitativos en los procesos de movilización de los sectores populares, como también explosiones de demandas que resultaron intolerables para la oligarquía y los grandes empresarios. (Cavarozzi 2013, 5)

2. El cancerbero del Antiguo Régimen: el sistema de partidos chileno entre los años 1932-1973

A decir verdad, fueron principalmente los mismos partidos políticos chilenos los que conformaron un sistema político que los erigió como los auténticos y, en la práctica, casi exclusivos representantes de los intereses de las distintas clases y los nacionales. Ahora bien, no es posible aquí hacer un estudio profundo respecto a los partidos políticos chilenos, ya sea en cuanto a origen u organización. Tampoco es relevante explicar por qué son ellos los principales canalizadores de las preferencias políticas en la medida que éstas expresan pugnas y conflictos de orden estructural asociados a procesos de modernización y cambio social (Lipset y Rokkan 1967), o incluso, tratar de elaborar alguna teoría que pruebe que sin ellos no es posible tener una democracia medianamente en *forma*. Este análisis asume ambas ideas. En definitiva, lo que aquí interesa comprender son dos cosas: primero, determinar cuál fue el papel que cumplieron los partidos políticos chilenos —entre los años 1932-1973— dentro de la institucionalidad (en el entendido que éstos le dan forma y reciben influencia de ésta) y la estructura social imperante; y segundo —con todo lo principal—, cómo operó y se forjó el sistema de partidos chileno, asumiendo que es un sistema que ha estado siempre abierto al sistema de dominación social en torno a un proyecto nacional. "El orden político expresa esa dominación y, a través de la integración ideológica de la representación de las distintas clases, se constituye en condición de mantención de ella" (Yocelevzky 2002, 11).

En primer lugar, se debe partir de la base, según lo expuesto por Norbert Lechner, que los partidos políticos chilenos cumplieron un rol central en la actividad política general e incluso en la organización social: desde el municipio hasta el congreso nacional, en los sindicatos, en gremios, en movimientos estudiantiles universitarios, juntas de vecinos e incluso clubes de fútbol. "Exagerando algo, podría afirmarse que los chilenos y chilenas se reconocen entre sí, públicamente, a través de los partidos políticos. Ello ayuda a explicar la fuerte identificación y lealtad con los partidos" (Lechner 1985, 28). Influencia que, advierte Valenzuela (1985), proviene de una larga tradición democrática que habría permitido a Chile distinguirse con propiedad del resto de las democracias de América Latina[21]. Así, los partidos políticos chilenos no serían el producto del personalismo de líderes o de circunstancias aleatorias, pragmáticas, sino que su constitución obedecería a verdaderos *clivajes* que sacudieron a la sociedad (Scully 1992; Mainwaring y Scully 1996).

En segundo lugar, se ha argumentado continuamente que la característica más sobresaliente de los partidos políticos chilenos, fue que se conformaron en torno a profundas ideologías que dividieron al sistema político en tres bloques políticos, con partidos que se encontraron siempre en los opuestos del espectro político y otros al centro, los que, en el plano electoral, obtuvieron invariablemente entre un cuarto y un tercio de los votos (Mainwaring y Scully, 1996)[22]. En efecto, dentro del sistema de partidos chileno, es posible identificar dos partidos históricos y preponderantes de izquierda: el partido Comunista (1922) y el partido Socialista (1933); dos partidos de centro: el Radical (1863) y el Demócrata Cristiano (1957), más los dos partidos históricos de derecha: el partido Conservador (1836) y el Liberal (1849), que a fines de 1960, se unieron en un solo partido: el partido Nacional (1966) (Yocelevzky 2002). Todo ello no impidió que dentro de estos seis partidos principales, se produjeran varias escisiones importantes (más de 20) y que se sumaran a ellos un gran número de partidos que permite ejemplificar la naturaleza altamente fraccionaria, pragmática y electoral que tuvo el sistema de partidos chileno[23].

En tercer lugar, el sistema de partidos chileno se caracterizó por el multipartidismo, cuestión que, con todo, lejos estuvo de provocar inestabilidad al sistema político. Según los cálculos de Ricardo Cruz-Coke (1984), el total de partidos con representación parlamentaria, entre los años 1925 y 1973, fue de 56, pero quienes dominaron realmente las sillas del Congreso fueron seis partidos[24]. Así, si se toma en consideración los diputados elegidos por dichos partidos, en lo que va del período 1932-1949, alcanzaron el 78,6% del total de la Cámara, mientras que durante los años 1953-1961, la cantidad de diputados elegidos descendió a un 68% (principalmente por la legislatura de 1953), pero en la etapa siguiente, esto es, de 1965 a 1973, la cifra de diputados elegidos por los seis principales partidos llegó prácticamente al cien por ciento: 97,5%. Más aún, el número de escaños que alcanzaron en el Senado era incluso más representativo: entre 1932 y 1973, más del 90% de los senadores fueron elegidos entre los seis partidos principales (Cruz-Coke 1984; Urzúa 1992).

Pero como bien sostiene Arturo Valenzuela (1985), una cosa es examinar al sistema de partidos respecto a su estructura interna y electoral, y otra muy distinta, es el análisis que se puede llagar a hacer en relación a su toma de decisiones. Y a este propósito, quisiera centrar la reflexión. Pues asumiendo que el elemento que unió indistintamente al sistema de partidos —post crisis oligárquica en América Latina— fue la concepción de un proyecto común de desarrollo nacional (Yocelevsky 2002), se hace imperioso indagar, por una parte, respecto a la clase que ejerció como eje durante el proceso y, por otra, comprender el marco ideológico que encuadraba al sistema de partidos chileno. Respecto a lo primero, dicha explicación se entregó en el capítulo anterior, por lo que desde este momento me enfocaré a explicar el marco ideológico, examen que se inicia a partir de lo que se conoce en Ciencias Políticas como teoría de la polarización.

En general, la literatura relativa a los partidos políticos, se ha prodigado en advertir que un alto fraccionamiento y una fuerte presencia de partidos ideológicos, tiende a desestabilizar y polarizar el sistema de partidos, haciendo inestable a una democracia. Ahora bien, lo significativo de todo esto es que, precisamente, dichas características podrían ser aplicables al caso chileno, pero solo a primera vista, porque se ha aprehendido que, en relación al fraccionamiento del sistema de partidos en Chile, éste nunca fue significativo en el lugar que realmente importaba: el Congreso. De hecho, cuando ocurrió la denominada "catástrofe ibañista" (Vial 2010), para la legislatura de 1953, si bien los seis partidos principales obtuvieron un mínimo histórico, un escaso 35,4% de los votos, no se produjo colapso alguno en el sistema de partidos y se mantuvo el eje negociador, que era lo que le daba vida y estabilidad al sistema. En efecto, el fraccionamiento se atemperaba con alianzas que se daban entre los partidos principales y los partidos pequeños, y donde los partidos de centro cumplieron un rol fundamental.

Así, entonces, se argumenta que en el caso chileno, la polarización del sistema político se habría debido más bien a la progresiva presencia de un componente ideológico de clase, pese a que, según Arturo Valenzuela (1985) y también Alan Angell (1993), sería un error suponer que las bases electorales de los partidos chilenos, se guiaron únicamente al momento de votar por criterios de clase; en efecto, porque muchos de los partidos recibían votos "cruzados" de las distintas clases. Concluye Angell que el sistema de partidos políticos chileno operaba en dos niveles: "en uno hay un discurso interno, muy ideológico y radical, destinado a ejercer su impacto en los círculos internos del partido. En el otro nivel hay un discurso electoral pragmático, moderado y mucho menos ideológico" (Angell 1993, 30). Pero así y todo, el sistema de partidos chileno, entre los años 1932-1973, ha sido catalogado por los especialistas como un sistema con tendencia a la polarización, ya que estuvo compuesto por partidos que se situaron en los extremos, con objetivos políticos fuertemente divergentes y que incluso tenían claras diferencias acerca de la naturaleza misma del régimen (Valenzuela 1985, 2013). Polarización que, con el paso de los años, se fue acentuando y llegó a su clímax previo a la elección presidencial de 1970 bajo el gobierno de Salvador Allende.

Explica Sartori que donde partidos de derecha y de izquierda dominan porcentajes importantes del electorado —que sería precisamente el caso de Chile—, el impulso del sistema ha de ser centrífugo, es decir, se movería hacia los extremos, lo cual generaría divisiones sociales que quebrantarían los consensos. En ese sentido, la presencia de partidos de centro no sería solución alguna, ya que éstos tenderían básicamente a constituirse como una convergencia negativa, esto es, en una fuente de retroalimentación de los impulsos centrífugos (Sartori 1966). Para Valenzuela, el análisis que esboza Sartori, es muy útil de aplicar al caso chileno, pues explicaría, en primer lugar, la existencia de fuertes partidos ideológicos que se encontrarían en las antípodas unos de otros (comunista/socialista-conservador/liberal/nacional), y en segundo lugar, permitiría entender el repetido surgimiento de movimientos centristas, a expensas de partidos de derecha como de izquierda (Valenzuela 2013). Es decir, a partir de estos autores, se concluye que la tendencia a la polarización del sistema partidista chileno sería su marca más distintiva, pero lo particular del caso chileno, apunta Valenzuela, es que dicha polarización habría estado mitigada por la presencia de un fuerte partido de centro, que le habría otorgado la estabilidad necesaria al sistema de partidos (Valenzuela 1985, 2013).

Así se explica, y no de otra forma, que la mayoría de los historiadores y cientistas políticos chilenos sindicaran a la Democracia Cristiana, tras su triunfo en 1964, como el gran factor desestabilizador del sistema de partidos chileno y del posterior quiebre de la democracia[25]. En breve, se aduce que la Democracia Cristiana no habría cumplido su rol de tapón ideológico; por el contrario, se habría erigido como un partido altamente doctrinario y, al mismo tiempo, renuente a las alianzas, como lo había hecho otrora el partido Radical, muy venido a menos para fines de la década de

1950. De hecho, el partido Radical había celebrado alianzas tanto con la izquierda (Frente Popular (1937-1941) y la Alianza Democrática (1942-1947); luego con la derecha (Concentración Nacional (1948-1950) y el Frente Democrático de Chile (1962-1964); y nuevamente con la izquierda, durante la Unidad Popular (1969-1973)[26]. En cambio, la Democracia Cristiana se habría mantenido alejada de todo tipo de alianzas hasta 1972, cuando entró en pacto electoral con el partido Nacional y otros partidos menores, en la denominada Confederación por la Democracia (Torres 2014). En definitiva, a inicios de la década de 1960, el que la Democracia Cristiana haya desplazado al partido Radical, que había jugado el rol de pivote en el sistema de partidos chileno, traería importantes consecuencias políticas, pues las alianzas con fines electorales no estarían al orden del día, ya que la Democracia Cristiana estuvo dispuesta a convertirse en "el" partido hegemónico del sistema de partidos (Valenzuela 2013; Adler y Melnick 1998).

Ahora bien, independiente de juzgar responsables del quiebre del sistema partidista chileno —que no viene a lugar—, quisiera que el lector comprendiera, ante todo, que el sistema partidista chileno no estaba "condenado" a colapsar, incluso al estar sometido a una polarización doctrinal permanente, por cuanto tenía una frontera de producción hegemónica que le era afín. Algo de esto, a decir verdad, ya fue observado por Yocelevsky, quien argumenta con lucidez que:

> las inconsistencias ideológicas flagrantes a lo largo de la historia de este sistema entre los años treinta y los sesenta, indican que había en acción una estructura ideológica que reunía a estos partidos como sistema (…) Esta ideología se encarnaba en diversas versiones en cada uno de los partidos, dando lugar a propuestas que en la vida parlamentaria aparecían como cuestiones "técnicas", que no afectaban a las ideologías propagadas por cada partido como proyecto de sociedad. (Yocelevsky 2012, 27)

En realidad, habría que sopesar detenidamente el argumento de Gabriel Salazar, para quien este perfecto arcoíris ideológico —representado en los distintos partidos—, no fue sino una estrategia de poder que utilizó la clase política civil para enquistarse en el Estado como gremio predominante desde 1932 (Salazar 2015). Para el autor, la clase política chilena siempre ha buscado su lucro político[27] más que representar la soberanía popular, por lo que su policromía ideológica se explicaría por fines electorales que proyectos o visiones de mundo diferentes:

> las construcciones ideológicas de los partidos chilenos (que estaban aherrojados a una Constitución liberal) tendieron a *dispersarse en una infinidad de direcciones distintas*. Cada una de las cuales cristalizó a su vez en organizaciones que quisieron ser únicas, definidas y rígidas y más o menos verticales. Y sobre todo, quisieron ser infalibles y perdurables. Así, el proceso político se fragmentó en una galaxia de particular herméticas pero en permanente competencia unas contra otras, para las cuales era más fácil la desunión y la *lucha ideológica* entre ellas, que la unión estratégica en función de los intereses nacionales o populares. (Salazar 2015, 934)

Es enfático Salazar en señalar que, desde la caída del régimen oligárquico en 1925 y hasta fines de 1940, la izquierda se sumó sin ningún problema al proyecto gremial de la clase política, que erigió a los políticos como los titulares exclusivos de la soberanía popular[28]. Más allá de las diferencias doctrinarias que se deslizaban entre uno u otro partido, lo concreto es que, para el autor, el sistema político chileno se adscribió, en sus orígenes y hasta 1940, a un ordenamiento ideológico que provenía de la derecha —basado en la tierra—, y que si bien pasó luego, entre 1940-1970, a ser de centro-derecha, su característica más marcada es que el propio sistema de partidos evitó, sobre todo en una primera etapa, que se propugnara una representación clasista de la sociedad (por más que se usaran criterios clasistas), pues, en el conjunto del sistema de partidos, se asumía como única alternativa posible un proyecto nacional, republicano y comunitario, ajeno al conflicto de la clases (Salazar 2015, 496)[29]. Para el autor, el predominio de orientaciones ideológicas conservadoras, trajo como consecuencia que no solo el sistema político partidista se comportara reaccionariamente en contra de la realización de reformas profundas, sino que también afectara durante largo tiempo en las preferencias del electorado, principalmente a grupos medios y antiguos peones, quienes votaron a favor de los partidos de derecha[30]. El giro político solo ocurrió —sostiene Salazar— a fines de la década de 1950, período en el que los partidos políticos —de centro e izquierda— pusieron en jaque el proyecto hegemónico gremial, ya que, por primera vez, la ideología polarizó —mediante proyectos contra-hegemónicos— efectivamente el sistema de partidos, que fue acompañado por una movilización electoral y política de la sociedad en general.

Pero se acepte o no la radical tesis de Gabriel Salazar, lo concreto es que el sistema de partidos chileno atemperaba su polarización doctrinaria mediante una institucionalidad *ad hoc* que obligaba a los partidos a celebrar continuamente alianzas y que subordinaba sus demandas programáticas —muchas veces revolucionarias— a la mantención de tales pactos o alianzas. El sistema de partidos, entonces, no era sino la expresión ideológica-institucional de quienes realmente gobernaron políticamente a Chile por esos años: los partidos, que representados en el Congreso, decidían en último término, la agenda pública nacional. No se equivoca Arturo Valenzuela al afirmar que el gobierno no corría el riesgo de "caer" si no ganaba el apoyo mayoritario del Congreso o si perdía el que ya tenía (Valenzuela 1985)[31]. Esto significaba que todos los proyectos que tuvieran por intención proponer, por ejemplo, cambios en la estructura socio-económica, debían superar dos barreras institucionales: ser primero analizados y ponderados al interior de las alianzas y luego ser consensuados en el Congreso.

Sin lugar a dudas, fue el Congreso la institución más relevante en el desenvolvimiento futuro del sistema de partidos y de la institucionalidad chilena en general. En rigor, dicha institución se convirtió, desde muy temprano (segunda mitad de siglo XIX), en "el" lugar excluyente para la toma de las decisiones de la República, no perdiendo nunca poder e influencia, pese a la constitución presidencialista de 1925. Tal como lo sostienen —aunque de distinta forma y con distinto énfasis— Salazar (2015) y Faúndez (2011), sería un error pensar que después de la implementación de la Constitución de 1925, el régimen político chileno pueda ser denominado sin más como presidencialista, sobre todo, si se consideran las atribuciones que tenía el Congreso en los casos de Estado de Emergencia, y al mismo tiempo, si se toma en cuenta la influencia que tenían los partidos políticos ante el ejecutivo. Afirma Gabriel Salazar que:

> no solo en materia de defensa del orden interior, sino también en cuanto a políticas de desarrollo económico y social (...) la Constitución de 1925 (mal llamada "presidencialista") entregó la defensa del orden público y de la supervivencia oligárquica, en última instancia, al Congreso (esto es, a los políticos *como gremio)* y no al presidente de la República (...) dejó al Congreso con las atribuciones necesarias (artículo 44) no solo para *fiscalizar* la aplicación de esos programas, sino también para *frenarlos y, aun, anularlos,* no por razones técnicas, sino de mero juego parlamentario. (Salazar 2015, 900-901)[32]

En realidad, poco se ha subrayado el hecho de que las elecciones presidenciales chilenas no se celebraran simultáneamente con las elecciones "parlamentarias". Mientras los presidentes eran elegidos cada seis años, los diputados y senadores eran votados cada cuatro y ocho años respectivamente, aunque estos últimos eran reemplazados entre un 45% y 66% cada cuatro años[33]. Ahora bien, por más que se aduzca que este destiempo electoral tuvo como propósito el balance de poder entre el ejecutivo y el legislativo, su objetivo principal no era otro que evitar que el presidente obtuviera mayoría legislativa en el Congreso. Por supuesto, porque al reemplazar en un número tan importante a los miembros del Senado, el presidente electo estaba, de un modo u otro, obligado a negociar con los partidos opositores y también con los partidos que se encontraban al interior de sus coaliciones. Algunos detractores de estas ideas, podrían argumentar que el poder del presidente seguía incólume por la alta capacidad de iniciativa legal que le otorgaba la Constitución de 1925, mas esta atribución se constituía, en la práctica, en un poder abstracto si el ejecutivo no la podía ejercer para implementar su programa de gobierno. Apunta Salazar: "la oligarquía partidista tenía más poder que el presidente, pues, primero, ella elegía a los candidatos a presidentes, y luego (tres años después) elegía a los candidatos que iban a *superar las deficiencias del gobierno* que ella misma había electo" (Salazar 2015, 944).

Para Valenzuela, en cambio, el rol predominante que jugaron los partidos políticos, que se habría de expresar y retroalimentar en el Congreso[34], tuvo un efecto positivo, pues evitó, por una parte, la polarización del sistema político y, por otra, el surgimiento de tendencias populistas:

> la política legislativa y partidista precedió también a la formación de una fuerte burocracia estatal, con lo cual ésta quedó condicionada por aquélla. Los individuos y los grupos de interés manifestaban sus exigencias por intermedio de partidos y facciones legislativas y no directamente a los organismos estatales (…) Con todo, tuvo el efecto de convertir a los partidos en la palanca del proceso político, aislando a la política chilena de las tendencias estatistas, corporativas y populistas que se siguieron en los países en los que el Congreso era débil y donde los organismos públicos se desarrollaron bajo la tutela del poder ejecutivo. (Valenzuela 1985, 7-8)

En este sentido, sostener que el sistema de partidos chilenos era inestable en su conformación es, a mi parecer, erróneo. Estaba, por el contrario, diseñado institucionalmente —en el Congreso— para no colapsar. Es decir, el sistema partidista chileno toleraba todo tipo de polarización doctrinal en la medida que no pusiera en riesgo el consenso alcanzado, pero a la vez exigía la presencia de un partido de centro poco ideologizado y que se situara (o que votara) a la derecha del espectro político. En otras palabras, exigía un partido de centro que no promoviera el cambio del *Antiguo Régimen*. Mientras esto aconteciera, como sucedió durante la supremacía del partido Radical, era imposible que se modificara el empate hegemónico —léase los 3/3— que existía a nivel del sistema de partidos y, por consiguiente, una alteración en el modelo político, económico y cultural vigente. Concretamente, si se sigue de cerca a las elecciones al Congreso entre 1937-1961, el equilibrio de estas tres tendencias políticas es un hecho manifiesto. Así, por ejemplo, el promedio de votos que obtuvieron los partidos de derecha entre 1937 y 1961 fue de 35,3%; en tanto, los partidos de centro capturaron un promedio de 37,2% de los votos y los partidos de izquierda alcanzaron un 26,5% del electorado, pese a la ilegalización del partido comunista en tres elecciones (1949, 1953, 1957). El cambio habría sobrevenido cuando la Democracia Cristiana empezó a hegemonizar el espacio político. En efecto, según los datos aportados por Arturo Valenzuela (2013), entre los años 1965 a 1973, los partidos de derecha disminuyeron su votación en las elecciones parlamentarias a un 17,8%, mientras que los partidos de centro aumentaron su votación a un 43,7%. Por su parte, los partidos de izquierda, elevaron su electorado a un poco más de un 38%[35].

Son estos datos los que han llevado a sostener, a distintos investigadores, que el sistema partidista chileno siempre tuvo —y tendría— una tendencia hacia el centro y que de producirse un cambio en este sentido, el sistema político se vería afectado. "En un sistema de acomodos el cambio solo podía ser incremental" (Valenzuela 2013, 53). Así, para Valenzuela, la dificultad que se empezó a evidenciar en el sistema político chileno no fue en razón de una disminución electoral de los partidos de Centro, pues, por el contrario, aumentaron su caudal electoral, sino en razón del comportamiento hegemónico e ideológico de la Democracia Cristiana, entidad que no habría cumplido su rol de partido de centro, es decir, de estabilizador del sistema de partidos (Valenzuela 2013)[36].

Sin embargo, el problema de la tesis de Valenzuela es que centra su análisis en la estructura del sistema de partidos y al rol que le caben a los partidos de centro en sistemas polarizados, pero no pone principal atención en el devenir de éstos. Así, dicha propuesta, y aplicada al caso chileno, tiende a hacer desaparecer las contradicciones doctrinales de los partidos de centro, apuntando su análisis casi exclusivamente a su desempeño electoral. Vale decir, no se indaga en profundidad si alguno de los partidos, en un momento determinado, giró doctrinalmente hacia la derecha o izquierda, sino que se tiende a rotular homogéneamente a los partidos de centro como un todo "de centro" sin asumir sus contradicciones internas. Tampoco, desde esta perspectiva de análisis, importaría analizar el comportamiento que tuvo su dirigencia en relación a su militancia o incluso respecto a su electorado. Y lo que puede ser aún peor, se asume, casi por defecto, que el alto apoyo electoral que reciben los partidos de centro por parte de la ciudadanía, significaría que la población chilena ineluctablemente optaría por un proceso de reformas moderadas. Por cierto que a nivel teórico estos planteamientos son correctos, pero no parecieran ser del todo efectivos, sobre todo, si se analiza con detención lo que ocurrió en el sistema político chileno, entre los años 1958-1973.

En realidad, el sistema político chileno exigía que los partidos de centro, aun cuando propugnaran ciertas doctrinas que pudieran considerarse de izquierda (como fue el caso del partido Radical en los años treinta), sus cúpulas partidarias —situadas en el Congreso— votaran con la derecha a la hora de no modificar el *Antiguo Régimen*. Sin embargo, el escenario político se modificó por completo a fines de 1950, no solo porque la Democracia Cristiana optó por rechazar las coaliciones o porque se haya convertido en un partido hegemónico, sino porque su discurso empezó a cuestionar al *Antiguo Régimen*. Pero, sobre todo, porque el electorado tendió hacia la izquierda: electoral y doctrinalmente (Salazar 2015). En este sentido, aquí se sostiene que el rol que cumplieron los partidos de centro, si bien fue decisivo para otorgarle estabilidad al sistema, la polarización antagónica que se empezó a producir en 1960, fue producto de la radicalización de las posturas de los partidos de izquierda y de centro (Casals y Fernández 2013)[37], así como de la movilización política del electorado, que tendió a apoyar doctrinas de izquierda o que al menos propugnaran el fin del *Antiguo Régimen*. "Y después del año-eje de 1957 fue absolutamente claro que la gran masa electoral quería cambios estructurales. Incluso, revolucionarios. Así que la clase política civil debía —bien o mal— seguir a sus electores, dondequiera que fueran. Mal que le pesara a su subrepticio socio empresarial" (Salazar 2015, 451).

En síntesis, se postula, en primer lugar, que a nivel electoral debería repararse en la correlación existente entre centro-izquierda y centro-derecha y, luego, demostrar el alza sostenida que obtuvieron electoralmente los partidos de izquierda. En segundo lugar, en lo doctrinal, es posible sostener que el electorado chileno, *ad portas* de la elección de 1970, se inclinó hacia la izquierda, o si se quiere, optó por apoyar cambios radicales en el sistema económico-político, lo que generaría por primera vez una elección a dos bandas ideológicas-antagónicas, aunque no partidarias. La mejor síntesis explicativa de lo que se está planteando, a lo menos a nivel institucional es el caso de la Democracia Cristiana, partido que si bien, en un primer momento, fue apoyada por los partidos[38] y el electorado de derecha[39], en un segundo momento, particularmente desde 1965, su discurso se hizo cada vez más radical y cercano a la izquierda, como queda ampliamente demostrado en el Programa de gobierno de Radomiro Tomic (1969)[40].

En definitiva, asumir que tanto la Democracia Cristiana como el partido Radical deberían ser reconocidos como partidos de centro sin examinar sus giros doctrinales y divisiones ideológicas internas, me parece un error. En efecto, si se sigue de cerca a las doctrinas y programas que ambos partidos propugnaron, sobre todo entre los años 1965 a 1970, es difícil no considerarlos como partidos sensibles a un proyecto de izquierda, aunque no marxista. De hecho, el partido Radical se sumó a la Unidad Popular en 1969 y se mantuvo en ella hasta el golpe de 1973, mientras que escisiones internas de la Democracia Cristiana, como el Movimiento de Acción Popular Unitaria (1969) y la Izquierda Cristiana (1971), también se sumaron al proyecto de la Unidad Popular.

Ahora bien, es posible argumentar que para las elecciones de 1969, la Unidad Popular se consolidó como la coalición política mayoritaria con una capacidad de voto del 43% de la población[41]. Y aun cuando su candidato presidencial (Salvador Allende) obtuvo el 36,2% de votos en 1970, la Unidad Popular conquistó el 50% de los votos en las municipales de 1971 y un 43,9% en las parlamentarias de 1973 (Torres 2014). En consecuencia, es innegable que electoralmente el voto se izquierdizó[42] o, en su defecto, es posible afirmar que la mayoría de la población (si a esto se suma el voto que recibió la Democracia Cristiana) dispuso sus votos para terminar con el *Antiguo Régimen*. A decir verdad, la pregunta de fondo que se debería responder es "¿por qué hubo tan escaso o casi nulo margen para formar una alianza entre el centro y la izquierda en 1970, no obstante las cercanías programáticas, las coincidencias de diagnóstico respecto de la situación nacional, junto a la genuina búsqueda de una mayor democratización que ambos sectores proyectaban?" (Torres 2014, 26).

Entonces, si por polarización se entiende fin del consenso, éste recién se gestó a fines de los años 1950, no solo por el surgimiento de la Democracia Cristiana que buscó un "camino propio", sino ante todo, por el rechazo a la política de acuerdos que había obligado principalmente a la izquierda, en décadas anteriores (durante el Frente Popular) a tranzar sistemáticamente sus demandas con el partido Radical, que se había aliado históricamente con ella, pero que votó, por lo general y en las materias más importantes, junto a la derecha. Pero también fue responsable de esta polarización la "derecha política", la cual se puso en alerta ante la eventualidad que se rompiera el viejo consenso que le era afín. El consenso se empezó a resquebrajar cuando, por parte de algunos partidos políticos, se propuso un nuevo proyecto de desarrollo nacional que pusiera fin —primero y sinuosamente con la D.C., y luego, fundamentalmente con la Unidad Popular— al *Antiguo Régimen*, y al mismo tiempo, cuando la derecha no estuvo dispuesta a cambiarlo. "En otras palabras: la lucha antagónica entre partidos políticos implica que la esfera pública no está cerrada por un aparente consenso, y que las reglas básicas están en riesgo en el mismo juego que pretenden regular" (Devenney 2015, 46).

Fue en ese momento en que el sistema político empezó a colapsar. Digo bien sistema político, pues éste se sostenía, en última instancia, en los partidos que estaban situados en el Congreso y que corregían los desvíos del proyecto hegemónico vigente. Cuando ello no ocurrió, se produjo efectivamente una polarización antagónica. Y acá un punto fundamental, porque cuando hago referencia al concepto polarización, no planteo el término desde un análisis que limita casi exclusivamente el problema al devenir y/o crisis del sistema de partidos (pese a que ellos son fundamentales en el sistema político chileno), sino también desde una perspectiva epistemológica que separa lo político de la política (Mouffe 2003; Laclau y Mouffe 2010). Ciertamente, porque si se habla de polarización *a secas,* el marco de análisis normativo que predomina es el de la política, esto es, el conjunto de prácticas e instituciones a través de los cuales se expresa el orden, la estabilidad; mientras que si se hace referencia a lo político, lo ontológico es lo que impera y no lo puramente deliberativo.

En rigor, se produce una polarización antagónica cuando se antagoniza un orden hegemónico y no solo en el momento en que uno o varios partidos políticos no están dispuestos a construir alianzas. Y es precisamente este tipo de polarización antagónica (de lo político) que el sistema de partidos chileno estaba confeccionado para limitar y no así la polarización ideológica doctrinaria (de la política), que se permitía sin mayores restricciones a excepción, en algunos lapsos de tiempo, del partido comunista[43]. Sin duda, visto en retrospectiva, resulta paradójico que el sistema político chileno se haya polarizado justamente cuando empezó significativamente a democratizarse, esto es, fines de 1950 principios de la década de 1960, pues fue ese el momento en que se inició una ingente movilización política y electoral que, como nunca antes, provocó que la mayoría de la población, si es que no tornó hacia la izquierda, al menos sí estuvo dispuesta a apoyar decididamente el cambio de régimen, coadyuvando al desarrollo de la crisis hegemónica.

En definitiva, el sistema político chileno se polarizó antagónicamente en dos dimensiones: primero, cuando los partidos que se situaban a la izquierda del espectro político quisieron hacer valer gubernativamente su proyecto ideológico, mientras quienes estaban a la derecha, veían con angustia el colapso progresivo y, por lo mismo, quisieron impedir cualquier modificación del *Antiguo Régimen*; en tanto, el centro político (en este caso específico la D.C.), asumió una postura rígida e ideológica que no permitió alianzas de ningún tipo. En efecto, la polarización se produjo no por la existencia de un esquema de tres tercios rígido, sino porque a partir de 1964, los tres tercios, se terminaron reduciendo a dos campos antagónicos irreconciliables, que tuvo su primera expresión durante las presidenciales de 1964, donde la derecha decidió apoyar a la D.C. para evitar el "comunismo" y, posteriormente, en las elecciones presidenciales de 1970, que si bien fue una elección a "tres bandas", la ciudadanía tuvo que optar, en la práctica, entre dos proyectos de país irreconciliables y antagónicos: "Revolución o Antiguo Régimen".

Segundo, se puede argumentar que el sistema político chileno se polarizó antagónicamente en el momento en que se suscitó una fuerte movilización política, tanto a nivel electoral como social, la cual fue acompañada y acrecentada por la radicalización de posturas contra-hegemónicas o reaccionarias de parte de los distintos partidos políticos. En el amplio sentido de la palabra, el problema debería ser analizado desde un marco ideológico y no desde la ideología, si se entiende por ésta, la doctrina de uno u otro partido político. Dicho de otro modo, el problema no solo dice relación con la competencia electoral y la expresión de ideas entre los distintos partidos existentes, sino en tanto dicha competencia canaliza y expresa conflictos normativos que están en la base de la estructura de la sociedad; vale decir, qué tipo de sociedad se quiere conformar en el presente como en un futuro próximo.

En consecuencia, fue a partir de 1960 que el *Antiguo Régimen* empezó a entrar en crisis hegemónica, llegando a su punto culmine durante el período previo a las elecciones presidenciales de 1970 y luego tras el triunfo de la Unidad Popular. En efecto, si bien el sistema político social chileno aceptaba y propugnaba un amplio espectro político, éste tenía una frontera de producción muy marcada, pues exigía, por un lado, que todo cambio se produjera por consenso y al interior del Congreso, vale decir, ante la estricta supervisión de las cúpulas partidarias; y por otro, bajo la atenta mirada de la clase económica y cuidando que la movilización política no sobrepasara los marcos institucionales. Así, disueltos en gran medida los *corsets* de tipo institucional, las condiciones para el surgimiento de un fenómeno populista (en tanto movilización antagónica) estaban dadas.

Capítulo VII

El momento populista: la crisis hegemónica[*]

Un elemento central que define a todo proceso populista es que se desarrolla bajo un contexto de crisis. Por supuesto que no cualquier tipo de crisis, pues si bien una fuerte crisis económica o política podría generar la presencia de discursos populistas, solo una crisis hegemónica da inicio a un proceso populista. Una crisis hegemónica, como se explicó ampliamente en el primer capítulo, es siempre el resultado del cuestionamiento profundo de las visiones de mundo y valores que imperan en una sociedad determinada. En efecto, toda crisis hegemónica se constituye como una profunda crisis política de *legitimidad* institucional y de un serio cuestionamiento respecto de aquellos grupos (partidos políticos, clases dirigentes y líderes) que se encuentran en la cúspide del poder. De igual manera, toda crisis hegemónica es también una crisis de tipo económica, pues es el resultado del enjuiciamiento al modelo de desarrollo, específicamente, un cuestionamiento de cómo se produce, distribuye y, sobre todo, acumula poder, riqueza, legitimidad y capital cultural.

Una crisis hegemónica se explica, si y solo si, está en discusión el bloque histórico de poder y no cuando se produce una simple crisis de legitimidad de éste. En este sentido, dicha crisis también puede llevar consigo el cambio radical de las estructuras, pudiendo dar paso a una revolución, al populismo o a una contrarrevolución. Sin embargo, aquí importa el proceso de crisis hege-

[*] Una versión preliminar de este capítulo se publicó en *Revista Academia y Crítica* 1, 2017, 80-108.

mónica que acompaña al populismo. Así, una crisis hegemónica dentro de un contexto populista, obedece a un cuestionamiento de las estructuras mediante discursos antagónicos que están acompañados de una movilización popular y que tiene por objeto re-significar la realidad actual en términos de mayor participación política y del intento de una modificación profunda del modelo de desarrollo, y en donde un líder, apela a un pueblo que se encontraría aún no reconocido y en oposición al bloque de poder.

Ahora bien, el punto en discusión está en determinar si Chile, a fines de los años 1960 y, en particular, durante el proceso eleccionario de 1970 y los años venideros, se encontró en una crisis hegemónica. Una dificultad inicial y no menor, es constatar que no existen textos que ahonden sobre el tema. Más precisamente, se podría aseverar que, en la vasta bibliografía cotejada, sólo hay un artículo que reseñe específicamente al tema. El texto al que hago referencia es de Atilio Borón, titulado *Notas sobre las raíces Histórico-Estructurales de la Movilización política en Chile* (1975), y aunque dicho artículo no establece relación alguna entre crisis hegemónica y populismo, con todo, permite contextualizar el período en términos de la existencia de una crisis en la lógica de una lucha de clases producto de una creciente movilización política. En realidad, la mayoría de los escritos académicos que existen sobre el tema, se centran en explicar las razones que dieron lugar al "Quiebre de la Democracia en Chile" (Angell (2010), Aldunate, Flisfich y Moulian (1985), Torres (2014), Valenzuela (1985; 2013); o bien en determinar si el proceso llevado a cabo por Salvador Allende fue o no revolucionario (Bitar (2013) Corvalán-Márquez (2001) Fermandois (2013), Garretón y Moulian (1993), Pinto (2005), Vial (2005), Winn (2013)). En efecto, en ninguno de estos trabajos, se argumenta respecto a la existencia de una crisis hegemónica en el país.

En general, la academia ha sostenido que no habría habido una crisis económica o política importante para 1970, y el mejor ejemplo de ello lo constituiría el hecho de que un presidente marxista —por vía democrática— hubiese alcanzado el poder. Premisa que, por lo demás, vendría a consolidar la idea de que Chile gozaba, para la época, de una exultante democracia (Fermandois 2013). Esto explicaría, en buen modo, el por qué los estudios se han centrado en determinar las razones institucionales del golpe militar de 1973 y no en exponer el proceso de crisis que ocurría por *debajo* de la institucionalidad y que, en estricto rigor, venía socavando desde fines de 1950 al *Antiguo Régimen* (Salazar 2015). Por lo general, la historiografía junto a la ciencia política, no han enfatizado las circunstancias que permitirían comprender el advenimiento de Allende al poder, sino que se han dedicado a entregar las razones de por qué su gobierno (los "100 días") fracasó; es decir, desde esta perspectiva de análisis, se plantea que la crisis generada por el gobierno de la Unidad Popular, no habría sido el resultado de estructuras políticas o económicas fracasadas, sino que, por el contrario, del irrespeto por parte de Allende y su gobierno de instituciones que habrían dado históricamente estabilidad a la democracia chilena. En términos simples, no habría habido una crisis estructural, sino una pérdida de los consensos republicanos, que para 1970, habría polarizado a la sociedad chilena en dos bandos irreconciliables. Desde esta premisa, sostenida y defendida por Arturo Valenzuela (2013), y recurrentemente reproducida por la academia, es donde se inicia el presente análisis.

1. El quiebre del consenso político

En rigor, el texto de Valenzuela, *El quiebre de la democracia en Chile* (2013), pese a no referirse al populismo y que apunta más bien a dar razones de por qué colapsó la democracia chilena, es fundamental para retratar lo que aquí se quiere plantear, esto es, si Chile se encontraba en un contexto de crisis hegemónica a fines de 1960. Para el autor, no cabría duda que lo que se produjo, tras el ascenso de Allende al poder, fue una crisis política producto del pluralismo polarizado del sistema de partidos y no por una falta de legitimidad del sistema político en la sociedad civil o en razón de las tensiones socio-económicas que, pese a todo, resultaban evidentes para la época. En concreto, y sin que sea necesario que el autor utilice el término crisis hegemónica, no habría existido un cuestionamiento profundo a las estructuras de poder, pues, cuando las hubo, las distintas demandas habrían sido siempre canalizadas institucionalmente por el sistema de partidos, que confluía en el Congreso y que permitía incluso la presencia de partidos marxistas en su interior (Valenzuela 2013).

Para Valenzuela, de haber existido una crisis —y siempre con el advenimiento de Allende al poder— ésta tendría un carácter político, y se produjo, precisamente, porque la institucionalidad no respondió como lo venía haciendo desde inicios de la república y porque el sistema de partidos, en específico, los partidos de centro, no cumplieron el papel que les correspondía, esto es, de constituirse como un *tapón* ideológico ante la polarización del sistema de partidos (Valenzuela 2013).

En este sentido, la hipótesis que plantea el autor es que la polarización ideológica fue producto de la inflexibilidad de los partidos y no el resultado de una movilización política general de la sociedad que hubiese obedecido a un cuestionamiento profundo de las estructuras socio-económicas. Vale decir, según Valenzuela, aun cuando el advenimiento de Allende al gobierno provocó una mayor tensión en el ambiente político, "la suerte no estaba echada". Asegura el autor que, en 1970, el sistema institucional aún no colapsaba y las clases dirigentes podrían haber efectuado políticas de acomodo sin que uno de los sectores en pugna impusiera a todo evento su modelo de sociedad; en breve, lo que finalmente habría acontecido, apunta Valenzuela, es que predominaron mezquinos intereses de pequeños grupos que se negaron a negociar y forzaron un desenlace —el quiebre de la democracia— que en ningún caso era inevitable:

> La principal característica del sistema político chileno era su marcada polarización; sin embargo, el conflicto y las confrontaciones estaban mediatizados por una red de instituciones y por el respeto al veredicto del sistema electoral que definía el derecho de los grupos políticos a acceder al poder. Inicialmente, la polarización se circunscribía a las elites; con el tiempo, invadió las distintas

esferas de la sociedad civil, y se intensificaría aun más al disolverse la coalición pragmática de centro y surgir la Democracia Cristiana como un partido ideológico de centro. La competencia política precedió y, de hecho, aceleró el conflicto de clases. (Valenzuela 2013, 26-27)

Ahora bien, pese a que la teoría tradicional supone una ostensible e histórica "polarización ideológica" del sistema de partidos chilenos, considera que éste incluía un sistema de negociación permanente que solo permitía un cambio incremental. Por más fuerte que resultara una crisis política, ésta no era de cuidado si se resolvía y mantenía en los marcos de la institucionalidad; esto es, al interior del sistema de partidos y en el Congreso como "el" lugar privilegiado de discusión[1].

Bajo esta perspectiva, la crisis que se produjo fue de carácter político y bajo ninguna circunstancia de tipo económica. A decir verdad, la academia tiende a considerar que las crisis económicas preceden a las crisis políticas, pero en el caso chileno, el proceso habría sido a la inversa (Valenzuela 2013). Por cierto, no porque a fines de 1960 las condiciones económicas hubieran sido óptimas, pero sí mejores respecto a años anteriores. Según Valenzuela,

> lo que sorprende en los datos chilenos es cuán positivo fue el período democratacristiano en comparación con los años anteriores… Efectivamente hubo una disminución progresiva del PGB per cápita entre 1953 y 1959, y recién en 1963 el índice per cápita superó aquel de 1953. En 1960 el descenso se revirtió; y el aumento del PGB per cápita durante el gobierno de Frei (1964-1970) fue superior al aumento experimentado durante el gobierno de Alessandri (1959-1964). Finalmente, en el año 1970 el PGB alcanzó su más alto nivel histórico hasta entonces (…) Pese a que el ingreso mínimo sufrió un descenso durante los últimos años del gobierno de Frei, las remuneraciones reales aumentaron considerablemente en el mismo período (…) y respecto a la inflación desde 1952 hasta 1970, veremos que se presenta un cuadro similar. Si bien es cierto que durante el gobierno democratacristiano la inflación se mantuvo alta, nunca alcanzó el

máximo experimentado en el gobierno de Alessandri (45,4%) o el 83,3% registrado durante el gobierno de Ibáñez. Por último, el mejoramiento relativo de la situación económica experimentada hacia fines de la década de 1960 estuvo acompañada por una balanza comercial positiva, situación que tampoco se dio en las dos décadas anteriores. (Valenzuela 2013, 59)

Así, desde esta perspectiva de análisis, no habrían existido razones económicas que hubiesen permitido avizorar una crisis, por lo que motivaciones políticas se erigirían como las variables independientes más importantes para explicar el proceso que conllevó al "quiebre de la democracia". En particular, por la polarización extrema del sistema de partidos y por la movilización social y política que afectó al país, tras el aumento exponencial del electorado. En consecuencia, esta línea teórica sostiene que la híper-movilización que se empezó a dar en Chile a fines de 1970, se vio incentivada por el cambio de las políticas electorales y, principalmente, por la fuerte política electoralista de los distintos partidos políticos, que trataron de clientelizar a toda costa a los nuevos votantes mediante una política sistemática de ofertas, pero que, en ningún caso, insiste esta línea teórica, dicha movilización significó *per se* una amenaza concreta al sistema político al menos hasta 1972 (Valenzuela 2013). Habría ocurrido, en términos simples, una intransigencia e inflexibilidad de todos los sectores políticos, que polarizaron a la sociedad hasta el paroxismo mediante discursos antagónicos que más que representar al electorado en general, encarnaron los anhelos de sus grupos dirigentes y parte importante de sus bases (Angell 1993; Bermeo 2003; Valenzuela 2013).

En efecto, para Valenzuela, lo que generó la crisis política fue un cambio en las reglas de juego de tipo institucional: la renuncia a la política acomodaticia por parte de los partidos políticos, y en especial de los partidos de centro, situación que luego habría influido irreversiblemente en la movilización político-social de nuevos grupos y en la contra-movilización de otros, cuestión que habría impedido la resolución de los conflictos al interior de la institucionalidad y de la sociedad civil (Valenzuela 2013). En breve,

Valenzuela no hace otra cosa que endilgar el problema, en esencia, al sistema de partidos, por lo que la movilización social incidió solo en el momento en que las cúpulas partidarias alimentaron, o más precisamente, propugnaron el descontento popular.

2. *El faccionamiento de la clase dirigente y la movilización político-electoral*

Una tesis diametralmente opuesta es la preconizada por Atilio Borón. Como se señaló anteriormente, el autor ha sido el único que ha hecho referencia al término crisis hegemónica para explicar lo que aconteció en Chile a fines de la década de 1960. Y si bien no aplica la noción en relación al populismo, pues ve en éste puro bonapartismo, su propuesta permite entender el problema que subyace en situaciones en las que se produce una continua y profunda movilización política. Haciendo uso de una terminología gramsciana, su hipótesis gira en torno a demostrar que el triunfo de Allende para las elecciones de 1970 fue producto de una crisis hegemónica que se vivió al interior de la clase dominante, y en especial, en razón de la movilización política que superó los marcos institucionales. Dicha crisis hegemónica habría dado lugar a una respuesta de tipo revolucionaria por parte de una clase proletaria con alta consciencia de clase y que no estuvo dispuesta a aceptar soluciones populistas, reformistas o liberales (Borón 1975).

El planteamiento de Borón es claro: lo acontecido en Chile, léase el triunfo de Allende, debería interpretarse como la expresión más fehaciente de una crisis orgánica —de raíces estructurales e históricas— y no coyuntural (Debray 1973; Bitar 2013). El autor, sin desconocer los antecedentes económicos que llevaron al triunfo de la Unidad Popular, como por ejemplo, la existencia de una sociedad altamente segmentada, con grupos minoritarios que concentraban la riqueza, una pobreza que alcanzaba casi el 40% de la población, con mediocres niveles de alfabetización, una inflación rampante y una estructura productiva dependiente y que tendía al monopolio/oligopolio de las empresas (Pinto, et. al, 1970), se centra en explicar las tendencias a largo plazo que tuvo la movilización política de las clases populares chilenas, que incluso podría rastrearse, según Borón, en el siglo XIX, en particular, en las minas del norte del país. Esta movilización política habría permitido el nacimiento y fortalecimiento de sus organizaciones —sindicatos— y el surgimiento de partidos —comunista y socialista— que representaron sus intereses frente a las clases dominantes (Borón 1975).

Borón aduce que no es posible comprender la movilización política que se dio en Chile —pero también en el resto de América Latina— sin advertir el proceso de industrialización que se produjo a partir de los años 1930 y que se tradujo en un cambio definitivo en la estructura de clases: en tanto constitución de un proletariado industrial; aparición de masas populares urbanas; expansión de las capas medias y el fraccionamiento de la burguesía, fenómenos todos ellos que, en su conjunto, provocaron la ampliación de las bases sociales del Estado, bajo una nueva forma de alianza de clases (Borón 1975). En este sentido, para el autor, la primera condición de toda movilización política es la aparición de un nuevo sujeto histórico que irrumpe en la escena política y que produce "una ruptura crítica en la capacidad hegemónica de la clase dirigente" (Borón 1975, 71); esta irrupción de masas exige la integración al Estado en términos activos, por cuanto está dispuesta a luchar por sus intereses económicos y políticos.

Dicha movilización política que propone el autor, tal como lo exigiera también Gramsci (1966), no se agota en la reivindicación por parte de las clases populares de una mayor distribución de los recursos o en la participación política, sino en cómo dicha movilización cuestiona la legitimidad del Estado y cómo la lucha política se encamina a la conquista del poder (Borón 1975). Una segunda condición propuesta por Borón, dice relación a que toda movilización política está siempre ligada a la emergencia de un partido revolucionario y al desarrollo de organizaciones de clase, formaciones políticas que ayudarían a defender e impulsar de mejor forma sus intereses. Finalmente, un tercer elemento, supone que toda crisis se habría de producir al interior de las clases dirigentes en razón de los distintos intereses en juego, cuestión que le haría imposible imponerse hegemónicamente al resto de las clases (Borón 1975).

Así, para Borón, fue la movilización política de las clases populares combinada con las propias contradicciones de las clases dominantes la que produjo en Chile una crisis orgánica en el bloque histórico de poder.

> Desde el ángulo de las clases dominantes, la crisis orgánica trasuntaba la profundización de la brecha que se había producido en su interior. Doble fractura, por lo tanto, en la relación sociedad civil-Estado: a nivel de las clases populares, por su creciente movilización política que agravaba la incapacidad del Estado para "representarlas" en conformidad con las nuevas demandas que ellas planteaban. A nivel de las clases dominantes, por la desintegración de la alianza establecida entre sus varias fracciones y por los antagonismos existentes entre algunas de ellas y sus representantes políticos: el Estado era impotente para garantizar al mismo tiempo la supremacía del conjunto de las clases dominantes sin sacrificar —hasta cierto punto— los intereses de las fracciones no hegemónicas. (Borón 1975, 113)

En definitiva, según Borón, la crisis hegemónica que empezó a hacerse efectiva en Chile fue una crisis del Estado Burgués, la cual se "había constituido en los últimos años de la década del sesenta, contemporáneamente con el fracaso de las tentativas reformistas ensayadas por la Democracia Cristiana" (Borón 1975, 83), y que no se precipitó por el triunfo de Allende en las elecciones, sino que, en realidad, se manifestó porque "fue precisamente la existencia de la propia crisis en la capacidad hegemónica de las clases dirigentes chilenas la que "explica" el resultado electoral" (Borón 1975, 83). Crisis que, como se ha sostenido, habría sido acompañada y acentuada por una movilización política del proletariado con alta consciencia socialista de clase. A su vez, ésta habría estado determinada e incentivada por condicionantes económicos, pues la industrialización que se había llevado a cabo y, en general, la promesa de modernización habría ensanchado la desigualdad entre las distintas clases en vez de acortarla. Si bien en términos estrictos, y si se compara los años 1940 con la década de 1960, se fue reduciendo la desigualdad en la participación del ingreso entre los distintos grupos económicos (Borón 1975), la verdad es que ésta fue siempre abismante, y en la práctica, más que reducir la pobreza, fueron los sectores medios —empleados— quienes capitalizaron en algo una mejor distribución del ingreso, situación que se produjo porque los sectores acomodados estuvieron dispuestos a desprenderse de ciertos recursos, siempre y cuando esto llevara consigo el apoyo de la pequeña burguesía y de la clase media.

En consecuencia, no es imprudente afirmar que para 1970, la estructura de clases no se vio particularmente afectada, toda vez si se le compara con el primer cuarto de siglo XX. En síntesis, para Borón, "los magros resultados del desarrollo económico chileno y su incapacidad para promover el bienestar de la gran mayoría de la población deben ser considerados como una de las determinaciones fundamentales de la movilización popular" (Borón 1975, 103).

Resumiendo, el argumento principal de Borón consiste en que si bien la crisis hegemónica se debió, principalmente, a la irrupción rupturista de las clases populares, en tanto madurez de su "consciencia socialista", dicha crisis también se habría gestado dentro de la clase dirigente. En particular, porque se habría profundizado el antagonismo (al existir distintos intereses en disputa) al interior de las distintas fracciones de la burguesía; por una parte, una fracción oligárquica, terrateniente, que basaba su poder en la tierra; de otra, burguesa, con un carácter empresarial y que habría surgido al alero del "Estado Empresario". Ambas fracciones, según el autor, habrían convivido en permanente tensión, pese a que se unieron en torno a un proyecto común (Frente Popular), el cual les permitió incorporar a la clase media y a sectores populares evitando así conflictos de tipo hegemónico, pero que una vez disuelto el Frente, se hicieron evidentes las contradicciones en su interior, sobre todo, a partir de la década de 1950 (Borón 1975).

Para Borón, una prueba irrefutable de la existencia de distintas fracciones (potencialmente con un carácter faccioso) al interior de la clase dirigente económica, se originó cuando las transformaciones económicas y políticas derivadas de la industrialización impidieron conciliar los intereses de los industriales y los agricultores; esto es, cuando le fue insostenible al Estado mantener los precios de los alimentos subsidiados, la casi inexistente tributación agrícola, la desigual propiedad de la tierra y el estancamiento agrario, cuestiones que, en conjunto, terminaron por provocar una ingente e incontrolable inflación y un déficit en la balanza de pagos (Borón 1975). Plantea Borón que para evitar una descomposición del orden social, a fines de la década de 1950, los sectores más pujantes de la burguesía chilena en alianza con la clase media habrían dado un golpe de poder a la oligarquía terrateniente, primero a nivel político, terminando con la sobrerrepresentación en el campo, y luego en lo económico, propugnando una modernización económica, en tanto profundización del libre mercado y superación del abismante atraso en el campo. Contradicciones al interior de la clase dominante que, según Borón, llegaron a su clímax durante el gobierno de Eduardo Frei Montalva (1964-1970), quien organizó un gobierno multiclasista en el que destacaban sectores progresistas de la burguesía, de la pequeña burguesía, el grueso de la clase media y, en no menor medida, campesinos y masas marginales urbanas (Borón 1975).

Esta tesis es sugerente pero, a mi juicio, habría que reparar en dos aspectos. En primer lugar, si bien es posible aceptar que durante los años 1960, los distintos gobiernos fueron incorporando a sectores populares, y sobre todo a sectores medios, mediante distintas alianzas de clases, los estudios existentes (Barozet y Espinoza 2008, 2009; Jocelyn-Holt 2014) permiten aseverar que la clase media chilena nunca desempeñó un rol central en dichas alianzas si no hasta la llegada de la Democracia Cristina al poder. En segundo lugar, y aquí sí tomo definitivamente distancia del planteamiento de Borón, en el sentido de que no me parece correcto afirmar la existencia de fracciones (facciosas) al interior de las clases económica chilena; primero, porque como se ha hecho ver en capítulos anteriores, la clase dirigente económica siempre tuvo intereses económicos cruzados: tanto en la tierra, la industria, el comercio y en la banca, por lo que sería correcto más bien referirse a una clase altamente homogénea y no faccionada en su interior (Correa 2011; Salazar 2015; Stellings 1978; Zeitlin y Ratcliff 1988); segundo, incluso se acepte la tesis de que se sucedieron apremiantes conflictos económicos al interior de la clase dirigente, la fracción terrateniente fue ampliamente predominante y hegemónica durante todo el período en estudio, salvo desde la década de 1960, período en que, pese a todo, y según el mismo autor, nunca se dio paso al nacimiento de una burguesía moderna (Borón 1975). Pero como quiera que sea, lo concreto es que al tiempo que se echó a andar el gobierno de Frei Montalva, los latifundistas se opusieron, en una auténtica "cruzada" restauradora, al proyecto modernizador de la "Revolución en Libertad" siendo apoyados por la burguesía tradicional y los partidos de derecha, que luego se unieron bajo la bandera del partido Nacional (1966). Por consiguiente, de haber existido un desplazamiento de la clase terrateniente por parte de una burguesía "moderna", con todo, la primera nunca perdió la hegemonía cultural (ni económica) que tenía sobre la segunda.

3. *Hacia una propuesta: la crisis hegemónica y su carácter esencialmente político*

En consecuencia, si se consideran ambas tesis (Valenzuela (2013) y Borón (1975)), no es posible llegar a una conclusión terminante que permita afirmar, en el contexto de las elecciones presidenciales de 1970, que se estaba en presencia de una crisis hegemónica. Para Valenzuela, la crisis política, si bien se venía arrastrando desde la aparición de la Democracia Cristiana y, sobre todo, tras su triunfo en las elecciones de 1964, no era una crisis terminal. Aún con el triunfo de Allende, aduce el autor, la institucionalidad permitía la resolución consensuada de conflictos al interior del Congreso, incluso por más revolucionario que fuera el proyecto de la Unidad Popular. Entonces, lo que habría conducido a la crisis, política primero y luego económica, fue que quienes tenían por misión conservar la institucionalidad —las clases dirigentes políticas— no lo hicieron, por lo que habrían predominado intereses particulares, de grupos y no nacionales, los cuales, además, se vieron potenciados por una movilización y contra-movilización social que fue consecuencia de la primera (Valenzuela 2013).

Con todo, y aun cuando se examine la tesis de Valenzuela desde una perspectiva institucional, lo concreto es que el sistema de partidos chileno se polarizó antagónicamente, por primera vez, cuando se cuestionó profundamente al *Antiguo Régimen* y llegó al poder una coalición política (Unidad Popular) que estuvo decidida a ponerle fin, y no porque uno o varios partidos políticos no hubiesen estado dispuestos a construir alianzas. En realidad, la institucionalidad que se había construido en Chile aceptaba todo tipo de polarización doctrinal (de la política) al interior del sistema de partidos, aunque siempre operando en base a los consensos; sin embargo, ésta no se podía sostener si dichos partidos propugnaban una polarización antagónica (de lo político).

Por consiguiente, esta línea argumental sería incapaz de explicar que lo que estaba sucediendo en Chile era un proceso de profundo cuestionamiento a las estructuras porque, por una parte, los índices macroeconómicos habrían sido claros en manifestar que no existía crisis económica alguna y, por otra, en el caso de existir una crisis política, habría sido responsable de ésta la propia institucionalidad. Así se explica, entonces, que Valenzuela no le de mayor relevancia a la movilización electoral y política sino hasta 1972, año en el que la institucionalidad se vio completamente sobrepasada, pero que, con todo, dicha movilización se constituyó en el *coup de grace* del régimen de la Unidad Popular (Valenzuela 2013).

Por el contrario, Atilio Borón (1975), como se señaló, es categórico al afirmar que lo que estaba aconteciendo en Chile era un proceso de crisis hegemónica. El autor es convincente cuando entrega razones de tipo económicas que explicarían la crisis orgánica que provocó una ruptura entre el Estado y la sociedad civil, pero lo es menos al momento de restarle importancia a la elección de Salvador Allende. Para Borón, el fracaso del proyecto de modernización económica tuvo como resultado una crisis orgánica, esencialmente de carácter político, en tanto "ruptura en la relación entre representantes y representados, entre el Estado y la Sociedad Civil" (Borón 1975, 113).

En otras palabras, independiente del resultado de las elecciones presidenciales de 1970, el argumento central de Borón es que la crisis hegemónica era inevitable. En realidad, más que cuestionar elementos que, de paso, hacían clara y evidente una instancia de crisis, lo que aquí se postula es que la crisis hegemónica no se concretizó sino hasta el momento en que se dio inicio al gobierno de Allende. A decir verdad, el planteamiento de Borón parte de una base que es difícil de sostener. Primero, porque tiende a exagerar el papel de la movilización política previa a la llegada de Allende al poder. En efecto, por más que se pueda evidenciar, para el caso chileno, un aumento exponencial en el electorado, en la afiliación sindical, en el número de huelgas y en el número de ocupaciones agrícolas y tomas, todas ellas, bajo ninguna circunstancia, son comparables con la movilización político-social que se dio durante el régimen de la Unidad Popular (Angell 1974; Bitar 2013; Llanos 2014; Valenzuela 2013). Segundo, y pese al fuerte componente político al interior de las clases subalternas, es difícil concluir que, en su gran mayoría, éstas tuvieran una "consciencia socialista" proclive a la instauración de un régimen socialista similar al cubano o al soviético, aunque eso no significa que algunos grupos así lo hayan propugnado y que éstos estuvieran dispuestos a luchar por dichos ideales (Winn 2013). En este sentido, no es posible sostener de manera concluyente que, por parte de las clases populares, su respuesta a la crisis hegemónica haya sido a todo evento la instauración de un régimen socialista de tipo marxista. Tercero, Borón no logra fundamentar que hubo una crisis al interior de la clase dirigente, sobre todo al interior de la clase económica, pues si bien ésta pudo no haber estado constituida tan firme como en el pasado (hasta el gobierno de Frei Montalva), lo cierto es que se recompuso y se unificó ante la amenaza que constituía la Unidad Popular. De hecho, no se puede obviar que la derecha económica fue representada por la derecha política, pues así lo atestigua la creación del partido Nacional en 1966.

En consecuencia, aquí se propone que la crisis hegemónica se estaba gestando en forma interna, al interior del Estado y focalizada en el sistema de partidos, pero también por fuera, en la sociedad civil, producto de una ingente movilización política-electoral. Ambas se hicieron cada vez más evidentes, pero fueron vigiladas de cerca por el sistema político (institucional) en su conjunto, empero, cuando se produjo el advenimiento al poder de Salvador Allende, dicha movilización se hizo incontrolable. A decir verdad, lo que había ocurrido es que la promesa de modernización económica-política por parte de las clases dirigentes chilenas, comenzó a evidenciar serias falencias a fines de 1950, pues un número cada vez más creciente de la población, hizo sentir extra-institucionalmente —mediante tomas, protestas y huelgas— su disconformidad, aunque el problema pasó a mayores cuando las críticas a dicha modernización, se vio potenciada desde la misma institucionalidad; principalmente, por parte de aquellos partidos que conformaban la Unidad Popular. Se produjo, entonces, un quiebre al interior del sistema de partidos, porque se suponía que éste se había conformado, entre otras cosas, para limitar e impedir cambios radicales en la estructura económica-política.

En realidad, no era un fenómeno del todo nuevo, porque, en rigor, en los años veinte, la antigua clase dominante chilena (1925) ya había vivido una crisis hegemónica, pero había logrado salir más o menos indemne: por una parte, hábilmente logró que el Estado fuera mediado de cerca por organismos que representaron muchas veces sus intereses económicos y, por otra, evitó que se produjera una democratización *horizontal* de la sociedad, pues elevó y consolidó a una clase política como gestora exclusiva de lo político. Pues bien, el gran triunfo de la oligarquía decimonónica chilena había consistido en que el modelo cultural, el "de la siembra y la cosecha", se terminara imponiendo a la nueva clase dirigente, que estaba ahí, precisamente, para sopesar los cambios transformativos, ya sea reprimiéndolos, negándolos, y casi siempre, retardándolos. En efecto, fue a nivel institucional, tanto económico como político, que la clase dirigente chilena impidió lo más que pudo el cambio hegemónico del *modelo*. Para ello construyó una sólida estructura política que le permitiera institucionalizar siempre el conflicto. Eran los representantes políticos reunidos en el Congreso, y claro está, con la ayuda del presidente, quienes diseñaban la política pública y decidían si era o no posible la institucionalización de las demandas. Sin embargo, lo que ocurrió fue que, a partir de la década de 1960, la institucionalidad empezó a ser flanqueada desde afuera, y lo que no se creía posible, también desde dentro del sistema; es decir, el *Antiguo Régimen* empezó a entrar en crisis, ya que si bien el sistema político social chileno aceptaba y propugnaba un amplio espectro político y la intervención del Estado (junto a sus instituciones fiscales y semifiscales), exigía que todo cambio económico se produjera bajo la supervisión de los grupos económicos, y en lo político, mediante el estricto control de las cúpulas partidarias, al interior del Congreso, y por cierto, sin mayor participación popular.

Fue durante el gobierno de Eduardo Frei Montalva (1964-1970) que la clase dirigente chilena se resquebrajó en su interior. Por una parte, la clase política evidenció un antagonismo irreductible sobre la base de principios normativos, entre una izquierda cada vez más radical, un centro que tendía a moverse entre medidas substancialmente transformativas y otras medianamente reformistas, y una derecha que se opuso categóricamente a la modificación del *Antiguo Régimen*. Por otra parte, la clase económica, si bien se mantuvo herméticamente unida y conservó fuertes lazos con la clase política, se vio despojada de su capacidad de intervenir directamente en las decisiones del Estado, como lo había hecho en el pasado. Pese a todas sus influencias, no pudo detener el proyecto de Reforma Agraria (1966), la sindicalización campesina (1967), leyes que, en concreto, iban dirigidas en contra del corazón de los grupos económicos, no tanto porque afectaran su poderío económico, debido al retraso del agro chileno (Pinto, et al. 1970), sino porque a partir de la tenencia de la tierra se esgrimía un *ethos* cultural que los legitimaba —junto a la clase política— como los auténticos guardianes de la República[2].

Así también, y paralelamente, la crisis provino desde fuera del aparato estatal, pero paradójicamente incentivada desde la propia institucionalidad, pues las reformas electorales de 1958 y 1962, y luego la llamada "promoción popular" que se propugnó durante el gobierno de Eduardo Frei Montalva (que incluía la creación de organizaciones intermedias, entre otras, Sindicatos, Juntas de Vecinos (1968) y Centros de Madres), fueron instancias decisivas para promover una ingente movilización política, pese a que al poco andar se demostró que la movilización popular que incentivaba la "Revolución en Libertad", tenía como techo un respeto absoluto a la Institucionalidad y a la dirección férrea del presidente y del partido Demócrata Cristiano (Corvalán 2001).

En definitiva, la interpelación por cambios estructurales al interior de la institucionalidad y fuera de ésta, hicieron tambalear por segunda vez al *Antiguo Régimen*, enquistado ahora en el Estado de Compromiso, y que si bien otorgó distintos beneficios económicos e impulsó muy lentamente la efectiva democratización del país, tenía clara su frontera de producción, pues era la clase dirigente —y no otra— la que conducía el país. Ella estaba representada en su alta clase económica y en las cúpulas partidarias. Por lo que fue un quiebre en su interior, en específico, en su clase política y sobre todo a partir de 1964, lo que gatilló la crisis al interior del "bloque histórico de poder". Fue entonces que la crisis del *Antiguo Régimen* se hizo patente, aunque no se constituyó como una crisis hegemónica concluyente. En realidad, lo que sucedió fue que el modelo hegemónico imperante empezó a resquebrajarse desde una institucionalidad (partidos políticos) que, precisamente, se había diseñado para protegerlo. En efecto, la clase dirigente tradicional chilena siempre estuvo dispuesta a impedir el cambio hegemónico del modelo, pero no podía responder si no en sus propios marcos institucionales, que precisamente se había erigido a principios de 1930. De producirse cambios en la estructura de poder, éstos debían ser dirigidos por la clase política —como un todo— y nunca gestados por una movilización ciudadana. Paradójicamente, la célebre institucionalidad chilena debía mostrar su verdadera cara. No había otro modo: de existir un cambio en el horizonte normativo, éste debía pasar necesariamente por un cambio en la institucionalidad.

El problema debía ser resuelto políticamente y ese lugar, para la clase dirigente, no era otro que el Congreso y, en general, la institucionalidad —Constitución de 1925— imperante. Para ellos era un problema de tipo político, más concretamente, de alta política. Sin embargo, el diagnóstico fue errado, pues se estaba gestando un proceso de movilización desde abajo, que sumado a grupos que provenían de la misma institucionalidad, generaron un proceso convergente que no hicieron otra cosa que tensionar los repertorios tradicionales de resolución de conflicto.

A fines de la década de 1960, un grupo importante (mayoritario de la población), no quería más la institucionalización parcial de sus demandas, sino que éstas fueran escuchadas y cumplidas; en definitiva, se podría argumentar que la población chilena apostaba por un cambio institucional que hiciera posible el advenimiento de un nuevo régimen. Y eso equivalía a que los representantes políticos propusieran un proyecto contra-hegemónico, que de alcanzar el poder y llevarse a cabo, alentaría la crisis hegemónica y, en ese caso, una ruptura orgánica entre el Estado y la Sociedad. De hecho, como se verá en el siguiente capítulo, tanto los programas de Allende como de Tomic, quienes en conjunto alcanzaron el 64,71% de los votos, propusieron sin ambages el fin del *Antiguo Régimen*.

A decir verdad, resultaba imposible modificar el régimen político-económico sin cambiar en forma radical al Estado y, de paso, el rol que jugaba la clase política. En realidad, para dar satisfacción completa a las demandas ciudadanas, cualquiera de los dos candidatos que resultara elegido (Allende o Tomic), habría de enfrentarse decididamente y resueltamente en contra de la clase económica, pero aun cuando triunfara en esta auténtica "cruzada", quedaba una dificultad mucho mayor por resolver: el próximo presidente debía aceptar que la clase política tradicional (eminentemente partidista) habría de perder en grado importante su rol directivo respecto a la movilización popular. Es decir, la dificultad era mayor, porque al "abanderado del pueblo" se le exigiría oponerse a una institucionalidad que, precisamente, le había dado vida a la clase política y había elevado a esta última a un rol hegemónico dentro de la clase dirigente y en la sociedad chilena.

En definitiva, la crisis hegemónica que se originó al interior del Estado y que ya era una "realidad" a fines de los sesenta, tan solo se hizo efectiva tras la elección de Allende y, sobre todo, cuando la movilización popular terminó por desbordar los marcos institucionales fijados por la Unidad Popular. Fue ese preciso instante en el que las fuerzas conservadoras y reaccionarias decidieron poner fin a la crisis hegemónica. Crisis que, a decir verdad, tuvo un carácter esencialmente político, pues se produjo por el "colapso consensual" del sistema de partidos, marco regulador que se había erigido justamente para sopesar los cambios transformativos que pudieran exigir los sectores más desfavorecidos de la sociedad.

Capítulo VIII

El fenómeno populista: la articulación discursiva populista en los proyectos presidenciales (1970) (Demanda, pueblo, líder, significante vacío)

En rigor, la crisis que estaba aconteciendo al interior del Estado y fuera de éste, puede enmarcarse dentro de lo que aquí se ha conceptualizado como un fenómeno populista y no simplemente como un momento populista, puesto que la crisis hegemónica que se suscitó fue acompañada de una articulación populista que hizo que el discurso político tuviese una dimensión populista. Tal como lo manifestaran Laclau y Mouffe (2010), el carácter discursivo de una realidad social, asume que ningún objeto podría emerger al margen de una superficie discursiva. En este sentido, el discurso político resalta como el principal elemento, si se quiere verificador, de la presencia de una articulación populista. Con todo, esto no significa que sea el discurso el que determina por sí solo si se está ante la presencia o no de populismo. Y esto es importante destacar, no solo porque todo discurso debe trasuntar hacia la "realidad material", sino porque puede darse la situación que comparezcan elementos populistas que no se aduzcan con la realidad contingente, más allá de si se llevan o no a la práctica en tanto régimen. Por lo tanto, existe un paso intermedio que se debe tener en cuenta a la hora de calificar un proceso como populista, que es, precisamente, lo que determina que se está o no ante un fenómeno populista. Vale decir, un discurso puede ser caracterizado como populista (por los elementos que lo componen), pero no por ello se está ante un proceso populista. Cuestión distinta es que dicho discurso se articule como acicate o resultado de una crisis hegemónica, pues solo ahí se da inicio a un proceso populista (en tanto fenómeno), aunque no por ello el proceso se cierra siempre con la consolidación de un régimen. Todos estos elementos son importantes tomar en consideración, ya que son éstas circunstancias las que, en definitiva, determinaron la elección del corpus.

Ciertamente, porque ante el enorme volumen de discursos que aparecen en diarios, revistas, folletos, programas y entrevistas, se decidió indagar en todos aquellos discursos que evidenciaran el desarrollo de una articulación populista en un contexto de crisis hegemónica, por lo que automáticamente la búsqueda se redujo en forma significativa, particularmente, a los últimos años de la década de 1960 e inicios de 1970. Por cierto que todos los discursos responden a procesos históricos de larga data, pero aquí se indaga en todos aquellos que dislocaron el escenario político chileno en la medida que polarizaron y pusieron en jaque al modelo cultural y político existente. Al ser todo proceso discursivo una combinación entre estructura y acontecimiento, en éste no solo existe una transmisión de información que se quiere descifrar, sino que también —y más todavía en un discurso populista— ocurren una serie de identificaciones de los sujetos que importa reconocer. Por de pronto, no es que se precise una búsqueda de verdad oculta en un "texto" o en otro, que permita afirmar con toda claridad, como una especie de "medidor", si se está o no ante un discurso populista. Lo que importa aquí, por el contrario, es determinar lo que explica (crisis hegemónica y la destrucción de los *corsets* institucionales) la dimensión política populista que adquiere el discurso político significando o re-significando contenidos que, en un determinado momento, son simbolizados y adquieren un sentido diferente.

Es decir, de lo que se trata es de verificar e interpretar en determinados discursos, "efectos de sentido que son producidos en condiciones determinadas" (Orlandi 2012, 36). De hecho, según el análisis del discurso, las condiciones de producción de un discurso obedecen a tres factores que se encuentran interrelacionados: sujeto, situación y memoria (Orlandi 2012). En este sentido, si bien todos los discursos se elaboran a partir de otros (interdiscurso), se representan y actualizan (intradiscurso) a través de distintos sujetos que determinan (y son determinados) respecto a lo "que puede y debe ser dicho" (Orlandi 2012, 49). En consecuencia, se podría decir que el populismo va necesariamente imbricado a un discurso político, "al punto de que su sentido y significado más profundo no puede ser aprehendido sin la comprensión y las premisas y silogismos que componen dicho discurso" (Martínez y Vairberg de Lustgarten 2014, 468). Así, tomando en consideración que el discurso contribuye de manera importante a la construcción de sistemas de creencias, se propone en esta sección un análisis desde la Gramática Sistémico Funcional, la cual se caracteriza por combinar un análisis textual de la práctica discursiva y el de la práctica social (Fairclough 1992). Será esta propuesta metodológica la que aquí se utilizará, aunque el análisis de la práctica social estará limitado al proceso eleccionario y no ampliado al gobierno de Allende.

Considerando este marco conceptual, se ha decidido echar mano, fundamentalmente, a los discursos de las candidaturas presidenciales que se elaboraron previo a la elección de 4 de septiembre de 1970, pues éstos revelan, y de paso sintetizan significativamente, una conformación discursiva de tipo populista, la cual tiene la peculiaridad de que, además de ser binaria, nunca le es propia a un sujeto o colectividad en particular. En efecto, en toda formación discursiva se resume un proceso socio-histórico en el que las palabras son producidas y en donde, además, dichas palabras cambian de sentido según las posiciones ideológicas —antagónicas— de quienes las emplean e interpretan en un determinado momento histórico. En particular, y en el caso de la derecha, no se utiliza únicamente el Programa de Jorge Alessandri, porque, a decir verdad, éste nunca tomó forma definitiva. Por consiguiente, se optó por utilizar el Programa de 1958, la declaración de principios del Partido Nacional (1966) y el texto "Ha llegado la hora de defender la libertad" (1969), pues todos ellos resumen, en forma casi perfecta, el pensamiento de la derecha chilena, de la cual el candidato, pese a todo su discurso de "independiente", formaba parte. Para el caso de la Democracia

Cristiana, se hace uso de "Tomic, palabra de Hombre", que incluye su Programa de Gobierno de 1970. Así también, se utilizan distintos programas y documentos —como contrapunto— que elaboró el partido de la Falange durante la década de 1960. Y respecto a la izquierda, se enfoca el estudio en el "Programa de Gobierno de la Unidad Popular", aunque éste se interrelaciona directamente con los programas de 1958 y 1964, pues ambos anticipan muchos de sus planteamientos políticos y económicos.

En definitiva, en este capítulo, se explica por qué es posible asegurar que una vez superadas las condiciones estructurales que inhibían el desarrollo de un proceso populista en Chile, emergieron condicionantes populistas que se articularon significativamente en el discurso político. En efecto, las distintas demandas económicas y políticas que emergieron y que se unificaron tras un significante vacío (revolución/libertad); el llamado a un líder fuerte (por parte de la derecha) que emergiera para salvar a la Nación o de un hombre que guiara al Pueblo ("centro" e izquierda) en contra de una minoría (local y extranjera) opresora; una polarización antagónica que redujo el espectro político a dos horizontes normativos (continuidad del *Antiguo Régimen* o el fin de éste), se constituyeron como elementos que son posibles de verificar en los distintos Programas de gobierno y en el más variopinto espectro político (izquierda-centro y derecha).

En consecuencia, lo que aquí se quiere probar es que, primero, si se analizan detenidamente los programas de gobierno de los distintos candidatos, es posible observar que al menos en dos de ellos (Programa de la Unidad Popular y de Radomiro Tomic), en menor o mayor grado, se dio una articulación populista, pues ambos propugnaron la conformación de un pueblo mediante un líder que demandaba la resolución de los conflictos en torno a un significante vacío y que polarizó al país entre un ellos y un nosotros. Segundo, se sostiene que durante el desarrollo de una articulación populista, la dislocación que se produce del espacio político no le es exclusiva a una *tienda* política o a un líder determinado, sino que subyace a todo el espectro político. Así, por ejemplo, si bien el discurso de la derecha chilena, que encarnó Jorge Alessandri, no puede ser catalogado de "populista", sí posee elementos que permiten aseverar, por una parte, que dicho discurso vino a representar y a exacerbar el clima de polarización antagónica existente y, por otro, que también configuró cadenas equivalenciales y significantes vacíos, aun cuando éstos se hayan configurado desde el profundo respeto a la institucionalidad imperante.

Cierto es que en todos los proyectos políticos los contenidos son los que hacen la diferencia, pero ello no excluye que, en un determinado momento histórico, la dimensión populista sea la que predomine y no tanto su contenido ideológico, que será comprobable significativamente en tanto régimen. Así también puede suceder que los distintos contenidos que se encuentran presentes en la cultura política de un país, se re-orienten en un discurso y/o praxis populista. Un claro ejemplo de lo anterior es que si se examinan los programas de gobierno de la izquierda chilena en las elecciones de 1958, 1964 y 1970, sorprende la similitud y el alcance político de sus contenidos, cuestión que también es posible observar en los programas de la derecha chilena de los años 1958 y 1970.

En términos concretos, aquí se sugiere que el populismo se forja como una dimensión de la política en la que se produce una articulación de demandas, y en donde los sujetos se ven compelidos, mediante un discurso que encarna un líder y de la elaboración de un significante vacío, a un proceso de exclusión radical entre un ellos y un nosotros. Proceso de irresoluble tensión entre el todo y la parte, y que en el caso particular de Chile, es posible constatar en los discursos previos a la elección presidencial de 1970. Ahora bien, y en razón de una mejor comprensión del problema, se ha decidido analizar dichos discursos en forma parcelada siguiendo, si se me permite, el esquema partidista "de los tres tercios". Por lo tanto, se presentará, en primer lugar, el programa de la derecha; luego el de la Democracia Cristiana y, finalmente, el programa de la Unidad Popular.

1. *El discurso de la derecha chilena (Jorge Alessandri)*

Los investigadores coinciden en afirmar que Jorge Alessandri, para las elecciones de 1970, no logró levantar un adecuado programa de gobierno. Una de las explicaciones a este hecho es que gran parte de la derecha habría dado por seguro su triunfo (Torres 2014). Pero como quiera que haya sido, lo concreto es que, si se revisan los distintos discursos que lanzó su plataforma de apoyo, en todos ellos abundan referencias generales acerca de su vida, tanto de su pasado como presidente y director de empresas, y no un meticuloso programa de gobierno. Así, por ejemplo, en lo que viene siendo su Programa, que se presentó a la opinión pública bajo el rótulo de "Porque Volverá" (1970), de un total de treinta páginas, tan solo cuatro hacen referencia a su plan de gobierno. No obstante lo anterior, lo que aquí se quiere graficar, es que más allá del Programa en cuestión, éste refleja —por más independiente que se haya presentado el candidato a la opinión pública— perfectamente el horizonte normativo que tuvo la derecha chilena de ese tiempo. Como se analizará, el programa de Alessandri de 1970 se encontraba al abrigo ideológico de la derecha económica y política, que se agrupó tras los Gremios Empresariales y el Partido Nacional (1966).

En efecto, aquí se concluye que es imposible comprender su Programa de Gobierno sin remitirse a su candidatura victoriosa de 1958 y a los folletos que lanzó el partido Nacional, tanto para su creación en 1966 y su "Ha llegado la hora de defender la Libertad" de 1969. En realidad, en todos esos discursos están presentes las mismas ideas fuerza: en lo político, la noción de una crisis moral y política que está asolando Chile; una Nación que está siendo carcomida por ideas y grupos que son ajenos a la patria y que, por lo mismo, deben ser combatidos con fuerza; un llamado a terminar con los antagonismos de clase; y el llamado a un líder que, con su entereza moral, ponga fin a las desventuras de Chile. Y en lo económico, se convoca resueltamente a que la ciudadanía se una en contra de un Estado que restringe las libertades personales y económicas, que atenta contra la propiedad privada y que no permite un adecuado desenvolvimiento de la libertad personal.

En concreto, el Programa de Alessandri tenía por objeto presentar la dramática crisis política y social que azotaba a Chile desde 1950, crisis que, por cierto, tendría su origen en una crisis moral que afectaría por completo a la Nación (Programa 1958, 3; Programa 1970, 3-5). Alessandri se erigía como la única solución posible a la crisis, porque tendría todas las virtudes necesarias para conducir al país. No solo por su dignidad, entereza, austeridad, valentía, honradez, espíritu de justicia, responsabilidad, sino que, ante todo, por su liderazgo y autoridad (Programa 1970, 7). En el texto, se le muestra, además, como un hombre probo, que nunca se vería influido por grupo de presión alguno: ya sea empresarial o de partidos políticos (Programa 1970, 6-9). Alessandri, se presentaba ante la opinión pública, tal como lo hizo en 1958, como un candidato independiente, ajeno a los partidos políticos, como un gestor de empresas; en breve, un hombre exitoso que no ambiciona poder ni dinero, razones que lo elevarían moralmente por sobre el resto de los candidatos: "Alessandri volverá porque cuando las naciones claman por salvarse y hay un hombre preciso para salvarlas, nada puede impedir que ese Hombre y su Nación decidan libre y avasalladoramente su destino histórico" (Programa 1958, 3). A decir verdad, la exigencia de un líder fuerte que condujera al país por sobre los grupos de interés, con plena autoridad, ha sido uno de los planteamientos centrales de la derecha chilena, que bien se podría resumir en la noción del "Estado Portaliano" (Edwards 1972). Así, como se propone en el Programa, en tiempos de "crisis moral, política, económica y administrativa", el presidente debería contar con amplios poderes constitucionales para frenar la "nefasta demagogia y la politiquería", que representadas en los partidos políticos y en el Congreso, estarían afligiendo en materias administrativas y económicas a Chile (Programa 1970, 27).

Ahora bien, la aguda crítica que se observa en contra de los partidos políticos, no era nueva. En realidad, es posible advertir que la derecha chilena fue *in crescendo* en sus diatribas contra el sistema de partidos, en la medida que éste se fue polarizando antagónicamente. De hecho, en ambos Programas, tanto en 1958 como en

1970, Alessandri prometió que: "no estaré, pues, sujeto a la presión y exigencia de personas, grupos y partidos, y durante un gobierno presidido por mi se eliminará hasta las raíces mismas este grave mal que aqueja a Chile" (Programa 1958, 3). Al mismo tiempo, en ambos Programas, se desconocía la interferencia de los grandes grupos empresariales en las políticas públicas, identificando concretamente a los grupos de interés con los sindicatos, gremios profesionales y, en particular, a la burocracia estatal. Todos ellos, por cierto, atravesados por la nefasta influencia de los partidos políticos, que eran sindicados en el Programa, como el verdadero "cáncer de Chile" (Programa 1970, 27-29).

A decir verdad, a fines de 1950, el discurso de la derecha chilena no solo empezó a cuestionar el rol que cumplían los partidos políticos en el orden institucional, sino que también el giro participativo (al menos formalmente) que adquirió la democracia chilena, tras la aprobación de las leyes electorales de 1958 y 1960. Esto último se aprecia con nitidez en "Los fundamentos programáticos y doctrinarios del Partido Nacional", en donde se postula, sin resquemor, que se debe resguardar a los individuos y a la Nación en general, de los excesos de mayorías circunstanciales (Los Fundamentos... 1966, 2). Con todo, en ningún momento se plantea doctrinalmente la vuelta a un voto censitario o la desaparición de los partidos, sino que más bien se cuestiona la idoneidad de los partidos de izquierda y la D.C, que estarían esgrimiendo doctrinas foráneas y, de paso, estarían propugnando la aprobación de medidas políticas y económicas que tendrían por objeto congraciarse con mayorías electorales pasajeras. Una solución a estos problemas, plantea el Programa de Alessandri, sería dotar al presidente de la República de mecanismos constitucionales que le permitieran poner fin a la gran influencia de "politiqueros" en el Congreso, como por ejemplo, la disolución del Congreso y el uso de consultas ciudadanas (plebiscitos) (Programa 1970, 27).

La derecha chilena siempre comprendió que el problema de fondo era de tipo político antes que económico. "El problema fundamental de Chile no es de índole económica, como pretenden democratacristianos y marxistas. Es de estructura política. Es el problema de sobrellevar una Constitución inadecuada que hace posible estos intentos de suprimir la libertad y anular la voluntad de progreso de un Pueblo" (Ha llegado... 1969, 13). En términos simples, la cuestión estribaba en quién controlaba y cómo se influía en el Estado, y no solo la derecha chilena lo sabía, sino la clase dirigente en general. El Estado, como propugnaba la derecha, lejos se limitaba a ser —con mayor o menor exageración— el "botín" del partido de turno, sino que éste se constituía como el continuador o precursor del modelo de desarrollo y/o de acumulación existente. Por consiguiente, el problema para la derecha chilena fue que a partir de 1960, los principales grupos económicos no solo fueron expulsados o aquilatados de su presencia en el Estado (en organismos públicos como semi-públicos), sino que al interior del Congreso y en el Ejecutivo, se empezaron a propugnar medidas económicas y políticas que venían a modificar de raíz al *Antiguo Régimen*.

En consecuencia, el Estado Empresario empezó a ser mirado con distancia y luego resistido abiertamente por parte de la derecha económica y política chilena, en la medida que perdió poder e influencia sobre éste. Ciertamente que no estaba en suspenso el rol que debía tener el Estado en materia política, pues, para ella, el Estado debía asegurar el fiel cumplimiento de la ley y, de paso, estar regido por autoridades fuertes e impersonales que condujeran a la Nación (Programa 1970, 5) y que hicieran respetar las "jerarquías" (Programa 1958, 3-4). El problema, para la derecha, radicaba en cómo impedir que el Estado incidiera en materias económicas o que alterara profundamente el modelo de desarrollo y/o acumulador. Esto tuvo como resultado que la derecha chilena empezara a promover una política económica que tuvo por objeto oponerse terminantemente a cualquier intervención del Estado, propugnando, por contrapartida, la idea de un orden espontáneo en el que eran los ciudadanos quienes decidían libremente en el mercado y en donde el Estado debía convertirse en un organismo subsidiario del privado, potenciando el emprendimiento y protegiendo, sobre todas las cosas, la propiedad privada[1].

En rigor, estas ideas ya se observan en el Programa de Alessandri de 1958, en donde se conmina al Estado a no intervenir en el sector Industrial; a terminar con la burocracia estatal y a bajar la carga tributaria para favorecer el "crecimiento" del país (Programa 1958, 6-11). Por supuesto que en los folletos del partido Nacional, tanto en 1966 y 1969, como en el Programa de Alessandri de 1970, se repetirán dichos contenidos, pero lo auténticamente original del Programa de 1970, fue la utilización —y sobre utilización— del concepto libertad por sobre cualquier otro, cuestión que le permitió a la derecha cohesionar su proyecto hegemónico desde mediados de 1960: "El partido Nacional considera que el Estado es solo instrumento de la Comunidad y no puede asumir poderes que contraríen los derechos y deberes fundamentales de los ciudadanos, ni coartar las libertades esenciales que posibilitan una vida creadora y responsable. La libertad es indivisible. No hay libertad política cuando la libertad económica es suprimida o coartada por el Estado…" (Ha llegado la hora… 1969, 2).

En cierto sentido, la raigambre corporativista y nacionalista que históricamente había tenido la derecha chilena fue poco a poco sustituida, como bien afirma Carlos Ruíz, por un liberalismo de corte individualista, que anticipa al neoliberalismo que se aplicará más tarde en Chile (Ruíz 2015). De hecho, los distintos discursos de la derecha comenzaron a plantear que Chile debía girar hacia un nuevo modelo económico, a una economía social de mercado, que tenía por función reemplazar un capitalismo vetusto, que incluso, según se advierte en los discursos, no era aplicable técnicamente a Chile por la preeminencia del Estado en las decisiones del Mercado: "Capitalismo es un término inadecuado para designar un sistema económico de empresa privada cuyo fundamento es la iniciativa y el esfuerzo personal. Pero tampoco la empresa privada predomina en Chile. El Estado es el que realiza el 70% de la inversión anual; utiliza el 70% del crédito…" (Ha llegado la hora… 1969, 10). Es decir, para la derecha, no había nada más injusto que culpar a la empresa privada de los males que afligían a Chile, y en general de las estructuras económicas existentes, pues la crisis que existía era producto del ineficiente manejo económico y derroche fiscal del cual no eran responsables los privados (léase empresarios) (Programa 1970, 27-29). En consecuencia, la solución económica que la derecha planteaba ante la crisis, consistía básicamente en potenciar la empresa privada y hacer oídos sordos a todas aquellas ideologías colectivistas que no tenían otro objetivo que "meter mano en los bienes ajenos" (Ha llegado la hora... 1969, 10).

Se configuró así un discurso político que puso énfasis en el individuo, como constructor y gestor de su propio destino, y en donde el trabajo y el esfuerzo personal, explicaban y legitimaban el derecho de propiedad. No se podían exigir derechos si no se cumplía con los deberes y el deber de todo chileno, por supuesto, era el de trabajar por una Nación más próspera, pero sin intervención económica del Estado (Programa 1970, 27; Ha llegado la hora... 1969, 2). Hábilmente la derecha chilena, si bien, por una parte, construía un discurso individualista a nivel económico, por otro, generaba un discurso colectivo a nivel político, en el que la libertad se presentaba como un elemento que formaba parte integral —sino la más importante— de la nacionalidad chilena: "Chile tiene una vocación de libertad que conservar y una tradición de derecho que defender. Dentro de estas dos normas fundamentales debe encontrar el camino de su progreso" (Ha llegado la hora... 1969, 12).

Así, la defensa de la libertad, se presentaba como una verdadera cruzada nacional, en el que no cabían divisiones, ya que era la libertad lo que ennoblecía al pueblo de Chile. La Nación, la Patria y el Pueblo, se consideraban indivisibles y no eran permitidos los antagonismos de clases ni las divisiones internas (Partido Nacional. Fundamentos... 1966, 3). El llamado que hizo la derecha fue al pueblo de Chile en contra de una minoría que estaba representada en los partidos de izquierda, y que no hacían otra cosa que poner en riesgo, en forma sistemática, la existencia misma de la Nación:

> En esta hora de prueba, en la que una minoría política pretende imponer a Chile un estatismo paralizante, el partido Nacional se dirige a todas las mujeres y hombres de trabajo, injuriados, perseguidos y esquilmados, para expresarles su solidaridad y reiterarles

el compromiso solemne de asumir su defensa hasta las últimas consecuencias (...). Por eso el partido Nacional, llama a todos los chilenos a rebelarse rechazando el abuso y la prepotencia de la burocracia política y de los intereses partidistas. Los insta a defender sus derechos en toda circunstancia; a defender su trabajo, y a no transar jamás su dignidad de hombres libres. Llama a todos los chilenos a abandonar los acomodos conformistas y las actitudes cobardes o negativas. Los que aspiran a vivir en libertad son inmensa mayoría. (Ha llegado la hora... 1969, 13)

Por lo mismo, cuando los partidos de izquierda y la continua movilización popular pusieron en entredicho el *Antiguo Régimen* —como se verá en los discursos que se presentan a continuación—, la derecha chilena no tuvo otra alternativa que radicalizar también su discurso económico, pues terminó por afirmar que era al interior del Estado el lugar donde se decidían las nefastas políticas económicas que dislocaban la economía nacional y que tuvieron como consecuencia el atraso del campo, la falta de industrialización e inversión extranjera y, sobre todo, el aumento de la inflación (Programa 1970, 27-29). Pero también la derecha radicalizó su discurso, porque entendía que el problema era fundamentalmente de tipo político y debía competir con los otros partidos en el campo electoral. Es por este motivo que elaboró un discurso que apeló a la Nación (como un todo) y en el que se esgrimió a la libertad como el significante vacío que "equivalenció" a las distintas demandas. A decir verdad, fue la libertad la principal herramienta ideológica que opuso la derecha chilena al discurso "revolucionario" que preconizó tanto la Democracia Cristiana como la Unidad Popular. Por extraño que parezca, la derecha logró configurar un discurso en donde la libertad se esgrimió para defender el *statu quo*, pues en atención a éste, se opuso a todo tipo de cambio económico que alterara en mayor o menor grado el derecho de propiedad y el orden económico existente.

En consecuencia, el discurso de la derecha chilena se polarizó antagónicamente adquiriendo ciertas dimensiones populistas que, por cierto, estaban instaladas en el ambiente político desde hacía un tiempo atrás, pero que las coyunturas particulares de la elección de 1970 las hicieron visibles, al conformarse dos proyectos antagónicos. Pero por más que en el discurso de la derecha se haya apelado constantemente a un líder, que tenía por función guiar con autoridad y ejemplo moral a la Nación, o por la utilización constante de un significante vacío (libertad) que unificara sus demandas, no por ello se puede afirmar que una articulación populista cristalizó en su interior.

Primero, porque pese a que la derecha chilena utilizó recurrentemente a la Nación o al Pueblo como un recurso político con fines electorales e ideológicos, en realidad, para ella, el pueblo chileno siempre habría de ser uno, la Nación chilena, y los antagonismos de clase o sociales, se explicarían más bien por "ideologías foráneas" que por razones estructurales (Ha llegado la hora... 1969, 12). Es decir, en el discurso de la derecha chilena, no existía una *plebs* por reconocer y, por lo mismo, nunca hicieron un llamado a reconocer —ni política, social o económicamente— a una parte del Pueblo (como *plebs*); y así también, si bien concebían la presencia de una "minoría" que dividía el espacio público irreconciliablemente, dicha minoría era, si se me permite, una minoría antojadiza que tenía que ver más bien con un adversario político, y de ningún modo, su discurso tuvo por objetivo terminar con la clase política en su conjunto, pese a su propensión sistemática hacia la tecnocracia.

Segundo, el discurso de la derecha estuvo lejos de ser contra-hegemónico y aun cuando propugnó el fin de la influencia del Estado en materias económicas (punto final al proyecto I.S.I) no preconizó, ni con mucho, el fin de la Institucionalidad o el fin del Estado de Derecho imperante. En realidad, su discurso anti-estatal solo se hizo efectivo cuando empezó a perder control e influencia sobre el Estado. En estricto sentido, el proyecto de la derecha chilena era altamente reaccionario, porque su "nuevo" proyecto de país no fue más que un intento por mantener y reconstruir lo que estaba siendo amenazado por proyectos "revolucionarios".

2. El discurso de la Democracia Cristiana (Radomiro Tomic)

Con anterioridad se señaló latamente que fue la Democracia Cristiana el partido que desplazó, a fines de 1950 comienzos de 1960, al partido Radical de su lugar privilegiado en el sistema de partidos chileno. Como se explicó en su momento, el rol de los partidos de centro era vital para conservar la institucionalidad económica-política y, en definitiva, otorgarle estabilidad al *Antiguo Régimen*. Sin embargo, pese a que el partido de la Falange se conformó al alero del partido conservador y que su doctrina tuvo, en sus inicios, un fuerte sesgo religioso y nacionalista, con el correr del tiempo, terminó por constituirse en un partido hegemónico que desestabilizó no solo al sistema de partidos, sino que también pasó a constituirse en un "enemigo" de todos aquellos que buscaban mantener el *statu quo* (Yocelevzky 1988).

De hecho, para las elecciones presidenciales de 1964, resultó electo un demócrata cristiano, Eduardo Frei Montalva, quien presentó un programa de gobierno que vino a poner en jaque el orden tradicional chileno. Mas, como se hizo ver con anterioridad, dicho programa no podría ser catalogado como populista ni mucho menos de revolucionario. Por más que durante el gobierno de Frei se hubiese chilenizado el cobre (aunque esta acción haya resultado a todas luces económicamente contraproducente para Chile y altamente rentable para las compañías norteamericanas (Angell 1993); se haya dado paso a una importante Reforma Agraria o se haya alentado —aunque precariamente— la participación popular, lo cierto es que su proyecto de gobierno estaba premunido de un alto contenido moral y nacional, que lo acercaba a la derecha, pero que al mismo tiempo lo alejaba de ésta, ya que propugnaba cambios radicales al interior de la estructura productiva chilena. Y respecto a la izquierda, se apartaba de ella, porque proponía una sociedad sin divisiones de clases y un respeto profundo a la institucionalidad imperante. Así, en 1960, el partido Demócrata Cristiano declaraba que su propósito era "transformar las condiciones de vida de todos los chilenos y lograr una nueva forma de economía comunitaria y de sentido humano; una sociedad fraternal y no clasista" (Partido

Demócrata Cristiano, *Documentos de la primera convención nacional: Resolución sobre política nacional, objetivos del partido* 1960, 4).

En rigor, el triunfo de Eduardo Frei, en 1964, significó la victoria del programa de la "Revolución en Libertad". Proyecto tercerista (Moulian 1986) que, se podría decir, trató de conciliar dos significantes vacíos fundamentales para la construcción del horizonte normativo tanto de la derecha como de la izquierda chilena. Para la Democracia Cristiana, la revolución significaba "una mudanza o nueva forma en el estado de gobierno de las cosas. De forma particular, es hacer un cambio profundo en las estructuras políticas, económicas y sociales del país (...) Pero su revolución no es violenta, ni de fuerza, sino pacífica y democrática" (Partido Demócrata Cristiano, *El ABC de la Democracia Cristiana* 1962, 28-29). Pero, a decir verdad, para el partido de la Falange, la revolución era un imperativo moral que político o económico. Cuestión que se puede apreciar nítidamente desde sus orígenes, pues en la Declaración de Principios, se determina hacer "una cruzada que se propone instaurar en Chile un orden nuevo. Más que un simple partido, es una afirmación de fe en los destinos de Chile, proponiendo un urgente recambio de las estructuras productivas, en especial, el colectivismo como modelo de organización económica..." (*Programa de la Falange Nacional* 1940).

Lo que hizo la Democracia Cristiana con la "Revolución en Libertad", como proyecto y concepto político, fue tratar de compatibilizar dos nociones que tenían una fuerte presencia en la cultura política chilena. Respecto a la revolución, le otorgó al concepto —prácticamente monopolizado por la izquierda— distintas expectativas y contenidos, mientras que, paralelamente, esgrimía el término para alejarse de los defensores del *statu quo* (derecha). En rigor, para el gobierno de Frei, todo cambio "revolucionario" debía asumir dos condiciones: primero, el respeto irrestricto de la legalidad e institucionalidad del Estado; y segundo, la promoción de formas y relaciones sociales basadas en los principios comunitarios del social-cristianismo. Una situación similar se dio con la noción de libertad, pues, por una parte, la Democracia Cristiana hizo uso del término para oponerse tajantemente a la opresión que se vivía en sociedades de tipo comunista[2]; y, por otra, también esgrimió la libertad para diferenciarse del liberalismo individualista que proponía la derecha en defensa de la propiedad privada[3].

Pero a fines de 1960, el clima político existente no permitía la existencia de tres bandos en pugna. Es decir, exigía que la Democracia Cristiana optara entre "revolución" o "libertad". Ciertamente que a nivel de análisis, se podría distinguir perfectamente dos situaciones que explicarían dicha situación, aunque, por cierto, ambas se encontraban concatenadas. Por un lado, se podría decir que el giro político (polarización antagónica) se produjo al interior del sistema de partidos, producto del quiebre interno a nivel ideológico que afectó a la Democracia Cristiana; y por otro, en razón de la movilización electoral y política que obligó, principalmente a la Democracia Cristiana, a tomar partido por uno de los dos bandos en pugna: derecha o izquierda. Pero más allá que se deba partir de la premisa de que el partido de la Falange nunca pudo conciliar y resolver adecuadamente sus tensiones internas (Portales 1987), lo importante aquí es destacar que el Programa que se presentó para las elecciones de 1970, y que tuvo como representante a Radomiro Tomic, no es más que un discurso populista que expresa la presencia del fenómeno.

En efecto, a diferencia del discurso de la derecha, encarnado en Jorge Alessandri, se sostiene que el programa demócrata cristiano sí cristalizó un "discurso populista", pues respondió al contexto económico, político y social que se estaba viviendo en Chile. Y es en estos aspectos, donde el programa de Tomic —como se verá— se emparenta tanto con el proyecto de la Unidad Popular, que resulta difícil entender que la Democracia Cristiana y los partidos de izquierda no hayan confluido en una alianza que hubiese podido llevar a cabo en forma consensuada la sustitución del *Antiguo Régimen*. Ciertamente que hubo algunos esfuerzos para lograr dicha alianza. De hecho, en el Programa, aparece concretamente un llamado a que comunistas y socialistas se unieran tras el candidato de la Falange. Tomic sorprendentemente vaticinaba que de resultar la unión, la Unidad Popular[4] habría de alcanzar dos millones de votos[5], haciendo posible con ello el cambio revolucionario y popular. Sería el paso, "a una sociedad de trabajadores y la sustitución del régimen capitalista (en forma auténtica y singular)" (Tomic... 1969, 12). Pero la verdad sea dicha: la alianza electoral resultaba casi imposible, tanto por el rol hegemónico que deseaba cumplir la Democracia Cristiana en el sistema político chileno como por su agudo anticomunismo[6]; pero también de parte de los partidos de izquierda, principalmente para el partido Socialista y el Movimiento de Izquierda Revolucionario, pues ambos argumentaban que la Democracia Cristiana era un partido que se encontraba al servicio de la burguesía con el propósito de debilitar la alianza popular[7]. Sin embargo, como se verá, la alianza era del todo posible si se consideran sus objetivos y alcances, pues tanto el Programa de Tomic como el de Allende tenían por objeto llevar a Chile hacia un "proceso revolucionario, democrático y popular" (Tomic... 1969, 16).

Tal como aconteció con el proyecto de la derecha, la plataforma demócrata cristiana generó un programa de gobierno simple y directo, que lejos podría considerarse de exhaustivo. De hecho, el Programa fue el resultado de las actas aprobadas por la Junta Nacional del partido Demócrata Cristiano el 15 de agosto de 1969. Ahora bien, de igual modo que el programa de la derecha, el texto "Tomic palabra de hombre", tiene por objeto, por una parte, presentar al candidato a la ciudadanía resaltando sus virtudes personales; por otra, busca explicar el programa de gobierno en forma pedagógica con el objeto de que no quedaran dudas sobre sus alcances y objetivos. En concreto, el texto tiene dos ideas fuerza: en primer lugar, se propone la disolución definitiva del *Antiguo Régimen* mediante una revolución "auténticamente" chilena, que vendría a consolidar el proceso iniciado por Eduardo Frei Montalva y que proseguiría Tomic; y en segundo lugar, que está estrechamente relacionado con lo anterior, se plantea resueltamente la idea que debería ser el pueblo (*plebs*) movilizado, el principal encargado de llevar a cabo la revolución (Tomic... 1969, 16).

Pero como se observará, la orientación que tomó el programa, más que enmarcarse en un proyecto revolucionario clásico (marxista), como podría sugerir una lectura apresurada, es posible encuadrarlo en lo que aquí se ha sindicado como un discurso populista. Ciertamente, porque solo se puede hablar de populismo cuando existe una ruptura antagónica que coloca al pueblo como sujeto político fundamental en oposición a un otro que le impide su auténtico desenvolvimiento y reconocimiento, sea una minoría interna o un poder externo. Y en este sentido, el programa de Tomic —como también se verá en el caso del programa de la Unidad Popular— se puede catalogar de populista porque propone una política específica que procesa la tensión que se produce entre la parte que se atribuye la representación legítima del todo y una minoría que lo niega (Aboy Carlés 2005). A decir verdad, este último aspecto es fundamental, ya que, como se ha sugerido con anterioridad, tanto la derecha chilena como la Democracia Cristiana históricamente habían entendido al pueblo como sinónimo de la Nación chilena, como un *todo monolítico*, que no admitía separaciones de ninguna clase o especie.

Sin embargo, por primera vez en el discurso de la Falange, en específico en el Programa de Radomiro Tomic, aparece la idea de un Pueblo (que constantemente había repetido la izquierda desde fines de 1940) que busca reconocimiento y que es otro en relación a una minoría interna, la cual, en alianza con los intereses extranjeros, habría usufructuado permanentemente de las riquezas del país y del Estado, *conspirando* en contra del pueblo de Chile. "Los esquemas pueden ser diversos; pero ninguno de ellos podrá operar ni aplicarse, sino en la medida en que el pueblo organizado, la mayoría organizada, haga suya la tarea de sacar a Chile del subdesarrollo y liberarlo de la pobreza interna y la dependencia extranjera. ¡Esta es la indispensable unidad popular! Sin ella, quien intente ordenar las distorsiones neocapitalistas, unificar al país en un gran esfuerzo de trabajo y disciplina, simplemente no podrá hacerlo. Le fallará la base. Estará construyendo sobre arena" (Tomic… 1969, 24).

Así, en el Programa de Tomic queda establecido claramente quién formaba parte del pueblo y quién no pertenecía. Era el pueblo el que constituía las naciones y no las minorías. Mientras que el pueblo estaba conformado por "trabajadores, campesinos, mujeres, pobladores, juventud, clase media, profesionales y técnicos; pequeños y medianos comerciantes, agricultores e industriales; intelectuales y artistas, etc" (Tomic... 1969, 22); por el contrario, pertenecían a las minorías, todos aquellos que concentraban el dinero, el crédito, y que vivían de la explotación del trabajo ajeno y del usufructo de los recursos de la comunidad nacional:

> ¡Por supuesto que no estamos ni estaremos a favor de los centros monopólicos de concentración de dinero, influencia y poder! ¡De los que viven de la explotación del trabajo ajeno y del usufructo directo o indirecta de recursos que pertenecen a la comunidad nacional o al Estado! ¡De ésos, no! Los tiburones del neocapitalismo y del capitalismo tradicional no tendrán cabida en el gobierno de Tomic. Son pocos. Tal vez no más de 200 ó 300. Son los que arrasan con el crédito y no dejan sino las piltrafas para decenas de miles de empresarios medianos y pequeños. Son los que medran al amparo del formidable ramaje de franquicias, excepciones, incentivos, liberaciones, estatutos del inversionista extranjero, mercados reservados, "draw-backs", etc., al cual todos los chilenos tienen que contribuir asegurando fabulosas utilidades sin riesgos a este puñado de cachalotes. (Tomic...1969, 25)

No obstante lo anterior, se debe afirmar categóricamente que, en el Programa, no había espacio para separar a la Nación en dos clases en razón del dominio de los factores de producción (de ahí su componente populista), sino que se demandaba la unión del pueblo en contra de una minoría opresora que impedía la transformación de las estructuras políticas y económicas. Y por supuesto, se presentaba a Tomic como el líder que debía guiar al pueblo hacia su destino. Esto explica que se le presentara como el protector y retoño del pueblo, no tanto por su origen, pues provenía de la clase media acomodada, sino porque Tomic había hecho una opción por los oprimidos y no por los poderosos (Tomic... 1969, 4). Esto habría quedado reflejado —se asume en el programa— en la carta que Tomic le hizo llegar al presidente Kennedy, donde le aconseja siempre escoger la amistad del pueblo y no la de los poderosos: "¿escoja la amistad del pueblo y no la de los poderosos; escoja a los muchos y no a los pocos; escoja a los pobres en su lucha por la dignidad, la justicia y la libertad, y no a los ricos organizados para defender "el orden establecido" que les asegura privilegios que sofocan a sus pueblos y consagra la "legalidad de la injusticia" (Tomic... 1969, 9).

Tanta importancia cobró la apelación al pueblo dentro del programa, que el lema de campaña fue como sigue: "Tomic va donde el pueblo está" (Tomic... 1969, 22). Por cierto que algún investigador o lector podría perfectamente argumentar que dicha apelación fue más retórica que auténticamente sentida, sobre todo si se toma como antecedente el estricto control de la movilización popular que se llevó a cabo bajo el gobierno de Eduardo Frei. O bien, otros estudiosos podrían argumentar que esto se explicaría porque el discurso de Tomic competía en los mismos nichos electorales de Allende (que apuntaba tanto a la clase media como a los obreros y trabajadores en general); de ahí que se entienda la exacerbación de su pasado, como hijo y representante en el Congreso de una zona minera, obrera y popular (Tomic... 1969, 4-8). Pero como quiera que sea, de suscitarse dichas críticas, se debería tener en consideración dos elementos, que, con todo, nunca serán resueltos, ya que Tomic no ganó la elección de 1970:

En primer lugar, en el Programa, se observa nítidamente la intención del candidato de presentarse como el genuino líder popular, que estaría avalado por su pasado político. Así se argumenta que Tomic "es la antítesis del político burgués clásico, pues su pensamiento en torno a la revolución se ha hecho más radical; no es moderado ni prudente..." (Tomic...1969, 9). De hecho, se afirma en el Programa, que dos de sus escritos, a saber, "Bases para una Nueva Política en Chile" (1945) y "Revolución Chilena y Unidad Popular" (1969), separados ambos por 24 años probarían, por una parte, que el candidato de la Falange siempre hizo referencia a la necesidad de una revolución y, por otra, su impoluto pasado revolucionario.

En segundo lugar, en todo el Programa, aparece fuertemente la idea de incentivar una movilización popular, que sería la punta de lanza para llevar a cabo la "revolución chilena". Tan claro es esto, que se reconoce abiertamente que el gobierno de Eduardo Frei fue tan solo la primera fase de la movilización popular: "el gobierno de Frei correspondió principalmente la tarea de la "organización popular", corresponderá al gobierno de Tomic avanzar a la etapa siguiente: la "participación popular" (Tomic... 1969, 22). Para Tomic, cualquier régimen a futuro debería sostenerse sobre la base de una victoria popular masiva. Y lo que no deja de llamar la atención, es que el candidato incluso estuvo dispuesto a pasar "delante" de los partidos políticos que, como se ha estudiado, tenían precisamente la función de evitar los cambios del *Antiguo Régimen*. A decir verdad, el peligro para la clase dirigente chilena, de alcanzar Tomic el gobierno, no era una cuestión menor: lo que estaba en juego era su rol institucional y de mediador del conflicto, y en este caso particular, Tomic, al menos en el discurso, no estaba si no proponiendo someter a los partidos a un rol complementario en aras de la movilización popular:

> Soy claro. Así como afirmo que los partidos políticos de base popular deben también estar en la unidad del pueblo, rechazo categóricamente la pretensión torpe e irreal de que "los partidos políticos son el pueblo chileno". Y que las decisiones de sus dirigentes substituyen al pueblo chileno. Reconocer que los partidos políticos tienen el papel que La Constitución y las prácticas políticas chilenas les dan, es una cosa; pero pretender que son el eje de Chile, es otra cosa. ¡NO lo son! Menos de 300 mil chilenos tienen filiación partidaria. ¡Y hay 3 millones 400 mil chilenos con derecho a votar el 4 de septiembre! ¡Y más de 6 millones de chilenos mayores de 18 años de edad no tienen ni quieren tener obligaciones con ningún partido político! ¿Cómo "pasarse a llevar" esta realidad del porte de la cordillera de los Andes? (...) La unidad popular la hace fundamentalmente el pueblo, y como factor complementario, los partidos políticos. (Tomic... 1969, 24)

En rigor, el Programa de Tomic dejaba en claro cuál iba a ser el objetivo político y económico de erigirse en gobierno, esto es, "la sustitución de las minorías por el pueblo organizado en los centros decisorios del poder político, social, económico y cultural; y la sustitución del capitalismo por los trabajadores organizados como el principal motor de la economía" (Tomic… 1969, 21). De todos modos, y valga la pena aclarar, lejos se estaba de interpretar de un modo marxista la realidad nacional o de propugnar una nueva sociedad de tipo socialista, pese a que el programa se auto-proclamaba más avanzado (léase revolucionario) que el confeccionado por la Unidad Popular (Tomic… 1969, 12). En realidad, la intención de movilizar a un pueblo organizado no tenía otro objeto que llevar a cabo una revolución no violenta que pusiera fin, por una parte, al *Antiguo Régimen* y, por otra, sustituyera una economía capitalista y neo-capitalista en atención al comunitarismo que siempre estuvo presente en la doctrina del partido demócrata cristiano.

En resumen, el Programa de Tomic tenía por objeto incentivar una movilización popular que permitiera el advenimiento de un gobierno revolucionario, democrático y popular; en breve, populista, ya que si bien, por una parte, se enmarcaba el proyecto dentro de los marcos institucionales, por otra, se incentivaba con tal fuerza la movilización popular incluso por sobre la fuerte lógica partidista imperante, que hacía del pueblo, y de paso lo reconocía, como el protagonista de la Historia. Pero también el Programa tenía una dimensión populista, principalmente por su carácter contra-hegemónico, en tanto se constituía como una alternativa radical al modelo hegemónico imperante. En lo económico, porque apuntaba hacia una sociedad que superara el "lucro personal" (Tomic…1969, 29) por otra en la que predominara "la solidaridad y el trabajo comunitario" (Tomic… 1969, 26).

Pero por más moralistas que pudieran resultar estas ideas, en concreto, se apostaba a la demolición del *Antiguo Régimen* y sus propuestas estaban claramente orientadas en esa dirección: profundización de la Reforma Agraria, Planificación Estatal y la existencia de empresas comunitarias (¿mixtas?), reforma profunda al sistema bancario y del crédito, y la nacionalización de los recursos naturales como el cobre (Tomic... 1969, 30-31). Mientras que en lo político, se planteaba en el Programa que fuera el pueblo movilizado más —y secundariamente— los partidos políticos, los que debían organizarse en contra del "orden establecido" (Tomic... 1969, 32). Orden que se entendía como el producto legal de una minoría que concentraba el poder para su propio beneficio: "El Programa que el partido aprobará más adelante deberá ajustarse (...) contra las estructuras sociales y legales que representan formas de violencia institucionalizada en desmedro de la justicia y al servicio de intereses y privilegios de las minorías..." (Tomic... 1969, 30).

En definitiva, el programa de Tomic se constituía como un llamado político para que el pueblo movilizado (organizado por cierto tras él) llevara a cabo una auténtica revolución, que permitiera modificar la constitución y pusiera fin a la "pseudo-democracia que existía en Chile" (Tomic... 1969, 9).

3. El discurso de la Unidad Popular (Salvador Allende)

El Programa elaborado por la Unidad Popular para las elecciones de 1970 es catalogado aquí como un discurso populista, pese a que para muchos historiadores, cientistas políticos y sociólogos, califican el proyecto encabezado por Salvador Allende Gossens como marxista, revolucionario o como un proceso revolucionario (Bitar (2013) Corvalán-Márquez (2001) Fermandois (2013), Garretón y Moulian (1993), Pinto (2005), Vial (2005, 2010), Winn (2013); y cuando no de populista, pero por razones completamente contrarias a las que aquí se han esbozado (Cousiño 2001; Larraín y Meller 1990; Valenzuela 1991)[8].

En este sentido, un primer problema para poder catalogar el discurso de Allende como populista, es la presencia de una manifiesta retórica "marxista" que recubre ampliamente los distintos textos analizados. Así, por ejemplo, en distintos discursos se hace mención al advenimiento de una sociedad de tipo socialista, a una revolución, a la lucha de clases y a un pueblo que se identificaría con un sector específico de la sociedad (el pueblo pobre-trabajador). Por lo mismo, importa destacar en qué medida se puede calificar el discurso de la Unidad Popular como expresión de una articulación populista, entendiendo que su Programa se encuentra dentro de un contexto político-económico que explicaría a su vez la existencia de otros discursos (más o menos populistas) que, en su conjunto, no fueron si no la expresión de una crisis hegemónica que empezó a gestarse a mediados de 1960. Un segundo problema, pero que se analizará con mayor profundidad en el siguiente sub-capítulo, dice relación a si es posible considerar el gobierno de Allende como un régimen populista, toda vez que el candidato de la Unidad Popular alcanzó el gobierno.

Con todo, los dos problemas que se mencionaron más arriba están concatenados. En efecto, al tratar de demostrar el alcance revolucionario del Programa de Allende, de paso podría explicar a qué tipo de régimen respondió. Una posible solución sería tratar de determinar si la revolución que se anunciaba en el Programa de la Unidad Popular era de tipo marxista o más bien típicamente chilena, con sabor a "empanada y vino tinto". Ciertamente que la dificultad no consiste tanto en observar si se produjo una correlación significativa entre discurso y práctica, sobre todo si se considera que una vez en el poder, Allende impulsó decididamente su proyecto contra-hegemónico. Por cierto que sería improcedente dudar acerca del alcance revolucionario de su proyecto, entendiendo su decidido esfuerzo por lograr una transformación profunda del estado de cosas vigentes. En este sentido, el reto lo constituiría verificar si dicha revolución fue efectivamente marxista. Al menos no lo fue en propiciar un cambio violento (Corvalán Marquéz 2001; Pinto 2005), por lo que restaría constatar si la revolución que propuso por vía institucional el Programa de la Unidad Popular, habría respondido, de manera importante, a la transformación radical que proponía el marxismo de la época. En realidad, nunca se podrá afirmar con certeza si el proyecto que encarnó Allende (y más allá de la explicación del golpe militar de 1973) se dirigió a la transformación absoluta del Estado capitalista, pues si bien durante su gobierno se procedieron a realizar una serie de transformaciones económicas, sociales y políticas, éstas siempre se hicieron tomando en cuenta la legislación vigente, y aun cuando alteraron profundamente el mercado y pusieron en jaque el modelo de acumulación, no transformaron en último término al Estado. Según Joaquín Fermandois (2014), lo que ocurrió fue el inicio de un "proceso revolucionario" que quedó inconcluso, pero no una revolución propiamente tal.

Podría compartir con Julio Pinto (2005) el hecho de que nunca antes en Chile se estuvo tan cerca de vivir una revolución, sin embargo habría que precisar que la revolución que se propuso se sostenía, en último término, en el respeto por la legalidad vigente y en la cultura política nacional, que era compartida mayoritariamente por todos los sectores sociales (Angell 2010). En este sentido, fue la visión gradualista la que imperó y no la vía violenta o rupturista. Con todo, no solo fue una cuestión de "distintas estrategias" para llevar a cabo la revolución, en el sentido de que la vía gradualista se diferenció de la "vía violenta o auténticamente revolucionaria" (como ellos se autodenominaban) porque propugnó completar el tránsito hacia el capitalismo para desde allí acometer hacia un proceso revolucionario socialista, sino que lo que marcó la diferencia, fueron aspectos de fondo que decían relación a que buscaban compatibilizar el socialismo con la democracia, como lo sugieren Corvalán Márquez (2001) y Alberto Aggio (2002).

En primer lugar, la cuestión consistiría más bien en determinar si el proyecto, que *a priori* se podría catalogar de marxista, no fue más que un proyecto populista. Habría que indagar, por lo tanto, si Allende se erigió como un líder que impulsó un proyecto clasista o fue el representante de un pueblo no reconocido, en donde el pueblo —y no la clase— asumió como sujeto fundamental del discurso; o más importante aún, si el objetivo final, pese a que Allende respetó la institucionalidad y optó por el gradualismo, siempre fue lograr la consecución del socialismo.

En segundo lugar, es fundamental determinar si se presentan suficientes elementos de juicio para probar que la movilización electoral que se suscitó, se transformó en una movilización política que alteró el predominio —y casi monopolio— de la acción política que tradicionalmente han considerado como *propia* los partidos políticos chilenos. En otras palabras, lo que habría que resolver, primero, es si la institucionalidad —tradicional— chilena fue modificada por otro tipo de institucionalidad; y segundo, determinar en qué medida la movilización popular antagónica supuso una "institucionalidad sucia" (Ostiguy 2015). En lo que respecta a este trabajo, se indagará fundamentalmente en el primer problema, y se espera que estudios posteriores analicen detenidamente el gobierno de Allende bajo la lógica de movilización/institucionalización, cuestión que permitiría afirmar, en definitiva, si es posible catalogar al gobierno de Allende como un régimen populista.

Pero en cualquier caso, tal como se anunció más arriba, en este capítulo se argumenta que el Programa de la Unidad Popular representó una dimensión de la política de tipo populista, ya que propugnó la conformación de un pueblo mediante un líder que demandó la resolución de los conflictos en torno a un significante vacío y que polarizó al país entre el pueblo y el "no pueblo". En rigor, fue principalmente el discurso de la izquierda chilena la que contribuyó a polarizar antagónicamente el ambiente político a fines de 1950. Como se observará, desde el Programa del "Gobierno Popular" de 1958, pasando por el Programa de 1964, es posible observar elementos y/o articulaciones populistas en su discurso, aunque las coyunturas estructurales y particulares de la elección de 1970 las hicieron aún más visibles. Factores que permitieron la conformación y el desarrollo de dos proyectos antagónicos: uno de izquierda y otro de derecha; o más simplemente, de dos proyectos que abogaban por la "liquidación" del *Antiguo Régimen* (Allende, Tomic) o bien por su defensa (Alessandri).

En realidad, los programas que presentó el FRAP (Frente de Acción Popular) en 1958 y 1964, precisamente con Salvador Allende como candidato, poco y nada se diferenciaron del Programa de la Unidad Popular de 1970. Había en todos ellos una continuidad discursiva manifiesta, en donde el principal objetivo que se propuso era que el Gobierno del Pueblo alcanzara el poder político para así poder sustituir la estructura económica, social y política que estaba presente en Chile desde tiempos remotos. En rigor, en todos los Programas de la izquierda consultados, se partía de la base de que el problema que afectaba a Chile era de tipo político, en específico, una deficiente democracia que se constituía en el verdadero obstáculo para el desenvolvimiento económico y social del país. Así, en el Programa de 1958, se hablaba directamente de una dictadura legal que ejercía una pequeña minoría sobre la voluntad soberana[9] y, para remediar el problema, se planteaba, sin ambages, la necesidad de una Asamblea Constituyente (Programa 1958, 14). En tanto, el Programa de 1964, seguía en la misma línea del programa anterior y, por lo mismo, llamaba a los chilenos a construir las bases de una verdadera democracia. Y si bien retrocedieron ante una Asamblea Constituyente, propusieron no obstante una nueva Constitución:

> El régimen democrático chileno está viciado desde sus raíces mismas, funciona en beneficio de los poderosos y tiende a perpetuar la dominación de los sectores reaccionarios y a impedir el acceso del pueblo al poder. De hecho, las libertades y garantías de las masas populares no son respetadas. El sistema institucional le niega al pueblo el derecho a participar en la vida nacional (…). Tales derechos serán consagrados en una nueva Constitución, que responda ampliamente a los anhelos democráticos del pueblo y a las necesidades de reconstrucción nacional. (Programa 1964, 25-27)

Ahora bien, llama profundamente la atención que el Programa de la Unidad Popular fuera el menos crítico en estas materias, pues si bien en este se argumentaba, y con justa razón, que la democracia chilena era altamente restrictiva[10] y que inhibía la voluntad popular[11], se reconocía una tradición democrática (de carácter institucional) que distinguía a Chile por sobre los países de la región y que había permitido a los trabajadores "conquistas" sociales (Programa 1970, 7).

Pero, en cualquier caso, sería difícil afirmar que el Programa de la Unidad Popular no cuestionara la democracia existente en Chile y que tan solo exigiera perfeccionarla. Lo más probable es que se haya "suavizado" el discurso político, en razón de que, paralelamente, radicalizaba su discurso económico. Por lo mismo, todo parece indicar que se quería dejar en claro a la opinión pública que el cambio estructural se iba a hacer en forma legal, resaltando el hecho que existían mecanismos constitucionales para ello, por más que el sistema jurídico protegiera a una minoría por sobre la mayoría del país (Programa 1970, 3). En estos aspectos, el Programa de la Unidad Popular rompía abiertamente con la tradición marxista, y ciertamente se acercaba a un régimen de tipo populista, por cuanto no se proponía la destrucción del Estado ni mucho menos la instauración de una "dictadura del proletariado", sino que la sustitución del Estado de derecho imperante por uno distinto. Es decir, el proyecto político se debía adecuar a la tradición política chilena, porque, en definitiva, había sido ésta la que había permitido que la izquierda llegara al poder. Allende afirmaba:

> No está en la destrucción, en el quiebre violento del aparato estatal, el camino que la revolución chilena tiene por delante. El camino que el pueblo chileno ha abierto le lleva a aprovechar las condiciones creadas por nuestra historia para reemplazar el vigente régimen institucional, de fundamento capitalista por otro distinto, que se adecue a la nueva realidad social de Chile (…). El partido socialista debe tener plena consciencia de que si el pueblo llegó al gobierno el 4 de noviembre de 1970, en la forma regular que lo hizo, fue precisamente a causa de nuestro régimen institucional. Si éste hubiera estado corrompido o carcomido, el quiebre de la institucionalidad se hubiera producido en ese momento y Chile hubiese entrado en un estado de violencia desatada. (Allende 1989, 160-162)

Del mismo modo, las demandas socio-económicas en los Programas de la izquierda cambiaron poco y nada, lo que confirma, por cierto, el alto grado de inmovilismo social y el fracaso del Estado chileno por resolver los requerimientos de la ciudadanía y, sobre todo, un reconocimiento hacia los grupos subalternos. Es por ello que no resulta extraño que se repitieran las mismas demandas económicas en los tres Programas, las cuales tenían por objeto, entre otras cosas, acabar con la inflación, la cesantía, la desigualdad, la falta de vivienda, el analfabetismo y la deficiente producción agrícola e industrial (Programas 1958, 1964, 1970).

Mas es posible observar que, en materias estructurales de tipo económico, el discurso de la izquierda chilena se fue radicalizando desde principios de 1960. En rigor, a diferencia de 1958, en el Programa de 1964 ya no solo existía un diagnóstico de atraso económico, que identificaba a los sectores poco productivos y responsables (oligarquía y el imperialismo) de dicha situación, sino que propugnaba un cambio radical en la estructura económica del país con medidas concretas que adelantaron, casi en su totalidad, el programa económico de la Unidad Popular. Así, por ejemplo, en el Programa de 1964, se propuso abiertamente la nacionalización de las empresas extranjeras que explotaban indiscriminadamente los recursos naturales; el fin de los monopolios industriales; la liquidación del latifundio; la exigencia de cambios profundos en la estructura bancaria y crediticia; y finalmente, la redistribución de los ingresos mediante un acelerado proceso de desarrollo económico (Programa 1964, 13-21).

En este sentido, no debería extrañar que se afirme que el Programa de la Unidad Popular no fue "muy adelantado" en estas materias con respecto al Programa inmediatamente anterior. De hecho, solo se observan dos elementos distintivos que tuvieron relación más bien con el procedimiento que con la profundización de cambios estructurales. Así, en el Programa de 1970, se replicaron las demandas económicas del Programa de 1964 y solo se precisó en lo que se debía entender por propiedad privada, mixta y estatal; y, por otro lado, se defendió la participación de los trabajadores en el devenir de las empresas, aunque nunca se profundizó en estas materias (Programa 1970, 16-18).

Ahora bien, lo que resultó distintivo en el Programa de la Unidad Popular con respecto a los anteriores, fue la apelación a la instauración de un régimen socialista, y no precisamente, el llamado a una revolución. En efecto, porque, primero, el término revolución había sido ocupado por primera vez en el Programa de 1964; y segundo, porque en ningún Programa, ya sea como Frente de Acción Popular o como Unidad Popular, se propugnó una revolución de tipo violenta, pese a toda la retórica marxista que se encontraba presente, sobre todo en el Programa de 1970, texto donde incluso se hacía alusión expresa a la "lucha de clases" (Programa 1970, 44-45). De hecho, cuando los partidos de izquierda estuvieron más seguros de su victoria electoral, curiosamente evitaron hacer uso de la palabra revolución; en efecto, en 1958, el término no se encontraba presente en el Programa, pero sí en 1964, aunque, en estricto rigor, se le definía como un proceso de cambio profundo, no reformista: "El único camino que queda abierto es el ataque a fondo, el cambio revolucionario, entendiéndose por tal la transformación profunda del estado actual" (Programa 1964, 12). Fue así que solo para las elecciones de 1970, se le dio a la revolución el apellido de socialista. "Las fuerzas populares unidas buscan como objetivo central de su política reemplazar la actual estructura económica, terminando con el poder del capital monopolista nacional y extranjero y del latifundio, para iniciar la construcción del socialismo" (Programa 1970, 12).

Pero dicha revolución, rápidamente se aclaraba en el Programa de la Unidad Popular, iba a suceder en un gobierno que respetaría las libertades civiles y el pluralismo, principios que le son propios a la "democracia burguesa": "El Gobierno popular se compromete a respetar los derechos democráticos y respetará las garantías individuales y sociales, tales como la libertad de conciencia, de palabra, prensa, reunión, la inviolabilidad del domicilio, como también los derechos de la oposición siempre que ésta se haga dentro de los cauces legales, entre otros" (Programa 1970, 8). O sea, se proponía una revolución socialista, gradual, sin violencia y dentro del marco institucional liberal. Lo notable, más allá de la aparente contradicción teórica, fue que tal llamado no solo se hizo visible durante la campaña presidencial, como una suerte de promesa de campaña para espantar los fantasmas del "comunismo", sino que Allende reafirmó dicha postura una vez que fue elegido presidente y durante todo su gobierno. De hecho, Allende, tras los festejos de su triunfo electoral en la madrugada de cinco de septiembre de 1970, afirmó: "Vamos a hacer un gobierno revolucionario. La revolución no implica destruir, sino construir; no implica arrasar, sino edificar; y el pueblo de Chile está preparado para esta gran tarea en la hora trascendente de nuestra vida" (*Abrirán las grandes alamedas* 2013, 9). Y luego, ya en pleno gobierno, en un discurso pronunciado en el Estadio nacional, el 4 de noviembre de 1971, Salvador Allende sintetizaba la manera en la que el pueblo de Chile debía entender la revolución: "... y aquí estamos nosotros transitando el camino de Chile, de acuerdo con su historia, para hacer nuestra revolución sin mentores ni tutores, revolución pluralista, democrática y en libertad, camaradas" (*Cinco discursos fundamentales Allende* 2008, 23).

Se ha discutido mucho respecto a las formulaciones teóricas de la vía socialista que proponía la Unidad Popular (Agüero y Garretón 1993) y las tensiones que se suscitaron al interior de la alianza, tanto en su conformación como posterior gobierno, ya que el M.I.R (Movimiento de Izquierda Revolucionaria) y parte del partido socialista promovieron la lucha armada[12], mientras que el partido comunista, el partido radical, la izquierda cristiana, el M.A.P.U., la mayor parte del partido socialista y, por supuesto, Allende, apoyaron la "vía institucional"o "vía pacífica"[13]. Con todo, y por más que hayan existido dos visiones en pugna de cómo entender la revolución (Corvalán Marquéz 2001), todo hace sospechar que no hubo un problema de carácter teórico, sino que la dificultad se redujo a las estrategias a seguir y no de los objetivos a lograr (Bitar 2001). En realidad, que el socialismo se llevara a cabo por vía electoral, no era una alternativa del todo heterodoxa, ya que si se toma en consideración el VII Congreso del Komintern (1935) y el XX congreso internacional del partido comunista (1956), la propuesta de la izquierda chilena estaba en línea con dichos Congresos. Indica Corvalán (1972) que, a decir verdad, ésta fue la conducta predominante de los partidos comunista y socialista, los cuales desde mediados de 1930 habían optado por apoyar y de hecho ayudaron a conformar —junto con el partido radical— al Frente Popular, alianza de centro-izquierda que gobernó Chile entre los años 1936 y 1952[14].

Se podría argumentar, entonces, que para el sentir mayoritario de la cúpula de los partidos de la Unidad Popular y de sus militantes, no había margen de duda respecto a que la vía institucional era el modo en el que se resolvería la revolución, por más que el MIR y una ínfima parte del partido socialista insistiera a través de acciones armadas lo contrario; o incluso, por más que la derecha, y luego la D.C., se esforzaran en sostener que se estaba ante una auténtica revolución marxista-leninista que estaba alterando el orden constitucional y debilitando la nación chilena (Fermandois 2013). Por lo tanto, se podría afirmar que el problema de la Unidad Popular se limitaba a cómo podía, por vía institucional, llevar a cabo la revolución, siendo que dicha institucionalidad, por más que ellos mismos insistieran en lo contrario, estaba diseñada justamente para evitar cambios estructurales, ni qué decir de permitir la existencia de una sociedad socialista.

Pero más allá de lo contradictorio que puede resultar de suyo la vía chilena al socialismo, y que investigadores chilenos y extranjeros se han esmerado en subrayar (Bitar (2013) Corvalán-Márquez (2001) Fermandois (2013), Garretón y Moulian (1993), Pinto (2005), Vial (2005), Winn (2013)), lo que aquí importa destacar es en qué medida podría catalogarse el discurso de la Unidad Popular de populista, asumiendo, por una parte, la carga marxista que está presente en el discurso; y por otra, entendiendo que el planteamiento doctrinal de la izquierda chilena se encontraba dentro de un contexto de polarización antagónica que respondía a un fenómeno populista.

Tal como se hizo ver con anterioridad, la cuestión estriba en determinar si Allende se erigió como un líder que impulsó un proyecto clasista o fue el representante de un pueblo no reconocido, en donde la *plebs* y no la clase, asumió como "sujeto" fundamental del discurso. En otras palabras, se hace necesario indagar si, en el discurso, el pueblo se constituye como el auténtico *populus* en oposición al bloque histórico de poder y sin distinciones de clase; si aparece un tono profundamente reivindicativo, antagónico, anti-hegemónico y de una búsqueda de reconocimiento de derechos políticos, sociales y económicos de una mayoría por sobre una minoría; si se apuesta por un cambio fundamental en el modelo económico y político; y, finalmente, si se opone al Estado de Derecho imperante más que la Institucionalidad Liberal.

Por cierto, porque en todos los Programas de la izquierda que aquí fueron analizados, se esgrimía la presencia de una "grieta" profunda en la sociedad chilena, que separaba a una minoría de la amplia mayoría de la población. Así, por ejemplo, en el Programa de 1958, se hace mención a un grupo reducido de la población que impedía el desenvolvimiento y realización de esta última, tanto en lo cultural, lo económico y en lo político.

> Por eso mismo, los chilenos no nos resignamos a que una reducida minoría, que ha detentado el poder por largos años y que solo se preocupa de atesorar riquezas y privilegios, nos haya sumido en el atraso y la miseria, deteniendo el desarrollo de la economía, de la cultura y de las instituciones nacionales (…). En este ambiente de estancamiento solo prospera el latifundio, el monopolio industrial, el gran comercio de importación, determinadas inversiones extranjeras y un reducido grupo de consorcios financieros; en cambio, las grandes mayorías nacionales sufren las consecuencias de un progresivo empobrecimiento. (Programa 1958, 5 y 18)

Grandes mayorías que, sin embargo, aún no se les asociaba "técnicamente" con el pueblo, como sí se hará efectivo en los Programas posteriores de 1964 y 1970. En rigor, en el Programa de 1958, casi no se menciona la palabra pueblo[15]. Ciertamente, porque en perspectiva populista, primero, debe desaparecer el privilegio ontológico de la clase obrera en la dirección política del movimiento de masas; y segundo, porque no cabe posibilidad alguna que una vanguardia (el partido) se arrogue la dirección del movimiento (Laclau y Mouffe 2010). En consecuencia, para que se configure un discurso populista debe ocurrir que las demandas democráticas pierdan su carácter de clase, y se hable más bien de "frentes populares"; es decir, de un pueblo que equivalencia sus demandas antagónicamente en contra del polo de poder (Laclau y Mouffe 2010). Lo anterior, se expresó nítidamente a partir del Programa de 1964, y con mayor fuerza en el Programa de la Unidad Popular, pese a que éste tuvo una impronta mucho más "marxista" que los discursos anteriores[16].

De hecho, tanto en 1964 como en 1970, los Programas prácticamente se iniciaban manifestando que Allende había sido ungido como el abanderado del pueblo para guiarlo y liberarlo de sus enemigos contumaces: el imperialismo y la oligarquía nacional (Programa 1964, 9). Es decir, se presentaba a Allende como el paladín de la auténtica Nación, la que estaba siendo sometida al poder extranjero en alianza con los capitalistas locales, quienes no trepidaban en beneficiarse egoístamente por sobre los intereses económicos del Pueblo:

> La miseria no es sino la consecuencia del predominio que ha ejercido una pequeña minoría a través de un orden social destinado a la utilización de los recursos naturales y humanos solo en beneficio de sus exclusivos intereses y que no ha trepidado en entregar las riquezas nacionales a las empresas extranjeras. Han sido siempre los mismos grupos dominantes los que se han alternado en el poder hasta desembocar en este gobierno de gerentes, que ha acentuado la concentración de la riqueza y el ingreso y ha devuelto a la oligarquía chilena la prepotencia y la soberbia que disimularon durante algunos. (Programa 1964, 12)

Con todo, la explotación no solo era económica, sino que eminentemente política, debido a que el sistema funcionaba, según el Programa de 1964, a favor de una minoría que se beneficiaba institucionalmente:

> El régimen democrático chileno está viciado desde sus raíces mismas, funciona en beneficio de los poderosos y tiende a perpetuar la dominación de los sectores reaccionarios y a impedir el acceso del pueblo al poder. De hecho, las libertades y garantías de las masas populares no son respetadas. El sistema institucional le niega al pueblo el derecho a participar en la vida nacional. (Programa 1964, 25)

Tal como en los Programas anteriores, en el Programa de la Unidad Popular (1970), se hacía mención a una minoría que estaba ahogando a las grandes mayorías, tanto económica como políticamente:

> En Chile se gobierna y se legisla a favor de unos pocos, de los grandes capitalistas y sus secuaces, de las compañías que dominan nuestra economía, de los latifundistas cuyo poder permanece casi intacto. A los dueños del capital les interesa ganar siempre más dinero y no satisfacer las necesidades del pueblo chileno (…). El grupo de empresarios que controla la economía, la prensa y otros medios de comunicación; el sistema político, y que amenaza al Estado a favorecerlos, les cuesta muy caro a todos los chilenos. (Programa 1970, 3)

Pero a diferencia de los programas anteriores, lo llamativo fue que en el Programa de la Unidad Popular, se precisó —dentro de todo— qué debía entenderse por Pueblo, identificando a éste no solo con las grandes mayorías, sino con los diferentes grupos, capas y clases explotadas que existían en la sociedad chilena, por lo tanto, el llamado que se les hacía era que se unieran y movilizaran en torno a un enemigo común:

> Hablando franca y honestamente, no somos una garantía para la minoría privilegiada. No somos una garantía para los intereses del capital imperialista que explota, intriga, corrompe y detiene el desarrollo de nuestro país. No somos garantía para el latifundio ni para la oligarquía bancaria, ni para los potentados del capitalismo que ejercen en Chile el verdadero poder, no elegidos por cierto por el pueblo. Con la misma franqueza decimos que el gobierno de la Unidad Popular, sí, será garantía para la abrumadora mayoría de la población, para el noventa o más por ciento de ella, compuesta de obreros, campesinos, empleados; profesionales y técnicos; estudiantes, maestros, intelectuales; pensionados y jubilados; artesanos, hombres con capacidad organizadora; la gran mayoría de los propietarios, productores, comerciantes, que no están unidos al estrecho círculo del poder capitalista, sino que

lo sufren de muchas maneras. El gobierno del pueblo trabajará con todos estos sectores para construir una economía basada en la planificación científica y democrática (…) solo así habrá una verdadera disciplina social basada en el pueblo mismo. (Programa, 1970: 41)

En este sentido, y como se ha venido sosteniendo, el Programa de la Unidad Popular en estas materias como en otras, no fue ni tan novedoso ni tan "revolucionario" como se podría considerar a primera vista, aunque sí se presentó ante la opinión pública como un programa mucho más revolucionario que los anteriores y con respecto a sus competidores. Y esto se explicaría por dos razones. Primero, porque, como bien argumentan Garretón y Moulian (1993), el Programa de la Unidad Popular tuvo que exacerbar su propuesta (y correspondiente retórica marxista) para poder diferenciarse del programa de Tomic; y segundo, porque precisamente la polarización antagónica que estaba aconteciendo en el país, exigía la radicalización de sus posturas. En lo que "innovó" el Programa de la Unidad Popular fue, por un lado, en el alcance que debía tener la revolución por más institucionalista que fuera y, por otro, en clarificar quiénes eran los grupos socio-económicos que debían apoyar y llevar a cabo la revolución. Revolución que, al fin y al cabo, no tenía otro objeto que terminar con el *Antiguo Régimen*. Difícil es, en consecuencia, no hacer un puente, en un primer momento, entre el Programa de la Unidad Popular con los anteriores Programas de la Izquierda; y en un segundo momento, entre el Programa de la Unidad Popular con el de Radomiro Tomic, considerando que ambos se enmarcaron dentro de una "narrativa populista".

4. *Una articulación discursiva populista*

En concreto, se puede argumentar que el discurso político chileno de fines de la década de 1960, y en particular los Programas presidenciales, adquirieron no solo una dimensión populista, sino que fueron también la expresión de un fenómeno populista: primero, porque se desarrollaron en presencia de una crisis hegemónica;

segundo, porque al menos dos de ellos lograron articular un discurso de tipo populista; y tercero, porque fueron enunciados dentro de un contexto de movilización electoral y política, nunca antes visto en la sociedad chilena.

En primer lugar, como se ha podido constatar, en todos los Programas —incluido el de la derecha— se hacía mención a la presencia de una crisis que estaba socavando las bases mismas de la Nación. Una crisis de orden moral, pero sobre todo, económica y política. Mientras que para la derecha, la crisis política se debía a la falta de autoridad del presidente y a la funesta politiquería que se practicaba en el Congreso, para la Democracia Cristiana como para la Unidad Popular, el problema radicaba, por un lado, en la falta de participación de los auténticos soberanos de la Nación (Pueblo) en las decisiones públicas y, por otro, en la existencia de una institucionalidad que se había erigido en favor de los "poderosos de siempre". Respecto a la crisis económica, el Programa de la derecha reconocía tanto problemas macro como micro-económicos. Dentro de estos últimos problemas, compartía el Programa de la derecha con los programas de "centro" y de la izquierda, las enormes dificultades que generaba la inflación, el sistema de pensiones, la pobreza y la escasez de viviendas, pero se diferenciaba radicalmente de ellos, en tanto asumía que toda la crisis económica era producto del rol que había jugado históricamente el Estado chileno, interfiriendo constantemente en la asignación de los recursos que le correspondía al mercado sobre la base del esfuerzo personal.

Por el contrario, en estos aspectos, los programas de la Democracia Cristiana y de la Unidad Popular sindicaban al privado como el gran responsable de la funesta distribución de la riqueza y de la pobreza, producto del egoísmo y avaricia de una pequeña minoría, que se beneficiaba de la explotación del trabajo ajeno. Por consiguiente, tanto Allende como Tomic, propiciaban un rol mucho más decidido del Estado respecto a la regulación del mercado, en la potenciación y ampliación de sus empresas, y en la delimitación del poder de los principales grupos económicos, que se constituían en verdaderos monopolios y oligopolios, y que, en última instancia, intervenían (directa o por influencia) en el diseño de las políticas públicas. En resumen, mientras la derecha argüía que la crisis provenía del mismo Estado y sugería que los cambios debían hacerse apelando a la tradición "libertaria" chilena, los programas de la Democracia Cristiana como de la Unidad Popular, exigían, por un lado, el cambio en el modelo de desarrollo y en el de acumulación y, por otro, en las bases mismas de la institucionalidad estatal; en breve, el fin del *Antiguo Régimen*.

En segundo lugar, la articulación discursiva de tipo populista, se ve graficada en la medida que un discurso antagónico y polarizador fue asumido por líderes que unificaron las distintas demandas (del pueblo) en contra del "bloque de poder". Por cierto que en el Programa de la derecha, si bien se diseñó la idea de una reforma estructural económica, dicho planteamiento estuvo lejos de estar dirigido en contra de los grandes empresarios y terratenientes, sino que sus dardos se dirigieron hacia una parte de la clase política (que no pertenecía a la derecha política) que, poco a poco, se estaba haciendo más numerosa y podía alterar peligrosamente el *statu quo*. En este sentido, por más que el discurso de la derecha expresara la polarización política existente, no podría ser catalogado como un discurso auténticamente populista, ya que no dividía a la sociedad en dos, ni tampoco propugnaba un proyecto contra-hegemónico. La figura de Jorge Alessandri, quien era su representante, emergía más bien, como aquel líder, aquel padre que venía a imponer el orden a una sociedad que estaba rompiendo con las jerarquías tradicionales. Para la derecha, el presidente debía cumplir la función de un líder impersonal, que se elevaba por sobre los partidos políticos, por sobre las clases sociales y grupos de interés, porque, en definitiva, el presidente era mucho más que el representante del Estado, era el representante de la Nación, del Pueblo chileno, que no era más que una sola identidad construida y forjada a lo largo de la historia. En realidad, la derecha chilena terminó por configurar un discurso en donde la libertad se esgrimió no solo para darle forma a la Nación, sino para defender, en último término, al *statu quo*, y en atención a éste, legitimó su oposición a todo tipo de cambio económico que alterara, en mayor o menor grado, el derecho de propiedad y el orden económico-político vigente.

Por contrapartida, los discursos de Tomic y Allende se articularon en torno a un significante vacío que exigía la revolución, o si se quiere, el fin del *Antiguo Régimen*. Si bien en estos aspectos no se propugna aquí una sinonimia de ambos términos, lo que sin duda los une es su dimensión contra-hegemónica. Y eso fue, en definitiva, lo que enunciaron ambos discursos. Los Programas de Tomic y Allende, se asemejaron tanto en determinar las causas económicas y políticas de la crisis, como en su proyecto de cambio, pese a que, para algunos, el proyecto allendista podría ser considerado de revolucionario, mientras que el de Tomic de gradualista. Pero más allá de dilucidar si esto ocurrió así, o si hubo una "narrativa revolucionaria" (Martínez y Vaisberg 2014), lo concreto es que ambos Programas participaron de una "narrativa populista". Ciertamente, porque ambos discursos concibieron la presencia de una "grieta" al interior de la sociedad chilena, vale decir, argumentaron sobre la existencia de un ellos y un nosotros; entre una elite corrupta y un auténtico pueblo. Pueblo que personificaba la alegría, la paz, la esperanza y la igualdad. Pueblo víctima y que había sido traicionado —"desde siempre"— por una minoría corrupta a la que llamaban indistintamente "oligarquía o burguesía" que, en concomitancia con el "imperialismo", expoliaban sin cesar al Pueblo sobre la base de una institucionalidad que no hacía más que favorecerlos. Discurso moral, a fin de cuentas, que aspiraba a dignificar y reconocer a las grandes mayorías del país y que llamaba a su movilización.

En tercer lugar, mientras el Programa de Alessandri no reconocía movilización social alguna, los Programas de Tomic y Allende se encargaron no solo de subrayar la presencia de un Pueblo movilizado, sino que también propugnaron su movilización tras su liderazgo. Tomic y Allende se presentaban como los auténticos representantes del pueblo chileno, ya que estaban en contacto directo con sus preocupaciones cotidianas (como médico o abogado respectivamente) por más que ellos no formaran parte del pueblo "dañado". En realidad, lo importante era, más que la condición social de ambos, que el Pueblo los considerara como parte de los suyos. Y ambos proyectos se encargaron de resaltar esta situación, tanto así que Tomic y Allende, con mayor o menor gradualidad, invitaban a una movilización general que permitiera "entrar al pueblo" en la Moneda, para así lograr el advenimiento del primer gobierno "revolucionario, democrático y popular de la historia de Chile". Cuestión que, en realidad, tendría profundas implicancias (y sobre todo una vez que Allende alcanzó el poder), ya que si bien ambos Proyectos se enmarcaban dentro de la institucionalidad imperante, por contrapartida, sus enunciados dislocaban una institucionalidad que había erigido a los partidos políticos junto a la clase económica, como los principales constructores y defensores del proceso democratizador chileno, tras la crisis hegemónica de primer cuarto de siglo XX, y que hizo de Chile un país "anti-populista".

5. Consideraciones finales: ¿un régimen populista?

El día 4 de diciembre de 1970, el candidato de la Unidad Popular, Salvador Allende, fue electo presidente de la República. Allende obtuvo 1.075.616 votos (36,63%), mientras que Alessandri, el candidato de la derecha, consiguió 1.036.278 sufragios (35,29%), en tanto Tomic, el representante de la Democracia Cristiana, salió tercero con 824.849 votos (28,08%). Al no haber logrado la mayoría absoluta, el candidato electo debía ser ratificado —según la constitución chilena de 1925— por el Congreso Pleno. Y así fue, y pese a las presiones extra-institucionales, tanto internas como externas, el 24 de octubre de 1970, Allende se convirtió en presidente de Chile (Corvalán Marquéz, 2001).

Ahora bien, más de algún lector podría estar esperando un estudio concienzudo sobre el gobierno de Allende para así determinar si en Chile se dio un "proceso populista total". Pero como se señaló en la introducción, dicho problema no será resuelto en este trabajo, principalmente, por tres razones: primero, porque se consideró que una explicación de tipo estructural, era mucho más significativa (analíticamente hablando) que determinar con precisión si el gobierno de Allende fue o no populista. En términos simples, la investigación podría haber comprometido su principal aporte, esto es, significar el inicio de un proceso populista que nunca antes se había puesto en marcha en Chile y, de paso, arriesgar también la contribución conceptual que constituye entender al populismo como un proceso. Segundo, porque determinar si el gobierno de Allende era o no un régimen populista habría extendido en demasía el trabajo, con el riesgo de que se terminara describiendo históricamente su gobierno. Tercero, y que viene siendo la razón principal, es porque tanto la bibliografía como las fuentes primarias revisadas, permitirían afirmar que el gobierno de Allende no constituyó un régimen populista, corriéndose el riesgo a estudiar en profundidad un "falso positivo". Y es en este punto donde quisiera ahondar al menos conceptualmente; esto es, sugerir los principales lineamientos de por qué el gobierno de Allende no podría ser calificado como un régimen populista.

A primera vista, para un lector agudo, esto podría resultar un tanto extraño, ya que si se considera que hubo un fenómeno populista y que Allende una vez en el poder, intentó llevar a cabo su proyecto, sería un tanto incomprensible que no sea catalogado su gobierno como un régimen populista. Siguiendo entonces esta perspectiva de análisis, sugiero tres lineamientos principales que —en el caso de la investigación en curso— podrían permitir afirmar si el gobierno de Allende dio paso a un régimen populista: primero, determinar su contenido, es decir, si hubo una narrativa de tipo marxista revolucionaria o populista; segundo, analizar cómo se compatibilizó la institucionalidad vigente respecto a la movilización política; y tercero, habría que indagar acerca del liderazgo que asumió Allende.

En particular, se sostiene que el proyecto de Allende se habría ajustado a un populismo de izquierda, no queriendo decir con ello que el populismo y el socialismo son fenómenos idénticos o intrínsecamente interrelacionados. Valer decir, en este apartado se está lejos de insinuar que ambos procesos deriven de un tronco común o de un modo específico de entender la política, pero sí se sugiere que existe una suerte de imbricación entre ambos, sobre todo, cuando ambos proyectos políticos propugnan un cambio revolucionario, aunque no en el sentido marxista clásico de poner fin al capitalismo. De hecho, uno de los pocos autores (si no el único) en afirmar que el gobierno de Allende combinó en una única vía dos distintas ideologías, a saber, el populismo y el socialismo, es Peter Winn (2013).

Fue precisamente Laclau, el primer autor en tratar teóricamente estas materias. En *Politics and Ideology in Marxist Theory* (1977), el autor distinguió entre un populismo de la "clase dominante", siempre represivo y neutralizador de todo potencial revolucionario popular (ideal que paradójicamente se exacerbaría para llegar al poder); de otro, que denominó "populismo socialista", y que sintetizaba, según él, la mejor forma de lucha que tenía la clase trabajadora para imponer su hegemonía. Según Laclau era en dicho proceso donde se habría de fusionar la ideología popular democrática con la ideología socialista. "En este sentido, el populismo socialista no es un retroceso, sino la forma más avanzada…" (Laclau 2011, 174). No obstante lo anterior, Laclau, lamentablemente, nunca profundizó en sus escritos posteriores respecto a estos tópicos. Lo más probable es que el autor no haya seguido esta "hebra" de análisis, ya que luego de tomar distancia del marxismo tradicional, le fue imposible asignar a una clase, en específico, a la clase trabajadora, un rol "populista-revolucionario" (Vergalito 2007). De hecho, y como se analizó en la primera parte, para Laclau, el populismo terminó por convertirse en *pura* lógica, en donde lo fundamental lo constituía la oposición antagónica al bloque de poder, por lo que no importaría mayormente para catalogar a un proceso como populista, si el contenido esgrimido en el discurso es de derecha o de izquierda[17].

Quienes rechazaron continuidad alguna entre Populismo y Socialismo fueron de Ípola y Portantiero (1981), para quienes no existía sino profunda ruptura entre ambos fenómenos[18]. En "Lo Nacional-Popular y los Populismos realmente existentes" (artículo que vino a ser una respuesta a Laclau), los autores cuestionaron principalmente el hecho de que el fenómeno "nacional-popular" haya —desde la perspectiva de la hegemonía— podido construir una voluntad colectiva nacional en términos de una alianza clasista bajo la forma de un auténtico Frente Popular. Por el contario, para de Ípola y Portantiero (1981), los movimientos nacional-populares bloquearon la consolidación de fuerzas verdaderamente contra-hegemónicas y revolucionarias, pues dichos movimientos conformarían a un pueblo interpelado por un líder de un modo organicista, que reificaría al Estado de manera similar al capitalismo tradicional, no constituyendo así una real alternativa emancipatoria. Vale decir, por más que el pueblo se hubiese enarbolado —por primera vez— como sujeto político, para los autores, el Estado Populista no sería más que un órgano dirigido por un líder que tendría por función apaciguar los conflictos entre los distintos intereses privados, continuando el proceso de fetichización de la Nación por parte del Estado y, por supuesto, de obturación de cualquier movimiento popular por quienes lo controlaban (de Ípola y Portantiero 1981)[19].

Así las cosas, según de Ípola y Portantiero (1981), el populismo —y en el mejor de los casos— sería un principio identitario que agencia al pueblo y no una auténtica apropiación de la Nación por lo popular. Y es justamente aquí donde se despliega el principal argumento de los autores. En estricto rigor, lo que intentan probar es que el populismo, tanto a nivel teórico como en la práctica política, es un "fenómeno político" que nunca renegaría de sus principios fetichistas, ni siquiera estando en el poder. Por el contrario, ellos plantean que el socialismo sería la única vía posible para impulsar un nuevo bloque de poder, puesto que a diferencia del populismo, agenciaría un antagonismo fundamental que pondría fin al principio de dominación de tipo estatal (de Ípola y Portantiero 1981). Ahora bien, sin entrar en mayores consideraciones que podrían hacer perder el foco de atención, lo concreto es que el argumento que esbozan los autores, en realidad, se constituye como una abierta paradoja a lo esbozado por ellos mismos a lo largo del artículo, pues, en definitiva, el argumento que presentan se afirma en la teoría y no en la práctica política. Es decir, lo mismo que los autores exigen a los populismos reales debieran hacerlo exigible también a los socialismos reales y no suponer, como lo hacen, que, pese a que los socialismos reales han fortalecido el poder estatal, el proyecto socialista (en teoría), al fin y al cabo, destruirá al Estado. Asumir que mientras el populismo es la perfecta congruencia entre modelo ideológico y su aplicación real, el socialismo, conforme a su proyecto y pese a su práctica, puede aún exigir y hacer exigible un mundo mejor no es más que un argumento de tipo onírico que se pierde en el tiempo y que dista bastante de la realidad.

Entonces, y aun cuando teóricamente se puedan distinguir ambos fenómenos políticos, no se podría si no aceptar, en la práctica política, una importante conexión entre un populismo de izquierda con el socialismo, sobre todo, en tanto no todos los proyectos socialistas se dirigen a la lucha de clases y al fin del capitalismo, así como no todos los populismos se constituyen sin más como un acomodo de las *elites*. De hecho, se podría afirmar que han existido socialismos no marxistas que tienen como fin realizar un cambio radical, pero no violento, respetando las instituciones y la democracia representativa, pese a que hayan utilizado, y en no pocas ocasiones, una retórica antagónica clasista. Así también han existido populismos de izquierda que tuvieron por objeto realizar un cambio radical en la estructura imperante, con una fuerte retórica revolucionaria, pero sin poner nunca en entredicho (en su totalidad) a la institucionalidad liberal.

En rigor, en términos teóricos y empíricos, el problema se limitaría a determinar cómo se construye el antagonismo y quién es el sujeto político fundamental que hay que redimir: mientras que en el populismo las diferencias de clase se diluirían, en el socialismo, por el contrario, se exacerbarían. Y desde el análisis del gobierno de Allende, que es lo que aquí interesa, no habría existido esto último, porque, en último término, las demandas democráticas enarboladas en su discurso perdieron parte importante de su carácter clasista y apelaron más bien a que se constituyera un "frente popular"; es decir, un pueblo que equivalenciara sus demandas antagónicamente en contra del polo de poder.

En concreto, un populismo de izquierda se podría calificar de socialista (y solo en ese sentido) cuando tiene por objeto imponer un horizonte de valores substancialmente distinto al que está en ese momento vigente. Se asemejaría entonces a un *socialismo radical* (no marxista)[20] al proponer un proyecto contra-hegemónico, pero dentro del marco de una institucionalidad democrática liberal, por más que se esté en desacuerdo con el estado de derecho imperante. Aun cuando Martínez y Vaisberg (2014) trazan una línea divisoria entre la "narrativa populista" y la "narrativa revolucionaria", plantean que ambas narrativas tienen su origen en un momento populista, que sería

> un común denominador a muchos procesos políticos de ruptura, antagonismo y cambio, pero que no todos ellos culminan en el desarrollo de fenómenos revolucionarios. Por lo tanto, caracterizar un determinado proceso político (o su narrativa) de "revolucionario" no implica negar su carácter original y esencialmente populista, sino más bien precisar su carácter específicamente revolucionario dentro de las múltiples orientaciones que (desde las abiertamente revolucionarias hasta las más reaccionarias) pueden asumir las retóricas y los momentos populistas. (Martínez y Vairberg 201, 479)

En efecto, los autores argumentan que un proceso político revolucionario tiene un "carácter original y esencialmente populista" (Martínez y Vaisberg 2014, 479), pero se diferenciaría de este último por tres grandes razones: en primer lugar, porque la "narrativa revolucionaria" plantea una diferenciación de clase; segundo, porque propugna un nuevo orden político, económico y social; y tercero, porque busca una nueva institucionalización[21]. Pudiendo estar de acuerdo en los dos primeros puntos (pero que se debe manifestar en la realidad y no quedar empantanado en lo teórico), me separo de los autores en el último punto, ya que, como se ha constatado en lo que va del trabajo, no es correcto separar en forma tan radical una ruptura populista respecto a su institucionalización futura. Cierto es, como argumentan Martínez y Vaisberg (2014), que hay que siempre distinguir el momento populista de su institucionalización, pero considero que es incorrecto oponerlos, ya que ambos forman parte de un mismo proceso. Negar la institucionalización de una movilización populista de izquierda y limitarla únicamente a un proceso *verdaderamente* revolucionario no haría más que reducir la radicalidad de un proyecto populista a una retórica desembozada de un líder que nunca reflejaría la voluntad de instaurar un nuevo orden.

Ahora bien, aquí se plantea que Allende llegó al poder articulando una narrativa populista radical, con un contenido retórico revolucionario (marxista), pero que no se conformó como un régimen populista en razón de su orientación socialista o revolucionaria, sino porque, en último término, Allende no logró consolidar una identificación de la mayoría ciudadana con su figura, como tampoco pudo institucionalizar la movilización política. Es decir, de haberse convertido en un auténtico líder multiclasista y de haber logrado institucionalizar la movilización existente, Allende habría dado justamente paso a la conformación de un régimen populista de corte socialista.

A continuación, entonces, se esbozan algunas de las razones de por qué el gobierno de Allende nunca logró erigirse como un régimen populista, hipótesis que, en realidad, deberán ser profundizadas y comprobadas por investigaciones que le sigan a futuro y, por lo mismo, no constituyen conclusiones definitivas, pero sí marcos de análisis que deberían ser —al menos conceptualmente— tomados en cuenta.

En primer lugar, en atención de la bibliografía y las fuentes consultadas, se puede sostener que el liderazgo que ejerció Allende sobre la población chilena, nunca llegó a ser mayoritario y, por lo mismo, no logró configurar un régimen populista. Pese a ello, la influencia que ejerció Allende sobre las "clases trabajadores" y, en general, sobre electores que participaban en los partidos de izquierda o eran cercanos a ella, fue decisiva. En general, como bien sostienen Casals y Fernández (2013), se ha hecho un tanto difícil pronunciarse sobre estas materias, ya que tanto la historiografía, como en las ciencias sociales chilenas, ha predominado el estudio de las corrientes políticas y de las ideologías que un análisis acabado respecto a cómo se generan las adhesiones a liderazgos personales. En realidad, dicha actitud estaría en línea con la "cultura política" del país, que ha renegado sistemáticamente de los liderazgos personalistas, si se quiere caudillistas, que se elevarían por sobre los partidos políticos.

Ahora bien, y en el caso particular de Allende, Casals y Fernández argumentan que el estudio de su figura permitiría aproximarse correctamente a la evolución de la izquierda chilena, ya que fue él quien "tuvo un rol fundamental en los procesos de unidad y crecimiento de la izquierda marxista... y hacia otras corrientes de izquierda" (Casals y Fernández 2013, 180). Siendo entonces candidato de los partidos de izquierda, ya sea como candidato del Frente del Pueblo (1952), del Frente de Acción Popular (1958, 1964) y finalmente de la Unidad Popular (1970), Allende aumentó de manera decisiva las votaciones que obtenía él como el conjunto de los partidos de izquierda[22]. Así, por ejemplo, si se consideran los resultados de las elecciones municipales, congresales y presidenciales que se celebraron entre 1958 y 1973, la izquierda evidenció un alza sistemática en sus votantes con lo cual se constituyó para 1971, como la fuerza política más importante del sistema político chileno, obteniendo el 50% de los votos. Mas, se acepte o no la hipótesis anterior[23], lo concreto es que Allende generó adhesiones personales que superaron con mucho a los partidos de su signo político (Casals y Fernández 2013). Y es en esta perspectiva que debería plantearse el análisis para determinar si Allende configuró o no un liderazgo populista.

Desde una primera perspectiva de análisis, difícil sería no considerarlo como tal, tomando en consideración que Allende llegó al poder sosteniendo un discurso que acá se ha calificado de populista. Más aún, si se considera, en segundo lugar, que el liderazgo que ejerció Allende superó ampliamente el apoyo que tenían por sí solos los partidos de izquierda, transformándose en un líder carismático popular, como lo sugieren Casals y Fernández (2013). Precisamente Fernández (2015) califica de *allendismo* a la forma particular de adhesión política que generó Allende durante su vida e incluso más allá de su muerte, "transformándolo a este último en un símbolo y referente identitario entre importantes sectores de la izquierda chilena" (Fernández 2015, 159).

Pero por más que dichas apreciaciones sean correctas, durante su gobierno, Allende no pudo concitar un liderazgo que le permitiera llevar a cabo su Programa de profundas reformas sociales, políticas y económicas. En rigor, cuestión que además explicaría el colapso del régimen, fue el fracaso de obtener el apoyo de los sectores medios[24], los factores que impidieron que Allende hubiera podido ejercer un liderazgo populista, en tanto líder de una alianza nacional-popular que hubiese generado un apoyo mancomunado entre los sectores populares y los de clase media. Argumenta Angell (2010) que dicha situación se produjo porque en Chile, fundamentalmente, los votantes decidían electoralmente en términos clasistas, por lo que por más que Allende (como se estudió con anterioridad) hubiese intentado concitar un apoyo del pueblo en contra de una minoría opresora, la cultura política chilena tendía a reducir el problema a la política de los tres tercios. Y aun cuando, como reconoce Angell (1993), no todos quienes pertenecían a sectores populares votaban por la izquierda, como tampoco los sectores medios lo hacían por partidos de centro, el alineamiento electoral hacia esos partidos fue bastante regular. Plantea Angell (2010) que el principal problema que tuvo el gobierno de Allende fue el no distinguir los intereses de los distintos grupos que conformaban a la clase media chilena, pues ella estaba compuesta por profesionales, funcionarios públicos ligados al Estado, trabajadores independientes y pequeños empresarios, que no se movieron nunca en "bloque" si no en atención a sus propios intereses.

Por otra parte, Cavarozzi (1995, 2013) sostiene que la clase media chilena fue cooptada ampliamente por los sectores dominantes, ya que fueron ellos quienes influyeron decididamente en su modelo cultural, gestionando una grieta entre los intereses de la clase media y de la clase trabajadora. Por lo tanto, aun cuando Allende fuera consciente de que debía contar con el apoyo de la clase media y de proponer distintas estrategias para lograrlo, los vaivenes económicos ocurridos durante su gobierno resultaron decisivos para que la clase media optara mayoritariamente por la Democracia Cristiana como por el partido Nacional, partidos que, por lo demás, tuvieron la habilidad de mantener vivo y acrecentar el discurso clasista que no permitía, precisamente, la unión entre las clases subalternas (medias y populares). En definitiva, más allá de sus intentos, Allende nunca pudo lograr que un importante número de la clase media chilena se persuadiera de que las políticas estatales y nacionales que él propugnaba no estaban en contra de sus intereses, como sí lo estaban —objetivamente— los planteamientos de la clase económica y parte importante de la clase política chilena.

En segundo lugar, se puede señalar que Allende no logró conformar un régimen populista, ya que la movilización que propugnó siempre tuvo como límite el respeto irrestricto de la institucionalidad vigente. Se podría afirmar que "Allende no se mostró como un líder caudillista enfrentado a las instituciones" (Casals y Fernández 2013, 181) o, si se prefiere, como un líder que dispuso la conformación de una "institucionalidad sucia" (Ostiguy 2014, 2015). A decir verdad, Allende siempre optó por privilegiar la vía institucional, constitucional y de tipo partidista por sobre el liderazgo que ejercía ante las clases populares. En realidad este hecho resulta un tanto paradójico, considerando que Allende siempre tuvo un mayor respaldo de sus votantes que de los propios partidos que conformaron a la Unidad Popular[25]. Pero la paradoja solo sería a primera vista, porque precisamente los partidos que respaldaban la "vía violenta" (parte del partido socialista y el M.I.R.) y que criticaban a Allende por su apócrifa vía de llevar a cabo el socialismo, fueron los que apoyaron en todo momento la movilización popular e incluso la exacerbaron (Gaudichaud 2004). En este sentido, las dos estrategias que se planteaban para llevar a cabo la revolución (institucional y armada) traían también consigo dos vías en las que el poder institucional podía relacionarse con el *pueblo*: un Poder Popular institucionalizado o, en su defecto, un Poder Popular en constante movilización. Pero como se ha planteado, Allende no dudó nunca, ni en los peores momentos de crisis, en escoger por la institucionalidad vigente: por la constitución que había jurado respetar y en depositar su absoluta confianza en los partidos políticos como los principales gestores de lo político.

Por cierto que nadie podría dudar del proceso de movilización político-electoral que incentivó el Programa de la Unidad Popular, pero otra cosa muy distinta sería afirmar que el gobierno de Allende aceptó el quebrantamiento de los límites legales y organizativos que precisamente buscó imponer desde arriba. Aun cuando se enarbolara el "Poder Popular" como auténtico símbolo de la revolución, impulsando para ello el Área de Propiedad Social (APS), las Juntas de Abastecimiento y Control de Precios (JAP), y la sindicalización obrera y campesina, todo esto debía estar bajo la estricta gestión y supervisión burocrática de la Central Única de Trabajadores (CUT), los Consejos campesinos a nivel local y nacional, los partidos políticos y principalmente de Allende, quien se elevaba como el líder y guía hacia un "socialismo democrático". Si bien las tensiones que se suscitaron al interior de la Unidad Popular, por parte de algunos partidos que incentivaban la revolución y al mismo tiempo la movilización popular, Allende las pudo controlar, no pudo con aquellas que sobrevinieron de los sectores sociales que el gobierno decía proteger y representar. Ni en la ciudad, producto de las constantes tomas de terreno, ni en las fábricas, ni mucho menos en el campo. Así, por ejemplo, según datos oficiales, el número de huelgas aumentó exponencialmente entre los años 1969 y 1972: de 1.217 huelgas en 1969, se pasó a 3.289 huelgas en 1972 (Bitar 2013, 295), mientras que el número de ocupaciones de predios agrícolas, que fue de 121 en 1969, aumentó a 658 en 1971. Y en relación a las tomas, ya sea de terrenos urbanos y fábricas, éstas pasaron de 97 en 1969 a 514 en 1971 (Llanos 2014, 86 y 110).

Así, y en vista de los hechos, el problema se produjo porque la institucionalidad chilena no estaba preparada para que el "pueblo entrara" con Allende a la Moneda, promesa que parte importante de sus simpatizantes estuvieron dispuestos a exigir. Como bien argumenta Winn, y sin negar ninguna de las credenciales revolucionarias de Allende, la dificultad que se suscitó y que entró en abierta contradicción con el significado que sus electores le entregaron a su Programa, fue que las intenciones de Allende eran más bien de "un reformista formado en los corredores del poder y no las de un revolucionario que busca derribar el viejo orden" (Winn 2013, 51). En este sentido, se podría colegir que mientras se desarrolló paralelamente un proceso revolucionario radical desde abajo, y con el apoyo de parte del partido socialista y del M.I.R. (Winn 2013), desde arriba, por contrapartida, se intentaba llevar a cabo un proceso revolucionario institucional, que tenía por objeto poner fin al *Antiguo Régimen*, pero que dejaba pendiente en un futuro —más que lejano o definitivamente inexistente— el advenimiento de un Estado socialista. Por consiguiente, la tensión entre estas dos estrategias de cómo llevar a cabo la revolución, lejos estuvo de ser superada. De hecho, Allende hizo continuos llamados (durante todo su gobierno) al orden a sus simpatizantes, los cuales, pese al éxito del primer año de gobierno, exigían mayores cambios y continuaban con el proceso de movilización:

> nadie que conozca realmente la doctrina marxista puede dudar del carácter revolucionario del Gobierno Popular chileno y del camino que escogió y que sigue. No hay revolución sin la transformación de la estructura social. No hay Gobierno Revolucionario que no tenga la obligación de mantener el orden público. Ambos supuestos se funden en nuestro gobierno propio Gobierno. El orden público de un Gobierno Revolucionario no es el orden público de una democracia burguesa. El orden público nuestro está basado en la igualdad social, usa la persuasión como herramienta (…). No podemos aceptar el desquiciamiento de individualistas aislados que podrían provocar el caos. La garantía del orden está en la clase organizada, consciente, disciplinada, responsable, capaz de comprender la gran tarea histórica que tiene. Por eso es que necesitamos que los trabajadores estén presentes en todos los actos de la vida con su consciencia de clase y voluntad revolucionaria. Es por eso que no aceptamos la presión, lo hemos dicho con honradez de revolucionarios, estamos contra todas las tomas indiscriminadas de fundos que crean anarquía en la producción y que terminarán por lanzar a los campesinos con-

tra campesinos o a los campesinos contra pequeños agricultores. Estamos contra las tomas de viviendas que perjudican a los trabajadores que juntaron sus cuotas para adquirirlas. Estamos contra las tomas de las pequeñas y medianas fábricas por los obreros; la estatización y la requisición de las empresas deben obedecer a un plan de Gobierno y no a la anarquía del impulso voluntario de unos cuantos (…). Por eso quiero señalar que un pueblo consciente, organizado y disciplinado, de partidos políticos que entiendan lealmente la unidad, que trabajadores organizados en sus sindicatos, en sus federaciones y en la Central Única, son la base granítica del proceso revolucionario. (Allende, discurso a un año de la Unidad Popular 4 noviembre de 1971, 21-23)

Ahora bien, no pudiendo discutir aquí la profundidad de consciencia de la clase obrera chilena y de su movilización radical, como lo exponen en sus obras, Gaudichaud (2004) y Winn (2013), lo concreto es que muchos electores, simpatizantes, y sobre todo opositores, le dieron un mayor alcance revolucionario a las palabras que Allende solía expresar. Y ciertamente que esto no debería llamar la atención, ya que, como bien argumenta Angell (2010), las disposiciones políticas del electorado chileno se disponían en un carácter clasista que, por lo general, dicotomizaba en el discurso retórico en dos grandes significantes vacíos: propiedad privada o ausencia de ella. Allende, por más que haya intentado "encauzar la revolución", sucumbió en su propósito, pues nunca pudo ejercer un liderazgo que rompiera con los moldes clasistas que la cultura política chilena —encabezada por los partidos políticos— había contribuido a exacerbar. Allende nunca pudo ejercer un liderazgo multiclasista, ni tampoco concitar un apoyo decidido de la población para su Programa que, en esencia, venía a poner fin al *Antiguo Régimen*[26]. En rigor, cuando Allende tuvo que enfrentar sus horas de máxima crisis y tensión, como lo fue el gran "paro patronal" (1972), optó por la institucionalidad. En un primer momento, abogando por lograr un acuerdo con la Democracia Cristiana, que a esas alturas estaba controlada por miembros de su ala conservadora (Frei Montalva (1911-1982) y Patricio Aylwin (1918-2016), los cuales no aceptaban si no su capitulación; y en un segundo momento, llamando a los comandantes y jefes principales de las Fuerzas Armadas como ministros, para así defender la legalidad vigente. Legalidad que no solo debía ser defendida de grupos reaccionarios o contrarrevolucionarios, sino que también del "Poder Popular", que organizados ya en "cordones industriales", desafiaban no solo el poder político, sino que a todas las estructuras de poder (Gaudichaud 2004). En realidad, el golpe militar de 1973, debería entenderse no como el fin del proceso populista o socialista (marxista) encabezado por Allende, sino como la respuesta decidida que tuvieron las clases dirigentes —y con apoyo de las F.F.A.A.— a las transformaciones radicales que exigía un ingente número de la clase popular. Todo indica que las clases dirigentes chilenas, pero también la clase media, temían más por un "reventón" desde abajo que del propio proceso conducido por Allende.

En consecuencia, el fracaso que aquí se postula respecto a la conformación de un régimen populista encabezado por Allende, fue producto, primero, de su incapacidad por lograr una alianza multiclasista que sumara en un proyecto común a la clase media junto con la clase popular; y segundo, porque, en último término, Allende siempre se inclinó por salvaguardar la institucionalidad ante el peligro de la movilización popular. Así lo prueba el hecho de que la respuesta que tuvo el paro patronal por parte de los trabajadores, mediante la organización de múltiples cordones industriales (que política y territorialmente unificaron a las fábricas con poblaciones y campamentos), se mostró como una movilización que excedió a tal punto el control institucional, que para aplacarla, Allende se vio obligado a tratar de lograr un acuerdo —incluso desventajoso— con la D.C. y de integrar a los militares a su gobierno (Corvalán Marquéz 2001)[27]. En síntesis, el alarde de lo bajo (Ostiguy 2015) era impensable para un político de fuste como Allende y en un régimen político tan híper institucionalista como el chileno y, por lo mismo, se clausuró una entrada directa hacia la conformación de una institucionalidad sucia. Y por cierto que esa oportunidad Allende la tuvo al alcance de la mano, durante y tras el paro de octubre (1972), coyuntura que "don Chicho" desechó al tratar de mantener en su pureza (y por carriles separados) la lógica movilizadora y la lógica institucional. Fue ese momento el que no solo terminó por sepultar cualquier posibilidad de conformar un régimen populista, sino que también dio por obturado el primer y único proceso populista que se habría gestado en la historia de Chile.

Conclusión

En la academia chilena e internacional, el populismo ha sido calificado mayoritariamente como un "fenómeno" ajeno al proceso histórico-político del país. Y justamente era su inexistencia, como acontecimiento recurrente y/o como régimen político, lo que probaría la particularidad chilena respecto a los países de la región. En este sentido, y pese a la presencia de algunos (y siempre acotados) discursos, liderazgos y manifestaciones populistas a lo largo de su historia, se ha concluido que el "fenómeno populista" no se habría manifestado en Chile, en razón de que el país ha gozado de una alta estabilidad institucional y de un ejemplar proceso democratizador. En términos simples, el profundo grado de desarrollo del sistema político chileno lo habría hecho inmune al populismo.

Bajo esta perspectiva de análisis, se ha postulado que el populismo sería un sistema político que atentaría contra la democracia, pues desvirtuaría, en su apelación constante a la voluntad popular, a la libertad, la representatividad y el pluralismo. El populismo (y no solo en Chile) ,se estudiaría por los analistas como un concepto profundamente dicotómico (democrática/no democrática; democrática/autoritaria) o bien como una democracia desfigurada (Walker 2007, 2009) . En realidad, esta última noción ha sido tan mayoritaria, que el populismo se terminó convirtiendo en un "atavismo pre moderno" (Casullo 2014), propio de sociedades —especialmente las latinoamericanas— que aún no lograban una adecuada modernización política y económica. Chile, en lo político, apunta la academia, habría dado pasos agigantados —desde 1930— con respecto a los países de la región, donde, por el contrario, sí se habían suscitado procesos nacional-populares. En Chile, nada de esas movilizaciones populares con líderes demagógicos había cristalizado, ya que se desarrolló una "democracia en forma" (Góngora 2006): porque existió un Congreso que no había interrumpido sus funciones durante 150 años; porque se habían dado elecciones regulares desde los orígenes de la República y éstas eran respetadas por aquellos que habían resultado derrotados; porque sus Constituciones se mantenían en el tiempo y dominaba el respeto al estado de derecho; porque existían partidos políticos que reflejaban perfectamente y representaban la estructura clasista de la sociedad; y porque contaba con una clase dirigente que velaba por los intereses de la Nación más que los propios.

Vistas así las cosas, Chile ha sido presentado por la academia como la consolidación manifiesta de un modelo republicano, que no tendría nada que envidiar a una democracia moderna, sana, desarrollada y no populista. El problema de Chile radicaría, siguiendo la tesis de Aníbal Pinto (1959), en no haber logrado desarrollar estructuras económicas modernas tal como lo había hecho en política. De hecho, la izquierda de los sesenta y setenta (cuestión que se ve representada en las plataformas electorales del Frente o de la Unidad Popular) postulaba que todo se reducía a razones económicas: a la profunda desigualdad social existente, a la presencia de una minoría explotadora que se dedicaba a la renta; a la falta de industrialización y a la dependencia tecnológica como país periférico. La derecha, mientras tanto, respondía (como se consagra en los lineamientos del partido Nacional) que el problema se reducía a la intervención constante del Estado en el mercado; a las limitaciones que existían para el emprendimiento privado; los excesivos impuestos y a la falta de seriedad por parte de políticos que anteponían sus ambiciones personales, satisfaciendo demandas sociales que no tenían un real sustento económico. Bien se sabe cuál fue el horizonte normativo que se terminó por imponer luego del golpe militar de 1973; pero como quiera que sea, con el correr de los años y en su práctica diaria, concitó un importante consenso político y social.

Tanto para los propugnadores del modelo económico —monetarista y/o neoliberal— pero, también para aquellos que formaron parte de la izquierda de antaño, todo indicaba que Chile se dirigía (ahora sí) hacia el desarrollo. Es por eso que políticos de todos los sectores se sumaron al unísono a apoyar las políticas económicas que legó la dictadura militar, pero, claro está, con un tono social (Hunneus 2014; Ffrench-Davis 2007). Ciertamente, porque el problema se seguía reduciendo a lo económico, por cuanto el Golpe no había mellado —en casi nada— la *exultante* democracia chilena. De hecho, para que Pinochet dejara el poder, se había llegado a un acuerdo con los principales miembros de la "clase política" que, en realidad, había suspendido sus funciones más que desaparecido[1]. La política consensual, entonces, se hizo nuevamente presente (Fuentes 2012). Pero no como se cree producto de una actitud transformativa de la clase política por el miedo que le producía la sola invocación del Golpe Militar, sino como una vuelta a la política de los años que antecedieron a las movilizaciones populares y a los proyectos contrahegemónicos de los años sesenta y setenta, alternativas políticas que habían precisamente socavado el poder legitimador que había capitalizado la clase política chilena. En realidad, el *pacto* fue un llamado a volver a las raíces, esto es, a poner en práctica su *habitus* de lograr consensos, negando la posibilidad de que se suscitaran polarizaciones antagónicas que, según la clase dirigente, tanto mal le habían hecho a Chile. Así, entonces, la clase política fue invitada —sobre todo la que provenía del centro, porque la derecha ya participaba y la de izquierda se contaba desde ya como excluida— a hacer un nuevo pacto nacional con la "clase económica", recomponiendo, por una parte, a la antigua "clase dirigente chilena" (aunque con algunos nuevos integrantes económicos y políticos); y por otra, definiendo como en el ayer, el proceso modernizador.

No obstante lo anterior, algo empezó a cambiar a mediados del año 2000. Surgieron las primeras voces críticas al interior de la clase política, pero eran tan limitadas que no se escucharon y en el caso de que hayan sido escuchadas, no fueron oídas (Mayol 2016). Las movilizaciones estudiantiles de 2006 y 2011, como las movilizaciones regionales de Aysén y Freirina de 2012, pusieron en discusión el horizonte normativo existente, removiéndose los cimientos del proceso modernizador chileno. Y fue en esos años cuando se escuchó, con más fuerza que nunca, la palabra populismo, que vino a significar, en simple, cualquier desvío al modelo económico y político vigente. Y más todavía, cuando se conformó en el 2013 una nueva coalición (Nueva Mayoría) de centro-izquierda, que parecía propugnar un cambio significativo en las estructuras de poder, con Michelle Bachelet a la cabeza. La idea de que Chile caería bajo el "fantasma populista", empezó a arreciar en el ambiente académico, político y económico. En este sentido, no era extraño que el populismo, que se suponía condenado a desaparecer, haya aparecido tan recurrentemente en los análisis de contingencia como su uso permanente en el vocabulario común, paradójicamente, en uno de los países que había alcanzado —al menos eso se decía— altos estándares de modernización y que se había caracterizado por su inmunidad ante el populismo.

El populismo, devino como sinónimo de clientelismo, demagogia, despilfarro económico y engaño. En efecto, la noción terminó por transformarse (que no escuche Laclau) en el significante vacío que habría de inhibir el proceso de democratización política y que, de paso, condenaría al sub-desarrollo o al estancamiento económico. De ahí el temor manifiesto que los académicos, analistas, comentaristas de la actualidad, políticos y la gente común tiene. Entonces, la pregunta se hace acuciante: ¿hasta dónde Chile sería inmune a la "arremetida" populista?; ¿no se estará acaso perdiendo, apurando el *mainstream*, esa capacidad tan exclusiva chilena, tan republicana, que nos haría tan distintos al resto de los países latinoamericanos? Y todavía más, si se sigue al pie de la letra a algunos comentaristas, ¿no sería este proceso conducido por Bachelet, el reflejo de lo que sucedió con Allende en 1970 y que tan "funestas" consecuencias trajo para Chile? O, si se quiere, ¿no se estaría en presencia de un segundo fenómeno populista?; ¿se acercaría Chile a un "momento populista", toda vez que aumenta el descrédito de la clase dirigente como lo prueban las principales encuestas de opinión y el ingente número de movilizaciones que demandan sustantivos cambios en el proceso democratizador (económico y político)?

Estas preguntas serán respondidas indirectamente y solo en la medida que presente las principales conclusiones de este trabajo, pues determinar las estructuras políticas que acontecieron en el Chile del pasado, permite articular una respuesta, aunque no unívoca, para el presente.

A continuación, presento al lector las principales conclusiones que se obtuvieron de la investigación y que dan cuenta de por qué no se gestó el populismo como un continuo proceso político en Chile, para luego esbozar —y muy brevemente— algunas ideas que permitan dilucidar en qué medida el populismo podría conformarse como una real alternativa política en un futuro cercano o de mediano plazo.

******

Los aportes fundamentales del texto se pueden resumir en cuatro puntos que explicaremos en esta sección. Los dos primeros, que tienen un carácter más teórico, dicen relación, primero, con el planteamiento de una nueva propuesta donde se re-conceptualiza al populismo como proceso, aunque se considera como punto de partida la teoría de Laclau; segundo, se establece una relación entre populismo, democracia y democratización respecto a los procesos de conformación y consolidación del Estado Nacional tanto en el pasado como en el presente; en particular, en relación al rol que les cabe a los Estados y al reconocimiento de quiénes forman parte de la Nación. Con respecto a los puntos tres y cuatro, estos tienen un carácter empírico, ya que la conceptualización es aplicada al caso de Chile. El tercer punto tiene por objeto explicar el por qué de la excepcionalidad chilena, mientras que en el cuarto y último punto, se argumenta respecto al momento en que se dio —por primera y única vez— un proceso populista (no pleno); más concretamente, un fenómeno populista.

I

Como se indica en la introducción, esta investigación no tiene como objetivo central que los académicos renuncien a conceptualizar al populismo desde un enfoque determinado. De hecho, el presente trabajo se inicia destacando el aporte de Laclau respecto a la noción del populismo como lógica y, al mismo tiempo, la forma en que dicha lógica es construida. Para Laclau, el populismo se define como una articulación discursiva que se caracteriza por el antagonismo; precisamente, porque designa el límite de la objetividad social, que es el lugar en el que el *pueblo* se constituye mediante un "juego" discursivo en oposición al bloque de poder. En este sentido, se puede afirmar que Laclau busca, ante todo, determinar la forma en cómo es construida la *lógica populista* y no indagar qué condiciones de posibilidad o contenidos puede tener. Tal como argumenta Laclau, el populismo en tanto fenómeno de la lógica social, no es más que el auténtico *modo* de constituir lo político. Ahora bien, sostener que el populismo es una articulación discursiva, plantea un problema de fondo en relación a cómo se aplicaría dicha construcción teórica a la experiencia histórica-social. Se afirma que una primera dificultad sería explicar por qué contenidos ideológicos diversos pueden ser catalogados indiferentemente como populistas sin distinguir entre contenidos que podrían hacer radicalmente diferente a un populismo de otro. Una segunda dificultad, que es donde centra su análisis el presente libro, consiste en profundizar la propuesta de Laclau a nivel teórico, sobre todo, si ésta tiene por objeto lograr su aplicación empírica. Así, en primer lugar, habría que dejar de lado la premisa lacluniana que considera al populismo como el espacio donde se define ineluctablemente la política y la hegemonía. En otras palabras, se puede concordar con Laclau en torno a la idea de que los sujetos se construyen mediante la acción discursiva y que el populismo posee una lógica articulatoria equivalencial que crea identidades (en este caso dos identidades esenciales) mediante una lucha hegemónica, pero no por ello coincidir que la lógica populista es la lógica *tout court* de lo político. En segundo lugar, se debería tratar de compatibilizar aún más ruptura con institucionalidad, ya que para llegar a entender correctamente el populismo, no solo debería importar su articulación, sino que, ante todo, asumir que se debe constituir como régimen de gobierno. Esto último es particularmente importante, en el entendido que si la apuesta futura es que los populismos se definan tanto por su articulación como por contenidos, al momento de calificarlos ya no solo se trataría de mostrar la existencia y la articulación de una lógica populista, sino que, progresivamente, el problema apuntaría a establecer una exploración empírica de los populismos "realmente existentes". Pero como quiera que sea, fue Laclau el que abrió brillantemente el camino.

En rigor, lo que se propone este estudio es concebir al populismo como un *proceso histórico* que obedece a distintas condiciones de posibilidad de tipo estructural como agencial, evitando así definir al "fenómeno" *solo* como la lógica de la política, aunque rescatando la idea de que el populismo es una dimensión de la política (Worsley 1969; Laclau 2005). Dicha propuesta tiene la ventaja no solo de ser aplicable al estudio de casos, sino que implica, de paso, evitar categorizaciones muchas veces ideológicas que se imponen sobre el populismo. La presente investigación, se propone estudiar al populismo desde una perspectiva sociológica-histórica y no episódica. Caracterizar a un "fenómeno populista", desde uno u otro enfoque, no está en discusión (aunque acá se asume el político-discursivo), sino el verificar que un *fenómeno* populista se desencadena tras un *momento* populista y que, luego, puede constituirse en un *régimen* que responde a distintos contenidos (derecha o izquierda). Se afirma que todo proceso populista nace a partir de una crisis hegemónica, ya sea que ésta se encuentre obturada, larvada o en pleno desarrollo. Incluso puede ocurrir que un discurso político sea catalogado de populista porque reúne características "objetivas" que le permitan llevar ese apelativo (porque hay un líder que se dirige a las masas y porque hay un claro discurso antagónico que separa al pueblo del bloque de poder, entre otras cosas), pero lo que realmente debería importar es si efectivamente dicho discurso resume una articulación discursiva que intenta o lleva a cabo un proyecto contra-hegemónico. Y esto es solo posible de verificar si se entiende al populismo como un proceso. Ciertamente que el discurso político resalta como el principal elemento, si se quiere verificador, de la presencia de una articulación populista. Con todo, esto no significa que sea el discurso el que determina por sí solo si se está ante la presencia o no de populismo. Y esto es importante destacar, no solo porque todo discurso debe trasuntar hacia la "realidad material", sino porque puede darse la situación que comparezcan elementos populistas que no se aducen con la realidad contingente, más allá de si se llevan o no a la práctica en tanto régimen. Por lo mismo, existe un paso intermedio que se debe tener en cuenta a la hora de calificar un proceso como populista, que es, precisamente, lo que determina que se está o no ante un fenómeno populista. Vale decir, un discurso puede ser caracterizado como populista (solo por su articulación), pero no por ello se está ante un proceso populista. Cuestión distinta es que dicho discurso se articule como acicate o resultado de una crisis hegemónica, pues solo ahí se da inicio a un proceso populista (en tanto fenómeno), aunque no por ello el proceso se cerrará —siempre—con la consolidación de un régimen.

En este sentido, es preciso reparar en la apuesta que hace Pelfini (2015) con relación a la existencia de un momento populista, es decir, al contexto de una crisis hegemónica que vendría siendo el gatillante principal del populismo. Más aún, pese a la presencia de objetivas condiciones que podrían dar lugar a un proceso populista, puede ocurrir que, al ser producto de estructuras, repertorios y ausencia de liderazgos, dicho momento no cristalice como fenómeno ni mucho menos como régimen. Un fenómeno populista, en tanto, requiere de dos condiciones para su existencia: una crisis hegemónica y una articulación populista. Lo que resulta decisivo a la hora de hablar de un fenómeno populista, es que se produzca una articulación populista; esto es, que exista una interrelación necesaria y suficiente entre pueblo, líder, irrupción-ruptura, movilización y reconocimiento, en un contexto de crisis hegemónica (presente o incubada) y enunciado en un discurso. Con todo, como se subrayó, una articulación populista se puede generar sin que quien la propugne llegue al poder, mientras que un régimen populista exige de su presencia. Aún así, no se puede concluir que un régimen populista es *ipso facto* un fenómeno populista que ha llegado al poder. Existen, en consecuencia, sutiles pero importantes diferencias entre ambos procesos. Un régimen populista, a diferencia de un fenómeno populista, exige que se haga efectivo política e institucionalmente su contenido; pero a su vez, que no sea meramente movilizador o institucional, sino una combinación entre ambas lógicas (Ostiguy 2014). En términos simples: una cosa es llegar al poder y otra muy distinta es llevar a cabo su "programa" (en tanto proyecto contrahegemónico) incluso distinguiendo si éste puede ser abortado por fuerzas externas o internas a corto plazo. Todo el esfuerzo anterior, no puede ser visto como una simple tipología. En efecto, resulta vital para precisar el concepto, por cuanto el populismo es un tipo de discurso político (en tanto dimensión de la política) que, como régimen, se ha dado en contados y específicos momentos de la Historia. Lo que puede haber existido, quizás, y en no pocas ocasiones, son momentos o incluso discursos populistas, pero no así fenómenos que hayan concluido en regímenes populistas. En efecto, resulta perentorio separar tres esferas distintas: la primera, la existencia de una crisis hegemónica (el momento populista); la segunda, que dice relación con el tiempo en que se produce la articulación populista (el fenómeno populista); y por último, el proceso de obtención del poder (el régimen populista). Así las cosas, la clasificación que se presenta tiene tres ventajas: primero, evita calificar un sinnúmero de subtipos de procesos históricos, líderes y discursos como populismos (cuestión que no hace más que diluir el concepto); segundo, complementa la tesis lacloneana en lo que respecta a que el populismo es una articulación cuando no una dimensión de la política; y tercero, al distinguir entre momentos, fenómenos y regímenes populistas, se consigue explicar que el populismo es un proceso que se enmarca en coordenadas históricas concretas. En consecuencia, se entiende por proceso populista un movimiento nacional-popular en el que se moviliza, mediante un líder, a un pueblo que pone en entredicho, por medio de una ruptura antagónica y una lógica polarizadora, el estado *natural* de cosas vigente. Ésta es una movilización popular que está en permanente tensión para lograr su institucionalización, ya que está en busca de un reconocimiento que por mucho tiempo le fue negado. Todo ello, en un contexto de crisis hegemónica.

II

Así también, el planteamiento propuesto ha tenido por objeto, en primer lugar, discutir a nivel teórico la relación existente entre populismo, democracia y democratización, problema que, como se hizo ver, se inserta dentro de una matriz de análisis en que el populismo es visto como contrario a la democracia o a lo menos como una desfiguración de la democracia. Por el contrario, en este trabajo, se concibe el populismo como un proceso sociopolítico de tipo contra-hegemónico que puede poner en discusión modelos más o menos inveterados de acaparamiento de poder, los cuales siempre expresan formas autoritarias o incluso consensuadas de dominación política y económica. En este sentido, si bien se está lejos de afirmar que el populismo es la más excelsa forma de democratización, sí se propone que un "proceso populista" puede llegar a propugnar o afincar procesos democratizadores. En segundo lugar, y a partir de esta propuesta teórica, sería importante llegar a dilucidar empíricamente en estudios futuros (a lo menos en el caso específico de Latinoamérica) en qué medida se democratizaron aquellos países en los que ha sido posible avizorar el advenimiento del populismo.

En lo que respecta al caso de Chile (1932-1973), este trabajo tuvo como objetivo central determinar, por una parte, por qué el populismo nunca llegó a consolidarse como régimen y, por otra, porqué el "fenómeno" nunca llegó a constituirse en una dimensión permanente de la política, sobre todo si se considera que Chile ha contado con estructuras económico-sociales muy similares al resto de los países latinoamericanos. En efecto, aquí se argumenta que la principal razón de la ausencia de populismo en el país, no solo se explica por su fuerte institucionalidad, sino que, principalmente, porque su clase dirigente generó un tipo de democracia que careció de efectivos procesos democratizadores.

En definitiva, como sostiene María Esperanza Casullo (2014), es un error creer que el avance de la democracia en el mundo hará disminuir el populismo y, es por este motivo, que en este libro, se invita al investigador a demostrar empíricamente (y con ello no me refiero a intrincadas variables como lo hice ver en el texto) si el populismo contraviene procesos democratizadores y no concluir apresuradamente que ambos se oponen. Tan imprudente es afirmar que el populismo es *per se* democrático como concluir que la ausencia de éste refleja siempre y necesariamente a una democracia sana.

III

En este libro se afirma que una de las dificultades más acuciantes para el estudio del populismo en Chile ha sido compatibilizar el marco teórico que tiene el investigador y su aplicación empírica. Puesto que, por lo general, se ha resuelto esta problemática considerando un factor específico como desencadenante del populismo, o bien se han concebido modelos altamente acumulativos que no permiten distinguir el *peso específico* de determinados factores, los cuales apuntarían más bien a detectar rasgos o "síntomas" que harían plausible la existencia del "fenómeno". Así, en la academia chilena, ha resultado un tanto inoficioso estudiar al populismo en su dinámica sociológica-histórica, ya que, en el fondo, ha bastado con buscar en el archivo histórico si algún acontecimiento o personaje se ajusta a lo preconizado teóricamente, para así afirmar si se está o no en presencia del populismo. De hecho, el estudio del "fenómeno" se ha visto influido por dos líneas investigativas complementarias, provenientes de la ciencia política y de la economía, y que concluyen que el populismo es, en términos simples, una anomalía política y económica. Existe también una tercera e incluso una cuarta vía de análisis, explicaciones afines a la sociología y a la historia, que más allá de poner en evidencia la condición "anómala" del populismo, en el caso de la sociología, sepulta epistemológicamente cualquier intento de ver en el fenómeno populista un producto de la racionalidad moderna y la construcción de sujetos. Mientras que desde el quehacer histórico, se limita a aplicar descriptivamente modelos elaborados por las tres interpretaciones anteriores. Finalmente, existe también una quinta vía de análisis, que utiliza los marcos del estructuralismo histórico-sociológico, y en donde se enmarca al populismo dentro del amplio proceso de quiebre de control del Estado oligárquico e impulso del Estado Desarrollista, bajo una alianza multiclasista dirigida por un líder populista. Mas, el problema que se constata es que en todas estas interpretaciones no solo han concurrido factores específicos —económicos o institucionales—, sino que también factores ideológicos que exaltan una forma específica de entender la democracia.

Es desde esta dificultad que se genera el análisis del caso chileno. En efecto, el presente libro expone las razones de por qué no se produjo el advenimiento o consolidación de un proceso populista en un país que compartía, en un grado importante, estructuras sociales y económicas con el resto de los países de la región. La explicación que se da a ello es, en términos concretos, de orden político. En rigor, aquí se plantea que tras la crisis hegemónica de primer cuarto de siglo XX, se produjo en Chile una estructura antipopulista de tipo institucional-partidista, la cual se prolongó durante casi cuarenta años y sería ésta la responsable de haber inhibido el desarrollo de un proceso populista. Gran parte de la academia (nacional e internacional) concuerda que este hecho, casi por sí solo o por efecto del mismo, demostraría la existencia de un profundo proceso democratizador. En rigor, es esta hipótesis la que se impugna, por cuanto la ausencia de populismo en Chile habría obedecido más bien a una forma particular de entender la democracia, con sello fuertemente institucional, y no producto de efectivos procesos democratizadores, amplios, igualitarios, protegidos y vinculantes.

Se argumenta que la crisis hegemónica que se desarrolló entre 1919-1925, no conllevó el advenimiento de un fenómeno populista, pese a que es posible observar que se puso en discusión la hegemonía de los grupos dirigentes. Más aún, si se considera que el proceso democratizador chileno corrió por cauces que lo hicieron alejarse del populismo "tradicional", ya que se correspondió con bajísimos niveles de movilización y lenta polarización política (pública y privada) a excepción de la década de 1960 en adelante. En atención a la literatura especializada, se afirma que la crisis hegemónica de primer cuarto de siglo XX y de ahí en adelante se resolvió en Chile institucionalmente: en primer lugar, por vía estatal, mediante el ascenso de una clase media que habría de desempeñar el rol republicano que antes cumplió la antigua clase dominante chilena (Moulian 2009); y en segundo lugar, se arguye que la resolución de esta crisis hegemónica fue por vía partidista, ya que habría sido el sistema de partidos y no figuras personalistas o caudillistas, los que ejercieron un papel mediador entre el Estado y las masas. En otras palabras, según esta explicación, en Chile, no hubo espacio para que se gestara el populismo como sí aconteció en el resto de los países de la región, en razón de que en el país se habría desarrollado una "democracia en forma" (Góngora 2006). Mas, por el contrario, en esta investigación se sostiene que la razón de por qué no se desarrollaron procesos populistas en Chile no fue producto de su impecable institucionalidad, sino porque, primero, dicha institucionalidad obedeció a una particular forma de entender la democracia, que apeló continuamente a una mediación en clave republicana (decimonónica) y siempre mediada por aquellos que componían la clase dirigente (primero por la clase económica y luego por la clase política); y segundo, porque el orden político existente logró capear las distintas crisis que se sucedieron, adaptando los marcos institucionales y fortaleciendo los elementos anti-populistas de éstos. Es por ese motivo que, a lo largo del texto, se da cuenta de los mecanismos principales (a nivel político institucional) que utilizó la clase dirigente chilena para inhibir el desarrollo de procesos populistas, los cuales, de producirse, habrían alterado significativamente la forma en que ellos y la población en general entendían el proceso democratizador.

En consecuencia, lo que se intenta demostrar al lector son los mecanismos institucionales, si se quiere estructurales, que hicieron de Chile, entre los años 1932 y 1973, un país "anti-populista" y que, en definitiva, sellaron su particular "cultura política" dentro de América Latina. Por una parte, se profundiza respecto a la movilización político-electoral y, por otra, respecto al sistema de partidos. En efecto, aquí se demuestra, en primer lugar, que el crecimiento gradual del cuerpo electoral chileno, con períodos de mayor rapidez que otros (de súbita aceleración desde la década de 1960), obedeció a mecanismos de negociación y al alto grado de institucionalización de su sistema político, que permitió la asimilación de estratos sociales que se encontraban previamente excluidos del sistema político, pero preservando siempre las reglas del juego que fueron impuestas en los inicios de la década de 1930. En segundo lugar, se constata que en Chile se evitó el populismo, precisamente, por el rol que le cupo al sistema de partidos. Por supuesto, no porque el sistema de partidos estuviese "preocupado" de la presencia del populismo (como lo hace ahora), sino por su forma específica de entender la democracia; en particular, de gestionar y reconocer las demandas ciudadanas. Se configuró un "apolíneo" sistema de partidos (desde 1932 a 1973) en el que se encontraban representados todos los pensamientos (conservadores, centristas y revolucionarios) pero que, en el fondo, evitaba la polarización antagónica de lo político y que, además, fue diagramado por la clase económica y luego asumido sin mayores reparos por la clase política (a inicios de 1950) con el objeto de no dejar hacer aquello que no querían que se hiciera (Cavarozzi 2013).

IV

Sin embargo, desde 1960 el *Antiguo Régimen* entró en crisis. Crisis que sobrevino, por una parte, porque al interior de la clase dirigente se produjo un quiebre que progresivamente distanció a la clase económica en el control e influencia que tenía sobre el Estado (Salazar 2015). Esto trajo como consecuencia que la clase política se convirtiera de ahí en más en hegemónica y que, seguidamente, una parte de ésta haya propiciado abruptos cambios en la estructura económica, que se dirigieron hacia el corazón de la *burguesía* nacional, pero que paradójicamente nunca —por revolucionarias que fueran dichas propuestas— se propusieron modificar la institucionalidad imperante y el modo en que la sociedad chilena se había democratizado. Por otra parte, se explica también que la crisis devino porque se produjo una ingente movilización popular que desafió las estructuras económicas y políticas del *Antiguo Régimen*. A decir verdad, ambos elementos se combinaron y son esenciales para demostrar que en Chile, durante el proceso eleccionario presidencial de 1970, se desencadenó, como nunca antes, un proceso populista. No solo porque se vivió un momento populista (crisis hegemónica), sino porque se produjo una articulación discursiva que hizo que el discurso político asumiera una dimensión populista, que es posible de visualizar en los Programas presidenciales elaborados entre 1969 y 1970, cicateados, además, por la movilización político-electoral y la polarización antagónica de proyectos contra-hegemónicos. En este sentido, para 1970, se estaba ante un fenómeno populista en pleno desarrollo, que esta vez no pudo ser institucionalizado por la clase dirigente, porque, entre otras cosas, la crisis hegemónica provenía desde su mismo seno. En realidad, lo que sucedió fue que el modelo hegemónico imperante empezó a resquebrajarse desde una institucionalidad (partidos políticos) que, precisamente, se había diseñado para protegerlo.

En consecuencia, se prueba, después de analizar detenidamente los programas de gobierno de los distintos candidatos, que al menos en dos de ellos (Programa de la Unidad Popular y de Radomiro Tomic), en menor o mayor grado, se dio una articulación populista; en efecto, ambos propugnaron la conformación de un pueblo mediante un líder que demandaba la resolución de los conflictos en torno a un significante vacío y que polarizó al país entre un ellos y un nosotros. Al mismo tiempo, se demuestra que durante el desarrollo de una articulación populista, la dislocación que se produce del espacio político no le es exclusiva a una *tienda* política o a un líder determinado, sino que subyace a todo el espectro político. En concreto, se sostiene que el discurso político chileno de fines de la década de 1960, y en particular los Programas presidenciales, adquirieron no solo una dimensión populista, sino que fueron también la expresión de un fenómeno populista: primero, porque se desarrollaron en presencia de una crisis hegemónica; segundo, porque al menos dos de ellos lograron articular un discurso de tipo populista; y tercero, porque fueron enunciados dentro de un contexto de movilización política-electoral, nunca antes vista en el escenario político de la sociedad chilena.

Con todo, se plantea que en Chile nunca se dio un "proceso populista total", ya que pese a que los discursos (Programas presidenciales para las elecciones de 1970) dieron cuenta de una articulación populista, que era producto de la crisis hegemónica existente, todo indica que el gobierno de Allende, finalmente, no se constituyó como un *régimen* populista. De hecho, se argumenta que por más que Allende llegara al poder articulando una narrativa populista radical, con un contenido retórico revolucionario (marxista), su gobierno no se conformó como un régimen populista en razón de su orientación socialista o revolucionaria, sino porque, en último término, Allende no logró consolidar una identificación de la mayoría ciudadana con su figura, como tampoco pudo institucionalizar la movilización política. De haberse convertido en un auténtico líder multiclasista y de haber logrado institucionalizar la movilización existente, Allende habría dado justamente paso a la conformación de un régimen populista de corte socialista. A decir verdad, la conformación de una institucionalidad sucia (Ostiguy 2014) era impensable para un político de fuste como Allende y en un régimen político tan híper institucionalista como el chileno, con lo cual —y más allá del golpe militar— se dio por obturado, el primer y único proceso populista que se habría gestado en la historia del país.

******

Ahora bien, en la actualidad, el populismo sería un "fenómeno" que en Chile, desde la perspectiva de la clase dirigente chilena, estaría siempre presto a aparecer, ya que éste vendría a significar, para ellos, el riesgo de cambio del modelo económico vigente como la pérdida del rol directivo y excluyente que tienen los políticos de la política. Por eso toda intervención del Estado en el aseguramiento de derechos sociales y de la existencia de líderes que se salten las banderías políticas, que escuchen a la "calle" y le den cabida a soluciones "facilistas" (entiéndase por no tecnocráticas), serían siempre interpretadas como amenazas populistas[2]. Pero en realidad, ¿no serán acaso todos esos temores el producto de un proceso democratizador que nunca ha sido tan amplio, igualitario, protegido y vinculante? Esa fue la invitación que precisamente se hizo en este trabajo, esto es, a discutir sobre estos aspectos tan presentes en el *mainstream* académico.

Así, desde esta perspectiva, este libro pretende constituirse en un aporte, estudiando el pasado (1932-1973) pero proyectándose hacia el futuro. Fue en dicho período donde no solo se evitó el desarrollo de procesos populistas (plenos), sino que se gestaron las estructuras políticas que servirían para amortiguar desviaciones populistas futuras. En rigor, el enfoque sociológico-histórico probaría que las crisis hegemónicas que han sobrevenido en el país, siempre se han institucionalizado y enmarcado bajo la guía de una fuerte y homogénea clase dirigente que, como en el ayer, se ha atribuido la capacidad de organizar y repartir los recursos económicos, sociales y culturales. En realidad, para que se produjera un nuevo proceso populista en Chile, debería acontecer, tal como ocurrió entre los años sesenta e inicios de los setenta, una nueva crisis hegemónica que generara un quiebre al interior de la clase dirigente (al menos de la clase política chilena) mediante una polarización discursiva de tipo antagónico, que opusiera al pueblo frente al anti-pueblo. Que surgiera, además, como en esos años, una movilización política (ya que la electoral está superada) que fuera representada por un líder que subvirtiera la lógica híper-institucionalista y diera paso a una institucionalidad sucia. Cuestión que, con todo, no aconteció con Allende.

Mientras no se repitan dichas condicionantes, lejos estaría de ocurrir en Chile un proceso contra-hegemónico que llegase a constituirse como un fenómeno y qué decir en un régimen populista. Más allá de toda crisis que se le achaque actualmente a los partidos o a la clase empresarial, la clase dirigente chilena sigue indemne e inalterable en el rol histórico que —piensa— le corresponde. Pues se acepte o no, su reconocimiento y legitimidad no se fundamenta —principalmente— en la voluntad popular, sino en la institucionalidad que ella cimentó, en tanto pacto elitario en la década de 1920 y que luego volvió a conformar a fines de la dictadura militar. Dicho pacto fue el que evitó en el pasado el populismo y ahora lo hace en el presente, porque si bien la limitación del padrón electoral ya no existe más, la polarización antagónica se ve constantemente inhibida en el discurso político, ya sea apelando a miedos y temores de un pasado cercano, pero también por mecanismos institucionales que siguen presentes y que se resumen en la híper-institucionalización.

Sería esa y no otra, la principal razón de por qué no habría de acontecer en Chile —en un corto o mediano plazo— algún proceso populista, pese a que sí se escuchará en los distintos medios, la posibilidad latente de arrebatos populistas. Pero a decir verdad, dichos arrebatos vendrían a significar dos cosas: por una parte, el temor de que se diera por finalizado el proceso modernizador que se habría iniciado con la dictadura militar y continuado bajo los gobiernos de la concertación; y por otra, una ralea de lo que se entiende por excesos y exabruptos demagógicos. En este sentido, la clase dirigente chilena, no solo no estaría dispuesta a aceptar la presencia de un proceso contra-hegemónico de tipo populista que alterara las estructuras de dominación y poder, sino que, de paso, no entendería su existencia, ya que históricamente no ha dimensionado el hecho de que los pactos elitarios no siempre, ni necesariamente, representan la voluntad popular. Y mientras el populismo tensione, pese a todas sus digresiones, el modelo hegemónico y democrático vigente, éste se constituirá, como en el pasado lo fue el comunismo, en la principal amenaza de la democracia (híper) institucionalista chilena. Pareciera ser ésta la irónica confirmación de la excepcionalidad populista chilena, porque por más que el foco de análisis se quiera poner en la presencia o ausencia de populismo; o incluso, en los fenómenos que no llegaron a régimen, lo cierto es que la institucionalidad política del país explica no solo la ausencia de populismo, sino que también, y de manera importante, su rigidez transformativa y sus déficits democratizadores respecto de la voluntad popular.

Notas

Introducción

1. Vale la pena aclarar que cuando utilizo el término fenómeno entre comillas, lo hago tan solo para reemplazar el término populismo, y por lo mismo, hago la distinción con la noción fenómeno en el entendido del populismo como proceso, cuestión que se clarificará más adelante.
2. Tanto la noción de proceso, momento, fenómeno y régimen son utilizados en cursiva solo en la introducción, con el fin de destacar la presente propuesta, mas, en el desarrollo del trabajo, se usan sin cursiva.
3. No pudiendo entrar aquí en mayores precisiones, se postula en el texto (específicamente en el último acápite del octavo capítulo) que el gobierno de Allende no conformó un régimen populista, principalmente, porque no propició una "institucionalidad sucia" (Ostiguy 2014, 2015), y al mismo tiempo, porque su presidencia no se constituyó en un liderazgo multiclasista que superara las representaciones políticas partidistas.
4. En este trabajo se entiende —siguiendo muy de cerca a Gramsci (1966)— que se está ante una crisis hegemónica cuando, por una parte, los grupos subalternos critican e inquieren, en forma profunda, el modelo cultural, político y económico imperante, y por otra, cuando el grupo dirigente se facciona en su interior. Así, entonces, una crisis hegemónica se transforma en una crisis orgánica en tanto se constituye en oposición al bloque histórico de poder.

Capítulo 1

1. Para un análisis detallado de la teoría laclonena, véase, Riveros (2015), y en general, el dossier que se hizo en su honor por la Revista Pléyade, 2015.
2. En rigor, no deja de ser interesante que Laclau retomara y profundizara, casi cuarenta años después, el núcleo central del argumento de Worsley (1969) respecto al populismo, esto es, la dimensión (lógica) política del fenómeno.
3. Por supuesto que lo esencial aquí es la oposición antagónica, esto es, bloque de poder/los de abajo; por lo tanto, la elite puede ser denominada oligarquía, clase política, mientras que los de abajo se pueden asociar a los desamparados o desvalidos.
4. A mayor abundamiento, véase Biglieri y Perelló (2015), como también Tarizzo (2015).
5. Como explica Lisa Disch, Laclau siempre planteó el argumento de que la política democrática es necesariamente representativa: "la constitución hegemónica del sujeto político democrático es tanto un efecto central como una responsabilidad primaria de la representación democrática" (Disch 2015, 35). Así, entonces, para Laclau, la lealtad de los agentes sociales debe ser conquistada, en tanto práctica articulatoria y hegemónica, y donde el vínculo entre representante y representado "depende de la productividad social del nombre" (Laclau 2005, 108). Nombre, por cierto, que identifica, porque nominaliza aquello que espera alcanzar satisfacción. Con todo, Melo y Aboy Carlés (2014) argumentan, no sin justa razón, que es difícil comprender el escaso espacio que Laclau le dedicó, en la Razón Populista, a la figura del líder, siendo que éste sería figura central que explicaría la formación del pueblo.

Capítulo 2

1. Sobre estos tópicos gira la interesante entrevista que se le hace a Aboy Carlés (2015), uno de los especialistas más importante de Ernesto Laclau (aunque él ha sido criticado con fuerza durante los últimos años por haberse apartado teóricamente de Laclau). En dicha entrevista, Aboy Carlés expresa que una de las principales críticas que le podría hacer no tanto a Laclau si no a sus discípulos y continuadores, es el uso demasiado dogmático de la propuesta (más allá de sus aciertos y debilidades), por cuanto "el estudio específico del campo toma la forma de casi una postal para demostrar el resultado

de una prenoción teórica" (185). Según el autor, muchos discípulos y continuadores de Laclau tienen miedo, primero, a pelearse con la teoría en el campo, y segundo, a estar dispuestos a encontrar huecos en la teoría y tratar de hibridarlos con otros autores, cuestión que significaría poner incluso en cuestión algunas prenociones teóricas-metodológicas (186).

2. Considero que este es uno de los principales problemas que tiene la teoría ideacional, puesto que si lo que basta para considerar a un liderazgo, movimiento, partido político como populista es el discurso maniqueo y de tipo moral entre el pueblo y la elite (sin explicar las estructuras que lo hacen posible), cualquier discurso podría ser analizado y catalogado como populista aun cuando éste no tenga relevancia política. Así, por ejemplo, si bien Aguilar y Carlin (2017) pudieron determinar correctamente –siguiendo la teoría ideacional- que Roxana Miranda generó un discurso populista en Chile durante las elecciones presidenciales de 2013, se puede leer en las conclusiones de su artículo una crítica certera: arguyen que la teoría ideacional debería refinar sus herramientas para explicaciones contextuales. En concreto, ¿es necesario dirigir los esfuerzos en determinar el grado de populismo de un discurso que solo logró el 1,27% de los votos? ¿No sería mejor explicar el por qué surgió tal discurso y si éste obedeció a una crisis hegemónica que activó o generó su aparación?.

3. A modo de hipótesis se podría afirmar que tan solo se estaría presente ante un discurso con un marcado lenguaje populista.

4. Respecto al término "momento populista", hay distintos autores que lo han utilizado, pero ninguno de ellos ha teorizado al respecto. Así, por ejemplo, en distintas entrevistas Chantal Mouffe (2015) ha llamado la atención sobre el "momento populista", queriendo decir con ello un punto de inflexión democrático (populista) en tiempos de post-política. Mientras que Martínez y Vairberg (2014) identifican, en la práctica, el momento populista con el de movilización populista.

5. Con todo, no es correcto sostener que un régimen populista es todo aquel que no cumple con sus promesas de campaña, como lo afirman algunos investigadores (Hermet 2003; Walker 2009). A decir verdad, y si se me permite expresar esto con total franqueza, tal disquisición es demasiado simple, ya que bastaría con poner sobre la mesa varios ejemplos actuales (y pasados) para contrastar promesas de campaña y cumplimiento de éstas. En este sentido, de aceptar la hipótesis anterior, el populismo sería casi la condición de la política. Por cierto un exceso por donde se le mire.

6. Como hipótesis se podría sugerir que, si bien el populismo de derecha podría llevar consigo la promesa rupturista de una auténtica crisis hegemónica, no significaría más que, en último término, un *aggiornamento* del actual sistema imperante. En otras palabras, los populismos de derecha serían mucho más proclives a mantener el *statu quo* o exigir la vuelta a un orden tradicional (perdido), enfatizando la retórica, la manipulación y el nacionalismo; por el contrario, un régimen populista de izquierda, llevaría consigo la idea y cuando no el logro de imponer una nueva hegemonía. Los populismos de izquierda, entonces, serían necesariamente transformadores e incluso radicales, al intentar imponer un horizonte de valores distinto al que está vigente.
7. En rigor, el primer autor en utilizar el término nacional-popular fue Gino Germani (1967a), quien aludía a los movimientos movilizadores y fundacionales que se generaron en América Latina, en el marco de un proceso de ruptura con el Estado y la Nación oligárquica.
8. Cancino (2012) prefiere utilizar este término y no populismo, debido a la contaminación ideológica de este último. Explica el autor, que la noción actual que se maneja de populismo, lo ha hecho perder su carácter particular y ha terminado por igualarlo con un discurso demagógico.
9. Pero más allá de que se acepte o no esta última hipótesis, lo concreto es que en un régimen populista de derecha, en el caso latinoamericano, y asumiendo el riesgo de generalizar, la nación no es más que el pueblo no criollo, pero (re)presentado y simbolizado como un todo criollo. Mientras que en el caso europeo, por el contrario, el populismo de derecha, acude y reivindica una definición étnica-cultural de carácter esencialista. En cambio, en un régimen populista de izquierda, independiente del lugar geográfico en que se haga el análisis, es el pueblo no representado el que exige ser reivindicado socioeconómica y políticamente revelándose éste como el *verdadero todo*. Y con ello se estaría matizando la tesis que esgrimen de Ípola y Portantiero (1981), quienes sostienen que no habría continuidad alguna entre populismo y socialismo, ya que, precisamente, el populismo sería la expresión material de un régimen burgués que apuesta por la movilización nacional-estatal en manos de un líder que inhibiría cualquier tipo de proceso revolucionario.
10. Casullo, por ejemplo, apunta a que toda "unidad mínima de la movilización populista está formada por la tríada: líder, pueblo y movilización antagónica" (Casullo 2014, 284).

11. Por supuesto que Groppo (2009) tiene un punto importante cuando indica que la exigencia de "justicia social" es "el" elemento central en toda articulación populista. Mas tengo dos dudas acerca de su uso. En primer lugar, respecto a qué variables pueden emplearse para definir con cierta precisión el término; en pocas palabras, para que éste no sea más que un recurso retórico ajeno a la realidad. Sobre todo, en la actualidad, donde no hay político que no haga uso del término, sin importar mayormente que sus políticas —incluso— propugnen un modelo neoliberal. En segundo lugar, como ya se ha señalado, no todos los regímenes populistas son de izquierda, por lo tanto, puede existir un régimen populista de derecha que utilice el término "justicia social" sin avanzar en reformas socioeconómicas profundas. En resumen, de utilizar el concepto, soy proclive a emplear el término post articulación, específicamente, cuando se hace referencia a un régimen de izquierda, aunque considero que el término más preciso es el de redistribución.

12. Como juiciosamente argumenta Fraser (2008), lo que está en juego en el devenir social, no es solo *qué* hay que considerar como genuino asunto de la justicia, si no, esencialmente, *quién* cuenta como auténtico sujeto de justicia. Vale la pena aclarar, para evitar largas disquisiciones teóricas, que durante el presente trabajo, se usa al reconocimiento como concepto genérico, aunque de un modo tridimensional, tal como lo plantea Fraser. Así, lo que ella llama representación yo lo llamaré participación; lo que sindica como reconocimiento lo denominaré reconocimiento discursivo, mientras que el término redistribución seguiré utilizándolo de la misma forma.

13. Plantea Burdman (2009) que en un contexto de descrédito general de los discursos políticos tradicionales, los discursos de tipo populista presumiblemente podrían tener una mayor acogida, pero a no engañarse, ya que su aceptación y consiguiente legitimidad dependerían, en último término, que dicha interpelación populista sea percibida como auténtica y no como demagógica.

14. El enfoque ideacional, que propugna una definición mínima de populismo, está muy cerca de afirmarlo, porque para dicho enfoque el populismo es una *thin-centered ideology*, que opone al pueblo frente a quienes subvierten la voluntad popular, esto es, las elites de todo tipo (Rovira 2013). Con todo, tal como argumenta Weyland (tras una conversación que sostuve con él), medir en distintos discursos -como constante principal- el uso del término pueblo, puede generar más falsos positivos que ayudar a fijar con precisión el concepto.

15. Como bien plantea Benjamín Arditi (2011b), en directa critica al enfoque del estilo, si todo aquello que se refiere al estilo populista es, ni más ni menos, la utilización del lenguaje simple y directo para atraer a los votantes, sería ese y no otro el modo característico de la política contemporánea, es decir, dicho estilo no sería algo exclusivo del populismo. Argumenta, además, que si la apelación populista al pueblo contiene solo demagogia, la dificultad estribaría en que concurrirían tantos elementos que harían casi imposible su "medición".

16. Así también, Benjamín Arditi opina que los líderes populistas asumirían, en no pocas ocasiones, una re-presentación de inmediatez con el pueblo, al intentar borrar la brecha entre representantes y representados, "se funda en una oscilación ambivalente entre la glorificación de la acción independiente del pueblo, donde el líder es solo su portavoz o vehículo, y una apropiación instrumental de dicha acción en la que el líder habla por el pueblo" (Arditi 2011b, 133).

17. Sin embargo, Weffort es claro al afirmar que la manipulación populista entre el líder y la masa es siempre ambigua, ya que "desde un punto de vista político es, por un lado, una relación de identidad entre individuos, entre el líder que dona y los individuos que componen la gran masa de asalariados y, por otro, es una relación entre el Estado como institución y determinadas clases sociales" (Weffort, 1968: 75).

18. Por su parte, Vilas (1995a) indica que el líder populista surge por factores objetivos, principalmente, por la necesidad de un nuevo estilo político de dominación que incluye, por una parte, la manipulación de las masas, y por otro, algún grado de satisfacción y conciliación de sus intereses económicos y aspiraciones políticas y sociales. Es esta condición la que explicaría, según Vilas, la ambigüedad intrínseca que le acontece al líder populista. Con todo, Vilas está muy lejos de concebir al líder populista, como lo impuso la tradición marxista latinoamericana, como un líder cesarista o bonapartista, ya que si bien hay una relación multitudinaria entre el líder y la masa, que se caracteriza por el culto a la personalidad y donde se perciben, además, actitudes autoritarias por parte del líder, la gran diferencia con el cesarismo y el bonapartismo, es que durante el populismo hubo procesos efectivos de consolidación democrática. Sostiene, entonces, que se sindique al culto de la personalidad, el autoritarismo y el clientelismo, como fenómenos exclusivos y excluyentes del populismo, es un despropósito.

19. Ciertamente que la paradoja es evidente: es el propio sistema político-económico el que defenestra la crisis como signo populista sin asumir las propias limitaciones de todo sistema.
20. Así, según Weffort (1968), el populismo latinoamericano se habría desencadenado porque ninguno de los actores sociales involucrados —en tanto clases— dieron una respuesta efectiva a los problemas de legitimidad, de crisis hegemónica, que acompañó al fin del Estado Oligárquico (1930-1940), y que se tradujo en una movilización popular que gatilló la creación de un nuevo proyecto nacional que reconocía tanto política como socialmente grupos sociales que durante siglos no habían sido reconocidos. Señala Weffort que mientras la oligarquía buscaba, ante todo, evitar la revolución e imponer un poder de "arriba hacia abajo", la burguesía industrial, que prácticamente no se había desarrollado en la región (pero que debería haber llevado a cabo el proceso capitalista), se mantuvo, en términos generales, sin poder de reacción y mucho menos de dirección. Así también la clase media y el mundo popular, ambos sin consciencia de clase, tampoco habrían podido imponer su hegemonía. De hecho la clase media, en no pocas ocasiones, sostiene el autor, prefirió entrar en alianza con la oligarquía o con la burguesía que con el mundo popular (Weffort 1968). En efecto, al no existir una pujante burguesía industrial, donde, además, la clase media respondía más bien a los intereses y modelos culturales de la oligarquía, y en el que la clase popular carecía de una identidad propia, nadie podía ofrecer otro modelo que no fuera más que la expresión de los intereses particulares disfrazados de nacionales, tal como lo había hecho antes la oligarquía decimonónica. En resumen, tanto la oligarquía dudaba de los nuevos advenedizos (burgueses y profesionales de la política) como los industriales veían en los obreros un elemento indisciplinado y díscolo. Entonces, sin posibilidad de una efectiva alianza de clases, ni de una auténtica dirección política; en fin, ante una situación objetiva de crisis, el problema se habría resuelto mediante una estrategia de poder, de tipo populista, que provino desde quienes controlaban los aparatos del Estado (Vilas 1995a; Weffort 1968). Es en este contexto de vacío de poder, en el que habría irrumpido el líder populista, quien operó políticamente entre las distintas fuerzas sociales, asumiendo el papel de eje de la alianza multiclasista, aun cuando ésta, en la práctica, haya sido de corto plazo y meramente programática (Vilas 1995b). Para Weffort, si bien el nuevo régimen que se configuró después de 1940 ya no fue oligárquico, las oligarquías no fueron fundamentalmente afectadas en su hegemonía social y polí-

tica a nivel local y regional, y de un modo u otro, siempre lograron verse representadas al interior del Estado. Y es acá donde aparece, en toda su dimensión, la tesis que comparten casi todos los autores que siguen el enfoque estructuralista histórico-sociológico: el populismo, no fue más que un *Estado de Compromiso* que confeccionaron las clases hegemónicas para seguir controlando el poder y evitar, de paso, una auténtica revolución (Weffort 1968; Ianni 1975; Vilas 1995b). Visión ciertamente pesimista y que se entronca directamente con la crítica marxista hacia el populismo, donde éste es concebido como bonapartismo o cesarismo sin más, pues, pese a que se reconoce que el populismo amenazó potencialmente a los grupos dominantes en su hegemonía, en último término, el "Estado Populista" no habría demostrado su real soberanía frente a los grupos dominantes.

21. Antonio Gramsci (1966) utilizó los conceptos de crisis orgánica, hegemonía e ideología para poder explicar, aunque no sistemáticamente, la noción de crisis hegemónica. Según el autor, una ideología se torna hegemónica cuando una clase es capaz de asegurar la adhesión y el consentimiento de las masas. Así, en un primer sentido, el autor habla de hegemonía para referirse a los mecanismos usados por la burguesía para mantener (sin recurrir sistemáticamente a la violencia) su control cultural e institucional sobre la clase obrera, y en segundo término, para referirse a la capacidad que tiene esta última de formar alianzas con otras clases no dominantes. En términos gruesos, se puede afirmar que, para el autor, una crisis orgánica se produce cuando una clase dirigente pasa a convertirse en pura clase dominante, al imponer su horizonte normativo mediante dominio y no por consenso. Crisis de autoridad de las clases dirigentes en el que las clases subalternas disputarían su hegemonía cultural, pudiendo así alterar el bloque histórico de poder, "ya sea porque la clase dirigente ha fracasado en alguna de sus grandes empresas políticas para la cual había demandado o impuesto por la fuerza el consenso de las masas (como en la guerra) o bien porque grandes masas (especialmente de campesinos y pequeños burgueses intelectuales) has pasado bruscamente de la pasividad política a una cierta actividad y plantean reivindicaciones que en su conjunto inorgánico constituyen una revolución. Se habla de crisis de autoridad y es ésta precisamente la crisis de hegemonía, o crisis del Estado en su conjunto" (Gramsci 1966, 50).

22. Término elaborado y definido por la Escuela de los *Annales*, que propugna una nueva forma de entender la Historia y que separa los

procesos históricos en acontecimientos, media duración y larga duración (Burguiere 2010).

Capítulo 3

1. En este punto quisiera advertir al lector dos cosas. En primer lugar, a nivel teórico, no se discutirá en detalle las distintas acepciones o tipos normativos de democracia (que podría incluso conllevar perfectamente otro estudio); en realidad, de lo que aquí se trata, es plantear si el populismo, como lógica y como práctica política, se inscribe dentro de procesos democratizadores, entendiendo que tiene un rol redentor democrático que se manifiesta por medio de la voluntad popular. En segundo lugar, a nivel empírico, y evitando caer en teorías eminentemente normativas y un tanto abstractas de la democracia, opongo democracia parlamentaria-constitucionalista con populismo, y no así con democracia liberal, pues como explica Benjamín Arditi, el populismo se encuentra en sus bordes (2011c). En definitiva, en el caso chileno, lo importante es determinar cómo discursiva y empíricamente la democracia parlamentaria-constitucional, se ha constituido como "el" modelo a seguir; esto es, como una auténtica estructura política, que si bien, en determinados aspectos, ha jugado un rol democrático, en otros, ha inhibido una real democratización.
2. Véase al respecto la clásica definición de Seymour Lipset, que aún hoy, en Chile, goza de perfecta vigencia: "En una sociedad compleja, la democracia puede definirse como un sistema político que ofrece oportunidades constitucionales regulares para reemplazar a los funcionarios que gobiernan, y un mecanismo social que permite el más vasto sector posible de la población influir sobre las decisiones fundamentales eligiendo entre los diversos contendientes que luchan por los cargos políticos" (Lipset 1964, 21).
3. En esto los autores siguen a Przeworsky, quien sostiene que la democracia es "el sistema donde los partidos pierden elecciones" (Przeworsky 1991, 10).
4. A decir verdad, el prefijo "neo" tiene la particularidad de hacer uso del concepto original, permitiéndoles a los defensores del término neopopulismo ampliar el espectro del término. Para ellos, lo particular del populismo seria su naturaleza política, más específicamente, el uso (y abuso) de un particular estilo político para llegar al poder. Pero como bien argumenta Carlos Vilas (2003), no queda claro si la distinción entre el populismo clásico y el neopopulismo, es solo una definición temporal para dar cuenta de la re-emergencia del populis-

mo en los últimos procesos de democratización o, simplemente, es una distinción entre dos tipos distintos de populismo. El problema, no obstante, se complejiza aún más cuando se profundiza en las razones de una posible imbricación entre neopopulismo y neoliberalismo (Roberts 1995, 2009; Weyland 1999).
5. Como bien argumenta Worsley (1969), a menudo, la conexión entre los programas políticos y su puesta en práctica es exigua, puesto que en el cumplimiento de éstos inciden factores como el simple engaño, el autoengaño e incluso, a nivel estructural, son los mismos partidos gobernantes los que muchas veces evitan llevar a cabo sus propuestas para no caer en la descomposición interna o generar una oposición radical que no les permita gobernar. Por lo tanto, el que movimientos o partidos políticos sean incapaces de convertir en realidad sus programas no constituye si no una práctica *normal* de la política y no se podría achacar, en consecuencia, al populismo el no cumplimiento de promesas.
6. Afirma Arditi: "la lista de ejemplos es larga, tediosa y, lamentablemente, demasiado familiar. Nos muestra a menudo que el comportamiento de las elites políticas y económicas no es muy diferente al que se asocia con el populismo y los modales de mesa de esa política pueden ser poco más que un esfuerzo por darles una aurea de virtud a funcionarios electos que no la tienen" (Arditi 2011b, 151).
7. Por cierto que cuando hago referencia al término régimen o fenómeno no estoy haciendo alusión a los conceptos que he venido defendiendo durante el desarrollo del libro.
8. El enfoque economicista ha terminado por identificar el modelo de Industrialización de Sustitución de Importaciones (I.S.I) con los movimientos populistas, siendo que no siempre fueron coincidentes ambos procesos. Por supuesto que el objetivo de los analistas va mucho más allá de querer hacer un paralelo histórico, sino que el propósito, en realidad, es querer resaltar el colapso del sistema, poniendo énfasis en la alta inflación; en la nacionalización de empresas; en el ingente gasto estatal y en el rol "empresarial" que le cupo al Estado. Sin embargo, este enfoque, no destaca el hecho que el I.S.I. ha sido uno de los pocos intentos por industrializar las economías dependientes de América Latina, y al mismo tiempo, de hacer partícipes a la mayor parte de la población del mercado (Vilas 1995a, 1995b).
9. Apunta Edwards: "Sin embargo, el progreso duró poco. A pesar de las reformas, en la mayoría de las naciones no hubo aumentos substanciales en la inversión de los equipos, maquinaria e infraestructura; tampoco hubo mejoras importantes en la productividad y la eficien-

cia. La pobreza no se redujo de manera significativa y la distribución del ingreso se mantuvo tan desigual como antes. Más aún, en muchos países, la implementación de políticas que fijaron el valor de las monedas locales al dólar de los EEUU hizo que redujeran la competitividad de las exportaciones y que aumentara la especulación internacional" (Edwards 2009, 22).

10. El enfoque economicista ha insistido invariablemente en la perspectiva expuesta. Pese a que, por ejemplo, Alan Knight, en *Revolución, Democracia y Populismo* (2005), establece categóricamente —tomando en consideración un importante número de estudios de corte economicista— que los "populismos clásicos" no cayeron necesariamente en la irresponsabilidad, el despilfarro, ni mucho menos en alzas inflacionarias. De esta forma, gobiernos como el de Vargas en Brasil, Cárdenas en México o el de Perón en Argentina, no contaron con las denominadas políticas "pare-siga" que se les achaca a los regímenes populistas, sino que, por el contrario, dichas políticas fueron materializadas después de sus caídas, ya sea por regímenes militares o incluso liberales. Es más, argumenta Knight, si fuera por despilfarro, toda vez que se acercan las elecciones, la gran mayoría de los gobiernos tienden a aumentar el gasto y la "irresponsabilidad fiscal"; por lo tanto, ni la política del despilfarro es propia del populismo (entendiendo que este sea el núcleo central del análisis), como tampoco lo es (como lo hace el neoliberalismo) la equiparación de populismo con medidas keynesianas, porque de ser así, como bien afirma Knight, "daría por resultado una banda de populismos europeos de postguerra..." (Knight 2005, 262). De la misma opinión es Michael Conniff (2012), quien asegura que los líderes populistas no fueron gastadores irresponsables, sino que todo lo contrario; en efecto, muchos de ellos se jugaron por reformas políticas moderadas que impidieron la revolución o una reestructuración radical de la sociedad.

11. Sebastián Piñera, en plena crisis educacional, sostuvo en cadena nacional que "la ola populista de la cual Chile debe sustraerse para resguardar sus avances no parece haber aprendido de las consecuencias de la prodigalidad de beneficios sociales del Estado de Bienestar europeo occidental, entregados con profusión cuando su desarrollo económico estaba largamente alcanzado (a la inversa de Latinoamérica), y que a la postre han desembocado en el doloroso desmontaje de sus excesos a que hoy se asiste, en medio de una crisis generalizada que remece incluso a potencias mundiales como el Reino Unido y Francia (...). Populismo es, en definitiva, repartir lo que no se tiene,

sin generar, en cambio, hábitos de trabajo, productividad, competitividad. Es insistir en los derechos y no en los deberes, en los beneficios mientras se ocultan los costos. ¿Y alguien duda de que una cuota relevante del debate chileno está inclinado en esta dirección?. Para sofrenar la siempre fácil prédica populista —a la que Chile no es inmune—, el Gobierno debe esforzarse ahora en asociar más perceptiblemente al grueso de la población con los resultados del emprendimiento, y esto vale tanto como para el sector público como para el privado" (Piñera, Cadena Nacional, 5/7/2011). En tanto Michele Bachelet, para defenderse de las críticas que ha generado en los sectores más conservadores la reforma tributaria, sostuvo en el Financial Times, "que la mejor manera de evitar los populismos es avanzar en la desigualdad, decir la verdad y cumplir las promesas", asegurando, de paso, que "no fue populista en el pasado y que no lo será ahora, pues no hará ofertones de ningún tipo" (Bachelet, Financial Times, 2/6/2014).

12. A decir verdad, en un importante número, los autores oponen (neo) populismo a neoliberalismo. Sin embargo, algunos especialistas —no economistas claro está— como Weyland o Roberts, insisten en que ambos son términos afines, al menos si se hace mención al neopopulismo. Según Weyland (1999, 2004) existen tres similitudes que hacen que la conexión entre ambos fenómenos sean evidentes: primero, tanto los líderes neopopulistas como neoliberales tienen una relación antagónica con los partidos e instituciones intermedias; segundo, ambos concentran el poder en las partes más altas de la esfera estatal para aumentar su liderazgo; tercero, tanto neopopulistas como neoliberales ven una oportunidad en la crisis para dar una vuelta de timón al modelo imperante. No obstante, resulta paradójico que ninguna similitud que enuncia el autor tenga relación a determinadas políticas macroeconómicas, sino que tan solo guardan relación con una afinidad de tipo estratégica. Estrategia que seguiría una política bien definida: hacerse del poder antagonizando —aunque no tan combativamente como en el pasado— con las estructuras políticas, económicas y culturales que no permiten el despegue definitivo hacia el desarrollo (Weyland 1994, 2004). Muy cercana a esta tesis es la propuesta de Kenneth Roberts (1995, 2009), quien afirma que el neopopulismo, a diferencia de lo que opina buena parte de la academia y de lo que la gente común podría pensar, no es anti-neoliberal. De hecho, su hipótesis principal es que el populismo con el neoliberalismo se avienen. Al estudiar Roberts movimientos (neo) populistas de las últimas décadas, y en especial el

caso peruano, da cuenta el autor que, en lo económico, los neopopulistas hacen de la redistribución uno de sus principales puntos de apoyo, supeditando el gasto —a diferencia del populismo clásico— a las condiciones políticas y económicas del momento. Estrategia de poder de tipo clientelística que beneficiaría a la población más pobre mediante regalos y subsidios, ya que, insiste Roberts (1995), el neopopulismo se propone *mejorar* la vida de las clases populares y no, como en el pasado, la situación económica de las clases medias. Indica Roberts que el neopopulismo, "en particular, la organización de las masas, es un arma empleada por líderes populistas que necesitan apoyarse en la fuerza del número para contrapesar las políticas económicas comandadas por la elite" (Roberts 2009, 7). En otras palabras, el autor está sugiriendo que el neopopulismo se intersecta con el neoliberalismo en tanto distribución y en cuanto oposición elitista. Esta es una provocadora tesis de la que me separo rotundamente. Primero, porque no es efectivo que durante el populismo clásico solo se haya privilegiado a las clases medias; segundo, el neoliberalismo ha demostrado categóricamente que no está en su ADN la redistribución, sino el aumento de las desigualdades. O, para ser más preciso, es el aumento de la desigualdad la que permitiría la distribución. Si lo que llama Roberts política distributiva es el asistencialismo de bonos o subsidios menores, como aconteció con el gobierno de Fujimori, y en menor medida, con Menem en Argentina, también deberían ser catalogados de populistas los gobiernos, por ejemplo, de la Concertación en Chile y una larga lista de la región. Tercero, plantear que las políticas neoliberales están en contra de las políticas económicas de las actuales *elites,* no siempre ocurre, pues de nacer nuevas *elites* económicas, como ha sido el caso de Chile, éstas se han traslapado con las antiguas. Entonces, el punto en discusión, más que ver si hubo o no renovación de la elite, es determinar si cambió o se rectificó el modelo de desarrollo o de acumulación y a quién favoreció o perjudicó. En consecuencia, argumento que solo desde esta perspectiva se podría afirmar si el neopopulismo y el neoliberalismo se avienen.

13. *Ex profeso*, se ha decidido no hacer una lista con dichos historiadores, pues bastaría —y esto lo digo sin ningún ánimo de polemizar— tomar casi cualquier manual, libro o artículo que trate sobre la historia contemporánea de Chile.
14. El análisis del texto de Joaquín Fernández es mucho más breve, ya que en las consideraciones finales del presente capítulo se trata, en

específico, de por qué se sindica a Ibáñez como autor de un discurso populista, pero no gestor de un proceso populista.
15. Sofía Correa (2011) define a la derecha como la elite tradicional chilena de siglo XIX, que se vio obligada, tras el primer cuarto de siglo XX, a competir en la arena política. Por cierto que la autora incluye en este grupo a quienes formaban parte de los grandes gremios empresariales.
16. Una tesis muy similar se encuentra en Drake (1992).
17. En este ámbito, me separo de Sofía Correa (2011) en dos interpretaciones: en primer lugar, porque la autora pareciera asumir que el proyecto triunfante de la derecha chilena (profundamente liberal) es incompatible con un discurso nacionalista y autoritario, olvidando Correa que ambos discursos se han contaminado y solapado a lo largo del tiempo. En realidad, dichos discursos formaban parte de un mismo modelo cultural que provenía de una clase homogénea que se ve a ella misma como heredera de los valores republicanos y que considera la desigualdad como un orden natural y justo, por ser ellos los constructores de la Nación; y en segundo lugar, me distancio de Correa (2011), cuando sugiere que el gobierno de Ibáñez, en un primer momento, fue de izquierda.
18. En un brevísimo artículo publicado hace unos años atrás, Drake (2012) vuelve a reflexionar sobre el estudio del populismo en Chile, reconsiderando algunas de sus conclusiones que presentó en su libro (1992). Concluye en el artículo, que se pueden catalogar como variantes menores populistas: Arturo Alessandri, El partido Socialista, Frente Popular, Carlos Ibáñez del Campo y no así el gobierno de Allende, tema que dejó abierto en su primer texto.
19. Uno de los primeros autores —si no el primero— en hacer referencia al término "síndrome populista" fue Peter Wiles (1969), quien plantea que el populismo tendría, ni más ni menos, que veinticuatro características.
20. De todos modos, Salazar (2006) separa el populismo en dos períodos: el nacional-desarrollismo y el nacional-populismo.
21. No deja de ser llamativo que tanto Salazar (2003, 2015) y Laclau (2005) —aunque en sus últimos artículos, a decir verdad, se abrió a una mayor imbricación de dichos fenómenos— opongan tan férreamente lo popular frente al bloque de poder y lleguen a tan disímiles conclusiones: para el primero, el populismo es siempre acomodo, y en el fondo, antidemocrático, mientras que para el segundo, la lógica populista es la auténtica política.

22. El análisis del texto gira en torno al caso específico de Chile y, por lo mismo, no se pretende aquí un exhaustivo análisis del texto en general.
23. En efecto, Cardoso y Falleto (2011) plantean que, en lo económico, el análisis debería girar, primero, en determinar la etapa en que la región se encontraba respecto al desarrollo del sistema productivo y, luego, establecer la función y posición que cumplía ésta dentro de la estructura económica internacional de producción y distribución. Llegan a la conclusión los autores que los países de la región, más allá de conformar economías dependientes o periféricas, se constituyeron como "sociedades subdesarrolladas nacionales", ya que si bien fueron sociedades que gozaron de cierta autonomía económica y política desde el advenimiento de la Independencia, en última instancia, fueron dependientes de centros de decisión de la economía internacional. Los autores distinguen así dos tipos de economías: una donde predominó una burguesía financiera/agro-exportadora de control nacional, que controló el sector productivo; de otra, de tipo de enclave, esencialmente de carácter extractivo minero, que se subyugó al centro y que no pudo controlar en forma autónoma el sector productivo. Entonces, en el marco de un profundo cuestionamiento del rol hegemónico que desempeñaban los grupos dirigentes a fines del último cuarto del siglo XX y que se tradujo en un rediseño del modo de dominación, las oligarquías latinoamericanas se vieron obligadas a hacer alianzas, en lo político, con grupos que antes le eran ajenos o que precisamente nacieron debido a esta coyuntura, mientras que en lo económico, se impulsó el desarrollo de un Estado Sustituidor de Importaciones. Durante el populismo desarrollista, según ellos, coexisten metas contradictorias, pues, por una parte, se expresa el intento de lograr un grado razonable de consenso y de legitimar un nuevo sistema de político y económico de poder, apoyado sobre un programa de industrialización que propone beneficios para las masas; de otra, una variante nacionalista, que coexiste con la anterior, y donde se manifiestan los intereses de los grupos dominantes y que propugna la expansión económica nacional, fundamentalmente, para su propio beneficio, y que si bien posibilitaría la incorporación de las masas al sistema de producción y político, solo lo permitiría en grados variables (Cardoso y Falleto 2011).
24. Para los autores, dicho proceso se inició durante el gobierno de Eduardo Frei (1964-1970), quien "expande el sector público de la economía, intensifica contradictoriamente las relaciones entre aquél y las corporaciones multinacionales, que comenzaron a desarrollarse

en los acuerdos propuestos sobre la chilenización del cobre. Se proponía algo que no era común en la tradición estatal latinoamericana: la relación entre las empresas extranjeras se haría mediante asociaciones no con la burguesía local, sino con el propio Estado, y no con éste como expresión del orden político, sino con empresas públicas creadas por él que pasarían a funcionar como corporaciones" (Cardoso y Falleto 2011, 195).

25. Pese a que reconozco que el término puede llevar a equívocos y generalizaciones innecesarias.
26. Con todo, una visión más generosa sobre la figura de Arturo Alessandri lo constituye el texto de Julio Pinto y Verónica Valdivia (2001).
27. Grugel sostiene que el segundo gobierno de Ibáñez podría ser considerado como el caso más representativo de un movimiento populista que se haya dado en Chile: primero, porque Ibáñez rechazó al sistema de partidos; segundo, porque desechó los canales institucionales tradicionales; y finalmente, porque tuvo un masivo apoyo popular que clamó la representación auténtica del "pueblo chileno" (Grugel 1992).
28. Así, por ejemplo, en la concentración que se realizó en Santiago el 31 de agosto de 1952, Ibáñez llamó a los concurrentes (cercanos a los 200.000) a que hicieran un juramento "de fe ibañista", donde debían responder afirmativamente a las siguientes preguntas: "Pueblo de Chile: ¿Juráis defender con la vida si fuese necesario el triunfo de la voluntad soberana? ¿Juráis entregar física y moralmente a la construcción del futuro de Chile? ¿Juráis ser justicieramente implacables con los traidores del pueblo y con aquellos que pretendan robar nuestra victoria?.
29. Atilio Borón (1975) es enfático en señalar que las clases dominantes chilenas jamás se alarmaron en demasía por la retórica reformista de Ibáñez.
30. Incluso Grugel reconoce la escasa movilización electoral, pero aduce que Ibáñez sí constituyó un indicador de la insatisfacción popular respecto al proceso democratizador que ocurría en Chile (Grugel, 1992).
31. Es relevante destacar que, según Sofía Correa, las medidas que impulsó la misión Klein-Saks (1955-1958), orientadas todas ellas a solucionar la crisis económica (inflación) mediante una eficaz política monetaria, no solo iban dirigidas a contener las demandas salariales de los trabajadores, sino que también a reducir el casi nulo costo del crédito que obtenían por parte del banco central los bancos privados, los cuales eran controlados por los principales grupos económicos

del país. En efecto, dichos grupos se habían visto doblemente beneficiados, por una parte, porque esta política les había permitido obtener altísima rentabilidad al momento de prestar dinero a la clase media y a la pequeña burguesía, y al mismo tiempo, porque de ser necesario, contaban con dinero para satisfacer la expansión de sus propias industrias. Como era de esperarse, los grandes grupos económicos se opusieron tenazmente a la reducción del crédito y, en definitiva, esta política fue ignorada por el gobierno central; mas, por contrapartida, sí se impulsó una profunda restricción al aumento de salarios (Correa 2011). La misión Klein-Saks marcó de tal manera el devenir económico chileno que Patricio Silva (2008) la considera como un antecedente fundamental del modelo neoliberal impuesto durante la dictadura militar.

32. Este aspecto lo desarrollo en profundidad en el sexto capítulo, donde explico qué se debe entender por polarización antagónica. Por otra parte, vale la pena aclarar que los discursos en los que Frei recriminó fuertemente a la oligarquía se concentraron, principalmente, en las décadas de 1940 y 1950; es decir, dos décadas antes que alcanzara la presidencia.
33. Es importante que se tenga este punto en consideración al momento de analizar los distintos programas que fueron elaborados para la elección presidencial de 1970.
34. Esta breve reflexión no está evaluando el gobierno de Eduardo Frei Montalva, sino que tan solo analiza su gobierno en tanto posible construcción de una "lógica populista".

Capítulo 4

1. Guy Hermet (2008) es concluyente al afirmar, pese a reconocer que existen líderes populistas "buenos" y "malos", que cualquier tipo de populismo es el síndrome que muestra la putrefacción en el que se encontraría actualmente la democracia. Ahora bien, no deja de ser importante la separación que hace el autor entre populistas buenos y malos, pues esto es lo que, en rigor, explica su tesis. Según el autor, la diferencia entre ambos tipos de populistas radica en los fines. Mientras, el "populista malo", el populista típicamente latinoamericano, es *per se* antidemocrático, el "populista bueno", por el contrario, intenta mejorar la democracia, se sitúa al interior de ésta y quiere devolverle la salud al sistema. El autor, entonces, asocia a este populismo bueno a un semi-populismo controlado: primero, deja de lado los componentes radicales del populismo evitando lanzar un

anatema contra el personal político clásico y de hacer responsable de todos los problemas al conjunto de la clase política; y segundo, en tanto no quiere destruir ni acorralar a la democracia representativa (Hermet 2008). Visto así las cosas, para Hermet, el populismo se podría convertir, aun cuando viniera a renovar a la democracia, en una especie de veneno y no en "un antídoto para curar al paciente". Es por eso que el autor postula que el populismo es, por esencia, antipolítico (Hermet 2003), porque no le presta valor al tiempo, cuestión que vendría siendo, según él, el fundamento mismo del arte de la política. "El verdadero arte de la política es el empleo del tiempo (...) para gobernar con habilidad es preciso calmar las ansias de la población, refrenar la expresión de sus deseos no realistas, prematuros o nefastos, seleccionar pocos objetivos a corto plazo para no cargar demasiado la barca y quedarse solo con los realizables, y por otra parte aplazar el tratamiento de las exigencias que amenacen con crear a los gobernantes más enemigos que amigos, y, por consiguiente, con exponerlos al fracaso y a la impopularidad. El arte de la política obliga, en resumen, a obrar con astucia y, sobre todo, el de los elegidos por el pueblo" (Hermet 2008, 169).

2. Argumenta Nadia Urbinati (1998) que el populismo es una desfiguración democrática, ya que no hace otra cosa que parasitar conceptualmente de la democracia, al propugnar una relación profunda y sin mediaciones entre el pueblo y sus representantes. Para la autora, la democracia es una diarquía que se nutre de dos elementos: por una parte, la voluntad general, que viene a significar, en términos simples, el derecho a voto y la posibilidad de elegir representantes y, por otra, el derecho a la libertad de opinión y el respeto de ésta en la política pública. Afirma, entonces, que el populismo es una desfiguración, más precisamente, una radicalización de la voluntad popular que pone en vilo el pluralismo. En efecto, el populismo, para la autora, estaría en contra del liberalismo y de los principios de la democracia constitucional parlamentaria, por cuanto produce una alta polarización que simplifica el escenario político en dos bandos (el pueblo/los corruptos) y en donde resalta la figura de un líder que unifica a las masas en torno a su carisma y que legitima su actuar en la idea de que el pueblo siempre tiene la razón, dando forma a una democracia plebiscitaria y anti-partidista (Urbinati 2014). Ahora bien, Urbinati se ve enfrentada en el desarrollo de su texto, a la paradoja de por qué si el populismo es un exceso de la voluntad general, no habría que considerarlo también una democracia. Llega así a la conclusión de que el populismo, pese a que desfigura la democracia, es, después

de todo, una democracia. Aunque pareciera ser que no hay mucho convencimiento en sus palabras, porque de otro modo, no se explica que alguien que caracteriza al populismo por su ambigüedad, verticalismo, antipluralismo, cesarismo, demagogia y polarización social, llegue a considerarlo incluso como semi-democrático. Quizás esto se explica, sencillamente, porque si el populismo se sostiene en la voluntad popular, al igual que la democracia representativa —diárquica en su conceptualización—, la autora no tiene otra opción que aceptar al populismo como un subtipo de democracia: la democracia populista (Urbinati 2014).

3. Con todo, ambos autores advirtieron que el nacional-populismo ayudó a democratizar la política latinoamericana, pues aquel se constituyó como un movimiento movilizador y fundacional en ruptura con el Estado nacional oligárquico.

4. Apunta lúcidamente Worsley (1969) que la presunta vaguedad ideológica que se le achaca al populismo se debe a que en comparación con el capitalismo o el socialismo, ambos fenómenos constituyeron movimientos bien diferenciados, fenómenos de transición en procesos de cambio político; en cambio, el populismo, como un elemento o dimensión de la política, fue oscurecido por términos como el cesarismo o la misma democracia, que lo identificaron con el primero y que lo antagonizaron con el segundo.

5. Si se recuerda, para Oakeshott (1998) la 'política de la fe' se afirma en la idea de una política que permite alcanzar la perfección y que conlleva la participación popular detrás de esta empresa, mientras que la 'política del escepticismo' es renuente a la política movilizadora, por cuanto las expectativas de cambio vienen dadas por la política real que radica, ante todo, en mantener el orden institucional.

6. Arditi identifica tres tipos posibles de populismos en la práctica política. Primero, como 'compañero de ruta', en donde el populismo aparece como un modo de hacer política que se intercala con las formas mediáticas de representación contemporánea. Es decir, al populismo no se le podría acusar de demagogia o de utilización indiscriminada de los medios de comunicación, por cuanto dicho fenómeno no sería intrínseco al populismo si no al quehacer actual de la política. Segundo, 'como presencia inquietante', el populismo actuaría como un síntoma de la política democrática, situándose en los bordes del liberalismo y en que los fines políticos-económicos que se pretenden alcanzar son más importantes que la observancia estricta de los procedimientos institucionales. Es aquí donde, precisamente, el populismo renovaría la política, pero, al mismo tiempo, se situaría

en los bordes del proyecto liberal. Tercero, el populismo puede también convertirse en un 'reverso de la democracia', momento en el que acentúa sus aspectos más inquietantes y amenaza seriamente a la sana convivencia política. Indica Arditi que es este el momento en que, en nombre de una causa superior, se erige un gobierno fuerte, autoritario, que vulnera todo procedimiento institucional y respeto por las distintas visiones de mundo (Arditi 2011a). Mas, pese a todo, para el autor, los líderes populistas siempre reivindican la democracia, al ser ésta parte de su imaginario: "incluso cuando los populistas manipulan los dispositivos de la democracia liberal (la representación, la competencia partidista, la responsabilidad en la función pública o la observancia del debido proceso), se esfuerzan por defender sus credenciales democráticas y por convencer a sus críticos de que son respetuosos de las instituciones. Sea por convicción o como mera impostación, la reivindicación democrática es parte del imaginario populista, aunque la persistencia de sus variantes autoritarias es un recordatorio que debemos mantener la cabeza fría y reconocer que su relación con la democracia es compleja y a menudo tensa" (Arditi 2011b, 126).

7. Grugel argumenta que las etiquetas negativas y connotaciones antidemocráticas que se deslizan sobre el populismo no permiten, a primera vista, entender la relación existente entre populismo y democracia. Primero, porque ella concibe el populismo como una nueva forma de legitimar la actividad política donde se concibe al "pueblo" como agente de transformación social y clave de un nuevo orden político. Segundo, porque entiende que si se limita conceptualmente el populismo a un estilo de acción política, a un discurso, a un tipo de Estado o a una ideología, se olvida el rol que cumple este "fenómeno" como movimiento político. La autora, entonces, asume que la noción de pueblo —movilizado— es el corazón de un movimiento que demanda al Estado una respuesta política, social y económica, en donde un líder asume como eje del proceso. Pudiendo ser dicho líder, un actor que se erige como representante fidedigno —o no— de la movilización popular. Sostiene Grugel que el populismo, particularmente en el caso de Latinoamericano, se aviene muy bien a la percepción de que existe un grupo minoritario que oprime al pueblo, el cual incluye tanto a grupos económicos como a miembros del *establishment* político. En este sentido, no se equivoca la autora al manifestar que uno de los objetivos que se propone el movimiento populista en Latinoamérica es reducir el poder y la influencia del sistema de partidos vigente, aunque ella va mucho más allá en sus

planteamientos, al sostener que sería este factor uno de los obstáculos más importantes para la realización de una democracia plena (Grugel 1992).

8. Atendiendo la dificultad de que los investigadores lleguen a un completo acuerdo respecto de una definición 'concluyente' del populismo, es que el 'enfoque ideacional' (del cual ambos autores son partícipes) apuesta por formular una teoría que no tiene como fin presentar una teoría general ni mucho menos global acerca del populismo, sino que, a partir de una definición mínima, logre identificar un elemento común —el pueblo— presente en todo populismo, para así generar un consenso dentro de la academia que permita construir una conceptualización aplicable empíricamente y comparativamente a distintas áreas geográficas y períodos históricos, valiéndose para ello de variables mensurables aplicadas a distintos discursos políticos. Para los 'ideacionalistas', el populismo es un tipo de discurso que, si bien puede no tener un núcleo duro doctrinal, es, en términos simples, una ideología: un tipo de gramática del discurso político que propugna una cosmología de tipo maniqueo, moralista, que separa a la sociedad en dos entes bien definidos: el pueblo y quienes subvierten la voluntad popular, las elites. Véase la definición que entrega al respecto Mudde: "el populismo es una ideología de núcleo poroso, que considera que la sociedad está dividida en dos grupos homogéneos y antagónicos —el 'pueblo puro' frente a la 'elite corrupta' —, y que sostiene que la política debería ser una expresión de la voluntad general del pueblo" (Mudde 2004, 543).

9. Por mi parte, y que sería una tesis por desarrollar, propongo que un fenómeno populista está en contra del Estado de Derecho existente y no en contra del liberalismo o de la institucionalidad *per se*.

10. Entre ellas: 1) dar voz a los sin voz; 2) movilizar sectores excluidos de la sociedad; 3) implementación de políticas hacia los excluidos; 4) ofrecer un puente ideológico para generar una coalición política o incluso un partido político; 5) incrementar el *accountability*; 6) traer de vuelta la dimensión conflictiva de la política y entonces ayudar a revitalizar la opinión pública y los movimientos sociales en orden a fomentar la 'democratización de la democracia' (Mudde y Rovira 2012).

11. 1) En que su noción de mayoría puede ser usada para contravenir *checks and balances* y la separación de poderes de las constituciones liberales; 2) ignora los derechos de la minoría; 3) establece un clivaje entre populistas y no populistas que puede impedir la formación estable de coaliciones políticas; 4) el populismo puede conducir a una

moralización de la política, que hace al consenso extremadamente dificultoso, si no imposible; 5) puede fomentar los plebiscitos que socaban la legitimidad y el poder de instituciones políticas (como el Parlamento y los partidos) y los órganos no electos (bancos centrales u oficinas) que son indispensables para la buena gobernanza; 6) paradójicamente, al ampliar el espacio político los populismos pueden promover fácilmente una contracción del espacio democrático (Mudde y Rovira 2012).

12. En efecto, plantean siete posibles hipótesis, que a continuación se detallan: 1) el populismo como gobierno tiene efectos más fuertes sobre la democracia que el populismo como oposición; 2) el populismo como gobierno tiene más efectos negativos en la democracia que el populismo en la oposición; 3) el populismo tiene mayores efectos en una no consolidada democracia que una consolidada; 4) el populismo como oposición en democracias consolidadas tendrá modestos efectos positivos en la calidad de la democracia; 5) el populismo como oposición, en democracias no consolidadas, tendrá moderados efectos en la calidad de la democracia; 6) el populismo en el gobierno en democracias consolidadas tendrá moderados efectos negativos en la calidad de la democracia; 7) el populismo como gobierno en democracias no consolidadas tendrá significativos efectos negativos en la calidad de la democracia (Mudde y Rovira 2012).

13. "En un régimen de alta capacidad, de acuerdo con este criterio, siempre que los agentes del Estado actúen, sus acciones afectan de manera significativa a los recursos, actividades y conexiones interpersonales de los ciudadanos. En un régimen de baja capacidad, los agentes del Estado tienen unos efectos mucho menores con independencia de los muchos que intenten modificar las cosas" (Tilly 2006, 48).

14. Donde ciertamente es importante visualizar el contexto, pues no en todas las sociedades predominan los mismos grupos o clases, siendo necesario dimensionar —con auténtico juicio crítico— el peso específico de éstos, para así no caer en la engañosa premisa que argumenta que todos los grupos de interés tienen el mismo peso relativo.

15. Aunque depende siempre del lugar y tiempo al que se está haciendo alusión, pues lejos se está de propugnar que el populismo es un régimen exclusivamente latinoamericano, ligado al modelo desarrollista.

Capítulo 5

1. A decir verdad, vale la pena una pequeña aclaración. Cuando Cavarozzi da cuenta de la situación "excepcional" de Chile respecto a la

ausencia de populismo, no quiere con ello significar que la democracia chilena haya sido más sustantiva o mejor en relación con el resto de los países latinoamericanos. De hecho, Cavarozzi (2013) cuestiona profundamente el modo en que se llevó a cabo el proceso democratizador chileno. Por consiguiente, aquí se impugna, principalmente, la carga valorativa y/o normativa de carácter democrático que se impone mayoritariamente en la academia, pese a reconocer el rol inhibidor que cumplió el sistema de partidos chileno para el desenvolvimiento de procesos populistas.
2. Esta idea se trabajará en la cuarta parte, por lo que ahora solo me interesa presentarla.
3. Cuestión que se verá con mayor detención al momento de explicar los *corsets* institucionales que inhiben el populismo en el próximo capítulo.
4. En este trabajo, se utiliza la noción de clase y no *elite*, por razones metodológicas y conceptuales. La razón principal de esto es porque aquí no se pretende hacer un estudio pormenorizado de los distintos grupos sociales chilenos, adentrándose en su composición o en sus intereses, sino que la idea central es verificar y entender el rol que jugó la "clase dirigente" chilena en el diseño del modelo económico-político *post* crisis de 1925. Por cierto que, sociológicamente hablando, el término *elite* tiende a ser mucho más preciso que clase, pues verifica y destaca los distintos grupos en competencia y circulación, evitando así una simple comprensión posicional en la estructura económica-social. Pero así y todo, la noción de elite siempre refiere a una clase social. En efecto, se hace uso en este estudio de un concepto —si se me permite— más bien *gramsciano* del término clase, ya que éste sintetiza lo que aquí se pretende demostrar; a saber que lo que comúnmente se puede denominar "clase dirigente" chilena, con predominio de su posición económica, no ha sido más que un grupo homogéneo y estable en el tiempo, que ha impuesto su modelo cultural en forma hegemónica.
5. Aunque no por ello, argumenta Cavarozzi, fue ni mucho menos una mera continuidad oligárquica (Cavarozzi 2017).
6. Según el Código del Trabajo Chileno (1931), que fue modificado conforme al paso de los años, legalmente existía una diferenciación al interior de la "clase trabajadora", pues se distinguía entre empleados y obreros. Así, los primeros tenían un estatus jurídico y social distinto a los obreros, lo cual les permitió obtener siempre mayores beneficios económicos y sociales, cuestión que, en la práctica, generó una brecha socio-económica y cultural al interior de los asalariados. A

decir verdad, este hecho podría explicar, en buena medida, el quiebre existente (o nula alianza) entre la "clase subalterna" y la "clase media" chilena, siendo esta última, en los hechos, más cercana al proyecto cultural de la "clase dirigente" (Angell, 2010).

7. Gabriel Salazar, en su último libro, distingue cinco generaciones de la clase política chilena; a saber, los nacidos entre 1850 y 1869; 1870 y 1889; 1890 y 1914; 1915 y 1936; 1937 y 1950. Por consiguiente, la generación tres, vendría siendo aquella que se hizo cargo del Estado chileno en pleno proceso I.S.I. A mayor abundamiento, véase (Salazar 2015, 475-516).

8. En su última y monumental obra, *La enervante levedad histórica de la clase política civil (Chile 1900-1973)*, Gabriel Salazar plantea que fue la clase política civil la que se hizo del poder hegemónico tras la crisis oligárquica: "el empresariado industrial no fue otra cosa, durante los también ciento cincuenta años de historia, que la *víctima propiciatoria* que, precisamente por eso, le permitió a la clase política civil constituirse en la clase hegemónica de Chile, sobre la base de adueñarse del Estado más que del mercado. Lo que prueba que no solo la propiedad de los medios de producción genera hegemonía, sino también la apropiación de los *medios políticos* (que conlleva, a veces, la usurpación de la *soberanía popular*" (Salazar 2015, 451). *A priori*, dicha tesis se opondría a lo que aquí se sostiene. Sin embargo, no estoy del todo seguro. En concreto, el autor sostiene que entre 1860 a 1925, el grupo hegemónico fue la oligarquía bancario-estatal, pero luego, tras varias crisis, fue la clase política civil —desde 1938— la que se erigió como eje del proceso económico-político (hasta el día de hoy). Un problema que se observa de esta hipótesis es que Salazar no da luces acerca de la composición de la clase política civil más allá de advertir que es una oligarquía política que se encapsula en los partidos políticos y en el Congreso, siendo que esta misma clase política, como él lo menciona en varias ocasiones, formaba parte del conspicuo grupo de la alta aristocracia decimonónica chilena. En efecto, Salazar argumenta que de cinco generaciones, que conceptualiza como clase política (a saber, los nacidos entre 1850 y 1869; 1870 y 1889; 1890 y 1914; 1915 y 1936; 1937 y 1950), casi todos los miembros de las dos primeras generaciones pertenecieron a la alta aristocracia o estaba ligada a ella por matrimonios o en directorios de empresas, mientras que los miembros de las generaciones restantes, en especial la tercera generación, entraron en concubinato con algunos miembros de los grupos empresariales (los más importantes) dando forma a una suerte de "clase empresarial estatal",

pese a que provinieron de la clase media. "La generación 3 tuvo, en cambio, como gran socio 'capitalista' al *Estado empresario* que ella misma, gobierno tras gobierno, fue construyendo, con ayuda de los políticos remanentes de la G2, *Estado* que, como parte de la política empresarial, utilizó, a modo de mercado de capitales, los *fondos de las Cajas Previsionales* de empleados y trabajadores, con ayuda de los cuales formó grandes compañías mixtas (semifiscales). Sin embargo, esa política empresarial del Estado no se planificó para llegar —ni llegó— al estrato bajo donde operaba la gran masa de medianos y pequeños empresarios, que *no tenían ni tuvieron el respaldo directo de la CPC*" (Salazar 2015, 987). Además menciona Salazar que quienes se mantuvieron al margen de los grupos económicos, tanto de la cuarta y quinta generación fueron, en un importante número, aquellos que no cumplieron un rol de liderazgo o formaron parte de la elite central de los partidos políticos. En este sentido, no queda claro qué sucedió con la antigua clase dominante, pues pareciera ser que, según los datos que aporta el autor, en la práctica, la oligarquía decimonónica se enquistó en la clase política, y si es así, no habría cambiado mucho su condición de clase dominante. Ahora bien, un elemento que podría ayudar a entender la dificultad anterior, sería determinar qué entiende Salazar por clase económica. Por supuesto que si se asume que la clase empresarial es el sostén principal de toda clase económica, y teniendo además en consideración que el autor argumenta que la burguesía empresarial chilena no cumplió rol directriz económico alguno, entonces, es comprensible que el autor no haga alusión a una clase económica. Con todo, considero, por una parte, que no porque la clase empresarial chilena no haya guiado el proceso económico, la clase económica —como conjunto— no haya desempeñado un rol fundamental en la conformación del modelo acumulador. Incluso si se considera que el grupo más numeroso del eje económico, se mantuvo al margen de la clase política. En rigor, ello no implica, como el mismo autor sostiene en distintos pasajes, que los miembros más poderosos no hayan influido en las políticas estatales. De hecho, Salazar es contundente al probar que, precisamente, sí lo hicieron. No solo mediante el control directo o a través de su influencia en distintos organismos fiscales y semifiscales, sino porque, de hecho, las tres primeras generaciones habrían respondido, en el fondo, a un modelo diseñado por la oligarquía liberal-parlamentaria, en tanto que las restantes generaciones, cuando intentaron oponerse al modelo económico y político vigente, se produjo el quiebre de la institucionalidad. Da la impresión que la clase política civil de la que habla Salazar no es más que el maridaje y/o concubinato que se dio entre la clase política y parte de la más conspicua clase económica; es decir, una clase política que no se distinguiría mucho de la oligarquía liberal del siglo XIX: "la constitución política de 1925, versión remozada de la anterior (1833), vino a ser por un lado el acta abortiva de las propuestas revolucionarias de los actores sociales, y por otro, el seguro de vida que le otorgó a la oligarquía político-parlamentaria *otro medio siglo de hegemonía* sobre el Estado". (Salazar 2015, 717). En definitiva, concuerdo con Salazar al sostener que la clase política (a solas) se terminó imponiendo a la clase económica, pero solo a partir de la década de 1960, aunque ésta sería una victoria pírrica y que, de una u otra manera, ratificaría quién habría sido el grupo hegemónico. Es por este motivo que considero más apropiado, en este caso, referir a una clase dirigente con dos cabezas: una política y otra económica, pero con preeminencia de esta última.

9. Como bien enseña Mosca, la clase política es una *elite*, esto es, una pequeña minoría de personas que —si bien circulan— se imponen a la mayoría de la población producto de su superior organización, y una vez asentadas en el poder, justificarán éste mediante cualidades materiales, intelectuales, hereditarias e incluso morales que las llevan a estar donde están: "suponiendo que del estado febril una sociedad va pasando al de la calma, puesto que las tendencias psicológicas del hombre son siempre las mismas, aquellos que son parte de la clase política van adquiriendo un espíritu de cuerpo y, por tanto, el arte de monopolizar en su ventaja las cualidades y aptitudes necesarias para acceder al poder y para mantenerlo; al final, con el tiempo, se forma la fuerza conservadora por excelencia, la fuerza de la costumbre, por la cual los muchos se resignan a estar en la base y los miembros de cierta familia o clase privilegiada adquieren la convicción que para ellos es casi un derecho absoluto el estar en lo alto y en el mando" (Mosca 2006). Para Weber, en tanto, cuando se habla de clase política, se hace referencia a un selecto grupo que vive de la política (profesional) y no solo para la política (Weber 2003).

10. El relato corresponde a Gabriela Pischedda Larraín, quien fuera entrevistada por Maria Rosaria Stabili en *El sentimiento aristocrático. Elites chilenas frente al espejo (1860-1960)* (2003). El objeto de estudio de Stabili, es representar la mentalidad que tiene de sí misma la "vieja elite" chilena y la visión que tiene de la sociedad chilena en general. Para ello, la autora hace uso de fuentes orales y escritas —principalmente cinco testimonios—donde recrea las actitudes y representaciones de la elite frente al poder y, al mismo tiempo, se

explica el *derecho* de dominio que siente tener sobre la comunidad nacional.

11. Efectivamente, en países con altos niveles de desigualdad, como es el caso de Chile, los grupos económicos han tenido mayor capacidad de limitar consultas de tipo vinculante, porque la clase política ha dependido, en última instancia, de su apoyo para mantenerse en el poder. Si bien existen excelentes estudios —aunque no suficientes y todos hechos curiosamente por extranjeros— que traten la estrecha relación existente entre la clase económica y política chilena (Stellings 1978; Zeitlin y Ratcliff 1988), es difícil argumentar, según las fuentes recabadas, que ambos grupos funcionaron como una casta. A decir verdad, considero, por una parte, que el problema es mucho más complejo que eso, pues si bien no fue (desde 1932 y hasta hoy en día) muy significativo el número de políticos que provinieron de un conspicuo nivel social, los que sí lo hicieron, no obstante, ocuparon roles fundamentales en la vida política chilena, quizás no tanto en el sillón presidencial, pero sí en el Congreso (especialmente en el Senado y en las cúpulas directivas (Agor 1971). De hecho, Paul Drake, en su estudio sobre *Populismo y Socialismo (1936-1973)*, demuestra que a excepción del Partido Comunista (si se consideran los seis más grandes partidos de Chile), casi todos los dirigentes importantes provinieron de sectores más o menos acomodados, sobre todo, en los partidos de derecha y en el partido Radical (Drake 1992). La Democracia Cristina, por supuesto, no lo hizo nada de mal, pues si bien muy pocos de los dirigentes históricos eran de "alcurnia", ellos se casaron (como por ejemplo, Eduardo Frei, Radomiro Tomic o Andrés Zaldívar) con familias "forjadoras" de Chile (Stabili 2003). En consecuencia, hay que ser claro en manifestar que no era necesario detentar, por parte de la clase económica, cargos políticos para influir en el Estado, pues lo hacían dentro de organismos públicos o mediante alianzas matrimoniales.

12. El antecedente a este período, transcurriría desde 1860 hasta el primer cuarto de siglo XX, donde la elite económica de tipo terrateniente-mercantil (Salazar 2011) se organiza como una clase dominante que ejerció tanto el poder político, económico y cultural, y donde el Estado, no fue más que el apéndice y el epítome de su poder. En rigor, no sería exagerado sostener que el Estado era la extensión de la Hacienda (Moulian 2006).

13. Mientras que post golpe militar, se inauguraría un nuevo período, que se impuso con la dictadura de Pinochet y que seguiría sin mayores alteraciones hasta el día de hoy. Dicho período tendría la par-

ticularidad de revivir el viejo proyecto mercadista, rentista y carente de industrialización que siempre habría caracterizado a parte importante —y de paso la más poderosa— de la clase económica chilena. En otros términos, la "revolución" neoliberal de Pinochet, no sería un proyecto tan novedoso como se argumenta (Correa 2011; Silva 2008; Gárate 2012).

14. Una visión contraria a la tesis que se maneja en este trabajo, es la propuesta Garretón (1983), quien afirma que la existencia de un Estado de Compromiso se explica porque ninguna clase fue capaz de imponer sus términos e intereses sobre las otras. Pareciera ser que Garretón, en estos aspectos, sigue el argumento principal de Portantiero y Murmis (1971), esto es, la idea de un "empate hegemónico".

15. Actualmente Pelfini trabaja en la edición de su proyecto FONDECYT 1141001, "La Transformación de las élites en una sociedad emergente. Distinción, tolerancia y transnacionalización de las élites empresariales en Chile" (2014-2016), del cual el autor de este libro, también forma parte.

16. Tal vez ese ha sido uno de los mayores "logros" ideológicos de la clase dirigente chilena: que el temor ante el otro —generalmente connacional— sea una actitud presente y compartida por casi toda la esfera social. Como bien se concluye del libro de Mayol y Azócar (2013), la tendencia de la clase dirigente chilena ha sido recurrentemente construir un enemigo común en pos de la unidad nacional.

17. Desde una perspectiva más bien crítica sobre el acontecimiento, véase Grez (2016). Se podría afirmar que el proceso constituyente popular de 1925 fue la manifestación más evidente de la crisis hegemónica que estaba experimentando la oligarquía chilena. Con todo, en lo que a este estudio respecta, lo destacable es que dichos sucesos podrían haber generado un momento populista, pero que, sin embargo, no produjo un fenómeno populista ni mucho menos tuvo como resultado un cambio significativo en el modelo político ni de acumulación vigente.

18. "En este contexto, muchos *políticos profesionales* (y en ciertos casos, *familias de políticos*) pudieron transformarse en connotados accionistas y/o directores de sociedades anónimas, y también de empresas estratégicas del Estado. Fue el caso de la familia Alessandri (que no era de origen patricio): Arturo Alessandri Rodríguez, por ejemplo, fue presidente de la Sociedad Agrícola El Budi y director de la Sociedad Minera Punitaqui; su hermano Eduardo Alessandri Rodríguez fue presidente de la Sociedad Azufrera de Chilena y director de la Sociedad de Maquinarias Siam Di Tella; Jorge Alessandri Rodríguez,

a su vez, fue director de la Sociedad Pizarreño; presidente de la Sociedad de Papeles y Cartones; director de la Sociedad de Seguros La Previsión Chilena Consolidada; presidente de la Sociedad de Papel y presidente de la Caja de Habitación Barata. Su padre, Arturo Alessandri Palma, había sido gestor político de sociedades salitreras y casas comerciales extranjeras. La familia Alessandri se emparentó luego con la poderosa estirpe bancaria de la familia Matte, por medio del casamiento de Ester Alessandri Rodríguez con Arturo Matte Larraín" (Salazar 2015, 991-992).

19. "Con ello (ethos) estamos designando al cúmulo de creencias, de valores, de categorías, de conocimiento, en suma, de significados construidos por esta clase a partir de su experiencia histórica y que, una vez cristalizados en la consciencia de sus miembros, identifican su comportamiento" (Barros y Vergara 2007, 12).

20. Es preciso recordar que para Moore (2002) existen tres rutas políticas de la modernidad: democracia, fascismo, comunismo. En Chile, si se sigue la tesis que plantea Moore, pareciera ser que se habría dado una combinación entre dos rutas: una democracia con fuertes tendencias autoritarias.

21. Así, por ejemplo, si se contabilizan los presidentes que ocuparon sillones en la CPC, tres lo hicieron también en la SOFOFA y uno en la SNA (y tres más en agrupaciones gremiales menores), mientras que cuatro presidentes de la SOFOFA también lo fueron en la CPC. Finalmente, cabe hacer notar que algunos dirigentes ejercieron la presidencia al mismo tiempo en distintos gremios. A mayor abundamiento, véase en particular: www.sna.cl; www.sofofa.cl; www.cpc.cl.

22. A modo general, se puede señalar que los estudios económicos existentes sobre Chile se han caracterizado por la descripción de modelos generales o han enfatizado el estudio de las distintas crisis (inconvertibilidad de la moneda, crisis del salitre, espirales inflacionarias) y las consiguientes misiones económicas (Courcelle-Senuil (1851), Kemmerer (1925), Klein-Saks (1957), Chicago Boys (1974). Sin embargo, no han investigado a fondo los procesos a través de los cuales los factores productivos se han organizado y combinado en un determinado modo de acumulación. Tal como argumenta Gabriel Salazar (2003), existiría un gran vacío en la comprensión de este problema, ya sea porque los historiadores económicos lo han estudiado microscópicamente, mientras que los economistas y sociólogos lo han hecho de un modo telescópico, mirando siempre desde el presente. Lo relevante sería comprender cómo en Chile se gestó o se echaron las bases de una transformación de una economía colonial

a otra presuntamente industrial-capitalista. Según Salazar, la teoría tradicional, encabezada por Encina, ha sostenido que el problema fundamental habría sido que, desde la colonia, el excedente acumulador siempre fue a parar en manos del capital extranjero, cuestión que habría conducido irremediablemente al subdesarrollo. Entonces, la industrialización y luego la nacionalización de los recursos pondría fin a este problema. Para Salazar, en cambio, la cuestión sería otra: la teoría tradicional se ha enclaustrado tanto en lo externo, que no se ha percatado que la respuesta al sub-desarrollo ha sido el producto del modelo de acumulación pre-moderno y libre-cambista que provino de la oligarquía parlamentaria chilena que bloqueó el proyecto transformador de las clases productoras y de la cual la clase política no hizo nada por cambiarla. Así, sostiene el autor, que de haberse producido alguna vez (alejándose con esto nuevamente de la teoría tradicional) una mediana industrialización en Chile, ésta fue producto del capital extranjero que requería alta tecnología para la explotación de los yacimientos salitreros, pero que, en último término (en razón de sus intereses), evitó a toda costa que los empresarios chilenos, artesanos, ingenieros o el mismo Estado, implementaran una política productiva constructora de medios de producción (Salazar, 2003). En efecto, el planteamiento principal de Gabriel Salazar es que en Chile, durante el siglo XIX y el primer tercio de siglo XX, convivieron dos modelos de acumulación en permanente pugna: uno moderno, "social-productivista", que estuvo ligado a artesanos, empresarios del norte e ingenieros extranjeros que llegaron a Chile, y que proponía la acumulación de dinero para el desarrollo de las fuerzas productivas y la permanente innovación tecnológica. De otro, "librecambista", propio de la oligarquía, que más que transformar el dinero en medios de producción, acumuló, gastó y ocupó al Estado para sus intereses, sobre todo, desde 1860 a 1925, y que habría terminado expoliando a la clase productora (Salazar, 2003, 2011). Es decir, según Salazar, la oligarquía chilena optó por ceder —un breve tiempo (1880-1918)— su poder hegemónico (de conducción económica) al capital extranjero y asumir de cuentas que se estaba produciendo un avance industrializador, pero lo hizo también porque su propio modelo se avenía con la acumulación mercantil librecambista; así, entonces, lo que la historiografía económica ha sindicado como un auténtico avance en la industrialización (mediante el modelo I.S.I.) no fue tal, ya que la antigua oligarquía siguió usufructuando del Estado (aunque ya no tan escandalosamente como el período anterior), lo que le permitió consolidar su modelo hegemónico acumulador, pues incentivó la producción de bienes de consumo y no la de bienes de capital. Ciertamente que hubo disrupciones, pero estas no alteraron su modelo económico, que tuvo como corolario final la implantación de lo que podría denominarse el viejo sueño oligárquico: el neoliberalismo bajo la dictadura de Pinochet (Salazar 2003). Pero más allá de que se acepte la tesis de Salazar en torno a que hubo una pugna de modelos acumuladores, la mayoría de los autores que han estudiado ésta materia, sintetizan el modelo oligárquico que, en definitiva, se convirtió en hegemónico y perduró hasta bien entrado el siglo XX, como un modelo librecambista, rentista, especulador y que construyó su poder económico sobre la base del crédito (de ahí que los más importantes grupos económicos chilenos tuviesen no uno sino varios bancos); con fuertes tendencias monopolistas y oligopólicas (debido al estrecho vínculo familiar y de intereses económicos cruzados); y muy poco dado a emprender, ya que usufructuaba permanente del Estado (o que al menos operaba bajo su alero). Véase también, Zeitlin y Ratcliff (1988); Stellings (1978); Aldunate, Flisfisch y Moulián (1985).

23. En la misma línea argumental, se encuentra el texto de Aníbal Pinto (1985). Pero aun cuando se haya contado con la ayuda del Estado, no se produjo una modernización industrial, puesto que el verdadero "ethos" de la clase económica chilena se ha inclinado generalmente hacia la renta y la especulación (Aldunate, Flisfisch y Moulián 1985).

24. Según Cavarozzi (2017), la Corfo durante los años 1939-1952 gozó de una bureaucratic insulation, que le permitió resistir los asedios de la clase económica, pero desde el gobierno de Ibáñez (1952), y sobre todo bajo el gobierno de Alessandri (1958), fue colonizada por la gran burguesía. Esta tesis, a decir verdad, no puede ser tomada a la ligera, pues el argumento de fondo, es que el denominado "Estado Mesocrático" chileno tiene mucho más de construcción ideológica que de realidad.

25. Este punto es realmente notable. Primero, porque lo que enseña Véliz, es que todos los países industrializados que luego se convirtieron al librecambismo, tuvieron en un inicio fuertes políticas proteccionistas que les permitieron su modernización. Por supuesto que este no sería el caso de Chile, ya que la industrialización iba contra los intereses de los tres grupos (la mesa de tres patas). Segundo, sería muy interesante que posteriores estudios construyeran un puente con el neoliberalismo que luego se implementa en Chile. De hecho, se podría afirmar, a modo de hipótesis, que esta fue una de las razones principales de por qué las ideas neoliberales se adoptaron tan

fácilmente al sistema económico chileno, al menos por parte de los grandes grupos económicos, quienes, por lo demás, hasta hoy son sus principales defensores.
26. Una tesis diferente es la que nos entrega Cavarozzi (2013). Para el autor, no se sostiene la narrativa del "Estado Fuerte" chileno, pues, en el fondo, éste estuvo sometido continuamente a "arranques" que intentaron reconstruir al Estado y alterar su normalidad portaliana, de naturaleza autoritaria, con el propósito de hacer reformas democráticas que beneficiaran a la sociedad en general. Pero incluso más allá de que se acepte la idea de que el Estado chileno tuvo o no una importante capacidad, lo significativo es que es el Estado chileno —para bien o para mal— el que ha definido el proceso nacional (Góngora 2006; Jocelyn-Holt 2014).
27. Adscribo a la tipología hecha por Sofía Correa (2011) para caracterizar los valores de la derecha chilena. Primero, se puede hablar de derecha cuando la desigualdad se asume como un fenómeno natural y, por tanto, se piensa que no puede ser eliminada; segundo, cuando su actitud frente a la libertad es eminentemente económica, pero que se compatibiliza también con el autoritarismo; tercero, en tanto sostiene una fuerte idea de comunidad con tintes nacionalistas; y cuarto, su fuerte apego a lo tradicional y al orden social.
28. De todos modos habría que indicar que dicho proyecto no estuvo vigente sin contestación alguna, pues en 1958, la izquierda —con la candidatura de Salvador Allende— casi consiguió el sillón presidencial. Mientras que en 1964, llegó al poder Eduardo Frei, que si bien no llevó a cabo todas sus reformas, sí representó en cierta medida un desafío hegemónico.
29. El primer autor en hablar sobre este tópico fue Norbert Lechner (1990). El autor argumentaba que Chile representó, desde la dictadura, un camino paradigmático de una modernización sin modernidad, pues el régimen de Pinochet "solo había impulsado un cálculo exclusivamente técnico-instrumental (…) donde solo tenía lugar una modernización económica…" (Lechner 1990, 9). En efecto, en este trabajo, se retoma la idea elaborada por Lechner, pero no se reduce la temática solo al período de Pinochet, porque al ampliar el análisis a factores culturales y políticos, los hechos históricos permiten cuestionar, en el "largo plazo", el proyecto modernizador chileno.
30. En rigor, el problema no deja de ser interesante, dado que, en primer lugar, no existen muchos estudios históricos, politológicos o sociológicos que aborden exhaustivamente el tema y, en segundo lugar, porque se tiende a confundir en los análisis los conceptos de moderniza-

ción y modernidad. En realidad, preguntarse si las clases dominantes y luego dirigentes chilenas tuvieron un proyecto modernizador exige discriminar si predominaron sus intereses privados o públicos o si dichos intereses fueron de corto o largo plazo, sobre todo, tomando en consideración que los grupos económicos chilenos han tenido una actuación pública preponderante, han influido directamente en el Estado y en varios casos han participado directamente en la vida política sea en partidos como en la gestión pública (Pelfini 2014). Se podría decir que uno de los trabajos más importante en estas materias es el libro de Sofía Correa, *Con las riendas del poder. La derecha chilena en el siglo XX,* donde la autora argumenta que la derecha (que incluye a gremios, partidos políticos y al Mercurio) tuvo un proyecto modernizador a largo plazo y fue quien, en definitiva, logró imponer su proyecto hegemónico tras la dictadura de Pinochet. Correa sostiene que la derecha no solo se empeñó en defender sus intereses inmediatos (de clase), sino que también veló por la modernización de Chile y que el Estado fuera gobernado racionalmente (tecnocracia). Para la autora, la derecha chilena gestó dos proyectos económicos: uno, de tipo tradicional, afincado a la tierra, librecambista y rentista, y otro, que si bien compartía elementos del anterior, de corte modernizador capitalista, el cual se sustentaba en una política económica liberal que propugnaba la empresa privada y los mercados competitivos, y que se afianzó desde la misión Klein-Saks y las continuas editoriales del Mercurio (Correa, 2011). Por su parte, Gabriel Salazar (2003, 2011) argumenta que los grupos económicos chilenos nunca tuvieron un proyecto modernizador de largo plazo, sino que tan solo se dedicaron a la acumulación rentista y librecambista. Para el autor, más que un proyecto modernizador hubo un interés acumulador de clase, que si bien cedió ante algunas presiones de los grupos subalternos entre los años 1932-1973 (que el autor cataloga como el Estado Populista), nunca su poder ni su proyecto económico estuvo en seria disputa, sino hasta el advenimiento de Salvador Allende y el alzamiento del "poder popular" (Salazar 2015). Ahora bien, si por proyecto modernizador solo se hace mención al carácter transformador económico, por criterios de eficiencia del marcado, altamente tecnocrático y librecambista, se podría argumentar que la derecha chilena sí generó tal proyecto al instaurarse el neoliberalismo bajo la dictadura de Pinochet. En este sentido, no cabría duda alguna: dicho proyecto triunfó a largo plazo. Mas, si se considera el hecho de que Chile no logró incrementar (ni antes ni después) la capacidad productiva o escalar en la cadena de valor; en una palabra, industrializarse, entonces, no se modernizó y constituyó un verdadero fracaso. Una cosa es modernizar y otra muy distinta acumular. Y cuando se acumula sin generar valor agregado y sin una pujante clase empresarial, se entiende que no ha ocurrido la modernización a menos, claro está, que el crecimiento económico se considere sinónimo de modernización (Mayol y Ahumada 2015). No obstante lo anterior, sería difícil negar que sus intereses de clase no hayan tenido un alcance nacional, aunque siempre a la usanza smithiana: sería el interés egoísta el que beneficiaría indirectamente a los grupos subalternos. Pero más importante aún: argumento que la derecha chilena no diseñó un proyecto modernizador si con ello se hace referencia también a su carácter normativo, esto es, el fin democratizador de la modernidad. Más aún, por más que se presente a la derecha política chilena de esos años, como democrática y republicana (Correa 2011), ésta fue constitucionalista e institucionalista mientras el modelo tradicional-liberal impuesto hegemónicamente por ella no fuera modificado. En otras palabras, para la derecha chilena (y esta vez la conceptualizo como conjunto, como enseña Correa), la democracia durante el tiempo que convoca, fue una cuestión altamente utilitaria y no un valor que fuese aceptado en sí mismo. Ahora bien, el problema del análisis de Correa y que de una u otra manera repercute en lo que se ha planteado en este trabajo, es que la autora, en la práctica, termina identificando a la clase dirigente chilena con la derecha, y si bien esto es en buena medida correcto, no son identificables. Los partidos de centro e incluso los de izquierda, como bien apunta Salazar (2015), también se sumaron a dicho proyecto en tanto clase política y, por lo tanto, formaron parte de la clase dirigente. Y en este sentido, aun cuando hayan formado parte de la clase política como un gremio, tal como sostiene Salazar, sí aportaron a la democratización del país. El punto está en que, precisamente, cuando grupos de centro, pero sobre todo de izquierda, se opusieron al sistema económico-político vigente, fue cuando se empezó a gestar la crisis hegemónica, la cual se hizo efectiva con la llegada de Allende al poder.

Capítulo 6

1. Es importante destacar que no se desconoce la estrecha relación que existe entre movilización electoral y política. Mas, en esta sección del estudio, el propósito es estudiar la primera, para luego, en el apartado siguiente, argumentar de qué modo la movilización política trasuntó en el desencadenamiento de una crisis hegemónica. Según

Borón (1975), dentro de la movilización electoral es posible distinguir cuatro procesos parciales: primero, la extensión del sufragio y los consiguientes requisitos para adquirir y ejercitar los derechos políticos; segundo, la inscripción electoral (o sea, el registro de aquellos ciudadanos que reúnen las condiciones mínimas para votar); tercero, el proceso de movilización efectiva (es decir, aquellos que efectivamente practican sus derechos); cuarto, la relación existente entre movilización y partidos políticos (trayectoria temporal).

2. "Vale la pena destacar aquí que los partidos políticos chilenos tendieron a modernizarse mucho menos como partidos de masas orientados principalmente a maximizar su cuota en las votaciones, y mucho más como partidos de cuadro orientados a imponerse y a hacer efectivo un proyecto tecno-burocrático desde el poder presidencial" (Flisfisch 1984, 30).

3. Atilio Borón, en su clásico estudio sobre movilización electoral en Argentina y Chile, llega a conclusiones sorprendentes. Una de ellas es que la tasa de cambio porcentual total de inscritos en Argentina y Chile, entre los años (1910-1965/1915-1970), fue de 3.720,3% y 1.820,6% respectivamente, mientras que el porcentaje de votación, para el caso de Argentina, alcanzó un cambio porcentual de 4.908,2%, en tanto, para el caso chileno, fue de un 1.851,3%. Pero no hay que confundirse: más que probar la lentitud del proceso de incorporación electoral chileno (que es similar e incluso, en ciertos casos, mayor a países desarrollados), lo que hay que observar es que el altísimo grado de movilización del caso argentino, que como bien es conocido, derivó hacia un régimen populista (Borón 1975, 21-22).

4. De ningún modo se intenta aquí hacer un estudio profundo sobre el sistema electoral chileno en particular o su relación con el sistema de partidos. Tampoco se quiere hipotetizar respecto a que el destino de la democracia chilena dependió, en último término, del sistema electoral. En consecuencia, tan solo se quiere hacer presente al lector, que el sistema electoral imperante durante el período de estudio, sí tuvo un efecto (aunque no es posible aquí cuantificar) distorsionador de la voluntad popular y que, al mismo tiempo y de un modo importante, impidió la consolidación de fenómenos y/o regímenes populistas. Por otra parte, es preciso señalar que las estadísticas que aquí se utilizan, en su gran mayoría, son de elaboración propia, pero en base a la información disponible obtenida de cuatro fuentes principales: Dirección del Registro Electoral, Cruz-Coke 1952, 1984; Názer y Rosemblit 2000; Urzúa 1992.

5. Es importante destacar que fue en 1934, mediante la ley n° 5.337, que se permitió, por primera vez, que las mujeres ejercieran el derecho a voto, aunque se limitó su derecho cívico a las elecciones municipales. De todos modos, como bien señala Názer y Rosemblit, para las elecciones municipales de 1935, solo se inscribieron en los registros un 15% del potencial electoral femenino, mientras que para la elección presidencial de 1952, el aumento del electorado femenino tampoco fue significativo. De hecho, para la elección de 1952, pese a que aumentó a casi el doble el número de electores, solo el 42% de la población que estaba apta para votar se inscribió (Názer y Rosemblit 2000, 220).
6. Vale la pena aclarar que se consideró como eje de análisis el porcentaje de inscritos, ya que dicho indicador permite establecer quiénes estaban capacitados para votar y, al mismo tiempo, observar cuál era el porcentaje efectivo de la población (en relación al total) que lo hacía.
7. Donde incrementó el universo de inscritos de 1.858.960 (según las últimas elecciones al Congreso en 1961) a 2.915.220 personas.
8. En rigor, la reforma se había aprobado en 1970, pero se hizo efectiva tan solo en las elecciones congresales de 1973. Como dato al margen, resulta curioso constatar que se aprobó primero el sufragio de los no videntes (1969) antes que el de los analfabetos.
9. El método D´Hondt es un sistema de "cociente electoral" que permite obtener el número de cargos electos, asignando a las candidaturas una proporción de escaños de acuerdo a los votos conseguidos (dividiendo éstos de mayor a menor). Para mayor abundamiento, véase Nohlen (1995).
10. De hecho, congresistas pertenecientes al "Bloque de Saneamiento Democrático" (compuesto por los partidos Radical, Socialista, Comunista, Demócrata Cristiano, Agrario Laborista, Nacional y Democrático), y que se constituyeron para impulsar reformas electorales y políticas en general, hicieron presente, en el pleno del Congreso, lo impresentable que resultaba el hecho de que algunos parlamentarios con solo 200 votos fueran elegidos por el efecto derrame o multiplicador de lista (Gamboa 2011).
11. Según los datos del censo de 1930, la población rural alcanzaba un 50,6%, y la urbana ascendía a un 49,4%. Mientras que el censo de 1940 muestra, por primera vez, un descenso de la población rural respecto a la población urbana, que llegó a un 42,7% de la población total. Con todo, los censos de 1960 y 1970, grafican de buen modo lo que aquí se quiere demostrar: la población urbana ascendió a un 60,74% y a un 75,13% respectivamente, pero los cambios en la con-

formación de los departamentos electorales fueron menores. Véase, en particular, *Dirección de Estadísticas y Censos*.

12. Se llegó a tal punto, según Ricardo Cruz-Coke, que en distritos en los que se sabía que los partidos podían perder votos (al no resultar elegido el candidato), se procedía a entregar votos o sencillamente intercambiarlos con partidos aliados a cambio que éstos también lo hicieran en otra agrupación electoral. El autor, no duda en calificar éstos hechos como una "burla al elector" (Cruz-Coke 1952, 61-62).

13. Las leyes que se promulgaron para resolver este problema, en realidad, fueron aprobadas no sin menor resistencia; de hecho, la ley de pacto, se aplicó solo en un primer momento a las agrupaciones departamentales de diputados y luego en 1960 a las elecciones municipales y a las agrupaciones provinciales de senadores.

14. La manipulación del sistema de registros electorales llegó al máximo de lo aceptable cuando, en las elecciones para el Congreso de 1909 y 1912 y presidenciales de 1910, el porcentaje de inscritos fue mayor al padrón electoral. Así, el porcentaje de inscritos respecto al padrón electoral correspondió a 105,11%, 102,6% y 115,67% respectivamente. Para estos efectos, véase el cuadro comparativo que presenta (Názer y Rosemblit 2000, 227).

15. Esto último no puede pasar desapercibido, ya que algunos lectores podrían argumentar que, en el fondo, el voto lo decidía secretamente el elector en la urna, pero la cuestión es que eso estuvo lejos de suceder. En realidad, el pago era "contra" entrega. Si bien, en ocasiones, se hacía el pago de la mitad por adelantado, la "secretaría del partido" comprobaba mediante sus veedores que, en ocasiones, eran incluso miembros de la familia del candidato, que el ciudadano cumpliera su "compromiso". Véase en particular los ejemplos que se exponen en el texto de María Rosaria Stabili (1996), donde casi toda la familia del candidato participaba supervisando el acto electoral.

16. Nótese que la cédula única fue incorporada en 1925 por decreto ley n° 542, pero jamás tuvo vigencia efectiva si no hasta 1958. De hecho, fueron precisamente los partidos los que presionaron para que el gobierno restituyera la cédula particular que hacían los candidatos y los partidos, cuestión que se hizo, finalmente, mediante el decreto ley n° 710 de 1925 (Gamboa 2011).

17. No se equivoca Sofía Correa al afirmar que una relación clientelística es propia de sociedades en proceso de modernización, donde conviven relaciones tradicionales con una organización política moderna, y en el que se involucra el intercambio directo e informal de bienes materiales y favores o servicios entre dos actores desiguales en *status*,

riqueza e influencia. En efecto, es el cliente quien recibe bienes o beneficios, mientras quien otorga los bienes obtiene lealtad (Correa 2011).

18. Tanto es así que, aunque resulte difícil de creer, una de las principales comisiones que sesionaba en el Congreso chileno era la de "Asuntos de Gracia" (Agor 1971, 69). Según Jorge Tapia (1960), entre 1938 y 1958, el 55,2% de todas las leyes que pasaron por el Congreso tuvieron que ver con "asuntos de gracia", como pensiones o beneficios sociales. Así también, es preciso destacar que los parlamentarios chilenos podían influir decididamente en nombramientos en la Administración Pública (Correa 2011).

19. Véase, en particular, la Ley 6.026 de Seguridad Interior del Estado (1937) y la "ley maldita" de 1948, aparatos legales que se utilizaron indistintamente por parte de la autoridad y que se refundieron en la ley 12.927 de 1958.

20. Entre 1932 y 1973, se celebraron en Chile treinta y una elecciones: ocho de tipo presidencial; once congresales y doce municipales. A este total, no obstante, se debería descontar la elección municipal de 1953, la cual se celebró junto a las elecciones parlamentarias, pero no así las elecciones municipales de 1938 y 1941, que si bien se desarrollaron el mismo año de la elección Presidencial y Congresal respectivamente, se llevaron a cabo en meses distintos, cuestión que también ocurrió con la elección presidencial y parlamentaria de 1932. En consecuencia, ese es el motivo de porqué se afirma en el texto, que entre 1932 a 1973, se celebraron 30 elecciones, es decir, una elección cada 1,36 años lo que, a todas luces, imprime un sello *excesivamente* electoral a la competencia política.

21. Según Valenzuela, habría que diferenciar teóricamente entre dos tipos de partidos: los partidos de masas, "orientados principalmente hacia las metas de política y los asuntos de peso, y más preocupados de la pureza ideológica y la movilización de militantes que de triunfar en las urnas; y partidos de base heterogénea, con escasa coherencia ideológica, cuyo fin es el de estructurar cuerdos para ganar elecciones y asignar a sus seguidores recompensas tangibles" (Valenzuela 1985, 28).

22. Apunta Valenzuela que el sistema de partidos chileno se conformó en razón de tres divisiones societales que se manifestaron en distintos períodos de la historia y que explicarían profundas divisiones ideológicas: centro-periferia, religiosa (ambas en el siglo XIX) y de clase (de fines de siglo XIX y primer cuarto de siglo XX) (Valenzuela 1985).

Por supuesto que por razones del presente estudio es de interés solo la última de ellas.

23. Aunque la verdad sea dicha: por una parte, nunca estos partidos lograron obtener un importante número de escaños en el Congreso, tanto en la Cámara de Diputados como en el Senado; pero, por otra, el sistema político chileno, altamente institucionalizado en el Congreso, generaba ciertos incentivos "perversos", pues obligaba de una u otra forma la conformación recurrente de partidos con fines puramente electorales para satisfacer demandas clientelísticas o cupulares.

24. Así, por ejemplo, los partidos que obtuvieron representación en la Cámara de Diputados más de una vez (indicados por el año de la elección general y sin considerar los seis principales partidos), fueron los siguientes: Partido Agrario (1932, 1937, 1941, 1945 y 1953); Partido Demócrata (1932, 1937, 1941 y 1945); Partido Democrático de Chile (1932, 1937, 1941, 1945, 1949 y 1953); Partido Radical Socialista (1932 y 1949); Partido Liberal Progresista (1945 y 1949); Partido Socialista Auténtico (1945 y 1949); Partido Agrario Laborista (1949, 1953 y 1957); Partido Socialista Popular (1949, 1953 y 1957); Partido Democrático Socialista Popular (1949, 1953 y 1957); Partido Democrático del Pueblo (1949 y 1953); Partido Conservador Tradicionalista (1949 y 1953); Partido Democrático Nacional (1961 y 1965). En tanto, los partidos que obtuvieron representación parlamentaria una sola vez a partir de 1932 fueron: Agrupación Gremial de Empleados de Chile (AGECH), Demócrata Independiente, Demócrata Socialista, Liberal Democrático, Liberal Doctrinario, Liberal Unificado, Nueva Acción Pública, Radical Independiente, Radical Socialista Independiente, Socialista, Socialista Unificado, Social Republicano (total: 12); 1937: Acción Republicana, Movimiento Nacional Socialista (Total: 2); 1941: Socialista de Trabajadores, Vanguardia Popular Socialista (Total: 2); 1945: Alianza Popular Libertadora (Total: 1); 1949: Acción Revolucionaria, Radical Democrático (Total: 2); 1953: Acción Renovadora, Laborista, Movimiento Nacional del Pueblo, Movimiento Nacional Ibañista, Nacional Cristiano, Radical Doctrinario, Unidad Popular (Total :7); 1957: Del Trabajo, Democrático, Movimiento Republicano Nacional (Total: 4); 1973: Acción Popular Independiente (API), Democracia Radical, Izquierda Cristiana, Izquierda Radical, Movimiento de Acción Popular Unitaria (MAPU) (total: 5). Véase en particular, Ricardo Cruz-Coke (1984, 49-50) y también Ricardo Yocelevzky (2002, 50).

25. En efecto, Arturo Valenzuela (2013) postula que el quiebre de la democracia chilena tuvo su origen en la ocupación del centro por parte de la Democracia Cristiana, partido que reemplazó la política consensualista por otra que propugnó un camino propio y sin negociaciones. Una idea similar es la planteada por Moulian, Aldunate y Flisfisch, quienes advierten que la D.C. provocó un efecto centrífugo radicalizando el sistema de partidos chileno (1985). En tanto, Mario Góngora (2006), hizo lo propio al sindicar a la D.C. como el partido que inauguró la época de las Planificaciones Globales. Alfredo Jocelyn-Holt (2014), por otra parte, es el único autor, que si bien responsabiliza a la D.C. del posterior colapso, centra su interpretación en la híper-movilización social que se provocó.

26. Una explicación razonable a esta "compulsión" aliancista es que, a diferencia de la Democracia Cristiana, el partido Radical sufrió severas crisis internas a causa de quiebres ideológicos [que iban desde declaraciones de principios centristas (en los años 1930) a otras abiertamente revolucionarias (1967)] y cupulares, que terminaron desgajando al partido y provocando su brusco descenso electoral. Si bien la Democracia Cristiana también sufrió quiebres intestinos [MAPU (1969) IC (1971)], lejos estuvieron de significar un descenso electoral para el partido de la Falange (Torres 2014, 282).

27. Salazar define como lucro político, "la cuota de soberanía popular de la que se apropian los partidos y los políticos profesionales, en razón de que el sistema constitucional los autoriza a *monopolizar irresponsablemente la deliberación popular,* y ello les permite obtener e incrementar ventajas, poderes relativos e inmunidades *para* su condición gremial de clase" (Salazar 2015, 933).

28. "No es —como han sostenido algunos autores— que la derecha haya sabido, inteligentemente, filtrarse en los gobiernos de izquierda para hacer pesar allí sus intereses y así morigerarlos, sino que fue más bien al revés: la izquierda, con su ingreso al sistema político constituido en 1925, fue la que *contribuyó a legitimar el modelo liberal-populista* que fue construyendo la clase política parlamentarista como conjunto (la derecha dentro de ella) para escapar del enorme peligro interpuesto por la alianza política de la FOCH, la FECH y la AGPCH en el período de 1925. Tanto los políticos de derecha como los de izquierda trabajaron —en tensión convergente en lo particular, pero en hermandad gremial en lo general— para construir ese modelo y así *salvarse todos ellos* como clase política hegemónica" (Salazar 2015, 471).

29. Muy cercana a esta línea argumental es lo propuesto por Sofía Correa (2011), quien argumenta que la derecha chilena se sumó entu-

siastamente a organizar el sistema de partidos, ya que, en el fondo, la mantención del régimen democrático constitucional-liberal, era la mejor plataforma defensiva para controlar sus privilegios.

30. Indica Salazar: "*gran masa popular* que emigró del campo a la metrópoli expulsada por las crisis económicas y de representatividad experimentadas por las comunidades locales y provinciales. Lo mismo puede decirse de los *grupos medios* de ocupación burocrática (…). ¿Cuánta influencia osmótica y sociocultural pueden ejercer las élites dirigentes del país sobre la masa popular y sobre los grupos medios, por el solo hecho de *residir* en el polo urbano metropolitano, como para neutralizar la consciencia de `clase`" (Salazar 2015, 514-515). En la misma línea argumental, María Rosaria Stabili sostiene "que no sorprende tanto que la visión más general de las relaciones sociales y de la vida política haya sido interpretada, en cierto modo, como una extensión de aquella sedimentada en el fundo en base a la polaridad patrón-inquilino" (Stabili 1996, 275-276).

31. De hecho, si se comparan las elecciones presidenciales y del Congreso, en el período que va entre 1932 a 1973, se puede llegar a la conclusión que todos los presidentes, a excepción del período de gobierno de Jorge Alessandri (1958-1964) y de Eduardo Frei Montalva (1964-1970), tuvieron minoría en el Congreso. En particular, Jorge Alessandri logró mayoría en la Cámara y en Senado entre los años 1961-1963, mientras que Eduardo Frei Montalva obtuvo mayoría en la Cámara durante 1965-1969.

32. Véase en particular, el artículo 44° como el 72° (inciso 17) de la constitución de 1925. En ambos artículos se expresa nítidamente la fuerte dependencia en materias de leyes y orden público del poder Ejecutivo respecto al Congreso.

33. Hasta 1969 la cantidad de diputados a elegir era de 147, mientras el número de senadores alcanzaba a 45. Como se señaló en el texto principal, una parte del Senado era reemplazada cada cuatro años (junto a las elecciones para diputado), pero cada senador desempeñaban durante ocho años su cargo. En resumen, desde 1937 se eligieron 25 senadores; en tanto, en 1941, el número llegó a 20 y así continuó intercaladamente hasta 1969, año en el que se subió el número de diputados de 147 a 150 y el número de senadores de 45 a 50. Con todo, el sistema de reemplazo de los senadores se mantuvo inalterable, aunque se pasó a elegir 30 senadores en 1969 y 25 en 1973.

34. De hecho, Arturo Valenzuela argumenta que si se considera la alta polarización del sistema de partidos chilenos, es muy poco probable

que hubiese sido posible crear una institución como el Congreso a mediados de siglo XX. "Pero el Poder Legislativo como un lugar de acomodos y como el principal foco de la política partidista surgió antes que la polarización del sistema de partidos. También precedió al desarrollo de las poderosos instituciones estatales y la burocracia centralizada" (Valenzuela 2013, 52).

35. Para la época que se hace mención, el partido Radical había perdido su rol hegemónico como partido de centro en manos de la Democracia Cristiana. En realidad, el partido Radical, no solo disminuyó su participación electoral desde 1950 (aunque su promedio de votación en las elecciones municipales y parlamentarias, al menos hasta 1963, no bajó del 20,86% del electorado), sino que a partir de 1960 empezó a perder relevancia dentro del sistema partidista chileno. Ya en las elecciones parlamentarias de 1965 y de 1969, no pudo superar el 13% de los votos, mientras que para las elecciones de 1973, solo votaron por sus candidatos a diputado y senador un 3,69% y un 5,77% del electorado respectivamente.

36. En una primera aproximación al problema, es correcto afirmar que entre los años 1940-1960, los partidos de centro fueron los que predominaron electoralmente, pero desde el decenio 1960-1970, sus votos se dividieron para favorecer a la derecha y a la izquierda respectivamente. Así, pese a que la Democracia Cristiana se convirtió en el partido más votado de Chile, su alza electoral se detuvo una vez que alcanzó el poder Eduardo Frei Montalva en 1964. Con todo, su ingreso al sistema de partidos fue espectacular. Entre 1958 y 1963, logró desplazar al partido Radical de su rol hegemónico de centro. Primero, durante la elección presidencial de 1958, donde Eduardo Frei obtuvo el 20,69% de los votos, mientras que Luis Bosay, candidato radical, alcanzó un exiguo 15,54%; y luego, tras la elección municipal de 1963, donde la Democracia Cristiana consiguió derrotar al partido Radical, obteniendo el 22,8% de los votos respecto al 21,5% del partido Radical. De hecho, el ascenso electoral del partido de la Falange no se interrumpió durante las dos próximas elecciones: en las presidenciales de 1964, su candidato, Eduardo Frei Montalva, consiguió el 55,67% del electorado, mientras que en las elecciones parlamentarias de 1965, obtuvo un 43,6% de votos para sus diputados (55,78% de los escaños) y un 47,84% de votos en el senado (55% de los asientos). En tanto, en las municipales de 1967 y parlamentarias de 1969, disminuyeron ostensiblemente su electorado, con un promedio de 36,43% y 32,68% de votos respectivamente.

37. Si bien el partido Radical, para 1965, había perdido su rol de catalizador del sistema de partidos, progresivamente tomó una línea dura de izquierda que lo alejó del centro político. De hecho, en la 23° Convención del Partido Radical, es posible observar nítidamente este cambio ideológico. En la Convención, se intensificó la necesidad de que el partido promoviera significativas transformaciones socioeconómicas y que se propugnara en la sociedad chilena que "los intereses de la sociedad dominen por sobre los intereses privados (…). La propiedad debe ser estatal (…) la aplicación y perfeccionamiento de un sistema democrático no puede lograrse si no está basado en un régimen socialista (…) no puede existir democracia sin socialismo y socialismo sin democracia" (Declaración Política XXIII Convención Nacional del Partido Socialista de Chile 1967).
38. La derecha junto al Partido Radical habían decidido llevar como candidato, para las presidenciales de septiembre de 1964, a Luis Bosay del partido Radical; y en realidad, ante la división del centro con la izquierda, se avizoraba muy posible que su candidato alcanzara el poder. Sin embargo, ocurrió inesperadamente que Óscar Naranjo Jara, diputado socialista por el departamento de Curicó y Mataquito, muriera en diciembre de 1963. Como solía ocurrir, se fijó una elección complementaria para marzo de 1964 para llenar el cupo del malogrado diputado, donde participaron candidatos de los dos bloques (Frente Democrático- Frente de Acción Popular) y de la Democracia Cristiana. Al ser un departamento con fuerte arraigo conservador, la derecha presentó la elección como un verdadero plebiscito, como un antecedente directo de la contienda presidencial, pues estaba segura de su triunfo. No obstante, el candidato que resultó elegido fue Óscar Naranjo Arias, hijo socialista del difunto diputado. Así, ante la eventualidad de una "dictadura comunista", la derecha tradicional se volcó hacia la candidatura de Eduardo Frei en 1964 y también en las parlamentarias de 1965. Finalmente, Eduardo Frei fue elegido por amplia mayoría, pero la estrategia tuvo funestos resultados para la derecha, porque, por una parte, perdió parte importante de su electorado en las siguientes elecciones y, por otra, porque provocó que el partido Radical no solo abandonara el Frente Democrático, sino que, en su interior, se produjera un profundo giro doctrinal hacia la izquierda. A mayor detalle, véase (Torres 2014).
39. Habría que reparar que el rápido ascenso electoral de la Democracia Cristiana se debió tanto por un descenso del partido Radical, pero ante todo, porque en varias elecciones de la década de 1960, hubo un importante trasvasije de votos que provenían del electorado de dere-

cha. Y no solo con ocasión del Naranjazo, que provocó una elección de dos bloques, aunque a tres bandas ideológicas. En efecto, es posible constatar, en base a los datos disponibles, una fuerte correlación electoral entre la Democracia Cristiana y la derecha, ya que en la medida que la primera eleva su caudal electoral, la derecha disminuye su votación y viceversa. Así lo prueba el que los partidos de derecha hayan alcanzado un mínimo histórico en las parlamentarias de 1965 con un 12,5% de los votos, pero que repuntaran su votación, en las parlamentarias de 1969 en 1973, en un 20,8% y 21,3% respectivamente. En contraste, la Democracia Cristiana obtuvo el 42,3% de los votos en 1965, pero bajó ostensiblemente a un 29,8% de los votos en 1969 y un 29,1% en 1973. Paralelamente, los resultados de las elecciones municipales de 1967 y 1971 muestran la misma tendencia: en 1967, el partido Nacional (que unificó a los dos partidos históricos de la derecha: conservador y liberal) obtuvo un escuálido 14,61% de las preferencias, en tanto que la Democracia Cristiana se adjudicó el 36,43% de los votos, mientras que en las elecciones municipales de 1971, el partido Nacional capturó un 18,36% y el partido de la Falange obtuvo un 26,07% de los votos. Debería llamar la atención, sin embargo, que la doctrina que postuló la Democracia Cristiana estuvo lejos de ser conformista o en una línea de continuidad con el *Antiguo Régimen*, por lo que sería un tanto contradictorio el haber recibido apoyo del electorado de derecha. Con todo, una explicación razonable pareciera ser que el trasvasije de votos se produjo, entre otras cosas, porque el partido de la Falange acentuó su raigambre católica, su mirada tradicional de tipo comunitaria y anticomunista (Torres 2014).

40. Tal vez, en esta problemática, sería prudente separar aguas. En efecto, no sería precipitado afirmar que las bases de la Democracia Cristiana, se mostraron siempre proclives a un discurso de cambio en las estructuras productivas y que les permitiera mayor participación política (juntas de vecinos, cooperativas, sindicatos), mientras que su directiva y dirigentes principales, en su gran mayoría y a lo largo de todo el período de estudio, tuvieron marcadas tendencias conservadoras que se reflejaban recurrentemente en declaraciones públicas, y más importante aún, en el hemiciclo. Para ellos, los cambios debían ser sopesados bajo la estricta dirección de la clase política, pero sin dejar de prestar oído a la clase económica, aun cuando el discurso demócrata cristiano propugnara todo lo contrario.

41. A decir verdad, no se entiende que el mismo Valenzuela, en su estudio *El quiebre de la Democracia*, presente un cuadro donde ubica al

Partido Radical dentro de la Unidad Popular, otorgándole a la coalición de izquierda el 43,9% de las preferencias para las parlamentarias de 1969, pero al momento de identificar los 3/3 incluye al partido Radical dentro del centro político (Valenzuela 2013, 145).

42. Una tesis contraria es la propuesta por Nancy Bermeo (2003), quien sostiene que, pese al espectacular incremento de votantes, los partidos de izquierda solo aumentaron un 8,8% de sus votos entre los años 1961-1969, y que en los años posteriores, su ascenso fue efecto de la figura de un líder popular. Al respecto, afirma la autora, el número de votos que alcanzó la izquierda en las elecciones municipales de 1971 y parlamentarias de 1973, se explicaría por el tradicional "coattail voting" presente en Chile; es decir, la tendencia de traspasar votos a un partido o coalición gobernante en razón de un líder popular, que en este caso sería Allende. Respecto al primer argumento, habría que indicar que los cálculos que presenta Bermeo son correctos si se aplican a los partidos comunistas y socialistas en particular, pero no en el caso de emplearlos al amplio espectro de los partidos de izquierda y de otros partidos, que aun cuando genéricamente sean catalogados de centro, sus doctrinas, como se ha estudiado, se orientaron hacia la izquierda. En relación al segundo planteamiento de la autora, no creo que éste venga a lugar, porque el efecto del traspaso de los votos de un líder a su partido (o coalición), Bermeo lo calcula tomando en consideración una elección parlamentaria a otra y no a la elección inmediata que ocurre entre una presidencial y parlamentaria. Es decir, su planteamiento es que el presidente en Chile, por lo general, haría aumentar el voto de su partido (o coalición) si se compara la elección parlamentaria que le antecede respecto a la que le sucede. Empero, la dificultad con este argumento, es que la autora no observa que el caso de Allende es único. En efecto, fue el único presidente, entre los años 1932 a 1973, que consiguió no solo el aumento de votos entre elecciones parlamentarias, sino que además logró que su coalición aumentara en las dos siguientes elecciones el caudal obtenido respecto a su votación presidencial (Bermeo 2003).

43. El Partido Comunista chileno, que tuvo su origen en el Partido Obrero Socialista (1912), suele ser sindicado como uno de los más antiguos y relevantes partidos de izquierda en América Latina. De hecho, por parte de la literatura especializada, en varias ocasiones se ha presentado al partido Comunista chileno, como el mejor ejemplo de madurez democrática del país. Sin embargo, tales apologistas no reparan en el hecho que, durante largo tiempo, sus líderes y militantes fueron perseguidos o que el partido fuera proscrito duran-

te una década (1948-1958). A mayor abundamiento, véase Cavarozzi (2013).

Capítulo 7

1. Con todo, si se estudian detenidamente las fuentes, entre los años 1940-1970, como lo afirman Angell (1993) y Salazar (2015), es posible reparar una conducta de crítica abierta a los partidos políticos, casi de forma sistemática. Tales críticas provinieron de todos los sectores sociales y explicarían, a la larga, la presencia de líderes que se elevaron como caudillos por sobre el sistema de partidos o que, en su defecto, se mostraron como independientes a los partidos. Para el primer caso, se tiene a Carlos Ibáñez del Campo, mientras que para el segundo, Jorge Alessandri. No obstante, y pese a las continuas críticas, los partidos salieron siempre indemnes.
2. Esta sería una de las explicaciones, por ejemplo, de por qué la derecha política y el grueso de la clase económica no se opuso al proyecto de chilenización del cobre (1966), pues la mayoría de los capitales involucrados eran extranjeros (estadounidenses) y, por lo mismo, pensaron que podían administrar junto al Estado los proyectos mineros a futuro, cuestión que se ve graficada en el punto 16 de los Fundamentos Doctrinarios y Programáticos del Partido Nacional (1966, 10): "se deben recuperar las riquezas del sub-suelo, especialmente el cobre y el hierro, mediante un sistema legal que fije plazos para que las empresas que las explotan se constituyan en Chile, conforme a las leyes chilenas, con la mayor parte de su capital chileno, y, en lo posible con técnicos y trabajadores chilenos, de modo que efectivamente su administración responda a un verdadero interés nacional y sus capitales contribuyan a la capitalización del país (...). El Partido Nacional reconoce la importancia de los capitales extranjeros (...) pero no acepta, por tanto, tratos discriminatorios a favor del capital foráneo".

Capítulo 8

1. Tal como explica Sofía Correa (2011), el impulso que recibieron estas ideas provinieron, principalmente, del diario el Mercurio, el que gestionó, además, la venida a Chile de la misión Klein-Saks.
2. "Si en muchos casos la revolución ha significado la pérdida de la libertad y el desconocimiento de derechos básicos del individuo, los cambios sociales y económicos que impulsa el gobierno (...) consti-

tuyen una Revolución en Libertad. Ella se realiza dentro de la legalidad democrática, sin abusos, sin arbitrariedades, sin ahogar la libre expresión de ideologías espirituales y políticas..." (Partido Demócrata Cristiano, *Un programa y un Gobierno* 1967, 18-19).

3. "se cambia la idea del derecho liberal individualista que nos rige, fundamento del capitalismo clásico, por un concepto de propiedad en función social que permite dar acceso al dominio al mayor número de chilenos y (…) condiciona (los tipos de propiedad) a los intereses de la comunidad" (Partido Demócrata Cristiano, *Informe. El programa de revolución en libertad y su cumplimiento* 1966, 7).

4. El nombre se debía en razón del llamado que hizo Tomic a todas las fuerzas populares para que se unieran bajo su liderazgo. En este sentido, tanto el programa de la Democracia Cristiana como el de la izquierda, intentaron monopolizar el término. De paso, es interesante notar que Tomic denominaba displicentemente como "mini-unidad popular" a la alianza de partidos de izquierda (Tomic... 1969, 12).

5. En rigor, el total del electorado que votó por la Unidad Popular y la Democracia Cristiana en la elección presidencial de 1970 fue de 1.900.465 personas.

6. En el programa, como en muchos otros escritos, se evidencia que "la D.C. es un partido que se opone al capitalismo, pero que, al mismo tiempo, está en contra de soluciones marxistas" (Tomic... 1969, 16).

7. Así queda graficado en el Congreso que celebró el partido socialista en Chillán (1967).

8. En particular, ruego al lector dirigirse a la segunda parte del libro.

9. "No obstante su apariencia democrática se ha convertido en una verdadera dictadura legal. Una pequeña minoría gobierna, dirige y hace trabajar al resto de la Nación en su beneficio" (Programa 1958, 9).

10. Entre otras cosas, aún no se aprobaba, por ejemplo, pese a la insistencia de la izquierda desde los años 1950, el voto de analfabetos, de la tropa en las F.F.A.A., y que la mayoría de edad fuera a los 18 años.

11. Se solicitaba que se hicieran las votaciones presidenciales y parlamentarias en el mismo lapso de tiempo; o que existiera revocación de mandato parlamentario.

12. Tal como se expresa en el Congreso del partido socialista efectuado en Chillán (1967): "La violencia revolucionaria es inevitable y legítima. Resulta necesariamente del carácter represivo y armado del estado de clase. Constituye la única vía que conduce a la toma del poder político y económico y, a su ulterior defensa y fortalecimiento. Solo destruyendo el aparato burocrático y militar del estado burgués, puede consolidarse la revolución socialista".

13. En realidad, el partido comunista había dilucidado teóricamente el problema en la década de los cincuenta. "Tanto la vía pacífica como la vía de la violencia son revolucionarias y exigen una tenaz lucha de clases, la movilización activa de las masas, la alianza obrera y campesina, la unión y la lucha de las amplias fuerzas populares alrededor del proletariado, un gran partido comunista, la conquista de la hegemonía por la clase obrera (…). Cuando hablamos de la revolución por la vía pacífica solo estamos señalando la posibilidad de cambios revolucionarios sin recurrir a la insurrección armada o a la guerra civil y no estamos descartando otras posibles formas de violencia en menor escala. La huelga general, la toma de terrenos, las luchas callejeras e incluso la conquista de la tierra por los campesinos en algunas partes" (Corvalán 1972, 33- 34).
14. Y si bien el Frente se disolvió a principios de la década de 1940, las alianzas electorales y la participación en distintos gabinetes de los partidos comunista y socialista se mantuvo hasta 1948, año en el que se dictó la ley de "defensa permanente de la democracia", ley que proscribió al partido Comunista por 10 años.
15. Una explicación a esta situación y que permite, además, comprender la dificultad de su uso, es la que entregan Laclau y Mouffe (2010). Según los autores, desde un principio el marxismo había disuelto al pueblo como una categoría amorfa e imprecisa, reduciendo todo el antagonismo social a la confrontación de clases. Pero a partir de Lenin, y pese a todo el autoritarismo que está presente en sus escritos, se propugnó la articulación hegemónica (considerada como dirección política en el seno de una alianza de clases) en el que el partido (representante principal del proletariado) tenía por función el liderazgo clasista contra un enemigo común. Se abrió así una posibilidad democrática de irrupción de rupturas (demandas) que no solo emanaran de la clase obrera, sino que se equivalenciaran en un frente amplio que, finalmente, tuvo como resultado potenciar la noción de pueblo.
16. Tal vez sea esta la razón de que, en ciertos pasajes del Programa, resulte difícil precisar qué debía entenderse por Pueblo. Por una parte, si acaso no existe un predominio ontológico de la clase obrera si no del partido que debía dirigir el movimiento de masas. "El crecimiento de las fuerzas trabajadoras (…) junto a todo el pueblo, movilizando a todos aquellos que no están comprometidos con el poder de los intereses reaccionarios, nacionales y extranjeros, o sea, *mediante la acción unitaria y combativa de la inmensa mayoría de los chilenos, podrán romper las actuales estructuras y avanzar en la tarea de su liberación*. La

unidad popular se hace para eso" (Programa 1970, 6); o por otra, si cabía incluir a la clase trabajadora dentro del pueblo y viceversa: "Se requiere transformar las actuales instituciones para instaurar un nuevo Estado donde los trabajadores y el pueblo tengan el real ejercicio del poder" (Programa 1970, 8). Pero como quiera que sea, dichas afirmaciones, por más "purista" que sea el análisis, no da para afirmar que el Programa de la Unidad Popular haya elevado a la clase obrera o a los partidos a un privilegio ontológico que haría desaparecer la dimensión populista del discurso. En realidad, todo parece indicar que los partidos de la Unidad Popular tuvieron que conciliar sus dos almas no solo en lo que respecta a la revolución (violenta o pacífica), sino que también al rol que le cabía a la clase en la dirección del proceso. Por eso no se entiende mucho que en el "Acuerdo que se toma sobre conducción y estilo de la campaña", se haga mención a la clase obrera y los trabajadores, pero en el Programa se aluda a las fuerzas populares que unidas tendrían el objetivo central político de reemplazar la actual estructura económica y, de paso, "resolver los problemas de las grandes mayorías nacionales" (Programa 1970, 37).

17. Si bien dicha especificidad marcó definitivamente sus análisis (y varias de las interpretaciones de sus continuadores), no es posible desconocer que Laclau terminó por reconocer diferencias importantes en el horizonte normativo de los populismos "realmente existentes" (Laclau 2006, 2009). De hecho, Chantal Mouffe, en sus últimos escritos y entrevistas, distingue claramente un populismo de derecha de otro de izquierda (Mouffe y Errejón 2015).

18. Respecto a las nociones de Populismo, Socialismo y Democracia, se puede leer en Retamozo (2014) un interesante análisis que recorre —a lo largo de los años— los distintos artículos y libros confeccionados por Laclau y de Ípola.

19. Aun cuando de Ípola y Portantiero no desconocen la pugna hegemónica que se da durante el momento populista, sostienen que lejos estarían los populismos de configurarse bajo la premisa lacluniana del pueblo frente al bloque de poder. "Es esta concepción organicista, que podría rastrearse en todos los populismos realmente existentes, la que hace que los antagonismos populares contra la opresión en ella insertos se desvíen perversamente hacia una recomposición del principio nacional-estatal que organiza desde arriba a la "comunidad", enalteciendo la semejanza sobre la diferencia, la unanimidad sobre el disenso" (de Ípola y Portantiero 1981, 532). En otras palabras, lo que intentan explicar los autores es que en tiempos de lucha hegemónica, si bien las masas intentan recuperar para sí y dar forma a lo po-

pular-nacional en desmedro de la lógica institucional-nacional que no permite su despliegue, ellas son finalmente desplazadas por los movimientos populistas, que encabezados por un líder, recomponen el antiguo principio de dominación. Así, por ejemplo, plantean que por más que líderes como Perón se hubieran hecho cargo *seriamente* de las demandas populares, reconociéndoles derechos o incluso otorgándoles canales efectivos de movilización y participación, en último término, dichas políticas estuvieron encuadradas por limitaciones insuperables e invariablemente sometidas y subordinadas a la figura de un líder que encarnaba al Estado capitalista *de siempre* (de Ípola y Portantiero 1981).

20. El concepto lo esbozó el ex presidente Ricardo Lagos (1999) con la intención de distinguir a este socialismo del de tercera vía.
21. En realidad, el argumento de los autores apunta a que una "narrativa revolucionaria" no solo contiene una "narrativa populista" (de izquierda), sino que la supera en radicalidad (Martínez y Vaisberg 2014, 477). Con todo, pienso que habría que diferenciar, por una parte, entre un momento populista de un proceso revolucionario, pues si bien un momento populista puede dar paso a una revolución o incluso a una dictadura, no todo proceso revolucionario contiene en sí a un momento populista; y por otro, considero que también se debería distinguir conceptualmente entre un momento populista de una crisis hegemónica, ya que si bien todo momento populista la contiene, no toda crisis hegemónica da lugar a un proceso populista.
22. Mientras que Allende obtuvo 51.955 votos en la elección presidencial de 1952, en 1970, en cambio, se inclinaron por él 1.075.616 electores.
23. Una tesis contraria es la que plantea Nancy Bermeo (2003), la que fue analizada en el séptimo capítulo de la presente unidad.
24. Según Angell (2013), también habría de resultar decisivo el poco apoyo que obtuvo Allende del voto femenino, y pese a que los programas de la izquierda esgrimían un profundo reconocimiento hacia ellas; sin embargo, en Chile, históricamente las mujeres han preferido votar por candidatos de derecha o de centro, que de izquierda. En realidad las mujeres, junto con los gremios y los transportistas, se convirtieron en los principales opositores al régimen de la Unidad Popular, y fue precisamente un grupo mayoritario de mujeres, quienes organizaron las primeras protestas (los cacerolazos) en contra de las políticas de Allende.
25. Notable es que, según cálculos de la prensa de la época, en la concentración final que antecedió a las elecciones presidenciales de 1970,

como en la marcha que se celebró a pocos días del golpe militar en 1973, Allende logró reunir aproximadamente un millón de personas. Véase para estos efectos el celebrado documental "La Batalla de Chile", realizado por Patricio Guzmán (1975).
26. Antiguo Régimen que paradójicamente le pondría fin la dictadura militar.
27. Y si bien dichas estrategias fracasaron, Allende, no obstante, intentó un último recurso institucional: llamar a un plebiscito nacional que dispusiera (en el caso de aprobarse) legalmente su dimisión. Esto, toda vez que se confié en las declaraciones del general Prats (2014).

Conclusión

1. Ignacio Walker (1988) sostiene que pese a los intentos de Pinochet de renovar a los "señores políticos", la gran mayoría de los dirigentes políticos que asomaban a fines de los ochentas (casi el 70%), tuvieron cargos al interior de los partidos y/o representativos antes de 1973; es decir, se mantuvo una "elite política tradicional".
2. Opinión que se sintetiza perfectamente en la entrevista que el senador y académico Ignacio Walker concedió al Mercurio de Santiago el sábado 24 de septiembre de 2016. En ella, al referirse sobre una presunta candidatura del senador independiente pro partido Radical, Alejandro Guillier, expresó: "Pero quiero decirlo con mucha claridad: no me gusta cuando los políticos hablan sobre los políticos en tercera persona plural: 'ellos'. Porque Alejandro Guillier es un político y es un parlamentario y fue elegido por la Nueva Mayoría y, sin embargo, cuando habla de los políticos lo hace en persona plural. Ahí está el germen de la demagogia y el populismo, así se empieza (…) él no está sabiendo procesar como político lo que son las demandas y aspiraciones de la opinión pública, las que asume mecánicamente: la calle dice No + AFP y él anuncia públicamente el fin de las AFP. Pero uno se pregunta qué hay en la sustancia o si esto es solamente algo que existe en la superficie. Yo veo en la candidatura de Alejandro Guillier el germen de la demagogia y el populismo, no puedo apoyarlo (…) no tiene partido, no tiene equipos técnicos, no tiene programa de gobierno y, por lo tanto, tengo una visión crítica respecto de lo que puede significar como candidato presidencial. No quiero demonizar a Alejandro Guillier en ningún sentido, le tengo mucho respeto, pero aquí estamos hablando de política y de liderazgos políticos y de candidaturas presidenciales y de capacidad de gobernar. Y creo que Guillier no tiene ninguno de los atributos que

se requieren para ejercer un liderazgo político y asumir el gobierno de la nación. Así como en algún momento anticipé varias cosas y puse hartos matices, yo quiero decir desde ya que esa candidatura no es algo que se condiga con los desafíos que tiene el país en los próximos 10 o 20 años".

Bibliografía

Bibliografía general y secundaria

Aboy Carlés, Gerardo. "La democratización beligerante del populismo". Centro de Estudios del Discurso y las Identidades Sociopolíticas, Escuela de Postgrado de la Universidad de San Martín/CONYCET (2005): acceso el 5 de septiembre de 2015, http://historiapolitica.com/datos/biblioteca/aboycarles.pdf.

—. "Las dos caras de Jano: acerca de la compleja relación entre populismo e instituciones políticas". *Pensamento Plural* 7 (2010): 21-40.

—. "Populismo, regeneracionismo y democracia". *Postdata* 15, n.º 1 (2010): 11-30.

—. "Repensando el populismo ", *Política y Gestión* 4 (2003): 9-34.

Aboy Carlés, Gerardo. y Julián Melo. "La democracia radical y su tesoro perdido. Un itinerario intelectual de Ernesto Laclau". *Postdata* 19, n.º 2 (2014): 395-427.

Abrams, Philip. "History, Sociology, Historical Sociology". *Past and Present* 87 (1980): 3-16.

Adler, Larissa, y Ana Melnick. La cultura política chilena y los partidos de centro. Una explicación antropológica. Santiago: Fondo de Cultura Económica, 1998.

Aggio, Alberto. *Democracia e socialismo. A experiencia chilena*. Sao Paulo: Annablume, 2002.

Agor, Weston H. *The Chilean senate; internal distribution of influence*. Texas: University of Texas Press, 1971.

—. *Latin American legislatures: Their role and influence. Analyses for nine countries*. [S.l.]: Praeger, 1971.

Agüero, Felipe, y Manuel Antonio Garretón, "La vía chilena al socialismo, elementos de una definición (Anexo)", en *La Unidad Popular y el conflicto político en Chile*, editado por Manuel Antonio Garretón y Tomás Moulián (Santiago de Chile: MINGA, 1983), 184-92.

Aguilar, Rosario, y Ryan E. Carlin, "Ideational Populism in Chile? A Case Study. *Swiss Political Science Review*, 23, nª 4, (2017): 404-422.

Ahumada, José M. y Alberto Mayol. *Economía política del fracaso. La falsa modernización del modelo neoliberal*. Santiago: El Desconcierto, 2015.

Aibar, Julio. (2008). "Sobre alquimistas e imaginadores. Populismo y nación". En *El retorno del pueblo. Populismo y nuevas democracias en América Latina*, editado por Carlos De la Torre y Enrique Peruzzotti (Quito: Flacso, 2008), 161-85.

Aldunate, Adolfo, Angel Flisfisch y Tomás Moulián. *Estudios sobre el sistema de partidos en Chile*, Santiago: FLACSO, 1985.

Alemán, Jorge. "Laclau y la vocación por constituir una ontología política". *Debates y Combates* 1, n.° 9 (2015): 79-89.

Althusser, Louis. *Ideología y aparatos ideológicos del Estado*. Buenos Aires: Nueva Visión, 1988.

Álvarez, José. *Populismo, caudillaje y discurso demagógico*. Madrid: Centro de Investigaciones sociológicas, 1987.

Aminzade, Ronald. "Historical Sociology and Time". *Sociological Methods and Research* 20 (1992): 459-480.

Anderson, Benedict. *Comunidades imaginadas. Reflexiones sobre el origen y difusión del nacionalismo*. México: Fondo de Cultura Económica, 1993.

Angell, Alan. *Chile de Alessandri a Pinochet: en busca de la utopía*. Santiago: Andrés Bello, 1993.

—. *Partidos políticos y movimiento obrero en Chile. De los orígenes hasta el triunfo de la Unidad Popular*. México: Era, 1974.

—. "Social Class and Popular Mobilization in Chile: 1970-1973". *A Contracorriente* 7, n.° 2 (2010): 1-51.

Arditi, Benjamín. "El populismo como espectro de la democracia. Respuesta a Canovan". En *La política en los bordes del liberalismo. Diferencia, populismo, revolución, emancipación*, editado por Benjamín Arditi, 107-19. Barcelona: Gedisa, 2011a.

—. "El populismo como periferia interna de la política democrática". En *La política en los bordes del liberalismo. Diferencia, populismo, revolución, emancipación,* editado por Benjamín Arditi, 121-58. Barcelona: Gedisa, 2011b.

— *La política en los bordes del liberalismo. Diferencia, populismo, revolución, emancipación*. Barcelona: Gedisa, 2011.

Argote, Francisco, Raúl Troncoso y Angel Flisfisch. *El futuro democrático de Chile: Cuatro visiones políticas Centro de Estudios del Desarrollo*. Santiago: Centro de Estudios del Desarrollo (CED), 1985.

Barozet, Emmanuelle. "Movilización de recursos y redes sociales en los neopopulismos: hipótesis de trabajo para el caso chileno". *Ciencia política* 23 , n.° 1 (2003): 39-54.

—. "Populismo regional y Estado: el caso de Chile". *Estudios Interdisciplinarios de América Latina y el Caribe* 19, n.° 2 (2008): 45-60.

Barozet Emmanuelle, y Vicente Espinoza. (2008). "¿De qué hablamos cuando decimos clase media? Perspectiva sobre el caso chileno". En *El arte de clasificar a los chilenos. Enfoques sobre los modelos de Estratificación en Chile*, 103-130. Santiago: Diego Portales, 2009.

—. "¿Quiénes pertenecen a la clase media en Chile? Una aproximación metodológica". *Ecuador Debate* 74, (2008): 103-21.

Barros, Luis, y Ximena Vergara. *El modo de ser aristocrático*. Santiago: Ariadna, 2007.

Barros, Sebastián. "Espectralidad e inestabilidad institucional. Acerca de la ruptura populista". *Revista de Estudios Sociales* 30, (2006b):145-162.

—. "Inclusión radical y conflicto en la constitución del pueblo populista". *Revista Confines* 2, n.° 3 (2006a): 65-73.
—. "Momentums, demos y baremos. Lo popular en los análisis del populismo latinoamericano". *Postdata* 192, n.° 2 (2014): 315-344.
—. "Salir del fondo del escenario social: sobre la heterogeneidad y la especificidad del populismo". *Revista Pensamento Plural, Pelotas* 5, (2009): 11-34.
Baudrillard, Jean. *Cultura y Simulacro*. Barcelona: Kairos, 1987.
Benavente, Andrés, y Julio A. Cirino. *La democracia defraudada. Populismo revolucionario en América Latina*. Buenos Aires: Grito Sagrado, 2005.
Bengoa, José. *La Comunidad Perdida. Ensayos sobre identidad y cultura: los desafíos de la modernización en Chile*. Santiago: Sur, 1996.
Bermeo, Nancy G. Ordinary *People in Extraordinary Times. The Citizenry and the Breakdown of Democracy*. New Jersey: Princeton University Press, 2003.
Biglieri, Paula, y Paula Perelló. (2015). "Sujeto y populismo o la radicalidad del Pueblo en la teoría postmarxista". *Debates y Combates* 1, n.° 9 (2015): 53-63.
Bitar, Sergio. *Chile 1970-1973. Asumir la historia para construir el futuro*. Santiago: Pehuén, 2001.
—. *El gobierno de Allende. Chile 1970-1973*. Santiago: Pehuén, 2013.
Bobbio, Norberto. *El futuro de la democracia*. México D.F.: Fondo de Cultura Económica, 1986.
Borón, Atilio A. "Notas sobre las raíces histórico-estructurales de la movilización política en Chile". *Revista Foro Internacional* 61, (1975): 64-121.
Burbano de Lara, Felipe. *El fantasma del populismo: aproximación a un tema siempre actual*. Caracas: Nueva Sociedad, 1998.
Burdman, Javier. "Heterogeneidad, irrupción radical y mito en la génesis de las interpelaciones populistas durante la con-

formación del peronismo". *Revista SAAP* 2, n.º 3 (2009): 615-34.
Burguiere, André. *La Escuela de los Annales. Una historia intelectual.* Valencia: Universitat de Valencia, 2010.
Burke, Peter. *Historia y teoría social.* Buenos Aires: Amorrortu, 2007.
—. *Sociología e historia.* Madrid: Alianza, 1987.
Camargo, R. "Entrevista a Laclau: postmarxismo, populismo, multitud y acontecimiento". *Revista de Ciencia Política* 29, n.º 3 (2009): 815-28.
Campus, Donatella. "El lenguaje populista en el poder". *Revista de Sociología* 24, (2010): 151-164.
Cancino, Hugo. "La reemergencia del discurso nacional-popular en la nueva izquierda latinoamericana. Para una discusión de los movimientos nacional-populares". *Diálogos Latinoamericanos* 13, (2008): 27-43.
Canovan, Margaret. *Populism.* Nueva York: Harcourt Brace Jovanovich, 1981.
—. *The people.* Cambridge: Polity Press, 2005.
—. "Trust the People, Populism and the Two Faces of Democracy". *Political Studies* 47, n.º 1 (1999): 2-16.
Cardoso Fernando H., y Enzo Falleto. *Dependencia y desarrollo en América Latina.* Buenos Aires: Siglo XXI, 2011.
Casals, Marcelo, y Joaquín Fernández "Presentación". En *Chile 1970. El país en que triunfó Salvador Allende*, compilado por Pedro Milos, 179-90. Santiago: Alberto Hurtado, 2013.
Casullo, María E. "¿En el nombre del Pueblo? Por qué estudiar al Populismo Hoy". *Postdata* 19, n.º 2 (2014): 277-313.
Cavarozzi, Marcelo. *Los sótanos de la democracia chilena, 1938-1964.* Santiago: LOM, 2017.
—. *La democracia fuera de lugar. Chile en el siglo XX.* Buenos Aires: UNSAM, 2013.
—. "Populismos y partidos de clase media". En *La democratización fundamental. El populismo en América Latina,* compliado

por Carlos M. Vilas, 340-380. México: Consejo Nacional para la cultura y las artes, 1995.

Chernilo, Daniel. *Nacionalismo y cosmopolitismo*. Santiago: Universidad Diego Portales, 2010.

Collier, Simon, y William F. Stater *A History of Chile, 1808-1994*. Cambridge: Cambridge University Press, 1996.

Conniff, Michael L. "Neopopulismo en América Latina: la década de los 90 y después". *Revista de Ciencia Política* 23, n.º 1 (2003): 31-38.

—, ed. *Populism in Latinamerica*. Alabama: University of Alabama Press, 2012.

Correa Sutil, Sofía. *Con las riendas del poder. La derecha chilena en el siglo XX*. Santiago: Debolsillo, 2011.

Corvalán Marquéz, Luis. *Del anticapitalismo al neoliberalismo en Chile (Izquierda, centro y derecha en la lucha entre los proyectos globales. 1950-2000)*. Santiago: Sudamericana, 2001.

Corvalán, Luis. *Camino de victoria*. Santiago: Impresora Horizonte, 1972.

Cousiño, Carlos. "Populismo y radicalismo político durante el gobierno de la Unidad Popular". *Revista de Estudios Públicos* 82, (2001): 189-202.

Cruz-Coke, Ricardo. *Geografía Electoral chilena*. Santiago: Pacífico, 1952.

—. *Historia electoral de Chile 1952-1973*. Santiago: Jurídica, 1984.

Dahl, Robert A. *On Democracy*. New Haven: Yale University Press, 2000.

—. *Poliarchy: Participation and Opposition*. New Haven, CT: Yale University Press, 1971.

Debray, Régis. *Conversación con Allende*. México: Siglo XXI, 1973.

Decker, Frank. "The Populist Challenge to Liberal Democracy". *International politics and society* 3, (2003):47-59.

De Ípola, Emilio. *Ideología y discurso populista*. México DF.: Folios, 1982.

De Ípola, Emilio, y Juan Carlos Portantiero. "Lo nacional popular y los populismos realmente existentes". *Nueva Sociedad* 54, (1981): 7-18.

De la Torre, Carlos. "Masas, pueblo y democracia: un balance crítico de los debates sobre el nuevo populismo". *Revista de Ciencia Política* 23, n.º 1 (2003): 55-66.

De la Torre, Carlos, y Enrique Peruzzotti. El retorno del pueblo. Populismo y nuevas democracias en América Latina. Quito: Flacso, 2008.

Devenney, Mark. "La política del antagonismo". *Debates y Combates* 1, n.º 9 (2015): 37-52.

Disch, Lisa. "Ernesto Laclau y el 'redescubrimiento' democrático de la representación". *Debates y Combates* 1, n.º 9 (2015): 33-48.

Di Tella, Torcuato S. "Populismo y reforma en América Latina". *Desarrollo Económico* 4, n.º 16 (1965): 391-425.

Dornbush, Rudiger, y Sebastian Edwards. *The Macroeconomics of Populism in Latin America*. Chicago: University of Chicago Press, 1991.

Drake, Paul W. "Chile's Populism Reconsidered, 1920-1990". En *Populism in Latinamerica,* editado por Michael L. Conniff, 71-85. Alabama: University of Alabama Press, 2012.

—. *Socialismo y populismo: Chile 1936-1973*. Valparaíso: Instituto de Historia, PUCV, 1992.

Edwards, Sebastián. *Populismos o mercados: el dilema de América Latina*. Colombia: Norma, 2009.

Edwards, Alberto. *La fronda aristocrática.* Santiago: Pacífico, 1945.

Fair, Hernán. "Laclau y Verón: discusiones teóricas y contribuciones para la praxis en dos teorías del discurso". *Revista INCIHUSA* 10, (2008): 9-24.

Fairclough, Norman. *Discourse and Social Change*. Cambridge: Polity Press, 1992.

Farías, Víctor. *La izquierda chilena 1969-1973*. Santiago: Centro de Estudios Públicos, 2000.

Faúndez, Juilo. *Democratización, desarrollo y legalidad, Chile 1831-1973*. Santiago: Universidad Diego Portales, 2011.

Fernández Abara, Joaquín. "Allende, el allendismo y los partidos: El Frente de Acción Popular ante las elecciones presidenciales de 1958". *Revista Izquierdas* 23, (2015): 157-90.

—. *El Ibañismo (1937-1952). Un caso de populismo en la política Chilena*. Santiago: Pontificia Universidad Católica de Chile, 2007.

Fermandois, Joaquín. *La revolución inconclusa. La izquierda chilena y el gobierno de la Unidad Popular*. Santiago: CEP, 2013.

Ffrench-Davis, Ricardo. *Chile entre el neoliberalismo y el crecimiento con equidad. Reformas y políticas económicas desde 1973*. Santiago: JC Sáez, 2007.

Fraser, Nancy y Axel Honneth. *Redistribución o reconocimiento. Un debate político-filosófico*. Madrid: Morata, 2006.

Fraser, Nancy. *Escalas de justicia*. Barcelona: Herder, 2008.

Frei, Raimundo, y Cristóbal Rovira (2008). "El populismo como experimento político: historia y teoría política de una ambivalencia". *Revista de Sociología* 22, (2011): 117-140.

Freidenberg, Flavia. *La tentación populista, una vía al poder en América Latina*. Madrid: Síntesis, 2007.

Freud, Sigmund. *Psicología de las masas*. Madrid: Alianza, 2010.

Fuentes, Claudio. *El pacto*. Santiago: Ediciones Universidad Alberto Hurtado, 2012.

Gamboa, Ricardo. "Reformando Reglas Electorales: la cédula única y los pactos electorales en Chile (1958-1962)". *Revista de Ciencia Política* 31, n.º 2 (2011): 159-186.

Gamper, Daniel. "Sobre el populismo y los límites de la democracia". *Revista de cultura latinoamericana* 24, (2007): 1137-2354.

Gárate, Manuel. *La revolución capitalista de Chile (1973-2003)*. Santiago: Ediciones Alberto Hurtado, 2012.

Gaudichaud, Franck. *Poder popular y cordones industriales. Testimonios sobre el movimiento popular urbano 1970-1973*. Santiago de Chile: LOM, 2004.

Garretón, Miguel Antonio. *El proceso político chileno*. Chile: FLACSO, 1983.

García de la Huerta, Marcos. *Memorias de Estado y Nación*. Santiago: LOM, 2010.

García de la Huerta, Marcos, y Carlos Ruiz Schneider. *República, liberalismo, y democracia*. Santiago: LOM, 2011.

Germani, Gino. "Democracia representativa y clases populares en América Latina". En *América del Sur: un problema nuevo*, editado por Gino Germani y Alain Touraine. Barcelona: Nova Terra, 1965b.

—. *Política y sociedad en una época de transición: de la sociedad tradicional a la sociedad de masas*. Buenos Aires: Paidós, 1965a.

Gil, Federico Guillermo. *The political System of Chile*. Boston: Houghton Mifflin, 1966.

Goldthorpe, John H. (1991). "The Uses of History in Sociology: Reflections on Some Recent Tendencies". *British Journal of Sociology* 42, n.° 2 (1991): 211-30.

Góngora, Mario. *Ensayo histórico sobre la noción de Estado en Chile en los siglos XIX y XX*. Santiago: Universitaria, 2006.

Grez, Sergio. "La Asamblea Constituyente de asalariados e intelectuales, Chile 1925: entre el olvido y la mistificación". *Revista Izquierdas* 29, (2016): 1-48.

Groppo, Alejandro. *Los dos príncipes: Juan D. Perón y Getulio Vargas*. Buenos Aires: Eduvim, 2009.

Grugel, Jean. "Populism and the Political System in Chile: Ibañismo (1952-1958)". *Bulletin of Latin American Research* 2, (1992): 169-86.

Guerrero, Víctor. "Populismo en el sistema político chileno: el caso de Jorge Soria, alcalde de Iquique". *Revista de Ciencias Sociales* 7, (1997): 24-37.

Hall, Peter A. y David W. Soskize. *Varieties of capitalism. The institutional foundations of Comparative Advantage*. Oxford: Oxford University Press, 2001.

Hawkins, Kirk A., y Cristóbal Rovira. "The ideational Approach to Populism". *Latin American Research Review* 52,n° 4, (2017): 513-528.
Henríquez Vásquez, Rodrigo. (2012). "Estatismo y politización en el Frente Populismo chileno (1932-1948) ". Tesis doctoral: Universidad Autónoma de Barcelona, 2012. Acceso el 5 Abril de 2016. http://www.tdx.cat/bitstream/handle/10803/117446/rhv1de1.pdf?sequence=1.
Hermet, Guy. *El invierno de la democracia. Auge y decadencia del gobierno del pueblo*. Barcelona: Los libros del Lince, 2008.
—. "El populismo como concepto". *Revista de Ciencia Política* XXIII 1, (2003): 5-18.
Honneth, Axel. *La lucha por el reconocimiento. Una gramática moral de los conflictos sociales*. Barcelona: Crítica, 1997.
Hroch, Miroslav. "From National Movement to the Fully-Formed Nation: the Nation Building Process in Europe", En *Becoming National. A Reader*, editado por Geoff Eley y Roland. Nueva York: Oxford University Press, 1996.
Huneeus, Carlos. *La democracia semisoberana. Chile después de Pinochet*. Santiago: Taurus, 2014.
Ianni, Ocatavio. *La formación del Estado populista en América Latina*, México: Era, 1975.
Ionescu, Ghita, y Ernest Gellner. *Populismo*. Buenos Aires: Amorrortu, 1969.
Jocelyn-Holt, Alfredo. *El Chile perplejo: del avanzar sin transar al transar sin parar*. Chile: Debolsillo, 2014.
Knight, Alan. Revolución, *Populismo y democracia en América Latina*. Chile: PUC, 2005.
Laclau, Ernesto. "La deriva populista y la centroizquierda latinoamericana". *Nueva Sociedad* 205, (2006): 56-61.
—. *La razón populista*. Buenos Aires: Fondo de Cultura Económica, 2005.
—. *Política e ideología en la teoría marxista: capitalismo, fascismo y populismo*. Madrid: Siglo XXI, 1978.

—. "Populismo, ¿qué nos dice el nombre?". En *El populismo como espejo de la democracia,* compilado por Francisco Panizza, 51-70. Buenos Aires: Fondo de Cultura Económica, 2009.

Laclau, Ernesto, y Chantal Mouffe. *Hegemonía y estrategia socialista.* Buenos Aires: Fondo de Cultura Económica, 2010.

Larraín, Felipe, y Patricio Meller. "La experiencia socialista populista chilena: la unidad popular, 1970-73". *Cuadernos de Economía* 82, (1990): 317-355.

Larraín, Jorge. "Integración regional e identidad nacional: Chile, ¿país modelo?". *Revista del Sur* 161, (2005): 7-15.

—. *Modernidad, Razón e identidad en América Latina.* Santiago: Andrés Bello, 1996.

Lasch, Christopher. *The Revolt of the Elites and the Betrayal of Democracy.* New York: W.W. Norton, 1995.

Lechner, Norbert. "El sistema de partidos en Chile". Documento de Trabajo Nº 249, Santiago: FLACSO, 1985.

—. "¿Son compatibles modernidad y modernización? El desafío de la democracia latinoamericana". Documento de Trabajo Nº 440, Santiago: FLACSO, 1990.

Lipset, Seymour. *Hombre político.* Buenos Aires: Eudeba, 1964.

Lipset, Seymour, y Stein Rokkan. *Party Ssystems and Voter Alignments. Cross National Perspectives.* Toronto: Free Press, 1967.

Llanos, Claudio. *Cuando el pueblo unido fue vencido. Estudios sobre la vía chilena al socialismo.* Chile: Universitarias de Valparaíso, 2014.

Mainwaring, Scott y Timothy Scully. *La construcción de instituciones democráticas. Sistema de partidos en América Latina.* Santiago: CIEPLAN, 1995.

Mackinnon, María, y Mario Petrone. *Populismo y neopopulismo en América Latina.* Buenos Aires: Universitaria de Buenos Aires, 1998.

Malamud, Carlos. *Populismos latinoamericanos: los tópicos de ayer de hoy y de siempre.* Oviedo: Nobel, 2010.

Martínez, Miguel Á., y Rebeca Vaisberg. (2014). "La narrativa revolucionaria del chavismo". *Postdata* 19, , n.° 2 (2014): 464-506.

Mayol, Alberto. *Autopsia ¿De qué se murió la elite chilena?*. Santiago: Catalonia, 2016.

Mayol, Alberto, y Carla Azócar. *El Chile profundo: modelos culturales de la desigualdad y sus resistencias*. Santiago: Liberalia, 2013.

Melo, Julián A. "La democracia populista: Populismo y democracia en el primer peronismo". *Pensamiento Plural* 3, (2008): 23-42.

—. "Hegemonía populista, ¿Hay otra? Nota de interpretación sobre populismo y hegemonía en la obra de Ernesto Laclau". *Revista electrónica semestral Instituto de Estudios Sociales* 1 (2011): 48-69.

—. "El efecto populista. Territorios nacionales, provincializaciones y lógica populista durante el primer peronismo". *Revista Pilquen* 15, (2012): 66-78.

Mény, Yves y Yves Surel. *Democracies and the Populist Challenge*. Londres: Palgrave MacMillan, 2002.

Moore, Barrington. *Los orígenes sociales de la dictadura y la democracia*. Barcelona: Península, 2002.

Mosca, Gaetano. *La clase política*. DF México: Fondo de Cultura Económica, 2006.

Mouffe, Chantal. "Ciudadanía democrática y comunidad política". En *Dimensiones de democracia radical*, compilado por Chantal Mouffe, 283-300. Buenos Aires: Prometeo, 2012.

—. *La paradoja democrática*. Barcelona: Gedisa, 2003.

—. "Podemos: El momento populista. Opinión", *Diario El País*, 10 de junio de 2016, http://elpais.com/elpais/2016/06/06/opinion/1465228236_594864.html. Acceso el 12 junio de 2016.

Mouffe, Chantal e Íñigo Errejón. *Construir pueblo. Hegemonía y radicalización de la democracia*. Madrid: Icaria, 2015.

Moulian, Tomás. *Contradicciones del desarrollo político chileno (1920-1990)*. Santiago: LOM, 2009.

—. *Fracturas.* Santiago: LOM, 2006.
—. (1986). "La Democracia Cristiana en su fase ascendente 1957-1964". *FLACSO-Chile, Serie de documentos de Trabajo, (288).*
Mudde, Cas, y Cristóbal Rovira. *Populism. A Very Short Introduction,* Oxford: University Prees, 2017.
—. "The Populist Zeitgeist". *Government & Opposition* 39, n.° 3 (2004): 541-563.
—. "Populism and (Liberal) Democracy: A Framework for Analysis". En *Populism in Europe and the Americas, Threat or Corrective for Democracy,* 1-26. Cambridge: University Press, 2012.
—. "Voices of the Peoples: Populism in Europe and Latin America Compared". *Working paper (Helen Kellogg Institute for International Studies)* 378 (2011): s/p.
Muzelis, Nicos. "Populismo y clientelismo como modos de incorporación de las masas en sistemas políticos semiperiféricos". En *La democratización fundamental. El populismo en América Latina* , compilado por Carlos M. Vilas, 459-80. México: Consejo Nacional para la cultura y las artes, 1995.
Navia, Patricio. "Partidos políticos como antídoto contra el populismo en América Latina". *Revista de Ciencia Política* 23, n.° 1 (2003): 19-30.
Navia. Patricio, y Ignacio Walker. "Gobernabilidad democrática en América Latina (Instituciones y liderazgos)". *Serie de estudios socio-económicos* 29(CIEPLAN), (2006): 1-39.
Názer, Ricardo. *José Tomás Urmeneta. Un empresario del siglo XIX,* Santiago: Centro de Investigaciones Diego Barros Arana, 1994.
Názer, Ricardo, y Jaime Rosemblit. "Electores, sufragio y democracia en Chile: una mirada histórica". *Revista de Humanidades y Ciencias Sociales* 48, (2000): 215-228.
Nohlen, Dieter. *Sistemas electorales y sistemas de partidos.* México: Fondo de Cultura Económica, 1995.

Oakeshott, Michael. *La política de la fe y la política del escepticismo.* México D.F.: Fondo de Cultura Económica, 1998.

Orlandi, Eni. *Análisis de discurso. Principios y procedimientos.* Santiago: LOM, 2012.

Ostiguy, Pierre. "Exceso, representación y fronteras cruzables: "Institucionalidad sucia" o la aporía del populismo en el poder". *Postdata* 19, n.° 2 (2014): 345-375.

—. "Gramáticas plebeyas: exceso, representación y fronteras porosas en el populismo oficialista". En *Gramáticas plebeyas. Populismos, democracias y nuevas izquierdas en América Latina*, compilado por Claudio Véliz y Ariana Reano, 133-177. Buenos Aires: Universidad Nacional de General Sarmiento, 2015.

Padilla, María Cecilia, y María Cristina Ruiz del Ferrier. "Entrevista a Gerardo Aboy Carlés". *Revista Estado y Políticas Públicas* 4, (2015): 183-192.

Panizza, Francisco. *El populismo como espejo de la democracia.* Buenos Aires: Fondo de Cultura Económica, 2009.

Parker, Noel. *Revolutions and History.* Cambridge: Polity Press, 1999.

Pelfini, Alejandro "Entre el temor al populismo y el entusiasmo autonomista. La reconfiguración de la ciudadanía en América Latina". *Nueva Sociedad* 212 (2007): 22-34.

—. "Megatrend Global Populism?: From South America to the Occupy Movement". En *Understanding the Dynamics of Global Inequality*, compilado por Alexander Lenger y Florian Schumacher, 197-209. Heidelberg/New York: Springer, 2015.

—. "Uso inflacionario de los conceptos elite y populismo: desventuras recientes de dos categorías claves de las ciencias sociales latinoamericanas". En *Produciendo lo social. Usos de las ciencias sociales en el Chile reciente*, compilado por Tomás Ariztía, 197-217. Santiago: Ediciones Universidad Diego Portales, 2012.

Pinto, Aníbal "Desarrollo económico y relaciones sociales" En *Chile Hoy,* editado por Aníbal Pinto, 5-52. México: Siglo XXI, 1970.

—. "El Estado y la gran empresa". *Estudios CIEPLAN* 16 (1985): 5-40.

—. *Chile: Un caso de desarrollo frustrado.* Santiago: Universitaria, 1959.

Pinto, Julio. "Hacer la revolución en Chile". En *Cuando hicimos historia. La experiencia de la Unidad Popular,* compilado por Julio Pinto, 9-33. Santiago: LOM, 2005.

Pinto, Julio, y Verónica Valdivia. ¿Revolución proletaria o querida chusma? Socialismo y Alessandrismo en la pugna por la politización pampina (1911-1932). Santiago: LOM, 2001.

Portales, Ana María. "Los conflictos internos en el PDC durante el gobierno de Frei: la dimensión ideológica de un debate político". *FLACSO- Contribuciones* 51, (1987): xx-xx (no doy con las páginas).

Portantiero, Juan Carlos, y Miguel Murmis. *Estudios sobre los orígenes del peronismo.* Buenos Aires: Siglo XXI, 2011.

Poulantzas, Nicos. *Classes in Contemporary Capitalism.* Londres: Verso, 1978.

Prats, Carlos. *Memorias. Testimonio de un soldado.* Santiago: Pehuén, 2014.

Przeworski, Adam. *Democracy and the Market.* New York: Cambridge University Press, 1991.

Quiroga, María Virginia. "Debates y recepciones de la perspectiva laclusiana del populismo. Pueblo e instituciones en los discursos populistas latinoamericanos". *Postdata* 19, n.° 2 (2014): 377-94.

Rancière, Jacques. *El desacuerdo, política y filosofía.* Buenos Aires: Nueva Visión, 1996.

—. Política, policía, democracia. Santiago: Lom, 2006.

Retamozo, Martín. "Ernesto Laclau y Emilio de Ípola ¿un diálogo? Populismo, socialismo y democracia". *Identidades* 6, nª4 (2014): 38-55.

Retamozo, M. (2017). La teoría política del populismo: usos y controversias en América Latina en la perspectiva posfundacional. *Revista de estudios latinoamericanos* 64, 125-151.

Riveros, Claudio. "Populismo, democracia y democratización". *Persona y Sociedad* XXIX 3, (2015): 103-26.

—. "El populismo como dimensión y lógica de la política: propuestas, alcances y límites de la teoría populista de Laclau". *Revista Pléyade* 16, (2015): 165-89.

—. "La crisis hegemónica y el fin del Antiguo Régimen chileno en el marco de las elecciones presidenciales de 1970: una reflexión desde la sociología histórica". *Revista Academia y Crítica* 1, (2017): 80-108.

—. "El proceso populista: un aporte teórico al debate del fenómeno". *Revista Izquierdas* 38, (2018): 61-88.

Roberts, Kenneth M. "Beyond Neoliberalism: Popular Responses to Social Change in Latin America". En *Beyond Neoliberalism? Patterns, Responses, and New Directions in Latin America and the Caribbean*, compilado por John Burdick, Philip Oxhorn y Kenneth Roberts, 1-13. New York: Palgrave-MacMillan, 2009.

—. "Neoliberalism and the Transformation of Populism in LatinAmerica: The Peruvian Case". *World Politics* 48, n.° 1 (1995): 82-116.

Rodríguez, Darío. "Populismo y liderazgo en la democracia argentina. Un cruce comparativo entre el menemismo y el kichnerismo". *Postdata* 19, n.° 2 (2014): 637-80.

Romero, José Luis. El pensamiento de la derecha latinoamericana. Buenos Aires, 1970.

Rovira, Cristóbal. "The Ambivalence of Populism: Threat and Corrective for Democracy". *Democratizacion* 19, n.° 2 (2012): 184-208.

—. "The responses of Populism to Dahl's Democratic Dilemmas". *Political Studies* 62, n.° 3 (2013): 470-487.

Ruíz, Carlos. "El conservantismo como ideología. Corporativismo y neoliberalismo en las revistas teóricas de la derecha chilena". *El pensamiento conservador en Chile: seis ensayos*, editado por Renato Cristi y Carlos Ruíz, 103-122. Santiago: Universitaria, 2015.

Salazar, Gabriel. *Construcción de Estado en Chile (1800-1837). Democracia de los "pueblos". Militarismo ciudadano. Golpismo oligárquico*. Santiago: Sudamericana, 2007.

—. *Del poder constituyente de asalariados e intelectuales. Chile, siglos XX y XXI*. Santiago: LOM, 2009.

—. *En el nombre del poder popular constituyente. Chile, siglo XX*. Santiago: LOM, 2011a.

—. *La enervante levedad histórica de la clase política civil (Chile, 1900-1973)*. Santiago: Penguin Random House, 2015.

—. *Historia de la acumulación capitalista en Chile*. Chile: LOM, 2003.

—. *Mercaderes, empresarios y capitalistas (Chile, Chile Siglo XIX)*. Santiago: Random House Mondadori, 2011b.

—. *Movimientos sociales en Chile, trayectoria histórica y proyección política*. Santiago: Uqbar, 2012.

—. *La violencia política popular en las "Grandes Alamedas"*. Santiago: LOM, Santiago, 2006.

Sartori, Giovanni. "European Political Parties: The Case of Polarized Pluralism". En *Political Parties and Political Development*, editado por Joseph Lapalombara y Weiner, 156-64. EEUU: Princeton University Press, 1966.

Schneider, Ben Ross. *Hierarchical Capitalism in Latin America. Business, Labor and the Challenges of Equitable Development*. New York: Cambridge University Press, 2013.

Schumpeter, Joseph. *Capitalismo, socialismo y democracia*. Barcelona: Orbis, 1983.

Scully, Timothy Richard. *Los partidos de centro y la evolución política chilena*. Santiago: CIEPLAN, 1992.

—. "La reconstitución de la política de partidos en Chile". En *La construcción de instituciones democráticas*, editado por Scott Mainwarning y Timothy Scully. Chile: CIEPLAN, 1996.

Shils, Edward. *The Torment of Secrecy: The Background and Consecuences of American Security Policies*. Londres: Heinemann, 1956.
Silva, Patricio. *In the Name of Reason: Technocrats and Politics in Chile*. Pennsylvania: Penn State University Press, 2008.
Skocpol, Theda. "Recurrent Strategies and Emerging Agendas in Historical Sociology". En *Vision and Method in Historical Sociology*, compilado por Theda Skocpol. Cambridge: Cambridge press, 1984b.
—. "Sociology Historical Imagination". En *Vision and Method in Historical Sociology*, compliado por Theda Skocpol. Cambridge: Cambridge Press, 1984a.
Stabili, María. *El sentimiento aristocrático. Elites chilenas frente al espejo (1860-1960)*. Santiago: Andres Bello, 2003.
Stallings, Barbara. *Class Conflict and Economic Development in Chile 1958-1973*. Stanford: Stanford University Press, 1978.
Taggart, Paul. *Populism*. Buckingham: Open University Press, 2000.
Tapia, Jorge. *La técnica Legislativa*. Santiago: Jurídica, 1960
Tarizzo, Davide. "Masa y pueblo: Freud y Laclau". *Debates y Combates* 1, n.° 9 (2015): 103-11.
Tilly, Charles. *Democracia*. Madrid: Akal, 2010.
—. *Grandes estructuras, procesos amplios, comparaciones enormes*. España: Alianza, 1991.
—. "Historical Sociology". En *International Encyclopedia of the Social and Behavorial Sciences*, editado por Neil J. Smelser y Paul B. Baltes, 6753-6757. Elsevier, 2001.
—. *Violencia colectiva*. Barcelona: Hacer, 2006.
Torres, Isabel. *La crisis del sistema democrático: las elecciones presidenciales y los proyectos políticos excluyentes. Chile 1958-1970*. Santiago: Universitaria, 2014.
Urbianti, Nadia. *Democracy Desfigured*. Harvard: Harvard University Press, 2014.
—. "Democracy and Populism". *Constellations* 5, n.° 1 (1998): 110-24.

Urzúa, Germán. *Historia política de Chile y su evolución electoral, 1810-1992*. Santiago: Jurídica de Chile, 1992.
Valenzuela, Arturo. "Orígenes y características del sistema de partidos de Chile: proposición para un gobierno parlamentario". *Revista Centro de Estudios Públicos* 18, (1985): 1-69.
—. *El quiebre de la democracia en Chile*. Santiago: Ediciones Universidad Diego Portales, 2013.
Valenzuela, Eduardo. "La experiencia nacional-popular". *Revista Proposiciones* 20, (1991): 12-33.
Véliz, Claudio. "La mesa de tres patas". *Desarrollo Económico* 3, (1963): 231-247.
Vergallito, Esteban. "Devenires de la teoría del populismo: marxismo, postestructuralismo y pragmatismo en Ernesto Laclau". En *Evolución de las ideas filosóficas: 1980-2005. XIII Jornadas de pensamiento filosófico argentino*, coordinado por Celina Lértora Mendoza, 36-46. FEPAI, 2007.
Vergara, Jorge. "El populismo latinoamericano y el sistema político chileno". En *El eterno retorno del populismo en América Latina y el Caribe*, editado por Martha Lucia Márquez, Eduardo Pastrana y Guillermo Hoyos. Bogotá: Pontificia Universidad Javeriana, 2012.
Vial, Gonzalo. *Chile: cinco siglos de Historia. Desde los primeros pobladores prehispánicos hasta el año 2006, vol. 2*. Santiago: Zig-Zag, 2009.
—. *El fracaso de una ilusión*. Santiago: Universidad Finis Terrae-Centro de estudios Bicentenario, 2015.
Vilas, Carlos. *La democratización fundamental. El populismo en América Latina*. México: Consejo Nacional para la cultura y las artes, 1995.
—. "El populismo latinoamericano: un enfoque estructural". En *La democratización fundamental. El Populismo en América Latina*, compilado por Carlos Vilas. México: Consejo Nacional para la cultura y las artes, 1995a.

—. "¿Populismos reciclados o neoliberalismo a secas? El mito del "neopopulismo" latinoamericano". *Revista venezolana de economía y ciencias sociales* 9, n.° 3 (2003): 13-36.

—. "Prólogo". En *La democratización fundamental. El populismo en América Latina*, compilado por Carlos Vilas. México: Consejo Nacional para la cultura y las artes, 1995b.

Villalobos, Sergio. *Origen y ascenso de la burguesía chilena*. Santiago: Universitaria, 1988.

Waldmann, Peter. *El peronismo 1943-1955*. Buenos Aires: Sudamericana, 1985.

Walker, Ignacio. "Democracia en América Latina". *Foreign Affairs en español* 6, n.° 2 (2006): 1-10.

—. "La democracia consiste en consolidar instituciones". *Apertura Latinoamericana*, 10 de enero de 2007, http://www.cadal.org/entrevistas/nota.asp?id_nota=1631. Acceso el 6 de Junio de 2016.

—. *La democracia en América Latina: entre la esperanza y la desesperanza*. Santiago: Uqbar-Cieplan, 2009.

—. *Perfil de la élite política chilena*. Santiago: Cieplan, 1988.

Weber, Max. "La política como profesión". En *Obras selectas*, 403-51. Buenos Aires: Distal, 2003.

Weffort, Francisco. "El populismo en la política brasilera". En *Brasil Hoy*, compilado por Celso Furtado, México: Siglo XXI, 1968.

Weyland, Kurt. "Clarifying a Contested Concept: Populism in the Study of Latin American Politics". *Comparative Politics* 34, n.° 1 (2001): 1-22.

—. "Neoliberal Populism in Latin America and Eastern Europe". *Comparative Politics* 31, n.° 4 (1999): 379-401.

—. "Neoliberalism and Democracy in Latin America: A Mixed Record". *Latin American Politics and Society* 46 n.° 1 (2004): 135-157.

—. "Neopopulism and Neoliberalism in Latin America: How Much Affinity?". *Third World Quarterly* 24, n.° 6 (2003): 1095-1115.

Wiles, Peter. "Un síndrome, no una doctrina: algunas tesis elementales sobre el populismo". En *Populismo. Sus significados y características nacionales,* editado y compilado por Ghita Ionescu y Ernest Gellner, 258-304. Buenos Aires: Amorrortu, 1969.
Winn, Peter. *La revolución chilena.* Santiago: LOM, 2013.
Worsley, Peter. "El concepto del populismo". En *Populismo. Sus significados y características nacionales,* editado y compilado por Ghita Ionescu y Ernest Gellner, 259-304. Buenos Aires: Amorrortu, 1969.
Yocelevsky, Ricardo. *Chile: partidos políticos, democracia y dictadura: 1970-1990.* Chile: Fondo de Cultura Económica, 2002.
—. *La democracia cristiana chilena y el gobierno de Eduardo Frei (1964-1970).* México DF: Universidad Autónoma Metropolitana México, 1998.
Zeitlin, Maurice. *The Civil Wars in Chile: (Or the Bourgeois Revolutions that Never Were).* New Jersey: Princeton University Press, 2014.
Zeitlin, Maurice y Richard Earl Ratcliff. *Landlords and Capitalists: The Dominant Class of Chile.* New Jersey: Princeton University Press, 1988.

Fuentes Principales

(1952). *Alianza Popular del Pueblo. Lo que haremos por Chile.* Santiago: Santa Mónica.
(1958). *Un camino nuevo para Chile: Programa de Gobierno Popular.* Santiago: Impresores Lira. 44 págs.
(1958). Discurso. Programa del candidato independiente don Jorge Alessandri. Santiago. 30 págs.
(1964). *Programa del Gobierno Popular.* Santiago: Impresores Horizonte. 31 págs.
(1966). *Partido Nacional. Fundamentos doctrinarios y programáticos.* Santiago. 12 págs.

(1969). Ha llegado la hora de defender la libertad. Santiago. 13 págs.
(1969). Tomic, palabra de hombre. Santiago: Zig-Zag. 36 págs.
(1970). *Programa Básico de Gobierno de la Unidad Popular*. Santiago. 48 págs.
(1970). *Porque Volverá. Alessandri Volverá*. Santiago: Marinetti. 32 págs.

Fuentes Secundarias

(1940). *Programa de la Falange Nacional*. Santiago: Imprenta Gutenberg.
(1940). Eduardo Frei, *La política y el espíritu*, Santiago de Chile: Editorial Ercilla.
(1947). Eduardo Frei, Anticomunismo. En *Política y espíritu*, Nº 21.
(1949). Eduardo Frei, Un nuevo factor: el pueblo. En *Historia de los partidos políticos chilenos* (Cap) (obra conjunta con Alberto Edwards), Santiago: Editorial del Pacífico.
(1953). Eduardo Frei, Un social cristianismo de contenido nacional y popular. Discurso inaugural del VI Congreso de la Falange Nacional, celebrados los días 26, 27 y 28 de junio. En *Política y Espíritu*, Nº 96.
(1960). Partido Demócrata Cristiano, Documentos de la primera convención nacional: Resolución sobre política nacional, objetivos del partido.Santiago: Editorial del Pacífico.
(1962). Partido Demócrata Cristiano, *El ABC de la Democracia Cristiana*. Santiago: Editorial del Pacífico.
(1964). Eduardo Frei, Discurso de la Patria Joven. En discurso pronunciado en el parque Cousiño en el acto final de la Marcha de la Patria Joven, 21 de junio.
(1965). Eduardo Frei, Perspectiva y riesgos en la construcción de una nueva sociedad. En lección magistral dictada en la Universidad Católica de Chile al recibir el título de *Doctor Scientiae et Honoris Causa*, Santiago de Chile.

(1966). Eduardo Frei, Nuestra Revolución en Libertad. En discurso a la Democracia Cristiana pronunciado el 4 de noviembre. En *Política y Espíritu*, N° 297, Santiago de Chile.
(1966). Partido Demócrata Cristiano, Informe. El programa de revolución en libertad y su cumplimiento. Santiago: La Nación.
(1967). Declaración Política XXIII Convención Nacional del Partido Socialista de Chile.
(1967). Partido Demócrata Cristiano, *Un programa y un Gobierno*. Santiago: Editorial del Pacífico.
(1969). Eduardo Frei, Nuestra política debe considerar la realidad de Chile, Carta dirigida a la Junta Nacional del Partido Demócrata Cristiano. En *Política y Espíritu*, N° 310, Santiago de Chile.
(1973). Eduardo Frei, El caso chileno. En *Un nuevo mundo*, Santiago: Ediciones Nueva Universidad.
(1989). *Obras escogidas de Salvador Allende (1979-1973)*. Barcelona: Crítica.
(2008). *Cinco discursos fundamentales Allende*. Santiago: Aún creemos en los sueños.
(2013). *Abrirán las grandes alamedas*. Santiago: LOM.

Notas Prensa

Ricardo Lagos, "Un 'tercera vía' latinoamericana", 17 de septiembre de 1999. En *El País digital*: http://elpais.com/diario/1999/07/19/opinion/932335203_850215.html.
Sebastián Piñera, discurso televisado, 5 de julio de 2011.
Ignacio Walker, entrevista, 24 de septiembre de 2016. En *El Mercurio* en línea: http://www.emol.com/noticias/Nacional/2016/09/24/823431/Ignacio-Walker-Veo-en-la-candidatura-de-Alejandro-Guillier-el-germen-de-la-demagogia-y-el-populismo.html.

Michele Bachelet, entrevista, 2 de junio de 2014. En *Financial Times*: https://www.ft.com/content/28013328-e9d9-11e3-99ed-00144feabdc0.

www.ingramcontent.com/pod-product-compliance
Lightning Source LLC
Chambersburg PA
CBHW021829220426
43663CB00005B/183